Hannelore Valencak

Das magische Tagebuch

Hannelore Valencak

Das magische *T*agebuch

Weltbild
Verlag

Umschlag: Studio Höpfner-Thoma Graphic Design, München
Ungekürzte und genehmigte Lizenzausgabe für Tosa Verlag, Wien

Lizenzausgabe für Weltbild
Druck: Ueberreuter Print

DAS MAGISCHE TAGEBUCH

Ich wünschte, ich hätte den Mut, auf die Straße zu laufen und jedem ins Gesicht zu schreien, wie groß mein Schmerz ist. Es drängt mich, mir das Haar zu zerraufen, zu brüllen und mich zu verrenken wie jemand, der brennt. Statt dessen sitze ich in meiner Wohnung und schreibe – und drücke alle Qualen noch tiefer in mich hinein.

Raimund ist tot. Und daran soll ich glauben? Ich habe ja noch nicht einmal Zeit gehabt, mich an den Gedanken zu gewöhnen, daß er mein Mann war. Seit wenigen Wochen waren wir verheiratet gewesen – wir waren noch kein richtiges Ehepaar, sondern einfach zwei ineinander verliebte junge Leute. Wir haben noch kein gemeinsames Schicksal gehabt, das ja das Wesentliche an Ehepaaren ausmacht. Unser ganzes noch unaufgebrauchtes Leben lag vor uns, und wir glaubten, wir könnten alles mögliche mit ihm tun.

Ich will nichts gegen mein früheres Leben sagen. Es hat mir die Freuden bereitet, die ich mir erwartet habe. Ich stand mit ihnen ungefährdet auf festem Grund, der mir zugewiesen und seit jeher vertraut war. Aber nie war es so gewesen wie mein kurzes Leben mit Raimund.

Das Leben mit Raimund war wie ein freier Flug. Ich mußte den Schwung erst lernen, der mich hinaufriß – und bei aller Begeisterung über das Wunder der Freiheit die Angst, daß ich abstürzen könnte, zu mißachten. – Komm höher herauf! – winkte Raimund mir zu. Er schaute nie in die Tiefe, so wie ich. Ich war schwindlig und lachte und kannte mich selbst nicht mehr. Auch der Absturz mit Raimund wäre lustvoll gewesen.

Wir waren beide nicht reich, doch mir schien, daß nur ich daran dachte und meine Grenzen dabei im Auge behielt. Für Raimund gab es keine Grenzen – nur Wünsche, die er sich erfüllte. Das hatte ihn so fröhlich gemacht – so heiter und liebenswert.

Nach der Hochzeit flogen wir auf die Philippinen. Ich fand, daß so etwas weit über unsere Verhältnisse ging. Doch Raimund belehrte mich unnachgiebig und überzeugt, daß es gerade teuer und weit genug war, um eine Ehe, die so fabelhaft zu werden versprach, mit dem gebührenden Aufwand zu beginnen. – Diese einzigartige Inselwelt wurde ein großes Erlebnis für mich, ein leuchtender Vorrat für eine lange Zeit. Ich war darauf eingestellt, wieder vernünftig zu werden und eine unseren Mitteln angemessene Ehe zu führen.

Wir waren gerade von der Reise zurückgekehrt und hatten schon unsere Koffer ausgepackt. Raimund war ausgegangen, um einzukaufen. Er war schon wieder auf dem Nachhauseweg. Zur gleichen Zeit war ein Lastwagen unterwegs, der zu hoch mit Buchenstämmen beladen war und zu schnell fuhr. An einer Straßenbiegung neigte er sich, eine Kette ging auf, und die Stämme zerschmetterten Raimund, der durch Zufall dort ging, wo die Holzlast herunterkam.

Raimund starb nicht – er wurde zermalmt. Für mich ist das ein so großer Unterschied wie zwischen der Traurigkeit und dem Entsetzen. Von einem Menschen, der gestorben ist, ist noch etwas da, das man anschauen kann und wiedererkennt. Man kann hoffen – wenn auch gegen jede Vernunft –, daß dieses Etwas die Augen aufmacht und sich bewegt. Zumindest kann man sich ein Erinnerungsbild daraus machen, daß der Tote so geheimnisvoll lächelnd dalag.

An das, was unter den Baumstämmen lag, kann ich nicht denken. Ich hab es nicht angeschaut und will nicht, daß es existiert, nicht über der Erde und nicht unter ihr. Es ist so ein natürlicher Wunsch, auch die Toten zu lieben – nicht nur den Geist, der aus ihnen entwichen ist, und an den der eine glaubt und der andere nicht, sondern den toten Körper möchte man lieben. Aber Raimunds Körper gibt es nicht mehr. Es gibt nur seine sterblichen Überreste.

Ich fürchte mich schrecklich vor dem Begräbnistag, vor diesem Schauspiel, an dem ich werde mitwirken müssen. Viele Augen werden auf mich gerichtet sein, und die Beherrschung, zu der ich gezwungen sein werde, wird wie ein Panzer sein, der mir den Atem abschnürt.

Am meisten fürchte ich die Begräbnismusik, diesen gravitätischen sogenannten Wohlklang und das wichtigtuerische, sonore Grunzen der Bässe. Ich habe für Raimund ein stilles Begräbnis gewünscht und nicht den pompösen Festakt, der mir bevorsteht. Ich habe vergeblich zu erklären versucht, daß es widernatürlich ist, ein Fest zu feiern, weil man mir Raimund wegnimmt und in die Erde vergräbt. – Ich habe meinen Willen nicht durchgesetzt. Raimunds Tod ist ja nicht nur mein privates Unglück. Auch andere trauern um ihn und möchten das öffentlich kundtun: seine große Verwandtschaft und sein Freundeskreis.

Was seine Mutter gewünscht hätte, weiß ich nicht. Sie hat aufgeschrien und ist zusammengesackt, als sie die Nachricht von Raimunds Tod erhielt. Jetzt liegt sie im Krankenhaus, ist ohne Besinnung und fiebert. Was für ein richtiger und eindrucksvoller Protest! Wenn Raimund beerdigt wird, muß sie nicht dabei sein. Warum habe ich keinen solchen Entschuldigungsgrund? Ich will nicht hinter dem Sarg einhergehen müssen und gegen die Vorstellung ankämpfen, was in ihm liegt. Ich wünsche mir auch eine Krankheit, ein Nervenfieber. Aber mein Körper wird mir diesen Gefallen nicht tun. Ich weiß, daß er folgsam durchhalten wird. Ich werde den Anschein erwekken, sehr stark zu sein, dabei bin ich nur unfähig zu einem

Zusammenbruch.

Ach, ich bin überhaupt als Witwe ganz unbegabt. Welche dreißigjährige Frau ist schon darauf eingestellt, zu trauern und schwarze Kleider zu tragen? Es sind häßliche Kleider. Ich verabscheue sie. Sie sagen mir jedesmal, wenn ich sie anschaue: Ja, er ist tot! – Keine Selbsttäuschung lassen sie zu, keine Flucht in die Illusion, daß alles, was ich erlebe, vielleicht nicht wahr sei. Wenn ich unter die Leute gehe, muß ich sie anziehen. Doch sobald ich heimkomme, werfe ich sie von mir ab, hänge sie in den Kleiderschrank und sperre ihn zu. Das ist wie ein Ausbruch in ein anderes Leben, in dem alles noch nicht so unabänderlich ist. Ich trage wieder meinen hellgrünen Hausanzug, der flauschig und weich ist und den mir Raimund geschenkt hat. Ich setze die ganze Kraft seiner Lebensfarbe im Kampf gegen diese höhnische Schwärze ein, aber sie gewinnt nicht.

Raimund hätte bestimmt nicht gewünscht, daß ich Trauer trage. Gesprochen haben wir allerdings nie darüber – warum auch? Der Tod war kein naheliegendes Thema für uns. Raimund war so sorglos und unbekümmert, als glaubte er nicht an seine Sterblichkeit.

Oft habe ich furchtbar um ihn gebangt, wenn er sich in Gefahr begab, doch er lachte mich aus. – Und dann kam er um, als er einkaufen ging – wie grotesk!

Es nützt nichts, daß ich mir dieses Unglück nicht vorstellen will, daß ich hartnäckig meine Gedanken zusammenhalte. Ich sehe Raimund vor mir, wie er arglos dahinging. Ich sehe das optimistische Lächeln auf seinem Gesicht, das untrennbar zu ihm gehörte – noch im letzten Moment, bevor die donnernde Holzlast herabkam – und wie es erlosch. Und dann höre ich seinen Schrei, der Protest und Klage zugleich ist, und spüre das grauenvoll Wuchtende, das ihn erstickt.

Ich frage mich, wie es gewesen wäre, wenn Raimund einen gewöhnlichen Tod erlitten hätte, einen ordnungsgemäßen mit meßbarem zeitlichem Ablauf – wenn er zum Beispiel krank gewesen wäre, mit einer kleinen Chance, am Leben zu bleiben. Hätte ich denn das langsame Schwinden der Hoffnung leichter ertragen, als dieses Schreckensbild, das sich mir immerfort aufdrängt?

Bisher habe ich mir noch nie die Frage gestellt, für wen ich das alles niederschreibe. Für mich? Ja, für wen denn sonst? Das ist eigentlich seltsam. Trotz meiner Erschöpfung nehme ich diese Arbeit auf mich. Ich schreibe Gedanken auf, die ich fortschieben möchte, und protokolliere damit eine verhaßte Wahrheit.

Ich war immer darauf bedacht gewesen, daß niemand liest, was ich in dieses dicke, liniierte Heft mit dem Umschlag aus gelbem Hartkarton schreibe. Nicht einmal Raimund sollte lesen, was darin stand. Es sollte so sicher und unzugänglich wie in meinen Gehirnzellen aufbewahrt sein. Mein Privatbesitz sollte es sein – wie meine Gedanken.

Was ein anderer sich von der Seele spricht, schreibe ich auf. Ich teile mir mit, wie zerstört und verzweifelt ich bin. Auch früher habe ich die Gewohnheit gehabt, mein Leben auf diese Art aufzubereiten. Es war dann gesicherter und griffbereiter. Dieses Heft stellt einen Gesprächspartner für mich dar, der niemals mißbrauchen wird, was ich ihm anvertraue. Ich habe auch viel da hineingeschrieben, was nur eine Ahnung oder ein Gefühl oder eine verschwommene Beunruhigung war, und beim Niederschreiben klärte es sich einfach dadurch, daß ich es formulieren mußte. Das hat manches zurechtgerückt und durchschaubar gemacht.

Ich schreibe seit jeher in liniierte Hartkartonhefte, weil sie einfach, nüchtern und zweckdienlich sind, obwohl sie mich manchmal an Kontobücher erinnern, in denen Gewinne und Verluste verzeichnet sind – die Positiva und die Negativa des Lebens. Bevor ich Raimund kennenlernte, war da nicht viel gewesen, weder auf der einen noch auf der anderen Seite.

Mit der Zeit hätte er mich umerzogen – das weiß ich. Er hätte aus mir einen anderen Menschen gemacht. Ich wäre wie er geworden, so frei und entspannt und dem Leben vertrauensvoll ausgeliefert.

Auf wunderbare Weise beruhigt es mich, an den lebenden Raimund zu denken. Ich sehe sein unbekümmertes, helles Gesicht vor mir, das über alle Drohgebärden des Lebens gelacht hat. Es hilft mir. Ich nehme die Hilfe an und bin dankbar.

Ich war wohl nicht wirklich beruhigt, nur ganz erschöpft. Es war, als fiele ein Schatten über mich. Etwas ähnliches hatte ich schon früher erlebt, wenn ich krank gewesen war und Schmerzen gehabt hatte und ein schmerzstillendes Mittel endlich zu wirken begann. Ich entspannte mich und verlor zugleich alle Kraft, alle Fähigkeit, gegen das Übel anzukämpfen. Ich schaute die beschriebenen Blätter in meinem Heft an, sah darauf meine Hand mit dem Kugelschreiber, der einer kleinen, spitzen Verteidigungswaffe glich, und kein gemeinsamer Wille verband uns mehr. Meine disziplinierte, gut lesbare Schrift mißfiel mir auf einmal. Aber auch diese Ablehnung war nur ein matter Impuls.

Mir schien, als hätte sich die Luft im Zimmer verändert, als atmete ich etwas ein, das mich wohlig betäubte. So legte ich mich nieder, um auszuruhen, oder, wenn möglich, einige Stunden lang zu schlafen.

Alle schmerzerregenden Gedanken verflüchtigten sich. Mein Blick verirrte sich im Tapetenmuster, in einer farbigen Blumenlandschaft, die ich gut kannte. Auch von ihr ging eine beruhigende Wirkung aus.

Ich hatte geradezu Angst davor, mich zu bewegen, als könne die kleinste körperliche Erschütterung der Anlaß für neue Verzweiflung sein.

Ganz ruhig atmete ich und fühlte mich leer. Und dann strömten Bilder in diese Leere: Ich sah eine grüne Landschaft im Sommerregen und erkannte in ihr das baskische Hügelland. Es war kein Wunder, daß es meine Gedanken anzog, denn in ihm liegt der Ort meines ersten Zusammentreffens mit Raimund: die Höhle von Altamira bei Santillana del Mar.

Da Raimund gut aussah, stach er aus einer Gruppe von Leuten hervor, zu der auch ich für kurze Zeit gehörte. Wir nahmen beide an einer Führung teil. Ich hatte damals in meinem neuerworbenen Auto eine Urlaubsreise nach Spanien unternommen und war an der nördlichen Atlantikküste in eine Zone mit schlechtem Wetter gelangt. Es war Juni. Ich war darauf eingestellt gewesen, den überschäumenden südlichen Blütenzauber zu sehen. Was ich in Wahrheit sah, war herbes Land. Der tief herabgezogene Wolkenhimmel gab mir das Gefühl, in einer nördlichen Landschaft zu sein, in der es sattgrüne Wiesen gab und hüfthohe Wälle aus Granitsteinen, die sie begrenzten. Auch im Umkreis der Höhle war alles feucht und grün. Aus den Baumkronen träufelte das Wasser des letzten Regens. Aber im Inneren der Erde gab es kein Wetter, das heute so und morgen anders war. Kaum daß es das Heute und Morgen noch gab. Das Paläolithikum war dort eingesperrt, und ich mit ihm. Ich schaute, seltsam bewegt, die Tiermalereien an, die die Menschen der Steinzeit hinterlassen hatten – auf diesen grauen, buckligen Höhlenwänden – und ich glaubte nicht, daß mich Jahrtausende von ihnen trennten. In den Bildern waren sie gegenwärtig und sprachen mich an. Die Mitteilung, die sie mir machten, war allerdings unübersetzbar. Ich war nicht fähig, sie aus dem Bereich der Empfindung in Gedanken oder Worte umzuwandeln. Ich hätte bleiben oder immer wiederkommen müssen. Vielleicht hätte ich dann den geheimnisvollen Sinn jener schwarzen und rotbraunen Malereien verstanden, so wie man nach und nach eine Sprache versteht, einfach dadurch, daß man sie immer wieder hört.

Wir hatten einen guten Führer, der Deutsch sprach. Was wir von ihm hörten, war mehr als ein trockener Vortrag über das Alter der Bilder und ihre Entstehungsgeschichte. Er ging auch auf die möglichen Beweggründe ein, die diese Höhlenbilder hatten entstehen lassen. Sie waren so unbestimmt und so unbeweisbar wie alle Erklärungsversuche für die Entstehung von Kunst. Doch vor einer der Deutungen, die er anbot, erschrak ich, weil sie wie ein Verzweiflungsschrei durch die Zeiträume hallte: Der Bison, von dem diese Menschen abhängig waren, starb aus oder wanderte der schwindenden Wärme nach, und sie malten die Tiere, weil sie sie festhalten wollten: Bleibt da und lebt!

So wäre das, was uns heute als Kunst erscheint, eine Form von Hexerei oder Zauber gewesen, ein magischer Ritus, der Wirklichkeiten beschworen hatte.

Raimund stand neben mir – ein Fremder, der mich nichts anging. Er würde, sobald die Führung vorbei war, seine Reise fortsetzen, die ihn von mir entfernte. Ich glaube nicht, daß ich dies bedauerlich fand – wenigstens noch nicht zu jenem Zeitpunkt.

Dann geschah etwas, das wie eine körperliche Berührung war, wie ein handgreiflicher Hinweis darauf, daß etwas bevorstand, was ein wesentlicher Teil meines Lebens sein konnte. Der fremde Mann wandte sich mir zu und sprach zu mir, wie zu jemandem, den er gut kannte.

Er sagte: „An so einem Ort müßte man allein sein. Mich stören die vielen Leute. Sie nicht auch?"

„Ja, sicherlich", gab ich voll unangemessener Verwirrung zur Antwort. Ich verlor meine Sicherheit, weil ich den Eindruck hatte, daß er mich in den Wunsch nach Alleinsein mit einbezog, und zwar vollkommen selbstverständlich und unbefangen.

Dann brach die unerklärliche Verbindung ab. Einige Leute schoben sich zwischen Raimund und mich, und nichts Bedeutungsvolles war mehr an ihm, außer daß er ein großer, gut gebauter Mann war. Als die Führung durch die Höhle beendet war und die Teilnehmer sich zerstreuten, dachte ich nicht mehr an ihn.

Als ich Raimund auf meiner Reise zum zweitenmal sah,

waren die Umstände dieser Begegnung so eigenartig, daß es schwer für mich war, noch an Zufall zu glauben. Die Versuchung war groß, schon zu diesem Zeitpunkt ein unmißverständliches und gewichtiges Wort, das Wort „Schicksal“, in Gedanken auszusprechen. Wahrscheinlich tat ich es nicht, weil es mir nicht liegt, etwas derart Unbewiesenes dadurch anzuerkennen, daß ich ihm einen Namen gebe.

Wir trafen uns auch das zweite Mal zufällig in einer Höhle, in der es prähistorische Tiermalereien gibt, und zwar in der Cueva de la Pileta. Sie befindet sich nahe der Grenze zwischen den beiden Provinzen Cadiz und Malaga, in der abgelegenen, dünn besiedelten Sierra de Ronda.

Diese Höhle wird nur wenig besucht, weil sie abseits der großen Reisewege liegt. Dies machte unser Zusammentreffen besonders seltsam. Anfangs hatte ich gar nicht vorgehabt, zur Cueva de la Pileta zu fahren, doch fand ich im Baedeker einen Hinweis auf sie und machte auf meiner Fahrt nach Süden den kleinen Umweg, der dann wieder ein Weg zu Raimund war. Es paßte zu dieser merkwürdigen Begegnung, daß er sich sofort erinnerte, woher er mich kannte, und daß er mit mir ein Gespräch begann, das wie eine unmittelbare Fortsetzung jenes ganz kurzen Gesprächs in der Höhle von Altamira war. Die Tage dazwischen waren nur eine Nachdenkpause gewesen.

Raimund erzählte mir von der Faszination, die Höhlen schon immer auf ihn ausgeübt hatten, so sehr er auch sonst das helle Tageslicht liebte. Besonders die prähistorischen Höhlen und die Malereien in ihnen interessierten ihn.

Ich fragte ihn, warum das so sei. Er antwortete: „Vielleicht, weil es mich in die Kindheit zurückzieht.“

Er schaute mich an, und sein Blick widerlegte das alles. Er erklärte mir lächelnd, für ihn sei es klar, warum diese Maler so große Künstler waren. – Weil noch niemand sie daran gehindert hat, Kinder zu sein.

Als ich ihm zu bedenken gab, daß das sicherlich nicht ganz stimme, weil Kinder im allgemeinen sorglos leben, was für die Steinzeitmenschen bestimmt nicht zutraf, schüttelte er den Kopf und sagte, er meine es anders. Er meine die magischen Welten der Kinderzeit.

„In den Köpfen dieser Leute“, sagte Raimund, „muß alles noch vollkommen anders gewesen sein als in Ihrem oder in meinem Kopf. Da waren noch keine Straßen angelegt. Ich stelle mir vor, daß da eine ziemliche Wildnis war, mit Sümpfen und Buschwerk und allerhand Wasseradern. Da kommt ein Mensch mit seinen Gedanken nicht weit.“

In dem Augenblick fiel mir ein, worüber ich in der Höhle von Altamira belehrt worden war: daß diese Höhlenzeichnungen Wunschbilder waren und daß ihnen Zauberkraft innewohnte – zumindest nach dem Glauben jener Zeit. Daran erinnerte ich Raimund und fügte hinzu: „Wie kann man sich etwas wünschen, wenn man nicht denkt?“

Meine Frage war dumm. Ich ärgerte mich über sie und hoffte, daß Raimund sie nicht wertete und wog.

Er lachte. „Da sehe ich gar keine Schwierigkeit. Haben Sie sich noch nie etwas mit Ihrem ganzen Körper gewünscht, mit dem Rückenmark und dem Kleinhirn, mit Herz, Leber, Milz und so weiter? Mit jeder Zelle, die an Ihrem Aufbau beteiligt ist? Nein? Dann können Sie auch nicht zaubern, das ist ganz klar.“

Und dann, als er mir in die Augen schaute und es mir überließ, das Rätsel, das er mir damit aufgab, zu deuten, verzauberte er mich. Ich verliebte mich in ihn ohne Vorbehalt und begnügte mich zunächst mit dem Glück, das zum Aufblühen einer Liebe gehört. Erst als er mir draußen vor der Höhle die Hand gab, ehe er sich auf sein Motorrad setzte und davonfuhr, empörte sich alles in mir: Das dulde ich nicht! – Ich konnte mich nicht damit abfinden, daß er mich schon wieder verließ. Er sollte gleichfalls an mich gebunden sein.

Ich stand da, fühlte mich beraubt und kam lange nicht auf den Gedanken, mich in mein Auto zu setzen und es zu starten. Auf der Straße sah ich Raimund noch einmal von weitem, wie er im hellen andalusischen Licht dahinfuhr. Mir schien, daß er zwischen den blühenden Straßenrändern flog, und daß ich in meinem Gehäuse aus Stahlblech, das mir plötzlich überaus plump und häßlich vorkam, von Natur aus unfähig war, ihn zu erreichen.

Dann habe ich doch gezeigt, daß ich zaubern konnte. Ach, das ist meine heiterste, schönste Erinnerung. Sie wird immer ein wenig Wärme abgeben. Immer wird sie bewirken, daß ich lächeln muß.

Ich führte schon damals und auch während der Reise ein Tagebuch. Als ich am Abend jenes Tages in meinem Hotelzimmer saß – es war in Torremolinos – und die Erlebnisse, die ich gehabt hatte, überdachte, war es immer noch unzumutbar, mich damit abzufinden, daß Raimund nicht mehr bei mir und nach menschlichem Ermessen auch nicht auffindbar war. Ich war nicht gewillt, dies in mein Heft zu schreiben und es damit gewissermaßen zu besiegeln. Ich wollte schreiben können, daß diese zweite Begegnung, an der alles so sonderbar und schicksalhaft war, tatsächlich in mein Leben eingegriffen und bewirkt hatte, daß sich auch Raimund in mich verliebte. Ich wollte schreiben, daß wir beschlossen hatten, uns nicht mehr zu trennen. Und dann sagte etwas in mir: Du kannst es ja schreiben. Wer sollte dich daran hindern, es zu tun?

Da habe ich die ganze lästige Wahrheit, die in meinem Gedächtnis gespeichert war, ausradiert und mir eine farbenprächtige Liebesgeschichte erzählt, in der Raimund und ich die Hauptrollen spielten und deren glücklicher Verlauf meinen Wünschen entsprach. Ich gestaltete mir eine Abart der Wirklichkeit, wie ich sie haben wollte, und wohnte in ihr. Etwas, das ich verloren hatte, war wiedergefunden und lebte.

In der nächsten Woche fuhr ich bis Barcelona. Es war ein Samstagabend, als ich dort ankam. In meinem Reisetagebuch stand, daß ich Granada mit dem Steingespinst der Alhambra gesehen hatte, die Seidenbörse von Valencia und Poblet, das Kloster mit dem Alabasteraltar. Das alles hielt ich wirklichkeitsgetreu und chronologisch richtig fest, nur beschrieb ich es so, als wäre Raimund bei mir gewesen.

Ich gab ihm aber noch keinen Namen, um die Wirklichkeit, die ich mir baute, durch nichts zu verfälschen.

Dann erlebte ich den Sonntag in Barcelona. Ich wanderte durch den Barrio Gotico mit seinen geräumigen und schönen Palästen und den unglaublich engen, grauschwarzen Seitengassen mit den niedrigen Treppenhäusern. Am späten Vormittag ging ich in den Dom, und da gerade eine Messe gefeiert wurde, bei der ich nicht stören wollte, verbrachte ich einige Zeit in dem fröhlichen grünen Claustro. Es gab Enten und Tauben und tropische Pflanzen in ihm. Der Strahl eines kleinen, moosigen Springbrunnens sprühte. Sehr stark empfand ich die festliche Stimmung des Sonntags.

Als ich auf den Domplatz hinaustrat, war Mittagszeit. Der Gottesdienst war gerade zu Ende gegangen. Aus dem großen Portal strömten Menschenmassen, unter die ich mich, aus dem Claustro kommend, mischte.

In der Menschenmenge war etwas entstanden, das ich als mehrere Reigen tanzender Leute erkannte. Jeder tanzte hier mit, der Lust dazu hatte. Blasmusikanten spielten für alle auf. Ich sah alte und junge Menschen, Männer und Frauen, die einander an den Händen hielten, und sich mit kleinen, einfachen Schritten im Kreis bewegten. Inmitten der Kreise lag alles, was hinderlich war – geflochtene Taschen neben Reisebeuteln aus Jeansstoff. Ich hatte den Eindruck, daß alles dort lag, was man von sich wirft, um ein Gleicher unter Gleichen zu sein. Noch ehe ich nachdenken konnte, tanzte ich mit. Irgendwo unterbrach ich einen der Reigen, ich griff nach den Händen der beiden Personen links und rechts neben mir – und dann sah ich erst, daß ich Raimund an der Hand hielt, ihn, den ich mir mit dem ganzen Körper wünschte, mit dem Rückenmark und dem Kleinhirn, mit Herz, Leber, Milz und so weiter, mit jeder Zelle, die an meinem Aufbau beteiligt war. Von da an haben wir uns tatsächlich nicht mehr getrennt.

Ich lag still und dachte an ihn, wie man an einen Lebenden denkt. Sein Tod war kein unwiderruflicher Schicksalsschlag mehr. Ich atmete leicht und in tiefen Zügen. Mein entspannter Blick lag auf dem Tapetenmuster. Sogar das Schauen wurde angenehm. Mir fiel auf, daß an der Stoßstelle zweier Tapetenbahnen eine kleine Unregelmäßigkeit, eine Falte, war. Bisher hatte ich noch nie bemerkt, daß es sie gab, doch wahrscheinlich müßte ich sie von jetzt an immer sehen.

Dann wurden meine Augenlider schwer. Ich gab dem Verlangen, sie zu schließen, nach und zog mich in mich wie in eine Höhle zurück, wie an einen Zufluchtsort, den außer mir niemand kannte. Hier drinnen konnte mich nichts mehr von dem erreichen, was mir grausame Schmerzen zugefügt hatte und immer noch darauf lauerte, es zu tun.

Ich war in die Höhle von Altamira zurückgegangen. Nicht nur die Entfernung dahin hatte ich überwunden. Ich räumte auch Massen von abgelagerter Zeit fort. Die große Höhlendecke war über mir. Auf ihr sah ich die Bisonherden der Quartärzeit. Sie waren nicht ausgestorben. Sie lebten noch. Sie wanderten äsend und äugend über das Land.

Sehr deutlich und in durchdringenden Farben standen

die Bilder auf der Höhlenwölbung vor mir. Ohne mir Gedanken zu machen, verstand ich sie und wußte, worauf ihre magischen Kräfte beruhten. Ich war fähig, zugleich in einer Höhle der Quartärzeit und in meiner neuzeitlich eingerichteten Wohnung zu sein. Die Rückkehr dauerte nur so lang wie das Augenaufmachen.

Ich stand auf, weil mein Wunschdenken stark genug war, um mit der Erfüllung identisch zu sein. Auf dem Tisch lag mein Heft, UND WAS DARIN STAND, WAR NICHT WAHR. Ich mußte es, jetzt oder nie, durch MEINE Wahrheit ersetzen. Ich riß alle Blätter heraus, die ich heute beschrieben hatte, und riß jedes noch einmal in der Mitte entzwei. Auf eine leere Seite schrieb ich einen einzigen Satz, mit einer verwandelten Schrift, die schwungvoll und frei war. Quer über die ganze Seite schrieb ich ihn: „RAIMUND LEBT UND IST HEIMGEKOMMEN!" Ich las es wieder und wieder. Leise sagte ich es mir vor. Plötzlich klappte ich hastig das Heft zu und räumte es weg. Ich mußte meine Wahrheit in Sicherheit bringen. Dann nahm ich die zerrissenen Blätter, zerknüllte sie und ging in die Küche, um sie in den Abfalleimer zu werfen. In den Händen spürte ich ihre ganze Feindseligkeit. Alles Verhaßte und Quälende war noch da. Noch war lesbar, was ich nicht lesen wollte, weil es eine schaurige und blutige Lüge war. Es mußte verbrannt und vernichtet werden.

Ich strich die zerknüllten Blätter glatt, aber nicht, um die aufgezeichneten Ungeheuerlichkeiten zu lesen, sondern um sicher zu sein, daß nichts davon übrig blieb, wenn ich es beim Verbrennen aus der Welt hinausstieß. – In einer Lade mußte ein Feuerzeug sein. Ich fand es beim ersten Zugriff. Auch blind hätte ich es gefunden. Ich knipste es an und schaute in einem Zustand der Starrheit zu, wie die kleine, fast unbewegte, geschlossene Flamme heraussprang und wie sie sich, als sie die Blätter berührte, umbog. Ich sah, wie ein Rauchgekräusel und dann ein Geloder entstand und wie alles, was mich bedrückte, im Feuer aufging. Beim Hineinstarren in dieses zuckende Licht verstärkten sich meine Ruhe und meine Gewißheit. Das Strahlen und Flackern vor meinen Augen war lustvoll. Zugleich aber war es zwingend und ließ mich nicht los. Dann war es, als ginge eine gewaltige Schubkraft durch mich und die Welt, doch sie veränderte weder die Dinge, die mich umgaben, noch mich und bewegte auch nichts von dem Ort, an dem es war. Nur schien mir, als kippte etwas in mir. Es war wie ein Aufwachen, aber doch wieder anders, eben weil die Szenerie rings um mich nicht verschwand.

Das Verbrennen der Blätter hatte lange gedauert, und doch hatte sich scheinbar die Zeit kaum bewegt. Für mich, die ich in das Feuer schaute, gedankenleer und doch wissend, war das kein Widerspruch. Als alles verbrannt war, nahm ich ein feuchtes Tuch, wischte den Papierruß weg und schwemmte ihn in den Ausguß. Dann wusch ich meine Hände und trocknete sie; ich legte das Feuerzeug in die Lade zurück, und dabei taumelte ich vor Mattigkeit. Ein Sog, den ich jetzt erst bemerkte, als er von mir abließ, hatte mir Kraft geraubt, doch diese Kraft hatte etwas bewirkt. Denn als ich durch das Vorzimmer ging, das zwischen Küche und Wohnzimmer lag, sah ich in der halbgeöffneten Wohnzimmertür einen Lichtschein. Er fiel auf die Kleiderablage. Raimunds Mantel hing dort – jener Mantel, den er angehabt hatte, als er fortgegangen war, um einzukaufen, und der zerfetzt und voll Blut und gar nicht mehr da sein sollte. Dann hörte ich Raimund im Wohnzimmer fragen: „Sag, was geisterst du denn in der finsteren Wohnung herum?“

Ich ging in das Wohnzimmer, immer noch körperlich schwach. Raimund saß auf der Schlafcouch und schaute mich an.

„Bist du mondsüchtig?“ fragte er. „Oder ist dir nicht

gut, Maus? Warum sagst du denn nichts? Warum schaust du mich denn so an?"

Mein Blick ging von ihm zum Polstersessel. Raimunds Jeans und sein Rollkragenpulli hingen dort. Und unter der Nachwirkung meiner Gewißheit, ich könnte ihn wieder zum Leben erwecken, hatte ich das Bedürfnis zu rufen: Da bist du ja! – Doch die Schubkraft in mir und der kräfteverzehrende Sog hatten den Glauben an das, was ich bewirken konnte, verbraucht, so daß es zugleich in mir aufschrie: Das gibt es doch nicht! Zwischen diesen beiden Gewißheiten, die einander strikt widersprachen, stand ich starr und hatte nicht einmal die Kraft für einen Schrei. Auch meine Gedanken waren gelähmt.

Raimund trug einen blauen Pyjama, in dem noch die Falten waren, die beim Zusammenlegen nach dem Bügeln entstehen, und das veranlaßte mich, eine Frage zu stellen, die auch nicht annähernd zu dem paßte, was in mir vorging.

„Woher hast du den frischen Pyjama?" fragte ich.

„Den hab ich im Finstern aus dem Kasten gesucht. Der, den ich anziehen wollte, ist in der Bettzeugtruhe. Wenn ich die Klappe aufgemacht hätte, wärst du erwacht. Das wollte ich nicht. Du hast so gut geschlafen."

„Geschlafen?"

„Und wie! Wie Schneewittchen im gläsernen Sarg. Du bist im Hausanzug auf der Couch gelegen und hast nicht einmal bemerkt, daß ich Licht gemacht habe. Da hab ich sofort wieder finster gemacht, hab mich ausgezogen und mir den Pyjama genommen, und dann hab ich mich möglichst leise zu dir gelegt. Dabei hab ich dich an die Wand schubsen müssen, sonst hätte ich keinen Platz gehabt, aber du hast überhaupt nicht darauf reagiert. Eine Weile bist du ganz still gelegen und warst ganz kalt. Wenn du nicht geatmet hättest, hätte ich Angst gehabt, daß du tot bist. Aber dann bist du auf einmal lebendig geworden, bist über mich weggeklettert und in die Küche marschiert. Du warst sicherlich hungrig und hast was im Kühlschrank gesucht."

Er bemerkte mein verstörtes Kopfschütteln nicht, sondern schlüpfte in seine Hausschuhe und stand auf. Ich schaute ihm wortlos und untätig zu, wie er das Bettzeug aus der Truhe nahm, die sich am Kopfende der Schlafcouch befand, wie er die Couch zu einem Doppelbett auszog und das Leintuch spannte.

Plötzlich sagte er vorwurfsvoll: „Willst du mir nicht helfen? Ich dehne mich bis zum Zerreißen, und du schaust zu."

Meine Unbeweglichkeit löste sich, und ich vermochte mit Raimund das Leintuch zu spannen. Er schleuderte seine Hausschuhe von den Füßen und kroch ins Bett. Als er den Deckenzipfel einladend aufhielt, setzte ich mich starr auf die äußerste Bettkante nieder. Meine Gedanken waren noch immer gelähmt.

„Na, komm!" sagte Raimund und packte mich bei der Hand. Dann zog er mich neben sich. Er war warm und lebendig. Die spontane und unbezweifelbare Berührung mit ihm löste ein so stürmisches Glück in mir aus, daß ich mit einem Aufschrei zu weinen begann:

„Mein Gott, Raimund, ich hab so entsetzlich geträumt."

„Ja, was denn?" Er streichelte und beruhigte mich.

Nein, ich konnte es ihm nicht sagen. Der Traum war verbrannt. Seine Asche war in ein schauriges Land geschwemmt worden.

Als Raimund mich umarmte und küßte, wurde alles noch einfacher und geheimnisloser.

Er fragte: „Bist du schon öfter schlafgewandelt?"

„O ja, jetzt erinnere ich mich – manchmal als Kind. Ich habe dabei sogar meine Augen offen gehabt."

„So, so. Und willst du mir nicht erzählen, was du

geträumt hast?"

Ich schüttelte heftig den Kopf. „Vielleicht später. Jetzt kann ich nicht."

Wir ließen die kleine Lampe über der Couch brennen. Ein weiches, beruhigendes Licht ging von ihr aus. Es reichte nicht weit. Ich sah es im Raum versickern. Nur die nahen Gegenstände wurden erhellt. Es gab einen lichten Bereich, in dem Raimund lebte, atmete und seine Wärme an mich abgab, und die riesige Finsternis draußen, die uns umschloß. Raimund hatte die Augen zu, doch er schlief nicht.

„Das ist schön von dir, daß du nicht böse bist", murmelte er.

Ich begriff nicht, wovon er sprach. Für mich war kein Sinn in den Worten. Die Vorstellung, auf ihn böse zu sein, war absurd, nachdem ich erlebt hatte, daß er getötet worden war. Ich sagte mir, daß auch Träume Erlebnisse seien, besonders so deutliche Träume wie der, aus dem ich erwacht war. Es gelang mir nicht, ihn als etwas zu sehen, das grundsätzlich anders als die Wirklichkeit war. Er verblaßte und zerflatterte nicht. Er wurde in meiner Erinnerung nicht verworren und sinnlos, sondern stand mit scharfen und harten Umrissen da, aus soliden Augenblikken zusammengefügt, mit einem Zeitablauf, der sich rekonstruieren ließ, mit den Schrecken seiner Gefühls- und Gedankenwelt.

Ich hörte die Stimme Raimunds: „Du sagst ja nichts. Weißt du, ich finde es großartig, daß du nicht eingeschnappt bist. Jede andere Frau würde schimpfen oder gekränkt sein. Aber du legst dich einfach auf die Couch und schläfst ein."

Ich verstand noch immer nicht, warum ich gekränkt sein sollte, doch ich fürchtete mich davor, ihn danach zu fragen.

„Willst du nicht einmal wissen, wo ich so lang war?"

fragte Raimund.

Seine Frage ließ mich erschauern. „Wo warst du denn?" fragte ich.

„Ach, weißt du, beim Heimgehen hab ich einen Freund getroffen. Hab ich dir schon von ihm erzählt? Er heißt Kilian Weidrich, ein Schulfreund. Jahrelang hab ich ihn schon nicht mehr gesehen. Zuletzt hab ich nicht einmal mehr gewußt, wo er wohnt, und gestern bin ich ihm auf der Straße begegnet. Er war fast schon an mir vorbei, als er mich erkannt hat. Du kannst dir nicht vorstellen, was für eine Freude das war. Er ist Büromaschinenvertreter und reist viel. Er ist noch der gleiche flotte Kumpel wie in der Schule. Keine Spur von einer Entfremdung nach so langer Zeit. Wir haben miteinander gelacht und geblödelt wie damals und sind in der Stadt herumgebummelt. Bei so was verliere ich immer das Zeitgefühl. Ich hab ja gewußt, daß du daheim sitzt und wartest und möglicherweise einen Mordshunger hast. Leider hab ich nicht anrufen können. Du hast ja kein Telephon. Ich hab wirklich ein ziemlich schlechtes Gewissen gehabt. Aber anderseits war ich in einer Lausbubenstimmung. Ich war in unsere Schulzeit zurückversetzt und hab das Gefühl gehabt, daß ich den Unterricht schwänze. – Zum Schluß sind wir in einer Bar gelandet und haben nacheinander die Schnäpse probiert, und schließlich hab ich ihn in sein Hotel begleitet. Da haben wir miteinander den Schinken verspeist, den ich für das Abendessen eingekauft habe. Wir waren in herrlicher Stimmung, alle zwei."

Während Raimund sprach, streichelte er mein Haar. „Hast du wenigstens sonst was zu essen daheim gehabt, Maus?"

Jetzt war ich erst recht verwirrt, denn es stimmte ja nicht, daß Raimund erst heute den Schinken eingekauft hatte. Er war schon seit einigen Tagen fortgegangen und sollte seit damals – nein, nicht weiterdenken! Ich hätte beinahe gedacht: Er sollte seit damals tot sein. Aber da das ein Traum gewesen war, galt dafür kein Zeitmaß. Raimund war da, und das galt, daran hielt ich mich. Es war immer noch unfaßbar, aber unfaßbar schön. Ich entspannte mich und war in der Wirklichkeit, die er immer stärker mit Wärme und Leben füllte, und mein Entsetzenstraum konnte nicht wiederkommen.

Ich erwachte nach einem langen, glücklichen Schlaf, als die Couch entlastet wurde, da Raimund aufstand. Dann bemerkte ich auch mit geschlossenen Augen, daß es schon hell war. Als Raimund sich ankleidete, blinzelte ich durch die Wimpern. Ich sah einen Schatten, der sich behutsam und leise bewegte, und der sich zu einem lebendigen Menschen verdichtete, sobald ihn das volle Licht traf.

Ich machte es mir auf der breiten Couch bequem, lag schlaftrunken da und horchte auf Raimunds Schritte. Sie versicherten mir, daß er da war und lebte, daß die Welt, in der ich erwachte, eine gute und freundliche war und es bleiben würde. Unbesorgt nickte ich wieder ein und vermeinte zu schweben.

Ein Teeduft bewirkte mein zweites Erwachen, das eine einzige spontane Zustimmung war. Ich machte die Augen auf, und vor mir stand der lachende Raimund. Er war schon rasiert und gekämmt und vollständig angezogen. Sein Plüschpullover roch nach frischer Luft. Er mußte schon draußen gewesen sein und eingekauft haben. Auf dem Couchtisch stand ein Tablett mit unserem Frühstück. Zwei bräunliche Eier staken in unseren Bechern. Auch frische Butter war da und Grapefruitmarmelade; die hatten wir gestern noch nicht im Haus gehabt.

Raimund hatte die Jalousien schon aufgeklappt, aber noch nicht hinaufgezogen. Ein sonniges, freundliches Halbdunkel erfüllte den Raum. Jetzt öffnete Raimund ein längliches, flaches, verführerisch duftendes Päckchen aus Fettpapier. Es war wie eine feierliche Denkmalenthüllung. Frischer, glänzender Beinschinken, rosa und weiß, kam zum Vorschein. Er wurde, Scheibe um Scheibe, auf meinen Teller gelegt. Raimund stand über mich gebeugt und schenkte den Tee ein. Er machte ein übertrieben pflichtbewußtes Gesicht, hinter dem explosionsbereit sein Lachen versteckt war. Ich spürte schon meine Bereitschaft mitzulachen.

Raimund sagte: „Ich wünsch dir, daß dir der Schinken besonders gut schmeckt. Das ist der, den wir dir gestern weggefressen haben." Zum Spaß setzte ich ein angewidertes Gesicht auf und sagte: „Ich möchte ernstlich hoffen, daß er das nicht ist."

Er stutzte und grinste: „Sei nicht so pedantisch, Maus. Ich formuliere es anders, damit du bei Appetit bleibst. Es handelt sich um den gleichen Schinken, doch nicht um denselben. Zufrieden?"

„Das bin ich; nur sollst du nicht Maus zu mir sagen. Das ist nicht originell und läßt mich die Achtung vermissen, die mir als Frau von Rang und Namen zusteht."

Natürlich meinte ich es nicht so, und das wußte er. Er wußte, wie angenehm und erholsam es oft für mich war, neben Raimund mit seinen Maßbandqualitäten, seiner imponierenden Größe und Schulterbreite ein kleines, schutzbedürftiges Wesen zu sein. Doch identifizierte ich mich nie mit dem Kosenamen, den er mir gab, denn ich stimmte mit meinem richtigen Namen zu sehr überein. Ich hieß Daniela.

Den ganzen Vormittag brachten wir in dem sonnigen Halbdunkel zu, das warm und beschützend war und nur Gutes an uns heranließ. Ich hatte schon aufgehört an das zu denken, was vor diesem wiedergewonnenen Leben gewesen war, bis Raimund noch einmal die Sprache darauf brachte. Er fragte mich, ob mich mein schlimmer Traum noch bedrücke. Mein „Nein“ sollte fest und bestimmt sein, doch kam es beklommen heraus. Es überzeugte weder mich noch Raimund. Alles war wieder abgründig, drohend und unerklärlich. Ich konnte mein Grauen nur loswerden, wenn ich darüber sprach.

„Ich hab geträumt, daß du tot warst“, stieß ich hervor. Und jetzt hätte Raimund eigentlich lachen müssen. Aber er lachte nicht, er war ernst und betreten. Eine ganze Weile schaute er mich nachdenklich an.

„Ich muß dir was sagen“, murmelte er, „ich könnte tatsächlich tot sein. Wenn mich Kilian nicht erkannt hätte, wäre ich tot. Ich glaube, ich hab dir gesagt, daß er fast schon an mir vorbei war. Dann hat er mich angeschaut und wiedererkannt. Er ist stehengeblieben und hat mich begrüßt, und in dem Augenblick ist etwas Fürchterliches geschehen. An einem Holzauto hat sich eine Kette gelöst, und die Baumstämme sind heruntergekommen. Wäre ich weitergegangen, hätten sie mich erwischt. Ohne Kilian wäre ich in den Tod gerannt. – So haben wir gleich zwei Gründe zum Feiern gehabt: Unser Wiedersehen und mein verrücktes Glück. In der Nacht hab ich dir nichts davon erzählt, weil ich dich mit dieser Geschichte nicht aufregen wollte. Aber Kilian hat mir eigentlich das Leben gerettet.“

Mein Körper erstarrte, und mein Mund war fest zu, sonst hätte ich vor Entsetzen aufgeschrien. Ein Schauer nach dem anderen überlief mich. Es war, als wehte Kälte aus dem Spalt einer offenen Tür, die normalerweise versperrt und verriegelt war. Ich war unfähig, Raimund zu antworten. Meine Augen irrten umher. Sie suchten – ich wußte selbst nicht was. Dann verfing sich mein Blick im Tapetenmuster und fand die Falte an der Stoßstelle zweier Bahnen, die ich in meinem Angsttraum gesehen hatte. Zum erstenmal hatte ich da bemerkt, daß es sie gab. Wie war es möglich, daß dieses Detail aus meinem Traum auch in Wirklichkeit da war und genauso aussah? Plötzlich hatte ich Angst vor dem Tapetenmuster, das wie eine Landschaft mit vielen Wegen war. Ich mußte aufpassen, daß ich mich nicht wieder verirrte. Denn einer dieser verschlungenen Wege führte irgendwohin, wo es schrecklich war. War ich tatsächlich dort gewesen? Wenn ja – was dann?

„Du bist ja ganz kalt", sagte Raimund. „Und wie du zitterst! Ich hab ja gewußt, daß du dich darüber aufregen wirst." Er umarmte mich. „Du! Freu dich doch, daß nichts passiert ist. Meine Mutter sagt immer: ‚Wer auf den Galgen gehört, der stirbt nicht.'"

Sein Lachen war so unwiderstehlich, daß ich meine Gedanken wieder ordnen konnte.

„Ich muß aufstehen, Raimund. Ich muß irgendwas tun. Wenn ich einen klaren Kopf habe, wird alles gut sein."

Ich ging in das Badezimmer und duschte mich kalt. Der prasselnde Wasserschwall ernüchterte mich. Als ich wieder bei Raimund im Wohnzimmer war und mich anzog, sagte ich ruhig zu ihm: „Da hätte ich also fast einen Wahrtraum gehabt. Was du mir vorhin erzählt hast, das hab ich geträumt."

Er zuckte zusammen. „Was meinst du damit? Soll das heißen, daß –" Seine Stimme veränderte sich. Sie wurde brüchig und rauh, und er mußte sich räuspern, damit er seine Frage beenden konnte. „Soll das heißen, daß du im Traum gesehen hast, wie diese Baumstämme mich erschlagen haben?"

Ich schüttelte langsam den Kopf. „Es war nicht ganz so. Ich hab geträumt, daß ich hier im Zimmer gesessen bin und mich gewundert habe, warum du nicht heimkommst. Der Tisch war schon für das Abendessen gedeckt. Ich hab mich ein bißchen geärgert, weil du noch nicht da warst. Außerdem war ich ziemlich niedergeschlagen, aber nicht so, wie man es ist, wenn man Unglück gehabt hat oder wenn man fürchtet, daß es einem widerfahren könnte. Ich war eher matt und zerschlagen und hab Kopfweh gehabt –

ähnlich wie vor dem Ausbruch einer Erkältung. Dann läutete jemand an der Wohnungstür, und das war wie ein Katastrophenalarm. Es ist schwer zu beschreiben, aber so ähnlich war es. Ich hab gleich gewußt, daß etwas Schlimmes geschehen ist. Am liebsten hätte ich gar nicht aufgemacht. Draußen ist ein Mann in Uniform gestanden, der mir gesagt hat, daß du tödlich verunglückt bist, und auf welche Weise ."

„Und dann?" fragte Raimund. Es klang, als hätte er Angst. Ich brachte es nicht über mich, ihn anzusehen. Mit Absicht zog ich mich bedächtig und umständlich an.

„Das ist alles, Raimund. Du weißt ja, wie Träume sind. Sie tauchen auf und zerfließen. Nichts bleibt von ihnen."

Ich ging zu ihm hin und umarmte ihn fest. „Daß du nur wieder da bist. Alles andere gilt nicht." – Raimund lachte befreit und dankbar. Er zog mich an eines der beiden Wohnzimmerfenster.

„Komm, schau!" sagte er. „Ist das nicht ein herrlicher Tag?" Er hatte die Jalousie hinaufgezogen, und ich sah, daß in der Nacht ein strahlender flaumiger Neuschnee gefallen war. Der Himmel über der Stadt war rein und blau.

„Wie schön das ist!" sagte Raimund. „Der Schnee und die Sonne dazu. Wir könnten hinausfahren und irgendwo mittagessen."

„Ja, wenn du willst", gab ich verstört und mechanisch zur Antwort. Was ich sah, hatte ich im Traum schon einmal erlebt. – Hier war ich am Morgen nach Raimunds Tod gestanden, über Nacht war Neuschnee gefallen, so viel wie diesmal, und alles, was strahlte und lachte, verhöhnte mich.

Jetzt stand Raimund neben mir, und somit war der Tag auch für mich schön. Aber gleichzeitig war er schrecklich. Was sagte er mir?

Fast brüsk drehte ich mich um, streifte Raimunds Hand

von mir ab und ging in die Küche, weil ich allein sein mußte. Raimund sollte nicht merken, was in mir vorging. Ich mußte etwas tun, mußte mich in Bewegung halten, damit ich nicht die Fassung verlor. Ich stellte das Frühstücksgeschirr in das Abwaschbecken. Als ich das Abwaschtuch in die Hand nahm, bemerkte ich eine Rußspur daran – von der Papierasche, die ich weggewischt hatte. Aber – auch das hatte ich im Traum getan. Ich war ja erst nachher, als Folge davon, erwacht. Ich fing hektisch, doch ganz präzise zu denken an. Es war, als liefe ein Räderwerk in mir ab, das mich antrieb und mit Fluchtimpulsen versorgte, nur damit ich dem Wirkungsbereich dieser Ungeheuerlichkeiten und der Folgerungen, die sich daraus ergaben, endlich entkam. Ich mußte die Logik finden, die darin war, darum zwang ich mich zu ganz kleinen Gedankenschritten. – Ich war schlafgewandelt. Das stand fest. Beim Umhergehen war ich wohl auch in der Küche gewesen. Und da hatte ich etwas verbrannt. So mußte es gewesen sein – ja! Was Schlafwandler tun, ist ja meistens sinnlos, wenn man eine logische Erklärung dafür sucht. Es gab außerdem keinen Beweis, daß die Flecken auf dem Tuch wirklich Papierruß waren. Genausogut konnte es etwas anderes sein. Und daß es frisch geschneit hatte, war auch nur ein Zufall.

Trotz dieser plausiblen Erklärung war ich voll Angst. Ich mußte mir möglichst schnell die Gewißheit verschaffen, daß das, was ich mir da zurechtgelegt hatte, auch stimmte. Ich ging in das Wohnzimmer, um mit Raimund zu reden. Er erschrak, weil ich so energisch eingetreten war.

„Hör zu", sagte ich, „ich muß unbedingt etwas wissen. Ist dir heute nacht irgendwas aufgefallen?"

„Na ja", sagte Raimund, „da bist du herumgewandert."

„Und sonst nichts? Hab ich nichts getan, was sonderbar war? Hab ich irgend etwas aus einer Lade genommen?"

„Aber nein, ich hab nichts dergleichen gehört", sagte Raimund. Er lächelte amüsiert, doch in seinen Augen war Argwohn. „Warum willst du das wissen? Warum fragst du mich das?"

Meine Handbewegung strich seine Frage aus.

„Hast du etwas gehört, das so ähnlich geklungen hat, als hätte ich Blätter aus einem Heft gerissen? Oder könnte ich irgendwas geschrieben haben? Denk bitte genau nach, bevor du ja oder nein sagst."

„Da brauch ich nicht nachzudenken", sagte Raimund. „Du hast keine Lade auf und zu gemacht und keine Blätter aus einem Heft gerissen. Daß du etwas geschrieben hättest, wäre auch nicht gut möglich gewesen. Es war ja stockfinster, solang du herumspaziert bist. Erst später, als du in der Küche warst, hab ich Licht gemacht."

„Und du bist vollkommen sicher, daß du die ganze Zeit wach warst?"

„Aber ja", sagte Raimund erstaunt. „Ich war wach und zurechnungsfähig."

Er lachte auf seine absichtlich lustige Art und legte dabei sein Gesicht in komische Falten. Damit brachte er mich, wie jedesmal, auch zum Lachen. Ich war sehr zuversichtlich, als ich auf den Kleiderschrank zuging, ihn aufmachte und seinen Inhalt prüfte. Keine schwarzen Trauerkleider! Gott sei Dank! Ich durchsuchte ihn voll Genugtuung. Nichts! Nichts! Nichts! – Die schwarze Rußspur auf dem Tuch hatte nichts zu bedeuten. Alles war nur ein Traum gewesen – das Schreiben im Tagebuch, das Herausreißen und das Verbrennen der Blätter, das Vernichten der Wahrheit, die ich nicht anerkannte, und zuletzt auch das Niederschreiben meiner Wahrheit. So seltsam und unerklärlich auch alles gewesen war, in das wirkliche Leben reichte es nicht herein. Ich konnte mir, wenn ich wollte, die volle Gewißheit verschaffen. Nur wollte ich dabei allein sein.

Ich sagte: „Willst du mir einen Gefallen tun, Raimund? Ich schulde Frau Richter eine Dose Kondensmilch. Im Kühlschrank steht eine neue. Bitte, bringst du sie ihr?“

Frau Richter war unsere Nachbarin. Sie hatte mir wirklich eine Dose Kondensmilch geliehen.

Raimund grinste und salutierte. „Zu Befehl. Und du, faule Person, machst das Bett.“ –

Als er fort war, ging ich zur Lade und riß sie auf. Das Heft lag obenauf. Schon beim Angreifen hatte ich das Gefühl gehabt, daß es dünner als vorher war und daß Blätter fehlten. Als ich es aufschlug, sah ich unter den kupfernen Klammern im Falz ein paar Lagen von schmalen, elliptischen Fetzchen Papier, wie sie zurückbleiben, wenn man Blätter herausreißt. Und auf der ersten leeren Seite stand jener Satz, den ich im Traum, der nun doch kein Traum war, geschrieben hatte. Er war quer und schwungvoll darübergezogen, mit einer Schrift, die ich kaum als die meine erkannte. Ich las ihn und glaubte im leeren Weltraum zu sein, wo kein Oben und Unten mehr ist und alles sich dreht.

„Raimund lebt und ist heimgekommen“, stand auf dem Blatt.

In dem Grauen, das mich überfiel, hätte ich vielleicht einen Rest von Besonnenheit aufbringen können, hätte Raimund nicht die Tür aufgemacht und vergnügt gelächelt. Ein lebender Leichnam kam auf mich zu und schien keine Ahnung zu haben, woher er kam. Als er seine Zähne beim Lachen entblößte, sah ich auf einmal einen Totenkopf und brach in gellende Schreie aus. Ich wich in den äußersten Winkel des Zimmers zurück und schrie und schrie . . .

Beim Hereinkommen hatte Raimund etwas gesagt. Ich glaube, er sagte: „Frau Richter ist nicht daheim.“ Das machte alles noch viel grauenhafter. Er war tot – und Tote führen keine Alltagsgespräche. Sie schweigen oder strahlen

Kälte aus.

Ich wußte jetzt: es war kein Traum gewesen, daß Raimund gestern tot gewesen war. Doch ebensowenig war es ein Traum, daß er wieder lebte. Beides war gleichermaßen wirklich und unfaßbar. Raimund, der tote, zerschmetterte, treuherzig lachende Raimund kam durch die Tür. Ein Sturm von Gedanken packte und rüttelte mich und riß mich mit. Er trieb mich auf etwas Schwarzes, Verschlingendes zu – auf den Wahnsinn. Ich kreischte und wehrte mich.

Mit großen Schritten stürzte Raimund auf mich zu. Ich drückte mich, in die Enge getrieben, in einen Winkel und schrie und schlug voll Entsetzen auf seine Hände, als er mich berührte. Seine Berührung war für mich kalt und grauenhaft. Der Wahnsinn war wie ein Sog. Fast verführte er mich. Er versprach mir, die Angst, die ich hatte, von mir zu nehmen. Nichts würde mehr schrecklich sein, wenn ich mich ihm überließ. Der tote und der lebendige Raimund, beide würden von nun an ein und derselbe sein.

Dennoch gab es anscheinend eine souveräne Instanz in mir, die besonnen blieb und Entscheidungen treffen konnte. Diese half mir über die nächsten Stunden hinweg. Ich fiel in Ohnmacht, und alles wurde still.

Dann verging eine Spanne Zeit, von der ich nichts wußte. Ich erwachte im Krankenhaus und schlief gleich wieder ein, weil ich immer noch grauenhafte Angst vor dem Nachdenken hatte. Als ich zum zweitenmal erwachte, stand Raimund vor meinem Bett, schaute mich ratlos und sorgenvoll an und fragte, wie es mir gehe.

Sofort spannte sich wieder alles in mir an und vibrierte. „Geh weg!“ rief ich. „Geh hinaus.“ Meine Stimme war schrill.

Raimund machte eine beschwichtigende Gebärde und verschwand. Gleich darauf erschien eine Krankenschwester. Sie strich über meinen Arm, dessen Muskeln zuckten, und redete beruhigend auf mich ein. Dann injizierte sie mir ein Medikament, das mich entspannte. Eine angenehme Gleichgültigkeit überkam mich. Eine Zeitlang war die Krankenschwester mit mir beschäftigt; sie kam und ging, schob mir das Fieberthermometer unter den Arm, las es ein wenig später wortlos ab und trug die Temperatur in die Tabelle am Fußende meines Bettes ein. Ich empfand es als wohltuend, daß sie so sachlich und still war. Sie fragte mich, ob ich durstig sei, und brachte mir, da ich nickte, den milden Spitalstee mit seinem säuerlichen, harmlosen Wohlgeschmack. Erst als ich ihn getrunken hatte, spürte ich, wie durstig ich gewesen war. Dann war ich im Krankenzimmer allein. Ich war froh, daß ich mit niemandem reden mußte. Ich hatte keine Ahnung, wie spät es war. Meine Armbanduhr war irgendwann stehengeblieben. Vor dem Fenster war diesige Nebelluft, von der ich keine Tageszeit ablesen konnte, und im Grunde interessierte sie mich auch nicht.

Obwohl die Beruhigungsspritze noch immer wirkte, klärte und sammelte sich mein Ichgefühl. Meine Fähigkeit zu folgerichtigem Denken nahm zu. So gut es ging, wehrte ich alles, was Raimund betraf, von mir ab. Das gespenstische Rätsel, das ihn umgab, war unlösbar. Wenn ich bei Vernunft bleiben wollte, mußte ich das akzeptieren. Aber konnte Raimund jemals wieder ein Mensch für mich sein? Würde ich ihn je wieder lieben können? Er war fremder und unvertrauter für mich als alles, was lebte. Kein Angehöriger einer anderen Rasse mit einer anderen Hautfarbe konnte so fremdartig sein. Ja, sogar noch das niedrigste Tier, das sich in die Weltordnung einfügte, stand mir näher als er. Und von diesem Schattengeschöpf hatte ich mich lieben lassen, nachdem ich es von den Toten zurückgeholt hatte, durch welche Magie das auch immer geschehen war. Mir graute vor mir, als hätte ich etwas getan, das ekelhafter war als ein Inzest.

Ein wenig später bekam ich Besuch. Raimunds Mutter steckte den Kopf zur Tür herein. Und wieder verstand ich nicht, wie das möglich war, da sie vor kurzem noch hoch gefiebert hatte und ohne Besinnung gewesen war. Jetzt schaute ich der verkörperten Harmlosigkeit, der verkörperten Ahnungslosigkeit ins Gesicht.

Ich beobachtete, wie sie den Mantel auszog, wie sie ihn aufhängte und den Hut vom Kopf nahm. Sie fuhr sich mit allen zehn Fingern durchs Haar und lockerte ihre zerdrückte Frisur auf, zupfte den Kragen ihres Hemdblusenkleides zurecht und begutachtete sich im Spiegel. Ich schaute ihre kleine, wohlbekannte Figur an, die gleichermaßen alt und jung war, dann kehrte sie sich mir zu, und ich sah ihre Kinderaugen, rund und leuchtend, in ihrem verwelkten Gesicht. Dies alles zusammen, was gar nicht bestürzend war, bestürzte mich eben durch seine Alltäglichkeit. Es drückte so viel Gemütsruhe aus, daß nur eine Erklärung möglich war: Raimunds Mutter hatte keine Ahnung von dem, was ich wußte. Für sie war Raimund nie tot gewesen. Von dem Schock, ihn verloren zu haben, wußte sie nichts. Für sie war er ein gewöhnlicher Mensch, der seit jeher lebte, soweit ein Sohn für eine Mutter gewöhnlich sein kann.

Als sie neben mir saß und zu sprechen begann, bestätigte sie meine Vermutung ganz und gar. Sie erzählte mir, daß sie gestern in der Sauna und anschließend beim Friseur gewesen sei. Dann erinnerte sie sich wieder daran, daß ich im Krankenbett lag, und ergriff spontan meine Hand. Sie näherte mir ihr Gesicht und fragte: „Also, Kindchen, wie geht's dir?"

Ich sagte: „Es geht mir ganz gut."

„Und den Schock hast du schon überwunden?"

Ich zuckte die Achseln und schwieg.

Sie zögerte kurz, dann entschloß sie sich, nicht länger um die Sache herumzureden. Sie fragte, wobei sie mir fest in die Augen schaute:

„Hat es etwas mit dem zu tun, was du geträumt hast?"

„Ja, doch, es hängt damit zusammen", gab ich zu. Und schon spürte ich unter meiner künstlichen Ruhe, die eher eine Gefühlslähmung war, wieder ein Erschauern. Zugleich wurde mir bewußt, wie seltsam das war, daß nicht Raimunds Mutter, sondern ich im Spitalsbett lag. Nach Raimunds Tod hatte ich mir gewünscht, an ihrer Stelle und aller Pflichten enthoben zu sein, die mit einem Todesfall verbunden sind. Jetzt lag ich tatsächlich da – und sie wußte von nichts.

„Es ist wirklich entsetzlich, wenn man bedenkt, wie leicht er tot sein könnte", sagte sie. „Ich versteh aber trotzdem nicht, was dich nachträglich so erschreckt hat. Raimund versteht es auch nicht. Er ist völlig verstört. Er sagt, er habe den Eindruck gehabt, daß du nichts mehr mit ihm zu tun haben wolltest und daß er etwas ganz Schreckliches für dich sei."

Nun schwieg ich und schloß die Augen. Ich konnte und wollte ihr keine Antwort geben, die für mich selber noch nicht endgültig war.

Sie drückte meine Hand mit beiden Händen. „Mein Gott, ich bin fürchterlich ungeschickt", sagte sie. „Mir ist eingeschärft worden, daß ich dich schonen soll, dabei rede ich über Dinge, die dich aufregen müssen."

Sie bückte sich zu der Tasche, die neben ihr stand. „Schau, da habe ich dir allerhand mitgebracht." Sie brachte ein Päckchen mit Süßigkeiten und ein Taschenbuch mit Zeichenwitzen zum Vorschein.

Bei ihren Bewegungen hatte ich das Gefühl, daß sie sich unbesorgt und gedankenlos neben einem unsichtbaren Abgrund bewegte. Nur die Kopfwendung eines Mannes namens Kilian Weidrich, der Raimunds Schulfreund gewesen war, trennte sie von einer Welt voller Qual.

Ich wußte noch, was es hieß, da hineingestoßen zu sein.

Ich hatte dort tagelang in vollem Bewußtsein gelebt. Als ich daran dachte und mir in Erinnerung rief, wie höllisch, wie grausam das alles gewesen war, kam mir dieses ganze Alltagsgetue, das sich neben mir abspielte, fast unerträglich banal vor. – Doch als mir klar wurde, daß ich jener Hölle entronnen war, durchdrang mich tiefe Freude. Ich lebte nicht mehr in jener qualvollen Welt und fühlte mich vor Erlösung fast körperlos.

Und doch befand ich mich gleichsam im Niemandsland. Ich konnte nicht glauben, daß Raimund wirklich lebte, nachdem er wirklich tot für mich gewesen war und nicht nur in einem ungewöhnlich lebhaften Traum. Mein Verstand, dieser steinerne Klotz, blieb unnachgiebig und würde zerbrechen, wenn ich ihn dazu zwang, etwas anzuerkennen, das nicht möglich war. Somit war ich heimatlos zwischen zwei Welten, deren eine unerträglich für meine Gefühle und deren andere bedrohlich für meine Vernunft war.

Noch immer war dieses Zittern in mir, diese zuckende Fluchtbereitschaft, für die es keine Ruhe gab, außer im Schlaf, nach dem ich mich sehnte.

Doch Raimunds Mutter hielt mich mit ihrem Geplauder wach. Die ganze Zeit hörte ich ihr nur beiläufig zu, nur um hie und da einige Worte sagen zu können, die hoffentlich paßten. Währenddessen tat ich ununterbrochen das, wovon sie mich unbedingt abhalten wollte – ich dachte nach. Und damit leitete ich einen Umschwung ein.

Raimunds Mutter sagte: „Übrigens hab ich euch etwas gekauft, weil ich so froh über eure glückliche Heimkehr bin. Es steht schon in deiner Wohnung. Wenn du heimkommst, wirst du es sehen.“ –

Mein Lächeln deutete sie als ein Zeichen der Dankbarkeit, als ein freudiges Aufleuchten, und das war es auch. Freilich dachte ich an ein ganz anderes Geschenk, AN RAIMUND, und an das Aufatmen, das mir beschieden war, wenn ich es annahm. Sonst gab es nichts mehr, worüber ich nachdenken wollte, auch als Raimunds Mutter schon wieder gegangen war.

Ich machte kein Licht, ich las nicht und hörte kein Radio. Mein ganzes Sinnen und Denken war darauf gerichtet, daß ich unerhört reich beschenkt worden war und daß ich mich immer noch nicht damit abfinden konnte. Mein intellektueller Hochmut ließ es nicht zu. Dabei hatte ich grundsätzlich immer an Wunder geglaubt oder, genauer gesagt, sie für möglich gehalten. Es war für mich annehmbar, daß es Situationen gab, in denen irgendein souveränes Prinzip, das man selbstverständlich auch Gott nennen konnte, wenn einem das große Wort gefiel, die Naturgesetze verändern und aufheben konnte. Daß ich allerdings selbst einmal etwas erleben könnte, das allem Anschein nach ein gewaltiges Wunder war, hatte ich in mein Denkkonzept nicht miteinbezogen. Noch immer fiel es mir schwer, daran zu glauben. Das war starrköpfig, engherzig, undankbar und – normal. Aber schließlich kam die Freude endgültig durch. Ein stürmischer Stolz war in mir, ein Triumph ohnegleichen. Raimund war wieder am Leben – und ich hatte es bewirkt. In meiner Vorstellungswelt war das ein Kraftakt, der die Massen des Universums zurückgewälzt, den Zeitablauf umgekehrt und alles ausgelöscht hatte, was es außerhalb meiner Erinnerung an Ereignissen und deren Folgen gab, seit das Lastauto mit den Buchenstämmen auf Raimund zugekommen war, um ihn zu töten. Zwar wurde nur eine Kleinigkeit im beschlossenen Ablauf der Dinge geändert, nur, daß ein Mann, der Kilian Weidrich hieß, sein Gesicht Raimund zugekehrt hatte, anstatt vorbeizugehen. Trotzdem hatte zu diesem Zweck das Weltall zusammengewirkt, um Raimund zu schützen und weiterleben zu lassen. Kein zerschmetterter Leichnam war aufgestanden und hatte seine Gebeine zusammengesucht, um lemurenhaft durch mein künftiges Leben zu geistern. Er war nie gestorben. Er hatte immer gelebt.

Und die Spuren der herausgerissenen Tagebuchblätter? Und das eine, neu angefangene Blatt mit dem einen Satz, den ich, im Wohnzimmer sitzend, geschrieben hatte, als Raimund noch nicht zu Hause gewesen und folglich für mich noch tot gewesen war? – Hier war das Geheimnis, mit dem ich mich schließlich abfand.

Ich glitt beim Erwachen in einen Tag hinein, der anders als alle bisherigen Tage war. Noch mit geschlossenen Augen hatte ich das Gefühl, daß er strahlte.

Sehr früh war die Krankenschwester schon dagewesen und hatte mir das Fieberthermometer gebracht. Als sie ihre Eintragung in die Tabelle machte, erschien mir das überaus lächerlich. Wie konnte eine meiner Lebensfunktionen, die noch dazu willkürlich ausgewählt war, ein Maß für meine Genesung sein?

Als die Krankenschwester einen Blick auf mich warf, mußte sie bemerkt haben, daß da etwas war, das im Rahmen ihrer routinemäßigen Morgenverpflichtung über alles Meßbare und Protokollierbare weit hinausging. Ich sah ihr Interesse an mir erwachen. Sie schaute mich aufmerksam an und lächelte.

„Mir scheint", sagte sie, „es geht Ihnen ziemlich gut."

Das war eine Verharmlosung, die ich ihr, ebenfalls lächelnd, verzieh. Wem auf der Welt sollte es gutgehen, wenn nicht mir?

Ich wäre am liebsten aufgestanden und hätte sofort dieses Krankenhaus verlassen, das der am wenigsten für mich passende Aufenthaltsort war, doch sah ich ein, daß ich mich gedulden mußte. Ohne amtliche Abwicklung konnte ich nicht von hier fort. Ich überlegte, ob ich Raimund anrufen sollte. Doch dann wollte ich nicht, daß die erste Verbindung, die ich wach und bewußt in der neuen Wirklichkeit mit ihm aufnahm, etwas Flüchtiges und Unvollständiges sein sollte. Dieser ganz neue Tag ließ nicht zu, daß ich unachtsam mit ihm umging wie mit sonstigen Tagen. Ich ging wie auf Zehenspitzen in ihn hinein.

Langsam zog ich mich an und kämmte mich. Dann setzte ich mich an das Fenster und schaute hinaus. Es konnte nicht anders sein, als daß ein sonniger Tag war und daß ich in einer Umhüllung aus weißem Licht saß. Ich hatte kein Verlangen, Menschen zu sehen. Ihre Alltagsblindheit hätte mich unangenehm berührt.

Raimund kam bald nach dem Mittagessen. Er hatte die Krankenschwester als Vorhut geschickt, um mich fragen zu lassen, ob es mich aufregen würde, wenn er mich einige Minuten lang besuchte. Dabei wartete ich schon so ungeduldig auf ihn.

Ich schaute zur Tür und sah, wie sie langsam aufging, und gleich darauf steckte Raimund den Kopf durch den Türspalt. Sein Gesicht war voll ängstlicher Rücksicht und so zerknirscht, als käme er, um eine Strafpredigt zu empfangen. Er schaute so komisch, so rührend, so durch und durch menschlich aus, daß ich mein Entsetzen vor ihm nicht mehr begriff. Natürlich, auch Raimund war alltagsblind. Für ihn war das Leben ungestört weitergegangen, wenn man von meinem hysterischen Anfall absah. Von seiner Sicht mußte es etwas dergleichen gewesen sein.

Eine zärtliche Heiterkeit war in mir, als ich sah, wie da vollkommen unbegründet sein schlechtes Gewissen ans Licht kam, das er anscheinend immer in Bereitschaft hatte – wahrscheinlich infolge angesammelter Missetaten, deren einzelne überhaupt nicht der Rede wert war. Ich ging ihm entgegen und gab ihm die Hand. Es war schwer, nicht zu zeigen, wie ergriffen ich war.

Als er vor mir stand und mich mit leuchtenden Augen

ansah und unschlüssig war, was er sagen sollte, hatte er eine außerordentliche Bedeutung für mich, so als sei er mir zur Betreuung überantwortet worden. Gewissermaßen war Raimund jetzt mein Werk. Meine Liebe zu ihm im Verein mit einer mir fremden Kraft und meine Entschlossenheit, ihn nicht herzugeben, hatten zusammengewirkt, daß er unversehrt war. Ich streichelte seine Schultern, wortlos und überglücklich.

Raimund schien froh zu sein, daß er nichts sagen mußte. Ich wurde nicht müde, ihn anzuschauen und ihn ein zweites Mal für mich zu entdecken. Ich sah sein gut aussehendes und helles Gesicht, das nicht sehr hart, aber doch gut modelliert war – ein längliches Männergesicht mit glasklaren Augen. Sein Haar war kräftig, glänzend und glatt und mit Entschiedenheit aus dem Gesicht gekämmt. Das war es, was ihm seinen kühnen Ausdruck gab. Heute sah ich zum ersten Mal, daß diese Kühnheit nicht überwog. Mir fiel auch die Kindlichkeit in diesem Gesicht auf.

„Weißt du, was ich am liebsten möchte?“ sagte ich. „Ich möchte sofort mit dir nach Hause fahren.“

Seine Augen leuchteten auf. „Und du glaubst, daß du das schon könntest? Ich meine, du hast das Gefühl, daß du schon soweit bist?“ Er ärgerte sich über seine Ausdrucksweise, war verlegen und hätte es gerne anders gesagt. Aber dazu hätte er mehr verstehen müssen, und ich wußte, daß das nie der Fall sein könnte. Ich würde ihm nie von meinem Erlebnis erzählen, ihm niemals sagen, daß es kein Traum gewesen war. Er hätte möglicherweise darüber gelacht, wenn auch nur aus Ungläubigkeit und Verlegenheit oder um sein Entsetzen zu überspielen. Doch ich hätte es nicht ertragen, daß er lachte.

Ich merkte ihm an, daß er mich etwas fragen wollte, und wußte auch, was. Da er offensichtlich unschlüssig war, wie er seine Frage formulieren sollte, half ich ihm, indem ich ihm mit meiner Antwort zuvorkam.

„Ich kann mir übrigens nicht erklären, was da mit mir geschehen ist. Ich hab einen plötzlichen Anfall von Angst gehabt."

„Und jetzt ist das ausgestanden?"

„Ja. Ganz bestimmt. Mir ist klar geworden, daß das Leben in jedem Augenblick ein Zusammenwirken glücklicher Umstände ist und daß es sehr undankbar ist, wenn man sich im nachhinein fürchtet. Jetzt freu ich mich nur mehr, daß dir nichts geschehen ist."

Am nächsten Morgen holte Raimund mich ab. Die Ärzte hatten nichts dagegen. Sie wunderten sich nur über den raschen Umschwung in meinem Befinden und sagten, daß mein Krankheitsfall vollkommen untypisch sei. Daß es nie eine Krankheit gewesen war, wußte nur ich.

In einer Jubelstimmung betrat ich mit Raimund unser Haus. Es war ein Neubau mit Eigentumsgarçonnièren. Eine davon gehörte Raimund und mir. Sie gehörte eigentlich mir allein. Ich hatte sie schon vor einigen Jahren erworben, als Raimund noch nicht in meinem Leben gewesen war.

Meine Wohnung war klein. Sie bestand nur aus wenigen Räumen: Küche, Vorzimmer, Bad und Wohnschlafzimmer. Natürlich war sie zu eng für zwei Personen. Aber wenn wir sparten und unser Geld zusammenlegten, könnten wir uns ziemlich bald eine neue kaufen. Die großen und sicherlich teuren Blumensträuße, die Raimund im Wohnzimmer aufgestellt hatte, waren für dieses Vorhaben freilich kein passender Auftakt, doch steigerte ihr Anblick mein Glücksgefühl. Auf dem Wohnzimmertisch stand das von Raimunds Mutter angekündigte Geschenk. Es war ein Bowleservice aus Bleikristall, fein geschliffen und wunderschön und eigentlich zu kostbar für unseren kleinen Haushalt.

Raimund war nicht besonders davon beeindruckt. Daß es kostbar war, interessierte ihn überhaupt nicht. Er stellte nur fest, daß seine Mutter in ihrem Bemühen, ihn fortwährend zu verwöhnen, entwaffnend war, doch das Geschenk erschien ihm phantasielos.

Ich konnte ihm nicht recht geben. Mir gefiel es. Jede einzelne Schale hob ich bewundernd gegen das Licht und ließ ihre Regenbogenfarben leuchten und blitzen. Mich faszinierte das Licht. Es tat meinen Augen nicht weh. Endlos lang konnte ich in etwas Leuchtendes schauen, voll Selbstvergessenheit und Bewunderung. Ich liebe geschliffenes Glas, ob es teuer ist oder nicht. Mir gefällt es ganz einfach, und ich besitze es gern.

Da in Raimunds Augen ein Schimmer von Ironie war, fragte ich ihn: „Was hättest denn du dir gewünscht?"

„Ach, ich weiß es nicht so genau. Vielleicht einen Kreisel."

„Einen – was?"

„Einen Kreisel. Der dreht sich so schön und singt. Wir hätten stundenlang damit spielen können."

Ich mußte lachen, und er erschien mir wieder sehr jung. Wie ein unbekümmertes, verspieltes Tier sah er aus. In seinen Augen war jene Unschuldsleere, die auch in den Augen ganz kleiner Kinder ist.

„Weißt du was?" sagte ich, „spielen wir mit dem Bowleservice. Heute abend trinken wir Erdbeerbowle."

„Aber vorher gehen wir aus", bestimmte Raimund, „wir gehen zum Abendessen ins Schloßrestaurant."

Das war unfaßbar. Er glaubte, wir hätten noch Geld, und kümmerte sich nicht darum, daß wir in Wahrheit keines mehr besaßen. Zu arg hatten wir uns in den letzten Wochen verausgabt. Eine Hochzeitsreise rund um die halbe Welt! So gern ich auch reiste, mir schwindelte noch davon. – Wieder griff ich nach einem Glas und drehte es. Ich sah die Änderungen der Farben im Kristallicht, das Blitzen von Feuerpfeilen, wenn ich das Glas bewegte, und ich spürte, daß in mir etwas vorging, das diesem farbigen Scheinleben ähnlich war. Dabei stellte sich eine Verbindung her, die ich nur mit großer Anstrengung abreißen konnte. Auch wenn ich in Flammen schaute, erging es mir so.

Raimund sagte etwas zu mir. Nur der Wortklang

erreichte mich. Er mußte mich beim Handgelenk packen und mir das Kristallglas entwinden, damit ich ihn ansah. Er sagte lächelnd: „So schön ist es auch wieder nicht."

Ich erwiderte nachdenklich: „Daran liegt es nicht. Ich weiß nicht, warum ich nicht wegschauen kann. Dieses Licht, das dieses Glas zerstreut, hat Macht über mich, und gleichzeitig geht von ihr etwas auch auf mich über. Ich erinnere mich an meine Kindheit. Da starrte ich einmal in eine Christbaumkerze. Ich sah einen rötlichen Hof um den glühenden Docht, der von einer reinweißen Strahlung eingehüllt war. Die Umhüllung der Flamme war blau und schwang in die Spitze aus, und ich wußte, daß es noch lichtere Randzonen gab. Nur war das ein Licht, das man nicht mehr sah. Es drang aber in mich ein und beeinflußte mich. Dann sagte ein Weihnachtsengel etwas zu mir. Ich schaute in die Richtung, aus der seine Stimme kam, und sah ihn. Wir führten ein richtiges Gespräch miteinander.

Meine Eltern hörten mich reden und hielten mich für verrückt. Sie gerieten in Panik und ohrfeigten mich, und dies am Christabend, der für sie heilig war, und an dem uns mein Vater immer das Weihnachtsevangelium vorlas.

Die ersten Ohrfeigen spürte ich kaum. Erst als die Stelle, an der ich den Engel erblickt hatte, leer war, kam ich zu mir, bemerkte, wie meine Wangen brannten und brach in ein Protestgeschrei aus. Ich war wie von Sinnen und schlug und boxte zurück.

Sie hatten mir meinen Weihnachtsengel verjagt, dessen Stimme ein süßes Singen gewesen war. Ihre Menschenstimmen klangen nun häßlich und hart. Ich hörte sie leise darüber sprechen, daß das, was ich da getan hatte, unchristlich gewesen sei, vor allem, weil ich Vater und Mutter geschlagen hatte. Auch mein Plappern ins Leere hinein verteufelten sie, weil sie meinen Engel nicht gesehen hatten. – Es wurde ein schlimmer Abend voll Vorwurf und Angst."

„Ach ja, du hast mir schon einmal erzählt, wie bigott deine Eltern waren. Die Geschichte paßte gut dazu. Verübelst du es ihnen noch heute?“

„Nein. Ich bin nur daran erinnert worden, weil ich den Blick von diesem Glas nicht abwenden kann.“

„Aber könnten wir nicht auch dabei meinen Vorschlag bedenken? Das Stichwort heißt: Schloßrestaurant. Sei lieb und geh mit mir aus.“

Ich kam mit Einwänden, die ich für handfest hielt. „Wir haben nicht mehr das Geld für so teure Späße!“

„Ich zahle mit Scheck. Ich kann mein Gehaltskonto überziehen.“ Raimunds Antwort war wie ein kurzer, gerader Strich.

Doch sein weiterer Überzeugungsversuch machte mich schon wieder schwindlig. Er packte mich um die Mitte und schwenkte mich herum. „Morgen leben wir dafür von Haferflockensuppe. Oder von Aspirin. Das kann beides sehr wohlschmeckend sein. Es ist nur eine Frage der richtigen Zubereitung.“

Ach was! Ich flog gern durch die Luft, wenn er mich festhielt, und außerdem, außerdem, außerdem . . . „Ja, wir feiern!“

„Wir machen uns schön“, sagte Raimund, „noch schöner, als wir schon sind!“ Und das taten wir.

Wir stellten uns Arm in Arm vor den Vorzimmerspiegel. Ich sah Raimund in seinem nachtblauen Abendanzug und daneben mich, ein wenig kleiner als er, mit einem freudestrahlenden Gesicht. Es gab darin keine Spuren mehr, die eine grauenhafte Erfahrung verrieten.

Es war plötzlich sehr seltsam für mich, uns im Spiegel zu sehen, als gäbe es DRÜBEN einen anderen Raum, der durch etwas Kaltes und Glattes von uns getrennt war und in den wir nicht hineingehen konnten – als wäre DRÜBEN eine andere Wirklichkeit.

„Also komm jetzt, du eitle Person“, sagte Raimund,

indem er mich schwungvoll mit sich zog und mir wieder das wunderbare, verrückte Gefühl gab, für einen kurzen Augenblick neben ihm zu schweben.

Wir nahmen ein Taxi, denn ich hatte mein Auto verkauft. Ich hatte gehofft, daß uns etwas mehr Geld für einen gemeinsamen Anfang bleiben würde, wenn wir keine Ausgaben mehr dafür hatten, zumal es schon alt und reparaturbedürftig war. Mein Erspartes war für die Reise aufgegangen.

Auch Raimund hatte gerade Geld gehabt, da sein Bausparvertrag vor unserer Hochzeit ausgelaufen war. Das alles war weg und dazu der Erlös für mein Auto, der außerdem enttäuschend niedrig gewesen war. Jetzt tat es mir leid, daß ich es nicht mehr besaß, da in Zukunft Taxikosten anfallen würden.

Auch Raimund hatte sein Motorrad nicht mehr. Das hatte er auf mein Bitten und Drängen verkauft. Immer hatte ich Angst um ihn ausgestanden, wenn ich ihm nachgeschaut hatte, wie er schneidig dahinfuhr und nichts um ihn gewesen war, das ihn schützte. Immer hatte ich dabei das Gefühl gehabt, daß er ein Geschoß war, das irgendwo einschlagen würde, um sich beim Aufprall selbst zu zerstören.

Das Taxi brachte uns in das Schloßrestaurant. Das befand sich etwa zehn Kilometer außerhalb unserer Stadt in einem Wasserschloß, das als Hotel ausgebaut war. Es war für meine Ansprüche viel zu nobel und zu teuer für unseren Kontostand. Doch für diesen besonderen Abend war nichts gut genug.

Das Wasserschloß lag in einem halb zugefrorenen Teich. Auf dem Eis saßen runde, stachelige Büschel von Rauhreif, und über den Uferrand hing in dicken Wülsten der Schnee. Im Licht der schmiedeeisernen Parklaternen und im Schein der erleuchteten Fenster glitzerte alles.

Raimund war ganz vernarrt in das Restaurant. Wenn es

nach ihm gegangen wäre, hätten wir jeden Abend hier gespeist, gleichgültig, wer dann unsere Schulden zahlte. Er trug ein tiefes Behagen zur Schau, als wir an dem Tisch mit den brennenden Kerzen saßen und eine livrierte Kellnerschar uns bediente. So sehr ich eine gute Mahlzeit genießen kann, so wenig bedeutete mir so ein Maskenfest. Es verhalf mir keineswegs zu der Illusion, daß wir ein Schloß mit kompletter Dienerschaft hatten. Doch Raimund sah aus, als fühlte er sich so.

Als Vorspeise aßen wir Gänseleberpastete, danach eine sogenannte „Consommée royale", Roastbeef vom Spieß mit feinen Gemüsen garniert, und eine süße Creme mit Himbeerpürree, die den Namen „Creme Anastasia" hatte.

In Raimunds Augen spiegelte sich die Holzkohlenglut, als er zuschaute, wie der Kellner das Roastbeef abschnitt, wobei ein paar Safttropfen zischend in das Glutbecken fielen. Diese Art von Barbarenromantik erfreute ihn. Auch ich gab mir Mühe, mich darauf einzustimmen. Trotzdem war mir das Roastbeef zu fett und zu wenig gewürzt.

Den Wein hatte Raimund ausgesucht. Es gab hier natürlich nur teure Flaschenweine. Ich war gar nicht erfreut, wenn ich daran dachte, wie kostspielig und wie unergiebig das alles war. Wenn man von den Speisen, die wir gegessen hatten, den Aufputz der phantasievollen Namen wegnahm, so hatten wir eine ganz gewöhnliche Mahlzeit gehabt. Ich kannte ein Restaurant in der Innenstadt. Dort schmeckte mir jeder Bissen, und keiner war überzahlt. Es gab einen ausgezeichneten Rehbraten dort, den erfrischendsten Obstsalat und die zartesten Crêpes Suzette. Es gab guten offenen Wein, und die Bedienung war flink. Dort hätte ich mich viel wohler gefühlt als hier. Während Raimund Walnußkäse mit Weintrauben aß, machte ich in Gedanken eine überschlagsmäßige Addition und fühlte mich ganz entschieden übervorteilt. Raimund lehnte sich in den Sessel zurück, bot mir eine Zigarette an und traf Anstalten, selbst zu rauchen. Sofort war ein livrierter Lakai da und gab uns Feuer. Ich legte gar keinen Wert auf so viel Aufmerksamkeit.

„Weißt du, woran ich jetzt denke?“ fragte Raimund. „An Legazpi. An das Hotel Mayon Imperial.“

An nichts besseres hätte er mich erinnern können. In meinen Gedanken baute sich plötzlich ein herrlicher Berg auf – der Vulkan Mayon. Seine Flanken, die wie mathematische Kurven sind, treffen sich über dem Krater in einem Schnittpunkt. Die logische Ergänzung seiner Gestalt ist die Eruption. Erst vor kurzem waren wir dort gewesen. Es war kaum zu glauben, so weit war alles schon entrückt. Zu der großen Entfernung, die wir zurückgelegt hatten, gehörte gefühlsmäßig auch ein großer zeitlicher Abstand. Aber als Raimund das Stichwort aussprach, überfielen mich Erinnerungsbilder, die noch ganz frisch und voll Leuchtkraft waren: Wir saßen beim Abendessen im coffee-shop des Hotels, und die Kellner, die uns bedienten, sangen und tanzten.

Ich sah Reisfelder, Baumfarne, blühende Tulpenbäume – alles räumlich weit weg und zeitlich unfaßbar nah. Ich sah an den Schnüren, die neben der Straße aufgespannt waren, die hellgelben, silbrig schimmernden Hanffasern wehen. Das alles hatte ich fast vergessen. Es war verschüttet gewesen durch Raimunds Tod. Ich mußte an das tote Dorf Cagsawa denken, das seit einem verheerenden Ausbruch des Mayon von Asche und kalten Lavamassen bedeckt war. Aber Raimund samt seinen Erinnerungen saß neben mir. Ich erschrak, als mir zu Bewußtsein kam, wie selbstverständlich das in diesem Augenblick war.

Es hatte genügt, daß ich mich geärgert hatte, weil das Essen hier im Schloßrestaurant für seine phantastischen Preise nicht gut genug war. War das Gewöhnliche und das Kleinliche im Leben wirklich so stark?

Wir rauchten und schauten einander an. Ein angenehm

gedämpftes Licht umhüllte uns. Raimund lächelte und fragte, warum ich sein Gesicht so genau studierte.

Ich sagte: „Deine Sommersprossen sind wie ein Sternbild. Ich denke mir einen schönen Namen dafür aus."

„Zum Beispiel?"

„Ich weiß noch nicht, welchen. Er soll mythologisch sein – wie Kassiopeia oder Berenike. Laß dir einen einfallen. Wozu bist du Werbefachmann?"

Er schaute starr und konzentriert in die Luft. Man sah, wie ihm immer wieder eine Idee kam, und wie er sie, ohne sie auszusprechen, verwarf. Seine Wangenmuskeln und seine Lippen bewegten sich.

„Amalthea", sagte er plötzlich und schaute mich an.

„Warum Amalthea?"

„Das ist mythologisch und klingt gut. Ob es besonders werbewirksam ist, weiß ich nicht. Ich will aber annehmen, daß das nicht so wichtig ist. Oder willst du mich verkaufen, Daniela?"

„Wozu?" fragte ich. „Zur Behebung unserer Geldnot?"

Er lachte laut auf. „Was sind das für Anzüglichkeiten?" Dann stellte er mir eine sehr kindliche Frage: „Wärst du traurig, wenn es mich erwischt hätte, Daniela?"

Ich mußte lächeln wie jemand, der sehr viel weiß und mit einer vollkommenen Ahnungslosigkeit konfrontiert wird.

„Ob ich traurig wäre? Nein, ich wäre halb tot. Und ich würde nichts brennender wünschen, als ganz und gar tot zu sein." Ich merkte, wie Raimund sich darüber freute. Die Reue, die er danach zeigte, war nicht ganz echt.

„Verzeih", sagte er, „daß ich dich schon wieder aufgeregt habe. Mir scheint, daß du ein bißchen zu viel Phantasie hast. Du malst dir da zu viel aus. Das ist schlecht für dich."

Er konnte nicht wissen, wie gut es für mich war, wenn ich mich erinnerte und dabei Raimund vor mir sah: seinen

Körper, der voller Spannung und Leben war, sein waches, helles und kühnes Gesicht, auf dem ein Sternbild aus Sommersprossen prangte.

Wie kommt er auf „Amalthea"? fragte ich mich.

Amalthea war eine Nymphe gewesen, die Zeus in seinen Kinderjahren behütet hatte. Sie hatte ihn mit Milch und Honig genährt und ihn gut versteckt, damit ihn sein Vater Chronos nicht auch verschlang. Chronos – die mordende Zeit. Es durchschauerte mich. Da, irgendwo in der nahen Vergangenheit, war ein Abgrund. Aus dem war Raimund zu mir zurückgekehrt. Sollte ich die Behüterin seines Lebens sein?

Beim Bowletrinken waren wir lange wach geblieben. Raimund überredete mich dazu, am nächsten Tag im Bett zu bleiben und mich auszuschlafen, anstatt zur Arbeit zu gehen, so wie er das auch zu tun gedachte. Er konnte nicht wissen, wozu er mich da verführte, und was für eine Zumutung das für mein Gewissen war. Dazu kannte er mich doch noch nicht gut genug. Er wußte nicht, daß ich in diesem Punkt sehr streng zu mir war und mir solche Unredlichkeiten noch nie gestattet hatte.

Ich gab Raimund nur nach, weil ich wirklich müde war. Der Klimawechsel hatte mich strapaziert, das war ganz natürlich. Und unmittelbar darauf jener Schicksalsschlag, der auf wunderbare Weise doch keiner war! War es denkbar, daß ich trotzdem seine Nachwirkung spürte? Vielleicht war es auch eine Reaktion auf den Nervenschock, den ich wirklich gehabt hatte, oder ganz einfach ein Kater. Letzteres war die einfachste Erklärung, die mir aber als Mittel zu meiner Rechtfertigung nicht gefiel. Immerhin tat mir der Rasttag gut. Ich genoß ihn, auch wenn er erschwindelt war. Am späten Vormittag stand Raimund auf und rief meinen Vorgesetzten an, um ihm zu sagen, daß ich zwar nicht mehr im Krankenhaus, aber immer noch schonungsbedürftig sei, und er selbst redete sich in der Werbeagentur, in der er beschäftigt war, darauf aus, daß er mich noch nicht allein lassen konnte. Dann kam er heim und legte sich wieder ins Bett.

Am nächsten Tag fuhr ich halbwegs ernüchtert zur Arbeit. Wie immer steckte ich meine Kontrollkarte in die Stechuhr, um zu beweisen, daß ich pünktlich war, und wie immer fand ich das in meinem Fall überflüssig, da ich lieber kam als ging, denn mein Beruf gefiel mir.

Meine Firma war ein Edelstahlwerk – ein alteingesessener und renommierter Betrieb. Mein Arbeitsraum in der Forschungsabteilung war neuzeitlich nüchtern, kühl und zweckentsprechend. Ich warf einen Blick hinein und zuckte beinahe zurück. Eine Menge Papier häufte sich auf meinem Schreibtisch. Zuerst sah ich meine drei Postkörbe durch und sortierte den Inhalt nach Dringlichkeit. Dann übermannte mich die Verdrossenheit, die daher kam, daß ich alles so unüberschaubar fand, und so begrüßte ich zunächst einmal meine Kollegen. Übereinstimmend lobten sie meine Sonnenbräune und versicherten mir, wie gesund ich aussah. Ich hatte den fatalen Verdacht, daß sie nicht an meinen Nervenzusammenbruch glaubten. Doch wie ich sie kannte, verstanden sie sehr gut, daß man nach so einer ermüdenden Hochzeitsreise nicht gleich wieder stramm zur Arbeit ging.

Ich meldete mich bei unserem Chef zurück, vielleicht bei dem einzigen Menschen in unserer Abteilung, der Sonnenbräune für kein Wertobjekt hielt – für kein Statussymbol, das man unter Opfern erwarb.

Nach der Begrüßungstour wieder in meinem Zimmer, streckte ich die Beine unter den Tisch, rauchte eine Zigarette und sammelte mich.

Harry Reinhalter kam herein und fragte, ob ich einen Vortragstext mit ihm ausarbeiten wollte. Es sollte der Text für ein Kurzreferat sein, – unser Beitrag zur Feinstrukturtagung.

In seinem langen, weißen Arbeitsmantel stand Harry vor mir. Immer waren ihm seine Arbeitsmäntel ein bißchen zu lang. Dr. Harry Reinhalter, wie er eigentlich hieß, war klein gewachsen. Er war aber schlank und beweglich und gut proportioniert, nur sah man das unter dem plumpen Mantel nicht. Mir gefiel sein Gesicht, das hager und jung war – ein richtiges junges Gelehrtengesicht, dem allerdings Harrys lustige Bürstenfrisur, die ihn optisch verlängerte, etwas Pfiffiges gab.

Er sagte: „Ich weiß ja, daß nicht mehr viel Zeit dafür ist, aber gelt, du machst das mit mir, du kannst das so gut.“

Er schaute mich flehentlich und komplizenhaft an, damit ich verstand, was er eigentlich sagen wollte: Den Vortragstext sollte ich ohne ihn machen, denn er verabscheute alles Schreiben und Formulieren.

„Schon gut“, sagte ich. „Wir besprechen es dann.“ Harrys Augen funkten mir Dankbarkeit zu.

„Es soll eine kleine Lustbarkeit werden“, sagte er. „Du darfst nämlich Juckpulver unter die Menge streuen.“

Ich begriff diese Anspielung nicht, und er lachte: „Du sollst verkünden, daß es ein neues Gefüge gibt.“

„Dieses Härtegefüge – ach ja, ich weiß schon. Dieser ausgefallene Martensit.“

„Da liefern wir eine Theorie dazu“, sagte Harry, „daß alle aufheulen werden.“

Er zwinkerte bedeutungsvoll mit den Augen und ging. Ich schaute ihm nach, und hatte, wie immer, den Eindruck, daß sein Mantel den Raum verließ, und Harry mitnahm.

Harry war mein einziger männlicher Freund. Auch mit

Doris, seiner Frau, verstand ich mich gut. Immer wieder hatten wir einander besucht und viele Ausflüge miteinander gemacht, und ich hoffte, daß das nach meiner Heirat nicht aufhören würde.

Ja, was noch? Einige neue Publikationen gab es. Sie betrafen mein engeres Arbeitsgebiet. Ich überflog zunächst nur die Kapitelüberschriften und nahm mir vor, das Ganze so bald wie möglich zu lesen.

Das Leben nahm wieder seinen geordneten Lauf in einem festen Bezugssystem. Auch mein Arbeitsplatz war ein Teil davon, nicht aber Raimunds Tod und Wiederkehr. Niemand wußte hier von dem schrecklichen Unglücksfall, sowenig wie Raimunds Mutter davon wußte. Und doch hatten alle hier im Büro mir ihre Bestürzung und ihr Mitleid bekundet, nachdem sie erfahren hatten, daß Raimund verunglückt war. Auch die Tage, die dieses Erlebnis umfaßt hatten, waren wie ausgelöscht. Termingerecht war ich nach beendetem Hochzeitsurlaub, dem Krankenhausaufenthalt nach dem Nervenschock und dem Rasttag, den ich mir erschwindelt hatte, zurückgekommen.

Und dann? Ja, dann war es, als ob mich wieder ein Sturm durchwühlte und mich aus meiner Verankerung riß. Ich hörte meine Stimme: „Das gibt es ja nicht!" Das war ja Wahnsinn! Raimund lebte – oder lebte er doch nicht? Ein Anruf, der ihn erreichte, beruhigte mich. Der Freudenwirbel, der mich getragen hatte, war für mich doch das einzig angemessene Gefühl – nicht mit Unterbrechungen, sondern für alle Zeit, die noch kam.

Doch er war nicht das Leben. Er hob mich darüber hinaus. Es gab nur den Alltag oder den Tod im Glücksrausch – und für das Alltagsleben entschied ich mich. Ich durfte nur WISSEN, daß ein Wunder geschehen war. In seiner Gefühlswelt zu bleiben, überstieg meine Kraft.

Ich las aufmerksam einige Versuchsberichte, zeichnete sie ab und schickte sie weiter. Nichts Großartiges war vorgefallen. Das Leben ist im Grunde solide und stetig. War es das immer noch? Für mich ganz bestimmt nicht mehr. Auf unfaßbare Weise war ich allein.

Mein Chef behandelte mich durchaus freundlich, doch vermied auch er es, zu fragen, wie es mir gehe. Meinen Nervenkollaps erwähnte er nicht. Vielleicht hatte er ebenfalls seine Zweifel daran.

Er hatte mich aufmerksam angeschaut, als ich meine Rückkehr gemeldet hatte, und nur gesagt: „Sie sehen erholt aus, Frau Doktor Blank."

Es war immer noch seltsam für mich, meinen neuen Namen zu hören. Ich wußte zwar, daß ich damit gemeint war, aber ich reagierte noch nicht automatisch auf ihn. Ich war noch mit einer Frau identisch, die Dr. Daniela Herzog hieß. Mit meinen Gefühlen für Raimund hatte das nichts zu tun.

Mein Chef war somit, wie immer, höchst fair und korrekt, doch wünschte ich manchmal, er möge nicht so distanziert sein. Er war Doktor, Dozent und Diplomingenieur. Das gab ihm natürlich das Recht auf ein wenig Gottväterlichkeit. Hochnäsig war er allerdings nie.

Nach dem Mittagessen trank er Kaffee mit uns, bevor jeder in seine Klause zurückging. Wie meistens hatte ich mich mit einem Imbiß begnügt, den ich zwischen aufgeschlagenen Büchern und Schreibpapier einnahm, einigen belegten Broten und Joghurt.

Ich war heute die wichtigste Person und mußte erzählen. Wo war Manila? Es war nicht nur weit entfernt, sondern von jenen dazwischenliegenden Erlebnissen verdeckt, mit denen keine Reise vergleichbar war. Außerdem war es mir immer schon schwer gefallen, mit Reiseerlebnissen aufzuwarten, weil das Reisen für mich etwas sehr Persönliches ist. Es dient nicht dem Sammeln von interessantem Gesprächsstoff, mit dem man seine Bekannten beeindrucken kann, und erst recht nicht der Ergänzung des

Erdkundeunterrichts. Es verhält sich ganz anders: Ich wandle mich, wenn ich reise, ich werde ein anderer Mensch, der wieder so aufnahmefähig wie ein Kind ist. Die Fremde ist vielleicht gar nicht so schön wie das Land, in dem ich lebe. Doch sie ist noch nicht abgenützt. Sie erregt noch mein Staunen. Ich kann noch die Augen aufsperren wie ich es als Kind tat und begeistert ausrufen: „Schau! Und schau dort! Und dort!"

Ich genieße es, daß ich auf Reisen so offen bin. Meine Arbeitskollegen wollten das sicher nicht hören. Ich begnügte mich mit einem kurzen, matten Bericht und kehrte bald an meinen überladenen Schreibtisch zurück, an dem ich nun wieder sehr lange zufrieden sein mußte. Ein längliches, flaches Kuvert lag auf ihm. Das Photolabor hatte es heraufgeschickt. In ihm befanden sich die Röntgenrückstrahlaufnahmen, die ich noch gemacht hatte, bevor ich auf Reisen gegangen war. Ich war neugierig, wie sie geworden waren. Schon die erste Aufnahme, die ich gegen das Licht hielt, war eine kleine, freudige Sensation: Ich sah neben dem konzentrischen Linienmuster, das kennzeichnend für ein Härtegefüge, für Martensit war, eine zweite, dagegen versetzte Liniengarnitur, die auf einen beträchtlichen Anteil an Austenit hinwies. Dessen Härte war normalerweise gering. Doch die gehärtete Stahloberfläche, welche die Rückstrahlaufnahmen, die ich in der Hand hielt, geliefert hatte, war noch härter gewesen, als alles bisher Erzielte. Daraus ergab sich natürlich ein Widerspruch.

Ich meldete mich bei unserem Chef an, der mich nach wenigen Minuten kommen ließ. Was Harry mir angedeutet hatte, wußte auch er schon, nämlich daß hier eine erste Grundlage für den Beweis war, daß in Stahloberflächen, unter bestimmten Härtebedingungen ein rätselhaftes Stahlgefüge entstand. Wir hatten auch einen Namen für dieses Wunschkind, nämlich „Metastabiler Austenit".

Ein wenig später kam auch noch Harry zu uns, beziehungsvoll strahlend und lückenlos informiert. Sofort erinnerte ich mich an seinen bildreichen Ausspruch von dem Vortragssaal, in den ich Juckpulver streute.

„Du wirst recht haben", sagte ich. „Die Experten werden uns gram sein." –

Ich tippte fast ehrfürchtig eine Austenitlinie an. „Sie werden einwenden, daß das nur Restaustenit ist, und daß es den schon in den Nadeln gegeben hat, mit denen das Tapfere Schneiderlein nähte. Ich werde nicht weniger tapfer sein müssen, wenn ich mir das am Vortragspult anhören muß.

„Wenn wir recht haben, stehen wir allerdings gut da", warf Harry ein. „Drei kleine Galileis auf dem Edelstahlsektor."

Mein gottväterlicher Chef stand da, als ob er in große Tiefen horchte. Er verwickelte uns in ein Fachgespräch, das von langer Dauer war und mich kribbelig machte.

Es war früher für mich eine selbstverständliche Gewohnheit gewesen, daß ich am Abend so lange im Labor blieb, bis eine Arbeit oder eine Unterredung beendet war. Ich schlief sogar besser nach so einem sauberen Abschluß, an den ich den nächsten Tag säuberlich anknüpfen konnte. Doch da ich Raimund gestern versprochen hatte, heute abend ein kleines Festmahl zu kochen, verschwand ich bei Dienstschluß nach einem Blick auf die Uhr, und von beiden Gesprächspartnern schmunzelnd abgesegnet.

Meine Einkäufe machte ich rasch und unkonzentriert und kam abgehetzt wie noch nie zu Hause an. In der Gedankenlosigkeit, die diese Hetzjagd mir aufzwang, gab es sogar eine übelnehmerische Anwandlung gegen Raimund, weil er mich zwang, von meinen Gewohnheiten abzugehen. Ich war erschrocken, als sie mir zu Bewußtsein kam.

Daheim in der Küche leerte ich mein Einkaufsnetz aus.

Der Gedanke, daß ich Anstalten traf, für Raimund und mich zum erstenmal etwas zu kochen, stimmte mich froh. Das Kochen hat mir seit jeher Vergnügen gemacht, sobald ich mich einmal dazu aufgerafft hatte.

Es macht mir nichts aus, eine Schürze umzubinden. Damit degradiere ich mich nicht – ich vervollständige mich nur. Auch diesmal machte es mich stolz, daß ich vielseitig war. Die Aussicht, Raimund damit zu verblüffen, spornte mich an.

Vor unserer Heirat hatten wir uns nicht lange gekannt – nicht lange genug, um mehr zu wissen, als daß unser Leben nur zu zweit erstrebenswert war, und daß wir es nicht lange aushielten, getrennt zu sein. Wir waren fast jeden Abend essen und anschließend tanzen oder ins Kino gegangen. Wir tanzten beide gut und hatten Vergnügen daran. Es hatte allerdings nie sehr lange gedauert, bis die Spannung, die sich zwischen uns aufgebaut hatte, überhandnahm, dann waren wir in meine Wohnung gegangen und hatten das Leben dem Höhepunkt zugeführt.

Bald war die Anziehungskraft zwischen Raimund und mir so groß, daß das Heiraten die einzige Möglichkeit war, ihr Ausdruck zu geben. Es war für uns kein juridischer Akt sondern etwas berauschend Intimes gewesen – die höchste Steigerung unserer Zweisamkeit, die wie eine natürliche Planung seit unserer Geburt war.

Wir fanden diese Überzeugung auch dadurch bekräftigt, daß die Umstände unserer Begegnung und Wiederbegegnung so seltsam und geradezu zwingend gewesen waren – wie der Reigentanz vor der Kirche in Barcelona, bei dem wir uns plötzlich an den Händen gehalten hatten. Dazu kam die weitere Merkwürdigkeit, daß wir in derselben Stadt beheimatet waren – Raimund schon seit eh und je und ich seit Berufsantritt. Nichts hinderte uns daran, täglich beisammen zu sein. Ich war bei Raimund, er war bei mir, wir waren voneinander hingerissen und spielten vor aller

Welt unseren Liebesroman. Jetzt hatte ich das Bedürfnis auszuruhen und auf ganz alltägliche Weise glücklich zu sein. Und dazu paßte die Schürze, die ich mir umband.

Auch die beiden gut abgelegenen Beefsteaks paßten dazu, der grüne Pfeffer und die Champignons für die Soße.

Ich pfefferte und salzte die Steaks, legte sie in Öl und schnitt die Champignons. Damit war fürs erste alles vorbereitet.

Ich deckte den Tisch und dachte dabei daran, daß ich fast schon wieder seit einer Woche zu Hause war. Am Donnerstag waren wir von der Reise zurückgekommen und hatten unsere Koffer ausgepackt. Am Freitag hatten wir noch einen Tag Urlaub gehabt. Am Nachmittag war Raimund fortgegangen, hatte seinen Schulfreund auf der Straße getroffen, und diese Begegnung hatte ihn vor dem Tod bewahrt. Drei Tage lang lag ich im Krankenhaus, das ich Montag mittag verließ. Am Dienstag war ich noch zu Hause gewesen und heute hatte ich meinen ersten Arbeitstag hinter mir.

Ganz anders jedoch war der Ablauf der Zeit, die in der Nacht von Freitag auf Samstag ausgelöscht worden war: Am Donnerstag unserer Rückkehr, am Freitag Raimunds Tod und die Einlieferung seiner Mutter ins Krankenhaus. Am Montag die Amtswege und der Weg in die Druckerei, wo ich die Parte in Auftrag gegeben hatte, der Kauf der Trauerkleider, Rock, Mantel, Bluse und Hut, und die Erledigung beim Beerdigungsinstitut. An den beiden Tagen vorher, am Samstag und Sonntag, hatte ich in den Feuerschlünden der Hölle gestöhnt, von der man zu Unrecht annimmt, daß sie nicht bis zur Erde heraufreicht. Daneben war geschehen, was Sitte ist. Raimunds Verwandtschaft war angereist und war mir auf die Nerven gegangen, hatte mich getröstet und wütend gemacht, weil das Begräbnis für sie so wichtig gewesen war. – Heute hätte es stattfinden sollen, um fünfzehn Uhr dreißig. Jetzt sollte Raimund schon unter der Erde sein.

Das Grauenvollste an jener verschwundenen Zeit war jeden Morgen das Erwachen gewesen. Ich war aus der schonungsvollen Umhüllung des Schlafs in mein klares Tagesbewußtsein hineingestürzt, dessen Schärfe mir allen Frieden weggeätzt hatte. Noch ehe ich meine Augen aufgemacht hatte, und während ich mich noch wehrte, es zu tun, war ich schon wieder identisch mit meinem Schmerz.

Es hatte Träume gegeben in diesem Zustand, und schon dies hätte eigentlich als Indiz genügt, daß alles, woran ich mich erinnerte, wirklich geschehen war, denn man träumt nicht in Träumen, man schläft nicht ein und erwacht nicht. Doch ich hatte viel geschlafen und viel geträumt. In einer dieser Nächte hatte ich geträumt, daß Raimund am Leben war. Er trug einen Königsmantel, und ging über einsames Land. Ich ging hinter ihm her, doch er achtete nicht auf mich. Eine große aber auch mitleiderregende Würde umgab ihn. Ich bewunderte ihn in seinem Königsornat und sorgte mich auch, daß er sich in dem weiten Land mit den bis zum Horizont unbewohnten und weglosen Hügeln verirren könnte. Ich rief seinen Namen. Da drehte er sich nach mir um. Und während dieser Bewegung wußte ich schon, daß jetzt etwas Furchtbares kommen mußte. Nicht Raimunds Gesicht war mir zugewendet. Ein Totenschädel grinste mich hohnvoll und traurig an. Und das Entsetzen, das mich dabei überkam, fiel mit dem Entsetzen des Erwachens zusammen.

Mein Schmerz hatte viele Erscheinungsformen gehabt. Ich dachte an jenen fast demütigenden Schmerz, als ich meine häßlichen schwarzen Kleider kaufte, als ich in ihnen wie etwas Angekränkeltes durch die Welt ging, wie ein Tier im räudigen Fell, das sich instinktiv schämt und den Drang hat, sich fortzustehlen und zu verstecken. Dann gab es den Schmerz, der ein Mitleid mit Raimund war, und den Schmerz, der mich selbst, mein beraubtes Dasein betraf.

Es gab damals keinen Anreiz, weiterzuleben. Es war eine Zumutung für mich, und sonst nichts.

Nun lebte ich freudig wie schon lange nicht mehr, denn Raimund lag nicht in der Erde – bald kam er heim. Das Glück, das dieser Gedanke in mir hervorrief, war anders als sonst. Es glich dem Glück einer fernen Zeit. In meiner Kindheit hatte ich mich so gefühlt. Da war alles lebendig und voller Magie gewesen, voll von Weihnachtsengeln und Blumengeistern und Spuk. Natürlich – ich hatte auch Angst gehabt. Oft war ich schreiend aus meinem Schlaf geschreckt und dieser lange verklungene Kinderschrei erinnerte mich an mein Grauen vor der Einsicht, daß Raimund einerseits tot war und anderseits lebte, vor dem nachweisbaren Wunder der Freitagnacht.

Plötzlich wollte ich mich dessen erneut vergewissern. Ich sprang auf und zog die Lade heraus, in der ich mein Notizheft aufbewahrte. Das Heft war nicht mehr in ihr. Das erschreckte mich tief. Hastig und aufgeregt fing ich zu suchen an. Es mußte doch irgendwo sein, und irgendwo war es dann auch, nämlich dort, wo Raimund es achtlos hingeräumt hatte, nachdem es mir aus den Händen gefallen war.

Ich schlug es auf, sah die schmalen, elliptischen Fetzchen Papier, die unter den Klammern im Heftfalz zurückbleiben, wenn man die Blätter herausreißt. Und auch jenen beglückenden Satz las ich wieder: „Raimund lebt und ist heimgekommen." Ich konnte nicht aufhören, darüber nachzudenken. Vor allem fragte ich mich, ob es möglich war, daß tatsächlich dieses Blatt Papier samt dem, was ich darauf geschrieben hatte, die Voraussetzung dafür war, daß Raimund lebte. Es erschien mir grotesk, daß die materielle Existenz von einem Stück chemisch behandelter Zellulose, auf das ich eine bestimmte Folge von Wörtern geschrieben hatte, etwas Wundertätiges oder Zauberkräftiges war. Und trotzdem mußte ich die Möglichkeit einkalkulieren, daß dieses Papier eine Kraftquelle war oder auch nur ein Speicher für unvorstellbare Kräfte – auch wenn mir eine andere Deutung besser gefiel. Ich neigte viel eher dazu, mir vorzustellen, daß meine außerordentliche Gemütsverfassung, meine Wünsche, meine Gedankengänge, daß also rein geistige Vorgänge wirksam gewesen waren. Das fügte sich in mein Weltbild – jenes andere nicht. Und doch – wenn ich durch den ganzen Ereignisablauf von einer Erinnerungsmarke zur nächsten zurückging, gelangte ich in die Höhlen von Altamira, und da stand ich, im innersten Bezirk der Magie, inmitten der Bisons aus Kohle und Rötelstein. Dort hatten sich Wünsche in Bildern materialisiert, so wie hier in Worten.

Ich dachte an die herausgerissenen Blätter, an den seltsamen Zustand, in dem ich gewesen war, als ich sie verbrannte. Ich konnte nicht ausschließen, daß diese Zeremonie der Vernichtung etwas unbegreiflich Entscheidendes war. Dann war wohl auch das, was ich neu hinzugefügt hatte, entscheidend. Vielleicht hielt ich eine magische Formel in der Hand, deren stofflicher Fortbestand gesichert sein mußte.

Ich beschloß, am nächsten Tag einen Banksafe zu mieten, in dem ich dieses bedeutsame Blatt Papier und damit womöglich das Leben Raimunds verwahrte, damit es mir niemand mehr stehle und zunichte mache. Oh ja, es widerstrebte mir sicherlich, mir etwas derart Törichtes vorzunehmen. Trotzdem konnte ich nicht riskieren, es zu unterlassen. Sorgsam legte ich das Heft in die Lade zurück.

Mir kam zu Bewußtsein, daß es schon ziemlich spät war. Raimund hätte schon längst zu Hause sein müssen. Seltsamerweise ängstigte ich mich nicht, trotz der Schrekken der nahen Vergangenheit. Ich wußte, daß Raimund diesmal nicht in Gefahr war.

Ich fand mich damit ab, daß ich warten mußte. Normalerweise warte ich äußerst ungern. Der Zustand macht mich nervös und angespannt und hindert mich daran, mich mit anderen Dingen zu befassen. Ich empfinde es jedesmal als gestohlene Zeit. Es ist ein Übergriff auf mein Eigentum, und noch dazu auf eines, das für mich wertvoll ist.

Aber diesmal machte mich das Warten auf Raimund froh. Es brachte mir in Erinnerung, wie wenig selbstverständlich es ist, daß jemand heimkommt. Raimund lebt und ist heimgekommen, dachte ich. Er wird auch an diesem Abend nach Hause kommen. Ein mächtiger Glücksrausch hob mich schon wieder auf und trug mich. Und ich war doch nach wie vor ein gewöhnlicher Mensch mit einem gewöhnlichen Nervensystem, das unter anderem das Stromnetz des Körpers mit einer bestimmten Belastbarkeit war. Es sollte kein zweites Mal zusammenbrechen. Schließlich schwächte sich dieser euphorische Aufschwung ab. Meine eigenen Schutzvorrichtungen waren es, die ihn dämpften. Eine ganz gewöhnliche Hochstimmung blieb zurück, und ihr überließ ich mich. Ich schloß die Augen, und alles an mir war entspannt.

Nach einiger Zeit, als Raimund noch immer nicht da war, stellte sich eine kleine Unruhe ein, über die ich mich aber noch hinwegsetzen konnte. Ich schaute auf die Uhr. Es war dreiviertel acht. Jetzt saß ich mit offenen Augen da und schaute die Dinge in meinem Wohnzimmer an. Mit jedem verbanden mich Erinnerungen. Meine Beziehung zu Dingen war sehr stark, und mein Eigentum war ein Bestandteil meines Lebens. Es war irgendwie eine Erweiterung meiner selbst.

Um mich auszuruhen, legte ich mich auf die Couch. Ich sah das Tapetenmuster, die Blüten und Ranken, die ich in dieser Anordnung jedesmal sah, wenn ich da lag. Eine schlimme Erinnerung war mit ihnen verbunden. Abermals drängte sich mir der Gedanke auf, dieses Rankenmuster könne ein Netz von Irrwegen sein, und es könne gefährlich sein, wenn ich mich in ihnen verlor. Es könnte mich einer dieser verschlungenen Wege dorthin zurückführen, woher ich gekommen war, in die unbewohnbare Schreckenswelt ohne Raimund. Diese Vorstellung löste einen neuen Entschluß aus, der ebenfalls nicht vernünftig war: Wir würden die Wohnung neu tapezieren lassen, damit der Weg zurück nicht mehr vorhanden war.

Ich lag wartend da, und die Zeit verging. Raimund war noch immer nicht gekommen. Ich wurde ungeduldig, stand auf, ging ans Fenster und hielt nach ihm Ausschau. Ich sah die Straße, auf der er kommen mußte. Eine Reihe von Peitschenleuchten erhellte sie zonenweise. Dazwischen war um so tiefere Finsternis. Die Straße führte zur Autobushaltestelle. Es war anzunehmen, daß Raimund mit dem Autobus heimfuhr.

Jemand kam ziemlich rasch auf der Straße näher. Ich konnte die Person noch nicht erkennen, weil sie zu weit weg war. Sie durchquerte den Lichthof der letzten Straßenlaterne, die vor der Straßenbiegung sichtbar war. Nein, Raimund konnte es nicht sein, dazu war der Mensch zu klein und zu stämmig. Als er näherkam sah ich, daß er ein älterer Mann war.

Meine Unruhe nahm jetzt schon überhand, und eine ihrer Ursachen spürte ich deutlich: Ich war hungrig. Grundsätzlich hinderte mich nichts daran, in die Küche zu gehen und mein Steak zu braten, aber ich war doch zu sehr darauf eingestellt, mit Raimund zu essen.

Es war merkwürdig, daß ich mir keine Sorgen machte. Ich spürte, daß ihm kein Unglück geschehen war. Nein, mehr noch – es war schon beinahe eine Gewißheit. Ich konnte mir nicht erklären, woher ich sie nahm. Ich ging zu der Lade, in der ich das Heft verwahrte, schlug die letzte beschriebene Seite noch einmal auf und fragte mich, ob der

Ursprung meiner Gewißheit hier war. Fast war ich betroffen, weil die Antwort so deutlich ausfiel: Ja! Mir wurde gleichsam mitgeteilt, daß ich Raimunds Sicherheit in der Hand hielt. Meine Augen und mein Tastgefühl sagten es mir. Dann überkam mich plötzlich ein Machtgefühl, das ich sofort unterdrückte, denn es war schrecklich. Es war mir wesensfremd, Macht über einen Menschen und erst recht über Raimund zu haben. Das Heft räumte ich endlich mit aller Entschiedenheit weg, und faßte den Vorsatz, seine Existenz zu vergessen, sobald es sicher im Banksafe aufbewahrt war.

Ach, dieses lange Warten war unangenehm! Es war schuld daran, daß mir solche Gedanken kamen. Ich stellte mich wieder ans Fenster und schaute hinaus. Damit hinderte ich mich wenigstens daran, in unruhevolle Passivität zu versinken.

Nachdem ich einige Minuten lang beim Fenster gestanden war, sah ich eine Frau mit zwei Kindern, die schnell vorbeiging. Nachher sah die Straße besonders leer aus. Sie erweckte die Vorstellung von einer ausgestorbenen Welt. Dann näherte sich wieder eine Gruppe von Leuten – ein Anzeichen, daß schon der nächste Autobus da war.

Auch mit diesem Bus war Raimund nicht angekommen. Ich konnte nicht anders – ich ärgerte mich über ihn. Ein wütendes Magenknurren sagte mir, daß ich im Recht war. Ich ging in die Küche und betrachtete lüstern die Steaks. Ich überlegte, ob ich eine Kleinigkeit essen sollte, gerade so viel, daß ich die Wartezeit leichter aushielt. Da schaute ich auf die Uhr, stellte fest, daß es dreiviertel neun war, und war plötzlich derart erbost über Raimunds Unpünktlichkeit, daß ich kurz entschlossen eines der beiden Steaks briet, und zwar das größere, dickere, das saftiger aussah. Ich dünstete die Champignons und gab mir so große Mühe dabei, als fände unser erstes Essen daheim, auf das ich mich so gefreut hatte, tatsächlich statt. Ich aß am festlich gedeckten Tisch bei Kerzenbeleuchtung und Tonbandmusik. Fast vergönnte ich es Raimund, daß ihm dieser Genuß versagt war. Ich wünschte mir, daß er jetzt käme, während ich aß, und warten müßte, bis ich fertig war. Ich würde mich nicht beeilen – ganz bestimmt nicht. Vielleicht ließe ich ihn auch sein Beefsteak selber braten.

Ich genoß dieses Essen sehr, obwohl ich allein war. Nach beendeter Mahlzeit besserte sich meine Stimmung. Ich wartete einige Zeit ohne vorwurfsvolle Gedanken und dachte mir viele Entschuldigungsgründe aus. Vielleicht hatte Raimund im Büro viel zu tun. Das hätte er allerdings schon tagsüber wissen können. Er hätte mich anrufen können, um mich darauf vorzubereiten, daß es länger dauern könnte, bis er heimkam. Wir hatten kein Telephon in unserer Wohnung, da wir auf die Bewilligung noch warten mußten. Andernfalls hätte es Raimund gewiß nicht versäumt, mir zu sagen, wo er war, und wann er voraussichtlich kommen werde. Er hätte mich nicht so rücksichtslos warten lassen.

Raimund kam zwischen elf und Mitternacht. Bis dahin war es mir nicht gelungen einzuschlafen. Ich war zwar ein- oder zweimal leicht eingenickt, aber jedesmal nur so lange, bis ich hörte, daß das Licht im Stiegenhaus eingeschaltet wurde. Damit war ein typisches Geräusch verbunden, ein Summen, das ich durch die geschlossene Wohnzimmertür und auch noch durch die geschlossene Eingangstür hörte, zumal unsere Wohnung im Erdgeschoß lag. Es weckte mich jedesmal auf, und ich dachte: Jetzt kommt er. – Aber jedesmal gingen die Schritte vorbei.

Ich hätte es vorher nicht für möglich gehalten, daß es in einem Haus so viele Menschen gab, die zu so später Stunde nach Hause kamen. Erst jetzt, da ich notgedrungen darauf achtete, fiel es mir auf.

Ich hatte keine Erklärung mehr dafür, warum Raimund noch nicht zu Hause war, zumindest keine, die auch als Entschuldigung gelten konnte. Ich war von Herzen wütend – das hielt mich wach.

Als ich endlich hörte, wie Raimund den Schlüssel ins Türschloß steckte, war ich schon zu böse auf ihn, um erleichtert zu sein oder mich gar zu freuen, weil er kam. Ich war darauf vorbereitet, ihm klarzumachen, daß ich es als unzumutbar empfand, auf ihn warten zu müssen, wenn es keine triftigen Gründe dafür gab. Gleich am Anfang unseres gemeinsamen Lebens sollte er wissen, was er mit mir machen konnte, und was nicht.

Raimund öffnete die Tür und steckte den Kopf herein. Er rief leise meinen Namen, nein, eigentlich sang er ihn, in der Tonfolge c-c-a-f. Er sang „Da-ni-e-la!“

„Du kannst Licht machen“, sagte ich. „Ich bin völlig wach.“

„Das-ist-prima!“ sang Raimund in c-c-a-f. Er drückte den Schalter, das Licht flammte auf, und ich schaute in sein vergnügtes Gesicht. In aller Unschuld strahlte es mich an. Ich bemerkte sofort, daß er nicht mehr ganz nüchtern war. Seine Gesichtszüge waren ein wenig verändert. Genau genommen strahlte er auch nicht, sondern glänzte.

Da ich ernst blieb und keine Anstalten traf, mich von seiner Sangeslust inspirieren zu lassen, machte er aus seinem schlechten Gewissen kein Hehl mehr. „Nicht böse sein, Daniela, ich tu es bestimmt nicht mehr.“

„Bis jetzt weiß ich ja noch nicht einmal, was du getan hast.“

„Ach, ich war schwach, ich war sündig“, bezichtigte er sich. „Ich hab mich von lustigen Leuten verführen lassen.“

„Ich weiß nicht, von welchen Leuten du sprichst.“

„Von meinen Bürokollegen“, sagte Raimund.

Halb fidel, halb zerknirscht, brachte er seine Beichte vor. Ich erfuhr, daß sie eine halbe Stunde vor Dienstschluß zu feiern begonnen hatten. Es sollte nur eine kleine Geburtstagsfeier werden. Niemand hatte die Absicht gehabt, sie auszuweiten, aber dann sei die Stimmung auf einmal explodiert.

Er sagte: „Ich habe versucht, dich im Büro zu erwischen und dir zu sagen, daß du mitkommen sollst. – Da warst du schon fort.“

Beim Reden und Abbitteleisten näherte er mir sein Gesicht. Sein Weinatem wehte mich an, und ich drehte den Kopf von ihm weg, um diesen üblen Dunst nicht riechen zu müssen.

„Zerbeiß ein paar Kaffeebohnen“, sagte ich. Er wußte, warum ich das von ihm verlangte, und tat es.

Ich bemühte mich, emotionslos zu bleiben, obwohl mir die Erklärung, die er mir anbot, mißfiel, weil ich überhaupt kein Verständnis dafür habe, wenn jemand aus purer Schwäche rücksichtslos ist. Raimund schien das zu merken. Er stutzte und lachte mich an.

„Außerdem weiß ich ja“, sagte er, „daß du großzügig bist.“

„Und woher bist du so gut über mich unterrichtet?“

„Na, doch wohl aus eigener Erfahrung“, sagte er. „Oder willst du abstreiten, daß du fabelhaft warst, als ich mit Kilian über die Schnur gehaut hab?“

„Das war etwas anderes“, entgegnete ich. Meine Antwort klang zutiefst überzeugt, wie ich selbst es war. Wenn ich das Vorgefallene mit dem verglich, was sich vor einigen Tagen ereignet hatte, so war für mich schon der bloße Versuch, einen gemeinsamen Maßstab zu finden, eine Anmaßung sondergleichen.

„Verzeih, das versteh ich nicht“, sagte Raimund gekränkt. „Jetzt wirst du unsachlich. Das bin ich von dir nicht gewöhnt. Ich hab damals ein bißchen gefeiert und heute auch. Damals hast du auch keine Ahnung gehabt, wo ich bin. Du hast nicht einmal etwas zu essen daheim gehabt. Wo ist da ein Unterschied? Erklär mir das, bitte."

Ich konnte ihm nichts erklären, weil er im Recht war, es sei denn, ich hätte ihm wirklich alles erzählt. Dann hätte es einen Sinn gehabt, ihm zu sagen: „Es ist ein Unterschied wie zwischen Leben und Tod". – Wieder war ich bestürzt, als ich mir vor Augen führte, daß es nach dem Ereignis, das Raimund mir vorhielt, diesem erschütternden und unfaßbaren Erlebnis, das weit über die Begrenzungen des Lebens hinausging, einen immer alltäglicher werdenden Tagesablauf gab, der in dieser beschämenden Situation seinen Tiefpunkt hatte. Beinahe wäre ein Streit ausgebrochen – ein entwürdigender und gewöhnlicher Ehestreit.

Raimund bemerkte meine Unsicherheit und startete einen gezielten Angriff, der so erfolgreich wie nur möglich war.

Er sagte: „Ich weiß schon, wie das zu verstehen ist. Damals hat es eine Menge für dich bedeutet, daß ich überhaupt nach Hause gekommen bin. Du bist froh gewesen, daß sich dein Traum nicht bewahrheitet hat. Was kann ich denn dafür, daß es diesmal nicht so ist? Ich kann ja nicht jedesmal von den Toten auferstehen, damit du Verständnis für meine Schwächen hast."

Ich schlug die Hände vor das Gesicht, damit Raimund nicht sehen konnte, was in mir vorging, als plötzlich die Proportionen zurechtgerückt wurden.

„Laß es gut sein", murmelte ich, „aber tu es nicht mehr."

„Großes Ehrenwort", sagte Raimund, „ich bessere mich." Und als er mich lachend umarmte, war es, als schlösse mich sein ganzes Wesen ein. Damit mich nichts ablenkte, ließ ich die Augen zu. Die Dunkelheit machte das Wärmegefühl intensiver. Auch Raimunds Atem roch jetzt nicht mehr so schlecht.

„Weißt du was, morgen mach ich alles wieder gut", sagte Raimund. „Morgen gehe ich dafür wieder feierlich mit dir aus."

Sanft stemmte ich die Hände gegen seine Brust und schob ihn, wenn auch höchst ungern, so weit von mir fort, daß ich ihm in die Augen schauen konnte.

„Mit dem Ausgehen", sagte ich, „muß es für die nächste Zeit Schluß sein. Du wirst einsehen, daß wir da einen Punkt machen müssen." – Ich machte ihn darauf aufmerksam, daß das, was seit Wochen unser Lebensstil war, nicht als normal bezeichnet werden konnte.

„Dann leben wir eben abnormal", sagte Raimund. Er lachte und wollte mich dazu bringen auch zu lachen, indem er die Finger zart in meine Rippen stieß.

„Nein, wirklich, Daniela, ich seh nicht ganz ein, was uns davon abhalten sollte, gut zu leben. Wir sind noch nicht alt, wir haben noch gute Nerven, es freut uns beide, wenn jeden Tag irgendwas los ist. Also, was soll's?"

Ich hätte es nicht für möglich gehalten, daß er so kurzsichtig und bedenkenlos war. Ich sagte: „Es stimmt schon. Wir haben das alles, was du da aufzählst. Nur was es auf die Dauer kostet, haben wir nicht."

„Aber warum denn nicht? Wir verdienen doch beide ganz gut."

„Wir müssen aber auch an die Zukunft denken. Wir wollen uns doch etwas aufbauen, oder nicht?"

„Aufbauen?" fragte Raimund gedehnt. Sein Gesicht war voll Argwohn. „Ich hoffe, du denkst nicht an etwas wie einen Hausbau?" – In seinem heftig ablehnenden Tonfall war eine ganze Reihe von Fragezeichen hörbar.

„Kein Haus, aber nein", beschwichtigte ich ihn schnell, „aber eine größere Wohnung werden wir unbedingt brauchen."

Raimunds Hand wischte durch die Luft. „Aber geh! Wozu denn?"

„Weil das hier nur eine Garçonnière ist. Das ist definitionsgemäß die Behausung für eine Person."

„Und wenn wir nichts definieren, was dann?“

„Dann ist auch nicht genügend Platz für ein Ehepaar. Ja, das sind wir seit neuestem. Schau nicht so ungläubig drein. Auf die Dauer brauchen wir Platz, um uns auszubreiten.“

In Raimunds Augen las ich einen jähen Verdacht. „He, du, Daniela! Denkst du etwa an Kindersegen?“

„Ich denke an nichts dergleichen“, sagte ich. „Obwohl ich es nicht ausschließen kann. Ich will einfach mehr Raum für uns beide – verstehst du das nicht?“

„Ach, was du dir nicht alles einredest“, sagte er. Er lachte und legte sich neben mich und preßte seinen Körper fest gegen meinen. Ich hörte sein Flüstern nahe bei meinem Ohr. „Siehst du, das ist der ganze Platz, den wir brauchen.“ – Sofort war ich überzeugt und elektrisiert. Immer, wenn er mir nahe kam, überschritt er etwas wie einen magischen Kreis. Mein freier Wille war dann herabgesetzt, und auch Raimund kannte seine Macht, sobald seine Hände mich zärtlich berührten. Da kam eine vorübergehende Lähmung über mich, die sich in einem stürmischen Liebestaumel, in glühender und blinder Hingabe löste.

Ehe Raimund neben mir einschlief, biß er mich ins Ohr. „Du mußt mir eines versprechen, Daniela.“

„Ja, was denn?“

„Sag nie wieder dieses Wort.“

„Was hab ich denn Falsches gesagt?“

„‚Aufbauen‘ – das widerstrebt mir. Es ist das, was die kleinen, häßlichen Ameisen tun.“

Und als er es mir gesagt hatte, schlief er schon satt und tief. Ich konnte ihn nicht mehr fragen, wie ernst es gemeint war.

Am nächsten Tag mietete ich wirklich den Banksafe. Ich schloß mein Heft in ihn ein und war erleichtert. Ich hatte mir eine Stunde freigenommen, mit der Begründung, ich hätte einen Amtsweg.

An den meisten Tagen und so auch an diesem, bestand meine Arbeit seit neuestem darin, die Intensität der Schwärzung zu messen, die die Austenitlinien auf dem Photonegativ hatten. Sie war größer, als ich erwartet hatte. Das hieß, es war viel Austenit in der Stahloberfläche, die daher sehr weich sein sollte. Sie war aber hart.

Eine aufregende Überraschung erlebte ich, als sich bei der Messung der Linienabstände ergab, daß die Gitterkonstante deutlich größer war, als sie im Austenit für gewöhnlich ist. Die Atome waren auseinandergezwängt. Sie hatten einen abnormal großen Abstand, der nicht mehr zufällig entstanden sein konnte. Zu viele Streifen ergaben das gleiche Bild. Hier lag anscheinend wirklich ein Gefüge vor, das erstens besondere Qualitäten hatte und zweitens noch nirgends beschrieben worden war.

Zum ersten Mal erlebte ich meinen Chef im Eifer. Seine Augen glänzten, und seine Wangen färbten sich rot, beides nur andeutungsweise und sehr dezent, wie es seiner persönlichen Note entsprach, aber für mich, die ich ihn schon jahrelang kannte, doch unübersehbar.

Aus früheren Versuchsreihen wußten wir schon, daß sich dieses Gefüge mikroskopisch nicht nachweisen ließ, weil es außerordentlich instabil war. Schon wenn daraus die Schliffe hergestellt wurden, ohne die eine mikroskopische Untersuchung nicht möglich war, wandelte es sich um. Bei der geringsten Krafteinwirkung entstand ein anderes Gefüge daraus, das allerdings härter und zäher war, als der härteste, zäheste Martensit, den man bisher kannte, so gering seine Härte auch vorher gewesen war. Die einzig taugliche Untersuchungsmethode war die zerstörungsfreie Werkstoffprüfung, vor allem die Röntgenfeinstrukturanalyse. Das erste überzeugende Ergebnis lag nun vor.

Wir stellten einen konkreten Versuchsplan auf und zogen auch Harry Reinhalter bei. Er hatte normalerweise die besten Ideen, aber wenig Ausdauer, wenn er sie verwirklichen sollte. Das Dringendste war die Patentanmeldung. Wir mußten zu allererst das Verfahren schützen, das dieses Härtegefüge entstehen ließ, nämlich eine spontane Oberflächenerhitzung, die nur mit besonderen Mitteln durchführbar war. Ich wurde beauftragt, die Erfindungsmeldung zu schreiben und sie mit dem Patentbüro durchzubesprechen. Ich war nicht begeistert von dem, was mir da bevorstand. Die formalen Spitzfindigkeiten, auf die es dabei ankam, und denen ich sicherlich nicht ganz ausweichen konnte, interessierten mich nicht. Aber meinen Kollegen Harry interessierten sie auch nicht. Er schob die Patentsache ab, und auf mir blieb sie sitzen.

An jenem Tag fand ich meine Arbeit interessant. Ich vergaß, daß es Wochen und Monate gab, in denen ich fast nur Routinearbeiten machte, Korngrößen maß und Schlakkeneinschlüsse zählte und oft genug mißmutig und gelangweilt war.

Irgendwann im Laufe des Nachmittags, als feststand, daß es spät werden würde, rief ich Raimund an und bat ihn, sich etwas Kaltes zu kaufen oder im Gasthaus zu essen, wenn ihm das lieber war.

Er sagte, ausgesprochen freundlich und zahm, wie er übrigens auch schon am Morgen gewesen war, er werde keines von beidem tun, sondern für uns kochen. Das hieß sicherlich, daß er eine Tiefkühlpackung erstehen und ihren Inhalt im Backrohr auftauen wollte. Er würde eigenhändig umrühren und servieren und auf die Leistung, die er da zeigen konnte, sehr stolz sein.

Ich hatte ihn aber nicht hoch genug eingeschätzt. Raimund hatte Berner Würstchen gemacht. Mir schmeckten sie besser als am Vortag das teure Steak, weil Raimund bei mir war und mir zu erkennen gab, daß er bereute. Er war vernünftig, liebenswürdig und nüchtern. Ich war glücklich darüber und sagte es ihm. Dabei breitete sich ein Lachen auf seinem Gesicht aus, in dem seine ganze Freude gesammelt war.

Nach dem Essen räumten wir gemeinsam die Wohnung auf. Das ging schnell, obwohl ich vorher das Gefühl gehabt hatte, daß Raimund und ich in unserer winzigen Behausung in der kürzesten Zeit so viel Unordnung machten, daß wir sie kaum jemals wieder bereinigen könnten. Mich störte dieses Durcheinander sehr. Es gab mir jedesmal das Gefühl, daß meine Umwelt von einer Krankheit befallen war, die fortschreiten müsse, wenn ich nicht heilend eingriff, so wie ja auch jede organische Krankheit eine Unordnung ist, die im lebenden Körper umsichgreift. Und die irreparable Unordnung ist der Tod.

In der kurzen Zeit, in der Raimund bei mir lebte, hatte ich bereits die Erfahrung gemacht, daß zwei Personen mehr als die doppelte Unordnung machen als eine. Das lag in unserem Fall bestimmt auch daran, daß Raimund zur Schlampigkeit neigte, und sein Anteil an unserem gemeinsamen Chaos der größere war.

Als wir fertig waren, zeigte Raimund ein Kunststück. Er war ein Zauberer im Zubereiten von Cocktails und mixte uns einen Singapur Sling. Dann setzte er sich zu mir und umarmte mich, während wir tranken. Er fragte mich, ob ich mich in der vergangenen Nacht über seine dummen Sprüche geärgert habe, und beschwor mich geradezu, sie nicht ernst zu nehmen.

Ich fragte ihn, ob es ihm wirklich so widerlich sei, mit mir auf eine größere Wohnung zu sparen.

Er lachte herzlich und überzeugend. „Und wenn es so wäre? Was dann?"

„Dann würde ich dich bitten, auszuziehen, und dir irgendwo in der Nähe ein Zimmer zu mieten. Wir könnten ja trotzdem unsere Freizeit gemeinsam verbringen und jeden Abend beisammen sein. Dies könnten wir mehr oder weniger raumsparend tun. Allerdings hätten wir dazu nicht heiraten müssen."

Ich lachte, als ich ihm das auseinandersetzte, damit es nicht allzu erpresserisch klang. Trotzdem schaute mich Raimund ernst und betroffen an.

„Ist es dir wirklich so unangenehm, wenn ich nahe bei dir bin?"

„Aber nein", sagte ich, „und das weißt du ja auch. Es darf nur kein unausweichlicher Zustand sein. Und außerdem möchte ich, daß das, was wir haben, von dir und mir gemeinsam erworben sein soll. Auf die Dauer wird uns das viel Zusammenhalt geben."

„Aber ja, das seh ich vollkommen ein", sagte Raimund. „Und wenn es einmal aktuell wird, dann tu ich auch mit. Ich hab nur das Gefühl, daß wir jetzt noch nichts brauchen, was uns einen Zusammenhalt gibt – da hält alles von selbst zusammen. Im Augenblick fiele es mir zum Beispiel sehr schwer, von dir wegzurücken, und dir geht es wahrscheinlich auch so. Da müßte schon jemand kommen, der mich gewaltsam loseist. Und vorher müßte er mich überhaupt narkotisieren."

Er untermalte, was er sagte, indem er den Singapur Sling auf den Couchtisch stellte und nun auch den zweiten Arm frei hatte, um mich zu umfassen. Er veranschaulichte mir den Zusammenhalt, den er meinte, und wieder hatte ich kein Gegenargument. Ich wußte, woran er dachte, und fühlte es, und Raimund machte sich schon an meinen Knöpfen zu schaffen.

Da war ich auf einmal nicht ganz damit einverstanden, daß es beinahe schon ein Naturgesetz war, daß jede Berührung zwischen Raimund und mir zu einem Hinsinken auf das Ehebett führte, und zwar auf dem kürzesten und unmittelbarsten Weg, der unter den jeweils gegebenen

Umständen möglich war. Das war mir ein bißchen zu plump und phantasielos.

Obwohl ich keine Bewegung machte, spürte Raimund meinen gewollten Widerstand. Er sagte: „Weißt du, daß das ein besonderer Abend ist? Zum erstenmal bin ich nicht unwiderstehlich für dich. Damit setzt du mich einem traumatischen Schock aus – ist dir das klar?“ – Er nahm meine Hand, er streichelte sie und knabberte an meinen Fingerspitzen. „Sollen wir dann nicht wenigstens noch ausgehn?“

Ich stand auf und entfernte mich von ihm, denn ich war verärgert. „Ich bitte dich“, sagte ich, „warum sagst du das? Du tust, als ob wir sonst nichts miteinander anfangen könnten, als auszugehen oder uns im Bett zu vergnügen.“

Ich stand mitten im Zimmer und schaute Raimund an. Er neigte den Kopf zur Seite und schaute zurück. Seine lachenden Augen klärten mich darüber auf, daß er nicht an die Endgültigkeit meines Rückzugsmanövers glaubte. Da kehrte ich ihm einfach den Rücken zu, stellte mich an das Fenster und schaute hinaus. Ich hörte, wie Raimund aufstand und hinter mich trat, und dann spiegelten wir uns miteinander im Fensterglas. Eine reine, blauweiße Mondnacht war draußen.

„Wir könnten ja auch einmal etwas ganz Ausgefallenes tun“, sagte Raimund. „Machen wir eine nächtliche Wanderung. Wer weiß, wann wieder so schöner Schnee kommt und liegenbleibt. Und der Mond scheint gratis.“

Ich weiß nicht, warum mich sein Vorschlag so glücklich machte. Immer, wenn ich verstimmt war, wußte er ganz genau, was er tun oder sagen mußte, um mich wieder zu versöhnen.

Ich zog einen dicken Pullover, einen Tuchrock und Stiefel an und stülpte mir eine Wollhaube über den Kopf. Auch Raimund, in seinem gefütterten Anorak, war gut ausgerüstet und voll Unternehmungslust.

Einmütig wanderten wir stadtauswärts. Die Eigentumshäuser, von denen wir eines bewohnten, standen am Stadtrand und grenzten an Wiesen und Wald. Die Siedlungsstraße mündete in die Landstraße ein, auf der wir nur wenige Minuten zu gehen hatten, um einen Karrenweg zu erreichen, der bergwärts führte. Er lag unter hartem, zusammengetretenem Schnee und reflektierte wie buckliges Milchglas das Mondlicht. – Es gefiel mir, wie unser Atem dampfte. Ganz deutlich sah man ihn in der lichten Nacht. Schon führte der Weg bergauf, nicht sehr steil, aber zügig. Links und rechts von ihm standen Sträucher im weißen Pelz. Eine ruhige aber harte Kälte war in der Luft.

Noch vor kurzer Zeit, in den tropischen Winternächten, hatte ich das Atmen ganz anders erlebt. Ich erinnerte mich an die warme und milde Luft, die dem lebenden Organismus wesensverwandt war. Ihr Einströmen war kaum fühlbar gewesen, so körperwarm und körperfeucht war sie. Oft vermeinte ich, mich in ihr aufzulösen und keine scharfen Grenzen zu haben.

Wir erreichten sehr schnell den Wald, der einsam und still war. Keine Unruhe gab es in ihm – nur den weichen, dämpfenden Schnee. Auf den Blößen bewegten wir uns durch unwirklich funkelnden Schein, der kein Licht sondern eine Abart der Finsternis war, ein verdünntes, glimmendes Nachtblau, das uns den Weg wies. An den Waldrändern stand es massiv und zusammengeballt.

Ich empfand das alles als außergewöhnlich, obwohl es im Grunde genommen etwas war, das ich mir jeden Tag hätte verschaffen können. Da hatten wir eine weite Reise auf die andere Seite der Erde gemacht, um das Fremde und Seltsame dort zu finden. Hier fanden wir es, ganz nahe bei unserem Haus.

Aus der Art, wie Raimund schaute und schwieg, erkannte ich, daß auch er etwas ähnliches spürte. Ich sah seinen aufmerksamen, gespannten Blick, der typisch für ihn war, wenn er in einem Erlebnis aufging. Den gleichen Blick hatte er gehabt, als wir auf der Philippineninsel Luzon über den Kratersee des Taalvulkans gefahren waren, und das Auslegerboot, das wir gemietet hatten, die schwarzen, sich überschlagenden Wellen durchschnitten hatte.

Mitten im Kratersee ist ein neuer Vulkan entstanden. Er sieht aus der Höhe nur wie eine kleine Insel aus, kann aber töten und hat es auch schon getan. Erst vor wenigen Jahren hatte er ein Dorf verschüttet.

„Ein schönes Ansichtskartenbild", hatte Raimund gesagt und dann, fast heftig:

„Ich möchte hinüberfahren."

Seine Stimme war ungeduldig und aufgeregt. Raimund begnügte sich nicht mit dem, was er sah. Er wollte mit einem Boot den schwarzen See überqueren, die Hand in das Wasser tauchen und es befühlen. Er wollte über die Vulkanasche gehen, sich an ihr scheuern und sehen, was auf ihr wuchs.

Diese Neugier auf alles, was kam, diese Offenheit, waren das, was ich an Raimund am meisten liebte. Auch jene Nacht mit ihrem Traumlicht machte ihn offen. Nichts ereignete sich, als daß wir durch eine Schneelandschaft gingen, die durch die nächtliche Stille und durch das Mondlicht und durch bläuliche, seltsame Schatten verändert war.

Raimund sagte: „Ich bin neugierig, wo wir hinkommen. Du nicht auch?"

„Wir kommen, wenn wir da weitergehn, auf den Gaisberg."

„Ja, sicher, das schon, aber auf den Gaisberg bei Nacht. Hast du den schon einmal gesehn, Daniela? Ich nicht." Er stieß einen begeisterten Seufzer aus. „Ach, Daniela!"

Als er zweimal hintereinander meinen Namen aussprach,

fiel mir etwas Ungewohntes auf. Seit einigen Tagen nannte mich Raimund nicht mehr „Maus". Er gab mir nicht mehr diesen albernen Namen, seit er glaubte, ich sei übersinnlich begabt. Es schien, daß ich seither etwas Besonderes für ihn war, ein mit geheimnisvollen Kräften verbündetes Wesen, das niemand herablassend anreden durfte, auch nicht, wenn es eine zärtliche Herablassung war. Und hatte er nicht auch recht, wenn er so über mich dachte? Wieder fiel mir ein, welche Macht ich über ihn hatte. Das Stück Papier, das ich im Banksafe verwahrt hielt, garantierte mir Raimunds Leben, solange es unversehrt war. Die Schneenacht mit ihrem bläulichen Hexenlicht machte diesen Gedanken glaubhaft. Raimund, der nichtsahnend neben mir ging, war mein Geschöpf. Er stand unter meinem Schutz, weil ich ihn liebte. – Da war wieder jenes gewaltige Glück, das weit über mein Fassungsvermögen hinausging, und strahlte. Ich hätte stehenbleiben und es anschauen mögen, ganz überwältigt von der Herrlichkeit, die ich erlebte. Mir war nicht bewußt, daß ich tatsächlich stehenblieb und den Vollmond anstarrte, der eisblank am Himmel stand.

Ich verlor das Gefühl für die Zeit und war festgebannt, bis Raimund mir einen sanften Rippenstoß gab:

„Du mußt aufpassen, daß du nicht wieder mondsüchtig wirst, sonst balancierst du mir auf einem Lichtstrahl davon."

Er legte den Arm um mich und drückte mich. „Ist das nicht eine phantastische Nacht, Daniela?" Vor uns lag ein kleiner, baumloser Abhang unter tiefem, flaumig aussehendem Schnee. Der Schnee war ganz unberührt. Keine Wildspur gab es in ihm. Kein niedergefallener Zweig hatte ihn verunziert. Die Schneekristalle glitzerten wunderschön.

Raimund nahm meine Hand und zog mich den Abhang hinunter. Dabei lachte er übermütig, als liefen wir in ein Meer, irgendwo, wo der Strand ganz rein und menschenleer war und das Wasser weiß schäumte. Wirklich warfen wir etwas wie einen Gischtsaum aus Schnee auf, einen weißen Staubwirbel, der sich nur langsam senkte. Ich sah in ihm ein regenbogenfarbenes Licht, wie es die Sonne in hohen Federwolken hervorbringt, und staunte, weil es auch im Mondschein so etwas gab. Die Begeisterung über das Außergewöhnliche machte mich schwindlig. Ich stürzte zu Raimund hin, und er fing mich auf, und dann tanzten und wirbelten wir durch den Schnee bis wir atemlos waren und uns aneinanderlehnten.

„Diese Nacht", sagte Raimund, „ist wie der Hope-Diamant. Das ist ein tiefblauer Stein, der angeblich Unheil bringt."

Ein unheimliches Gefühl überkam mich, als er das aussprach. Mit aller Entschiedenheit wehrte ich es ab: „Es ist eine ganz gewöhnliche Mondnacht. Und wir sind die verrücktesten Leute in unserer Stadt."

„Ich bin gern so verrückt", erwiderte Raimund, „und was du gesagt hast, stimmt nicht. Das ist alles andere als eine gewöhnliche Mondnacht."

Der Zauber ließ mich nicht los. Nur zu gern gab ich Raimund recht. Was uns rundherum einschloß, dieses schimmernde Blau war etwas anderes als das Alltagsleben. Ich dachte: Wir sollten noch weiter gehen, immer tiefer hinein in diese Hexennacht, immer höher hinauf auf den Berg, bis wir fortfliegen können.

Ich umklammerte Raimund fest. Er gehörte mir, und er sollte sich davor hüten, daß ich ihn loslassen mußte. Ich wußte, wohin er abstürzte, wenn ich ihn losließ. Er lachte ahnungslos und wußte es nicht.

Am folgenden Morgen war ich erschöpft. Ich hatte mich in jeder Hinsicht verausgabt. Und schon war wieder der unergiebige und sinnlose Zwang da, alles Wunderbare, das sich ereignet hatte, im Geist hin und her zu wenden und eine Erklärung dafür zu suchen, statt es einfach anzunehmen und froh zu sein. Ich sollte es Raimund nachtun. Er war von Natur aus problemlos. Mit der Zeit würde er mich lehren, es auch zu sein. Ein Satz formulierte sich in mir: „Gott hat ihn mir wiedergeschenkt."

Ich fragte mich, ob Gott für mich fraglos war – so fraglos, daß ein Wort für ihn genügte. Es war lange her, daß es für mich wichtig gewesen war, darauf eine sichere Antwort zu finden, die auch nur aus einem Wort, nämlich Ja oder Nein bestand. Meine Eltern waren sehr religiös gewesen, das muß nicht gleichbedeutend mit gläubig sein. Sie hatten alles von sich gewiesen, was jenseitig oder geheimnisvoll war, solange der Glaube daran nicht klar geboten oder zumindest geduldet war. In der Hauptsache übten sie eifrig und hingebungsvoll die sogenannten religiösen Pflichten aus. Aber oft hatte ich den Verdacht, daß ihnen dies genügte, und es war eine Art der Genügsamkeit, die mir mißfiel. Ich fragte mich, was sie empfanden, wenn sie zur Kirche gingen. Ich selbst mußte mitgehen, doch ich empfand dort nicht viel. Ich hatte auch keine Begabung für das Beten, obwohl ich in dieser Hinsicht nicht konsequent war, und immer wieder um Beistand gebetet habe, wenn ich in einer verzweifelten Lage war. Aber jedesmal war es enttäuschend für mich. Ich habe den Rückprall meiner Gebete gespürt. Vielleicht lag das daran, daß meine Willensanstrengung zu groß war, daß ich Forderungen stellte und durchsetzen wollte.

Ich war sicherlich ungerecht, als meine Eltern noch lebten. Heute gebe ich mir wenigstens die Mühe, fair zu sein. Meine Unbegabtheit für das Beten kam wohl auch daher, daß mich Eintönigkeit schon immer unruhig gemacht hat, weshalb ich auch Litaneien und Rosenkranzgebete nicht aushielt. Sie waren einschläfernd wie die Dünung im Meer – wie Wellen.

Jetzt sind die zwei Stimmen, die mich zur Sonntagspflicht riefen, verstummt, und seither bin ich nicht mehr in die Kirche gegangen. Mein Glaube ist davon unberührt geblieben.

Plötzlich war da eine feste Gedankenverbindung. Ich verstand auf einmal etwas oder hatte wenigstens das Gefühl, daß ich es gerechter beurteilen konnte. Ich stellte mir vor, daß dieses hypnotische Auf und Ab das mich bei Gemeinschaftsgebeten immer gelangweilt und mir die Lust daran genommen hatte, das auszuüben, was Menschen vom Schlag meiner Eltern mit „Beten" meinten – daß dies eine innere Schwingung hervorruft, die sich auf die Schwingung des Weltgeists einstellen kann. Wenn Schwingungen übereinstimmen, wird Energie ausgetauscht. Im Wünschen und Hoffen ist sicherlich Seelenkraft, und genauso in dem, was die Angst und den Schmerz hervorruft. Wenn ich betete, habe ich sie, zu Gedanken zusammengeballt, gegen eine starre und schweigende Mauer geworfen. Und ihr Rückprall, der für mich gleichbedeutend mit einer Ablehnung war, hatte mich immer entmutigt und bitter gemacht. Jetzt sah ich ein, daß ein Kräftemessen des Willens mit der höchsten Willensinstanz nicht anders ausgehen konnte.

Ich erinnerte mich an die wogende Müdigkeit nach dem Schreiben meiner Tagebuchblätter, an die Wellenbewegungen, die mich beruhigt hatten, und mit denen ich im Einklang gewesen war. War da Willensenergie von mir übergeströmt, ohne daß sie sich zu Gedanken formulierte? Werden Gebete vielleicht nur auf diese Weise erhört? Wenn das zuträfe, wäre ein Sinn in allem, was mich am gedankenlosen, schwingenden Auf und Ab der Litaneien und Gebetsformeln seit jeher gestört hat. Dann hätte ich damals zum ersten Mal richtig gebetet, als ich scheinbar ganz ohne Willen gewesen war.

Ich wünschte mir sehr, ein geduldiges, unvoreingenommenes Gegenüber zu haben, mit dem ich über das alles reden könnte. Dabei hatte ich in erster Linie Harry im Sinn. Ihn könnte ich mit der gebotenen Vorsicht fragen, ob er es für möglich oder für notwendig hielte, sich auf die Wellenlänge Gottes einzustellen. Das müßte ich allerdings weniger provokant formulieren und nach Möglichkeit das Wort „Gott" vermeiden. Ich müßte sagen: „Eine universelle Intelligenz". Der physikalische Teil meiner Frage wäre jedenfalls für ihn diskutierbar. Trotzdem würde er mir vorschlagen, das privat zu besprechen und einander wieder einmal zu besuchen.

Ich fand, das sollten wir übrigens wirklich bald tun, auch wenn Raimund und Harry einander nur flüchtig kannten. Ich nahm an, daß sie gut miteinander auskommen könnten. In Gedanken sah ich beide vor mir und fand, daß manche Ähnlichkeit zwischen ihnen war, vor allem, was ihr Talent betraf, mich immer wieder um den Finger zu wickeln. Harry übte sich schon seit Jahren in dieser Kunst. Zum Beispiel war ich nicht dazu da, für ihn die Erfindermeldung zu verfassen, und tat es doch.

Ich freute mich sogar darüber, Harry wieder einmal einen Gefallen zu tun, diesem kleinen, gescheiten, fabelhaft tüchtigen Mann, der jedesmal zu einem Häufchen Unglück verfiel, wenn er seine Gedanken schriftlich aufzeichnen sollte.

Gegen Mittag stellte er sich bei mir ein, weil er mir im Zusammenhang mit der Erfindung noch etwas sagen mußte. Als er sich zu mir auf die Kante des Schreibtisches setzte, eine Zeichnung auf meinen Schreibblock skizzierte und mir die nötigen Erklärungen dazu gab, fiel mir auf, daß sein Gesicht etwas blasser und schmäler als sonst war. Kein Wunder – er arbeitete ja auch in der letzten Zeit ziemlich viel und blieb abends immer noch da, wenn ich schon heimging. Ich fragte ihn, ob er mit seiner Frau irgendwann in den nächsten Tagen zu uns kommen wolle.

„Grundsätzlich gern", sagte Harry, „aber vielleicht

nicht jetzt. Doris geht es in letzter Zeit nicht gut."

Ich fragte spontan und unüberlegt, ob sie krank sei. Harry zögerte, und an der Art, wie er andeutungsweise sagte, daß sie neuerdings manchmal an Depressionen litt, merkte ich, daß ich nicht hätte fragen sollen.

Jetzt sah ich ganz deutlich, daß er sich verändert hatte. Ich hätte aber nicht sagen können, seit wann. Er war immer noch freundlich und anscheinend gut gelaunt, aber nicht mehr so übermütig wie früher.

Das alles war freilich nicht alarmierend genug, um meine Gedanken lange in Anspruch zu nehmen. Es schnitt nicht tief genug in mein Leben ein. – Ich fragte nicht weiter und täuschte kein Mitleid vor. Harry konnte das bestimmt nicht mißverstehen. Er wußte, daß es mir nicht gleichgültig war, wenn er familiäre Sorgen hatte. Es tat mir für ihn leid, das wußte er auch, doch er mußte mir anmerken, daß ich nicht mit ihm litt. Ich hatte meine Erfahrungen mit dem Schmerz. Daß es Erbarmen oder Bedauern gab, ließ ich gelten. Auch Mitgefühl hielt ich für kurze Zeit aus, wenn ich in Gedanken einen Rollentausch vornahm, und mich in den, der da litt, hineinversetzte. Aber wirklich mit jemandem mitzuleiden, so tief wie er selbst, das könnte ich nicht, so wenig wie ich es zustandebrächte, freiwillig meine Hand in das Feuer zu halten.

Das Erlebnis von Raimunds Tod mit all seinen Qualen lag nun schon eine ganze Woche zurück, und immer strahlender hob sich alles, was jetzt für mich wichtig war, von diesem düsteren Hintergrund ab.

Auf einmal war alles wieder unantastbar, und jeder Erklärungsversuch war ein Sakrileg. Es war unwichtig, ob Magie oder Gottes Allmacht im Spiel war. Im Licht lösten sich die Gedankenketten auf.

Kurz darauf erlebte ich es das erste Mal, daß Raimund Einwände gegen das Geldausgeben erhob. Das war, als ich meine Wohnung neu tapezieren ließ. Er fand die alten Tapeten noch tadellos, und das waren sie auch. Ich sagte ihm nicht, daß mir das Muster unheimlich war, diese unübersichtlichen, wirren Blütenranken, in denen ich einen Irrgarten sah, und daß vor allem die Falte an der Stoßstelle zweier Bahnen immer, wenn ich sie anschaute, an ein Trauma rührte.

Einerseits ärgerte mich dieser Widerstand, der mir bewies, daß Raimund für das Wohnen nichts übrig hatte, doch war ich anderseits froh, daß er fähig war, ökonomisch zu denken. Er war beim Geldausgeben bedenkenlos, wenn es um die Erfüllung seiner Bedürfnisse ging, aber wenn er etwas für überflüssig hielt, war er sparsam.

Diese Lebenseinstellung fand ich natürlich und legitim. Auch ich gab mein Geld nach diesen Gesichtspunkten aus. Nur waren meine Bedürfnisse anders, und darum erschien mir Raimund verschwenderisch. Es amüsierte mich, daß es möglich war, auch von ihm der Verschwendung bezichtigt zu werden, wenn ich etwas anschaffen wollte, woran ihm nichts lag. Ich setzte mich trotzdem durch – dazu war ich berechtigt. Mir gefiel die neue Tapete auch besser als die alte. Sie war einfärbig, hellgrün und leicht strukturiert und ließ unser Wohnzimmer größer erscheinen.

In Zukunft würde es für mich leichter sein, die Lebensansprüche Raimunds zu akzeptieren. Der einzige Unterschied zwischen uns war der, daß das, was ich mir erwerben wollte, im Vergleich zu den unüberlegten Wünschen Raimunds solider und wertbeständiger war. Daraus leitete ich für mich mehr Rechte ab. Was Raimund beanspruchte, hatte keinen Bestand. In dem Maß, in dem er sich daran erfreute, zerrann es, ob es eine weite, schöne Reise war oder ein Abend, den wir im Schloßrestaurant verbrachten.

Am nächsten Wochenende machten wir einen Schiausflug. Mit der Bahn fuhren wir in die Berge, in denen viel Schnee lag. Wir fanden beide, daß es aufregend war, noch vor kurzem im Pazifik geschwommen zu sein und Baumfarne auf dem Mayon gesehen zu haben, und so bald darauf wieder einen Tag im Schnee zu verbringen, bei Wintersonne und sieben Grad unter Null. Raimund war für solche Gegensätze besonders empfänglich. Die Abwechslung war für ihn ein starker Lebensimpuls.

Als er mir im Abteil gegenübersaß, und ich ihn unauffällig anschauen konnte, hatte ich allen Grund, auf ihn stolz zu sein. Er war sehr gut gebaut, elegant und gut gekleidet. Mit allen Vorzügen, die das Auge erfreuten, war er ausgestattet oder stattete er sich selbst aus.

Das führte leider dazu, daß er sehr verwöhnt war. Das Eisenbahnfahren war für ihn unbequem.

Er sagte zuversichtlich: „Bald haben wir wieder ein Auto“ und bekam die ernüchternde Antwort: „Noch nicht so bald. Zuerst kommt die größere Wohnung. Das hast du mir zugesagt.“

„Das sollte ich wirklich zugesagt haben?“ zweifelte er.

Ich ärgerte mich. Er brachte mich dazu, mich zu fragen, wie das mit uns beiden gutgehen sollte. Er verdiente als Werbefachmann nicht viel, weil das eher ein Gelegenheitsberuf für ihn war, seit er vor sechs Jahren sein Studium aufgegeben hatte. Ich verdiente ja besser als er, denn ich hatte fertigstudiert und war auch um zwei Jahre älter als Raimund. Das wirkte sich auch ein wenig auf mein Gehalt aus. Trotzdem mußte ich mein Geld zusammenhalten, wenn ich wollte, daß mir etwas übrigblieb. – Und er dachte schon wieder daran, ein Auto zu kaufen!

Ich schaute hinaus in die Winterlandschaft. Eine weiße Lichtfülle strahlte mich an. – Das war kein Tag zum Rechnen und Kalkulieren und zum Abwägen finanzieller Möglichkeiten. Gerade weil ich so leicht in dieses Fahrwasser kam, wehrte ich mich entschieden dagegen, dies zuzulassen. Diesmal wollte ich ganz bewußt meine volle Aufmerksamkeit auf den Tag richten, der so schön und erfreulich war. Auch Raimund hatte ja eine natürliche Begabung dafür, den Tag und die Stunde und vor allem den Augenblick zu genießen.

Wir machten uns auf den Schihängen hungrig und müde. Dann suchten wir eine abgelegene Schneemulde aus, in der wir unsere Schier zum Sitzen hinlegten. Ich knüpfte Raimunds Schirucksack auf und brachte belegte Brote zum Vorschein.

„He!“ sagte Raimund. „Was ist denn das? Hast du mir die da hineingeschwindelt? Meinst du nicht, wir sollten lieber im Gasthaus essen?“

„Mit allem Nachdruck gab ich zur Antwort: Nein!“

„Bitte, Ja!“

„Lieber Raimund, wir essen die Brote. Sie sind tadellos. Die Wurst und der Käse sind gut. Ich sehe wirklich nicht ein, was dich daran stören sollte.“

Raimund schwieg, doch sein ganzes Mienenspiel widersprach mir. So drängte ich ihm zunächst keine Brote auf. Sobald er mich die meinen essen sah, würde auch er darauf Appetit bekommen. Doch er ignorierte die Mahlzeit der kleinen Leute. Nun, gut!

Wir lehnten uns in die Mulde zurück, um unsere Tropenbräune zu vertiefen. In dieser Hinsicht war Raimund bemerkenswert. Seine Sonnenbräune war fleckenlos – eine gleichmäßig matte, sympathische Mandeltönung. Ich hatte beobachten können, wie sie entstanden war: ohne Rötungen, ohne dramatische Schälprozesse. In keinem

Stadium hatte er unvorteilhaft ausgesehen.

Mich wunderte das, da er hellhäutig war und sogar einen rötlichen Schimmer in den Haaren hatte. Die zu diesem Typ gehörenden Sommersprossen hatte er auch, wenngleich nur vereinzelt. Ich betrachtete seine Haut. Sie war glatt wie teures, sehr weiches Leder. Alles, was an Raimund körperlich war, schien von ausgesuchter Qualität zu sein. Und er war mein Mann! Er gehörte zu mir und brachte ein Übermaß an Glück in mein Leben. – Es war ein riesengroßes Geschenk, daß er bei mir war und lebte.

Ich hatte ihn, seit seiner unerklärlichen Rückkehr zu allen möglichen Zeiten damit verblüfft, daß ich ihn mit stürmischen Liebesbezeigungen beinahe umwarf und immer nur ausrufen konnte: „Raimund! Raimund!" Das tat ich auch jetzt, und wir purzelten in den Neuschnee. Wir sanken in eine flaumige Wächte ein. Erst brannte und prickelte der Schneestaub auf unserer Haut und steigerte unser Wärmegefühl, aber dann, als ein plötzlicher zärtlicher Ernst über uns kam, drang Froststarre zu uns vor und ließ uns erschauern.

Raimund fragte: „Ist dir nicht kalt?"

„Sehr kalt!" flüsterte ich in sein Ohr.

„Warum bleiben wir dann hier liegen?"

„Das hat seinen Grund. Ich möchte ausprobieren, wie kalt es im Grab ist."

Er lachte: „Da spürst du nichts mehr von Kälte. Nicht einmal, wenn du im Grundwasser liegst, merkst du etwas. Vielleicht haben es die Toten ganz gemütlich da unten. Ich möchte es freilich lieber nicht ausprobieren."

Mit einem triumphierenden Ruck sprang ich auf, riß Raimund mit, trat zurück und schaute ihn an, wie er vor mir stand: Weiß betäubt, mit seinem strahlenden, jungen Gesicht.

„Und jetzt", sagte ich, „gehen wir in ein Gasthaus. Die Suppe muß heiß sein und hinunterbrennen. Und vorher trinken wir einen Obstschnaps, was meinst du dazu? – Und als Hauptspeise wäre ein Gulasch gerade recht. – Ein Gulasch mit Bier."

„Du Irrwisch!" – Das war die vergnügte Zustimmung Raimunds.

Wir gingen ins Gasthaus, bekamen das Wunschmenü, und dies im Verein mit einer behaglichen Wärme war die handfeste Abrundung meines Glücks.

Trotzdem machte ich mir keine Illusionen mehr. Die Verschiedenheit zwischen Raimund und mir war zu groß, um jene ununterbrochene Harmonie, zu der ich mich verpflichtet fühlte, zu garantieren. Ich hatte bekommen, wozu ich befähigt war und führte eine gewöhnliche glückliche Ehe. Der Vorwurf der Undankbarkeit, den ich mir machte, gehörte dazu.

Ich freute mich, als Raimund mir vorschlug, am Abend noch seine Mutter zu besuchen, nicht weil ich so gern zu ihr ging, sondern weil ich fand, daß sich Raimund mehr um sie kümmern sollte. Sie war eine gute, freundliche Frau und hing sehr an ihm. Ich hatte auch das Gefühl, daß sie viel für ihn tat. Sie war immerhin beweglicher und jünger geblieben, als es Frauen in ihrem Alter sonst sind, und zwar innerlich und äußerlich. Ich war ihr sehr dankbar, daß sie nicht schwiegermütterlich war. Nie hatte sie mich beargwöhnt oder gar abgelehnt. Ich war für sie freilich auch nur die Ergänzung Raimunds. Und sie war die Vorbedingung für seine Existenz.

Das hätte in Vergötterung ausarten können, in ein lästiges Anklammern oder in Rührseligkeit – in all das, was nicht nur Mütter, sondern oft auch Ehefrauen mißverstehen, wenn sie behaupten, daß es Liebe sei. Raimunds Mutter machte diesen Fehler nicht, vielleicht weil sie klug, vielleicht auch, weil sie schwach war. Vielleicht hatte sie sich von Raimund abschütteln lassen, ließ ihm seine volle Freiheit und litt daran. Jedenfalls fehlte ihr die Vorbedingung für erfolgreiche, dominierende Mütterlichkeit: die Herrschsucht.

Wir erschienen unangesagt, noch im Schianzug bei ihr, und sie war, wie immer, darauf vorbereitet. Mir schien, daß ihr demütiges und geduldiges Warten auf Raimund etwas war, das sie nicht unterbrechen konnte, auch wenn ein recht abwechslungsreiches Leben darübergeschichtet war. In ihrem Gefrierschrank war Raimunds Lieblingsessen. Diese Tatsache brachte mich auf einen Gedanken, der mich rührte: sie hielt auch die Liebe im tiefgefrorenen Zustand und taute sie auf, sobald Raimund kam.

Raimund war zu seiner Mutter sehr liebenswürdig. Er verstand es, sie dafür zu entschädigen, daß er sie nicht so oft besuchte, wie sie es sich wünschte. Sogar für mich war alles glaubhaft, was er sagte und tat, obwohl ich ihn gut genug kannte, um zu wissen, daß die Besuche bei seiner Mutter ihn nicht freuten. Für ihn war alles Alltägliche, das sich wiederholte und womöglich auch noch die Erfüllung einer Pflicht war, ein Raub an seinem einzigen wertvollen Leben, das er so gut wie möglich zu nützen gedachte. Um so verdienstvoller fand ich das Opfer, das er brachte, indem er zumindest nicht seltener zu seiner Mutter ging, als das bei anderen Männern üblich ist.

Raimund erzählte von unserer Reise. Seine Mutter hörte ihm willig und aufmerksam zu, und man merkte fast gar nichts von ihrer Selbstüberwindung. Ich wußte, wie groß ihre Sorge um Raimund war, wenn er so weit reiste und sich so hoch in die Luft begab. Vor dem Abflug hatte sie sich sehr bemüht, ihre Angst nicht zu zeigen, doch hatten sie ihre Stimme und ihre Augen verraten. Jetzt tat sie, als hätte sie sich immer mit Raimund gefreut. Mich bewegte es sehr, wie sie horchend und lächelnd dasaß, den Kopf ein wenig gegen die linke Schulter geneigt, und wie sie dabei den Stiel ihres Weinglases drehte, daß Lichtreflexe über ihren Handrücken gingen. Ich schaute sie an, schaute bald nur noch ihre Hand an, sah die Lichtreflexe rot, grün und blau, und verlor mich abgrundtief in diesem Anblick. Erst als sie das Glas auf den Tisch stellte, schaute ich auf.

Raimunds Mutter hörte noch immer zu. Keine Zwischenbemerkung verriet, was in ihr vorging. Nur einmal, als ihr Raimund erzählte, wie wir über den stürmischen Taalsee gefahren waren, sagte sie etwas, das wie ein schwacher Protest klang: „Wenn ihr einmal Kinder habt, tut ihr das aber nicht mehr."

Ich gab zur Antwort: „Soweit kommt es nicht. Wir werden keine Kinder haben." Es klang viel zu schroff. Alle Angriffslust, die ich in meine Stimme legte, galt in Wirklichkeit Raimund. Plötzlich war ich ihm böse darüber, daß er es war, der mich dazu gebracht hatte, so zu reden. Es hätte aus seinem Mund zwar anders geklungen – beschwichtigend, freundlich und kompromißbereit, trotzdem wäre es eine unumstößliche Antwort gewesen. Was Raimund wirklich nicht wollte, waren Kinder, und es war wohl mein Widerspruchsgeist, der mich bewog, mir einzureden, ich hätte gern Kinder gehabt. Seine Mutter schaute mich nachdenklich an. Ich wartete darauf, daß sie Einspruch erhob. Sie war eine so sendungsbewußte Mutter und hatte eine so große Freude an Raimund. Sie liebte alle Eigenschaften an ihm: Seinen Körper, an dem sie mitgebaut hatte, und der so stattlich geworden war, sein Lachen und seinen liebenswürdigen Leichtsinn, und wahrscheinlich auch seine nicht so erfreulichen Eigenschaften. Es mußte sie kränken, daß er das alles aussterben ließ. Sie gab mir auch eine entsprechend traurige Antwort, die trotzdem eine Zustimmung war.

„Ihr habt vielleicht recht, daß ihr keine Kinder wollt", sagte sie.

„Wenn man Kinder hat, muß man unglücklich lieben,

solange man lebt."

Ich war enttäuscht über Raimund, weil er ihr nicht widersprach. Aber ich wußte nicht viel über seine Beziehung zu ihr. Vielleicht hatte sie ihm das schon zu oft gesagt, so daß er es nicht mehr so ernst nahm, wie es gemeint war.

Ich spürte, daß Raimund unruhig wurde. Es warf einen unauffälligen Blick auf die Uhr. Er hatte seiner Pflicht Genüge getan und wollte die nächste Gelegenheit nützen, um sich mit allem Charme, der ihm zur Verfügung stand, zu entfernen. Als es so weit kam, war er wieder äußerst geschickt. Er sagte nicht etwa, daß er jetzt gehen müsse. Er sagte:

„Jetzt hast du bestimmt schon genug von uns. Jetzt sind wir dir lang genug auf die Nerven gegangen." – Nicht der leiseste Widerspruch kam. Sie durchschaute ihn.

Als wir uns von ihr verabschiedeten, fiel mir zum ersten Mal etwas auf, das mich fast dazu brachte, laut zu protestieren. Ich sah, wie Raimund sich niederbeugte, sah den Kuß, den er seiner Mutter gab. Dann glitt mein Blick, ohne daß ich es wollte, tiefer. Ich beobachtete ihren Händedruck. Dabei bemerkte ich, daß zwischen ihrer und seiner Hand der eilige, heimliche Tausch eines Geldscheins erfolgte. Sie steckte ihm einen Tausendschillingschein zu, und er küßte sie auch noch auf die andere Wange. Dabei murmelte er ihr etwas ins Ohr, und sie wurde rot. Das bestärkte noch meinen plötzlichen Widerwillen. Diese ganze verstohlene Szene hatte für mich den üblen Beigeschmack käuflicher Liebe. Diese Frau war zwar Raimunds Mutter, aber trotzdem . . .

Auf dem Heimweg und auch noch zu Hause war ich schweigsam. Ich war uneins mit mir, ob ich etwas sagen sollte. Es ging mich nichts an, dennoch fragte ich mich, ob es richtig sei, Raimund darüber im unklaren zu lassen, daß mir etwas, das ihn betraf, so heftig mißfiel.

Für mich hatte sich an diesem Abend so manches geklärt, denn mir war es immer wieder ein Rätsel gewesen, wieso sich Raimund mit seinem Durchschnittsgehalt so überdurchschnittlich viel leisten konnte.

Bis jetzt hatte ich das Thema noch nicht berührt. Vielleicht hatte ich eine Ahnung gehabt, daß die Wahrheit nur unschön sein konnte. Und wirklich sagte er etwas, das unschön war und mitten in meinen stummen Vorwurf hineintraf.

„Du darfst mich nicht mißverstehen. Als ich das von dem Auto sagte, habe ich daran gedacht, meine Mutter zu bitten, daß sie mir Geld dafür gibt. Das tut sie bestimmt. Sie hat mir auch für das Motorrad Geld gegeben. Nur die Hochzeitsreise hat sie nicht mitfinanziert."

„Von Beruf bist du also Sohn – zumindest nebenberuflich."

Raimund war gut gelaunt. Er tat, als höre er nichts und traf alle Vorbereitungen für eine verliebte Nacht. Ich wollte dabei nicht halbherzig mittun und fragte, warum er von seiner Mutter Geld annahm.

Seine Antwort war unbefangen: „Weil sie es mir gibt. Weil sie mehr besitzt, als sie für sich braucht, und weil sie weiß, daß das bei mir gerade umgekehrt ist." – Dann stutzte er, schaute mich an und setzte hinzu: „Ich kann nicht finden, daß dabei etwas Unrechtes ist. Sie freut sich, wenn sie mir was schenken kann, und ich bin genauso erfreut, wenn ich etwas von ihr kriege."

Ich war unfähig zu debattieren, wie ich es immer bin, wenn jemand in aller Unschuld zynisch ist, und sagte nur: „So redet ein Mann, der großjährig ist und sich auch so fühlen müßte. Wie gibt es das?"

Raimund lag auf der Couch und ließ seine Fußspitzen wippen. Ein Bein war angewinkelt, das zweite darüber gelegt.

„Mir liegt nichts daran, erwachsen zu sein. Damit hat

man nur Scherereien und sonst nichts."

„Und wie steht es mit deiner Selbstachtung?" fragte ich kühl.

„Vielen Dank", sagte Raimund. „An der ist nichts auszusetzen. Nein, wirklich, ich sehe nicht ein, was das miteinander zu tun hat. Muß man unbedingt selbstzufrieden, humorlos und stur sein, damit man moralisch gerechtfertigt dastehen kann? Was tu ich denn Schlimmes? Wem füg ich denn Schaden zu? Meine Mutter ist schließlich eine begüterte Frau."

Natürlich hatte er recht, wenn ich es auch ungern einsah. Er sprach auch nicht zum ersten Mal darüber. Doch hatte er noch nie so geradeheraus gesagt, daß er ein eigensüchtiges Interesse am Vermögen seiner Mutter hatte.

Es stimmte, daß Raimunds Mutter mehr Geld zur Verfügung stand, als sie zu verbrauchen pflegte, obwohl sie gut lebte. Sie war stille Teilhaberin an einer Teppichfabrik und gönnte auch Raimund etwas von ihrem Gewinn. Ich fragte mich, was mich dabei störte. Meine Gründe hatten nicht viel mit Vernunft zu tun. Nur meine Gefühle für Raimund waren davon betroffen, und das erschreckte mich wie ein schwerer Verlust. Raimunds starke männliche Ausstrahlung war vermindert. Zum ersten Mal spürte ich, daß nicht viel übrig blieb, wenn sie verging. Ich sträubte mich, dies zur Kenntnis zu nehmen. Ich wollte, daß er der kühne und souveräne Mann bleiben möge, den ich bis vor kurzem in ihm gesehen hatte. Ich verabscheute jene verstohlene Geste, mit der er von seiner Mutter Geld genommen hatte, und die ganze Abhängigkeit, die darin zum Ausdruck kam. Eine Vorstellung nistete sich in mir ein und wurde um so stärker, je wütender ich gegen sie kämpfte: Die Mutter, die Milch spendet, und der Säugling, der trinkt.

„Jetzt hast du etwas Böses gedacht", sagte Raimund.

Ich zuckte zusammen und schaute ihn an. „Wie

kommst du darauf?"

„Weil dein Gesicht so hart und kämpferisch war – wie eine geballte Faust. Es war gar nicht hübsch." – Sein Vorwurf traf mich.

„Und jetzt schaust du dumm", sagte Raimund. Er lachte mich an. Faunische Falten erschienen in seinem Gesicht.

Ich dachte: Das ist es! Die Art, wie er lacht und mich anschaut. Damit bringt er mich immer wieder soweit, daß ich nach ihm verrückt bin. Mir blieb nicht viel Zeit, um mir klar zu machen, daß das möglicherweise nur eine Maske der Männlichkeit war und daß es gewiß nicht mein Verstand war, der auf sie hereinfiel. Kaum hatte Raimund sie aufgesetzt, war ich schon wehrlos. Er genügte meinen Ansprüchen wieder. Doch ob das sehr hohe Ansprüche waren? Kaum. Ich hatte keine sehr schmeichelhaften Gedanken über mich selbst.

Plötzlich streckte Raimund seine geöffnete Hand nach mir aus. Es war eine Vertrauensgebärde. Sie rührte mich tief. Und dann dachte ich wieder das einzige, was mir zustand. Ohne Vorbehalt dachte ich es und ohne Ironie: Ich verdiene nicht, daß er lebt. Ich verdiene es nicht.

Ich war neidisch auf Raimund, das wußte ich jetzt, nachdem ich lange über mich nachgedacht hatte. Seit ich meinen Beruf ausübte und Geld verdiente, war ich stolz darauf, daß ich niemanden brauchte, und daß ich auf eigenen Füßen stand. Auch auf das, was dem vorangegangen war, war ich stolz oder glaubte wenigstens, es sein zu dürfen. Mir hatte nie jemand heimlich Geld zugesteckt. Ich hatte niemals mehr bekommen, als notwendig war. Für meine Grundbedürfnisse wie Essen und Wohnen, Beheizung und Studienkosten hatte das auch genügt. Was darüber hinausging, hatte ich selbst finanziert: ein modisches Kleid dann und wann oder meine Theaterbesuche und einmal sogar eine Ferienreise ins Ausland. Meine Eltern waren nicht reich gewesen, doch auch nicht arm. Mein Vater als Leiter eines Lohnbüros hätte sicher die Mittel gehabt, mich ein wenig mehr zu verwöhnen. Warum er es nicht getan hat, weiß ich nicht. Er war schon ziemlich alt, als ich zur Welt kam, und gehörte noch zu jener Elterngeneration, die sich vor den Kindern niemals rechtfertigen mußte. Sicherlich hätte es auch mir sehr behagt, wenn mir mein Vater oder meine Mutter mehr Geld geschenkt hätten, sei es, um meiner Zuneigung sicher zu sein oder um sich von Schuldgefühlen freizukaufen, oder einfach auch nur, damit ich mich darüber freue. Sie taten es aber nicht, und mir fehlte es nicht. – Nein es hatte mir doch gefehlt, darum war ich neidisch auf Raimund. Ich war es, weil er von seiner Mutter etwas bekam, was mich meine hatte vermissen lassen, und wofür der Geldschein in meinen Augen nur ein Symbol war.

Die Erklärung leuchtete mir ein und beruhigte mich. Sie ermöglichte es mir, mich unter Kontrolle zu halten, und auf

Raimund wieder stolz zu sein.

Ich lag neben Raimund, und die Schwärze der Nacht umschloß uns. Raimund schlief. Mich hatte das Nachdenken wach gemacht. Erst jetzt, da ich mit mir ins reine gekommen war, entspannte ich mich. Ich bettete mich in die Wärme unserer Körper ein. Es war mir angenehm, mir vorzustellen, daß diese Zone unserer Körperwärme der Innenraum eines wirklichen Hauses war, das feste, von uns errichtete Mauern hatte. Wenigstens dies hatten wir miteinander gebaut.

Ich fühlte wie tief und vollkommen Raimunds Schlaf war und wünschte mir, er könnte ihn mit mir teilen. Ich wäre gern wie er gewesen und hätte gern so mühelos und zufrieden gelebt. Doch in mich war etwas eingebaut worden, das mich immer in einem Zustand der Wachsamkeit hielt. Wer mir das angetan hatte, wußte ich nicht.

Raimund murmelte etwas im Schlaf und drehte sich von mir weg. Ich kroch näher zu ihm, sehr vorsichtig, damit ich ihn nicht weckte, und legte meinen Mund an seinen Rücken. Durch den dünnen Stoff seiner Pyjamajacke atmete ich zugleich mit seinem Geruch, der mir sehr vertraut war, seine Gegenwart ein, und sie war alles andere als ein abstrakter Begriff. Als ich herausgefunden hatte, wie er roch, nämlich dunstig und mild wie Bügelwäsche und nicht so scharf und angriffslustig wie Männer oft riechen, rieb ich lächelnd die Nase an ihm und hatte dabei das Gefühl, daß er mir viel über sich verraten hatte.

Es war gut, daß es solche Augenblicke gab, denn manchmal erschrak ich darüber, wie fremd er mir war, und wie wenig sich noch über uns vorhersagen ließ. Ich wußte nur, daß wir am nächsten Morgen aufstehen müßten. Raimund ein wenig früher als ich, weil das Badezimmer für zwei Personen zu klein war, wenn sie gern und ausgiebig Morgentoilette machten. Dann würde Raimund mit mir frühstücken und von mir fort seinem Beruf nachgehen. Ich hatte keine genaue Vorstellung von seiner Arbeit.

„Es ist nur ein Job“, sagte er, wenn ich ihn danach fragte. „Ich verdien nur mein Geld damit. In meiner Freizeit denke ich ungern an ihn.“

Trotz dieser Abgrenzung erlebte ich es sehr oft, daß er seine privaten Werbespots machte: „Mein Name ist Raimund Blank. Ich bin Ehemann. Ich rate Ihnen: Heiraten Sie nur Daniela. Sie ist die Beste, Schönste, Gescheiteste, die es gibt. Ich habe an Daniela nichts auszusetzen.“

Das war scherzhaft gemeint und stimmte im wesentlichen. Raimund setzte sehr selten an mir etwas aus, und ich glaube auch, daß er es auch in Gedanken kaum tat. Er ließ mich sein, wie ich war – und ich wollte ihn fortwährend ändern.

Ich strich über seine Schulter und seinen Arm. Mit geschlossenen Augen prägte ich mir seine Kontur ein. Mir kam in den Sinn, daß wir einander anvertraut waren, und daß dies die wesentliche Änderung war, die unsere Heirat herbeigeführt hatte, denn sonst war alles geblieben wie vorher. Wir hatten auch vorher miteinander geschlafen, am Anfang freilich nur bis gegen Mitternacht, bis Raimund mich fragte, wozu es gut sein solle, wenn er nachts aufstand und nach Hause ging. Er hatte dann sein Rasierzeug zu mir gebracht, später seine Pyjamas, seine Krawatten und Hemden, und nach und nach seinen ganzen Besitz, der irgendwie in meiner Garçonnière Platz fand. Und plötzlich bestritten wir unseren ganzen Haushalt gemeinsam.

Ich kann Raimund nicht vorwerfen, daß er mich ausgenützt hat. Er teilte mit mir die Ausgaben, die wir hatten, und nahm auch die Arbeit, die er erledigen konnte, auf sich. Er unterschied nicht zwischen Männer- und Frauenarbeit.

Er wollte keine Kinder haben – nun gut. Ich beschloß, mich endgültig damit abzufinden und zwar ohne jede Verbrämung mit Opfermut. Warum sollte ich unsere Ehe erschweren, indem ich mir Muttergefühle suggerierte, die ich nie gehabt hatte, als ich noch ledig gewesen war? Nur damit ich Raimund etwas zur Last legen konnte? Das wäre nicht fair. Es war keine große Sache für mich, meinen Beitrag zur Empfängnisverhütung zu leisten, und im übrigen dieses Thema nicht mehr zu berühren. Ich schloß es für mich ganz persönlich ab und schlief ein.

Ich fand mich bald mit der Tatsache ab, daß Raimund von seiner Mutter Geld bekam. Ich entwickelte sogar ein gewisses Verständnis dafür, da Raimund mir manchmal von seinem Leben als Kind erzählte, das ohne Mangel und Verzicht gewesen war. Er sprach nie in prahlerischer Absicht darüber und trauerte ihm nicht nach, wie einer Vergangenheit, die besser gewesen war als die Gegenwart. Für ihn war es immer noch das normale, gewohnte Leben, und daß es so weiterging, empfand er als selbstverständlich.

Raimunds Vater hatte nach seinem Tod nicht viel hinterlassen. Er hatte als Architekt einer Wohnbaufirma ein monatliches Gehalt bezogen, das er für sich und seine Familie großzügig ausgab. Die Gesellschaftsanteile an der Teppichfabrik gehörten Raimunds Mutter. Sie hatte sie schon in jungen Jahren, noch vor ihrer Heirat, geerbt und behalten. Den Ertrag hatte sie zum Teil für sich selbst verbraucht und zum Teil für den Haushalt beigesteuert.

Raimund war also relativ arm, denn man muß zugeben, daß Armut immer relativ ist. Erst wenn sie das Leben bedroht, wird sie absolut. – Man konnte Raimund nicht den Vorwurf machen, daß er ein Schmarotzerleben führte. Das tat er bestimmt nicht. Er ging einer Arbeit nach, er machte sich nützlich, nur verdiente er nicht besonders viel.

Er konnte und wollte nicht lernen, wie man mit wenig Geld auskam, denn er war in eine andere Lebensform eingegossen, die ihm seiner Erfahrung nach seit jeher zustand. Er war es gewohnt, daß man für ihn sorgte und ihn beschenkte.

Ich glich mich ihm schnell und bereitwillig an. Nur die Heimlichkeit der Geldübergabe störte mich noch. Ich fühlte mich dadurch beiseitegeschoben und außerhalb jener Gemeinschaft gestellt, welche aus Raimund und seiner Mutter bestand. Für mich war es so, als wolle sie mir damit sagen: Ich gebe es ihm und nicht dir. – Das kränkte mich.

Trotzdem ließ ich ihr alle mütterlichen Hintergedanken, ihre kleinen, ein wenig hilflosen Tricks, ob sie diese nun mit Absicht anwendete oder nicht. Sie wollte ein Stück von Raimund für sich behalten, das außerhalb unserer Ehe lag, einen exterritorialen Umschlagplatz für Liebesbeweise. Es war wenig genug, was ich ihr übrig ließ.

Raimund schloß mich nicht aus. Er teilte mit mir, indem er das Geld mit mir gemeinsam ausgab. Das tat er allerdings nach seinem Gutdünken und in seinem Stil. Er lud mich in Restaurants ein, die mir zu teuer waren, brachte mir Blumen und seidene Schals nach Haus und bot mir die Annehmlichkeiten seiner guten Laune.

Ich befand mich in einem Zwiespalt, da ich zwar angenehm lebte, aber doch nicht so, wie es meinem Wesen entsprach. Über eines war ich immerhin froh: Ich war nicht länger im ungewissen, womit Raimund seinen Aufwand bestritt, und ich wagte es jetzt erst, mir einzugestehen, wie unheimlich mir dieser vorher gewesen war. Plötzlich hoben manche irritierenden Kleinigkeiten einander beinahe auf. – Und Raimund lebte.

Seit geraumer Zeit versuchte ich etwas dagegen zu tun, daß meine Wohnung immer kleiner wurde. Raimund breitete sich in ihr aus wie ein junger Kuckuck. Immer, wenn er etwas Neues nach Hause brachte, ob er es für sich selbst gekauft hatte oder für mich, hatte ich das Gefühl, daß ich flacher atmen müsse, und daß meine Bewegungsfähigkeit abnahm. Raimund brauchte mehr Platz für seine Sachen als ich. Ich hielt Ordnung in meinem Teil des Wandverbaus und er nicht.

Grundsätzlich halte ich ja die Ordnungsliebe für ebenso wertfrei wie etwa die Vorliebe für das Mittelmeer oder für eine waldreiche Gegend bei schönem Wetter. Man fühlt sich normalerweise in einer geordneten Umwelt wohl. Für mich trifft das zu und für Raimund sicherlich auch. Zumindest protestierte er nicht, wenn ich die Wohnung aufräumte, und nicht einmal dann, wenn ich ihn bat, es zu tun. An passiver Ordnungsliebe mangelte es ihm nicht. Doch bei mir kommt ein Drang zur Aktivität hinzu. Etwas sitzt in mir, das mich antreibt, Ordnung zu machen und Ordnung zu halten. Und diesen gestrengen Befehlsgeber liebe ich ganz und gar nicht. Es war mir unangenehm, Raimund fortwährend sagen zu müssen, er möge seine Sachen nicht herumliegen lassen. Zur Erzieherin habe ich mich nie berufen gefühlt. Es bedeutete für mich auch den gleichen Energieaufwand, ob ich mich selbst oder ihn dazu brachte, etwas zu tun. Raimund wartete auf meinen Anstoß und sparte damit Energie. Das war nicht Berechnung, sondern etwas wie ein Instinkt, eine automatische Schonung seiner Lebenskraft.

Es gab, wenn Raimund zu Hause war, keinen Winkel, den ich für mich abgrenzen konnte, und wenn er nicht daheim war, gab es auch keinen. Unser Leben war eine sehr enge Gemeinschaft geworden, im guten wie im weniger guten Sinn. Ich wollte bei Gott keinen anderen Mann, aber mein Bedürfnis nach einer anderen Wohnung war sehr groß. Ich wünschte mir, daß sie zwei große Zimmer für mich und Raimund gemeinsam haben sollte, und zwei kleinere Zimmer für jeden von uns allein. Das eine der beiden großen Zimmer sollte zum Essen und Wohnen sein und das zweite zum Schlafen. Im Geist stellte ich zwei riesige Betten hinein, in denen man diagonal und der Quere nach liegen konnte. Nie zuvor hatte ich ein so starkes Gefühl für den Raum gehabt.

Natürlich hatte ich meine kleine Wohnung gern. Ich hatte viel Geld und viele Überlegungen in sie investiert. Alle Farben hatte ich aufeinander abgestimmt, alle Dinge, die in ihr waren, lange geprüft, bevor ich sie zu meinem Eigentum machte. Wenn ich sie aufgab, um zu übersiedeln, könnte ich mich von ihr nicht schmerzlos lösen. In Gedanken übte ich schon das Abschiednehmen. Dabei half mir die Tatsache, daß es mir schwer gelang, etwas anderes als MEINE Wohnung in ihr zu sehen. Raimund war in ihr nur ein Dauerlogiergast.

Ich wunderte mich, wie zufrieden er hier war – gerade er, der sonst so hohe Ansprüche stellte. Die Wohnung seiner Mutter war groß und schön. Sie hatte alte, hohe Räume mit dicken Wänden, schöne Türen und schöne Böden aus Eichenparkett. Raimund mußte somit auch im Wohnen verwöhnt sein. Einmal brachte ich das Gespräch darauf und fragte ihn, ob ihn die Beengtheit in meiner Wohnung nicht störe. Er sagte, sie störe ihn gar nicht und setzte hinzu: „Wir sind sowieso fast nur zum Schlafen daheim."

Es war Frühling geworden, und mit dieser Jahreszeit verfestigte sich die Wirklichkeit immer mehr. Was im Winter geschehen war, wurde beinahe zum Traum, der mich noch manchmal mitten im Tagesverlauf erschreckte und ein kaltes oder frohes Erschrecken war, je nachdem, worauf ich meine Erinnerung eingestellt hatte, der aber auf die Beziehung zwischen Raimund und mir einen immer geringeren Einfluß hatte. Ich wagte immer öfter, mir einzugestehen, daß Raimund mir ordentlich auf die Nerven ging. Mein Gefühl für ihn war eine Mischung aus Liebe und Ärger. Natürlich behielt die Liebe das Übergewicht.

Der Frühling war schön und mild. Ich machte die Fenster weit auf. Oft schliefen wir auch schon nachts bei offenem Fenster. Dann fühlte ich mich beim Erwachen so frisch, als wäre Wasser über mich hingerieselt. Ich freute mich auf meine Arbeit, die gut voranging.

Dann fuhr ich zur Feinstrukturtagung, bei der ich mein Referat halten sollte. Das habe ich immer nur ungern getan. Das Schreiben ist mir seit jeher leichter gefallen als das Reden, da ich in Ruhe überlegen kann. Beim freien Reden fürchte ich mich davor, daß mir das richtige Wort zur richtigen Zeit nicht einfallen könnte, und das verursacht mir großes Unbehagen. Es macht meine Stimme heiser und läßt sie schwanken.

Ich stand hinter dem Vortragspult, ein Glas Wasser vor mir, in der Hand eine kleine Taschenlampe mit einem Lichtpfeil, der die Spitze eines Zeigestabs ersetzte, und vor mir die Gesichter der Zuhörer. Ich glaubte nur ein Gesicht zu sehen, das durch Photokopieren vervielfältigt worden war: Das unbestechliche Gesicht der Fachwelt. Da wurde ich wirklich zum Tapferen Schneiderlein. Wie Harry mir versprochen hatte, durfte ich Juckpulver unter die Menge streuen. Er hatte wahrscheinlich gedacht, ich täte das gern.

Ich stellte also unser Gefüge vor, das Stahloberflächen extreme Härte verlieh, obwohl die Feinstrukturuntersuchung bekundet hatte, daß ein großer Anteil an Austenit mit seiner typischen Kristallgitteranordnung vorlag, der ein außerordentlich weiches Gefüge war, soweit man es sich erlauben darf, über Stahl etwas so Unangebrachtes zu sagen. Ich erklärte, wie man vorgehen mußte, um diese erstaunlichen Härten zu erzielen, die man bei Anwendung klassischer Verfahren niemals erzielt, von spontaner Erhitzung der Oberfläche fast bis zum Schmelzpunkt und der Selbstabschreckung durch die kalt gebliebene Masse des Werkstücks. Die ließ dem Austenit, der bei der Erhitzung entstanden war, keine Zeit, sich in Martensit zu verwandeln. Er veränderte erst im nachhinein seine Struktur, wenn man ihn im kalten Zustand noch einmal schockte, zum Beispiel durch Hämmern oder kaum merkbare Deformation. Darum bezeichneten wir ihn als „metastabil". Meine Sicherheit wuchs. Wir boten zwar nur eine Theorie an, doch der Vorgang konnte nicht anders gewesen sein.

Durch ein quadratisches Loch in der Hörsaalwand fiel Licht. Es warf meine Diapositive auf einen Bildschirm. Der Pfeil blieb ruhig. Ich zitterte nicht mehr. Ich war überzeugt, daß alles gutgehen werde.

Das Juckpulver fing erst zu wirken an, als das Deckenlicht aufflammte und die Diskussion begann.

Der erste Einwand kam wie erwartet: Die Rückstrahlaufnahmen wiesen nur darauf hin, daß sich Restaustenit im Gefüge befand, der nach Härtungen häufig darin zu finden war.

Ich sagte: „Aber nicht in so großen Mengen. Die Schwärzungsmessungen ergaben um achtzig Prozent."

„Sind die Messungen wiederholt worden?"

„Ja."

„Ich danke Ihnen."

Der nächste Diskutant bohrte tiefer und schonte mich nicht: „Trotzdem bin ich davon überzeugt, daß Sie Restaustenit gemessen haben. Vielleicht haben Sie irgend etwas falsch interpretiert."

Ich verwies auf den größeren Abstand der Atome, der sich aus der Tatsache ableiten ließ, daß der Abstand der Schwärzungslinie auf dem Film sich als größer als normal erwiesen hatte.

„Auch Abschreckspannungen können das Gitter dehnen."

„Das schon. Doch diese Spannungen sind nicht an allen Stellen gleich groß. Die Linie müßte sich also verbreitern und nicht verschieben."

Ein kleiner, magerer, bebrillter Mann stand auf. „Hat man das, was Sie mit ‚Metastabilem Austenit' bezeichnen, schon irgendwie mikroskopisch sichtbar gemacht?"

„Nein, weil die Beständigkeit dieses Gefüges so gering ist. Auch unsere Härtemessungen führen zu Werten, die erst zustandekommen, während der Prüfkörper eindringt. Dabei wirkt auf den metastabilen Austenit, der eigentlich weich sein sollte, eine Kraft ein; er klappt am Meßpunkt in Martensit um, und dessen hohe Härte messen wir. Die Oberflächen werden erst bei Beanspruchung hart. Das alles erschwert die exakte Beweisführung sehr."

Bis jetzt war es halbwegs gutgegangen. Da fiel mir der kleine, bebrillte Zuhörer genüßlich ins Wort: „Sie können also noch gar nicht beweisen, daß es den Metastabilen Austenit ganz zweifelsfrei gibt, und haben schon einen stolzen Namen für ihn?"

Ich gab, innerlich wehrhaft, doch immer noch höflich, zur Antwort: „So ist es. Wir stehen gewissermaßen vor einer Situation, die an sich typisch für die Physik der Elementarteilchen ist. Unsere Meßinstrumente sind zu grob. Sie beeinflussen unsere Messungen und fälschen das Resultat."

„Aber dies hier, verehrte junge Kollegin, gehört zum Gebiet der Festkörperphysik. Bitte wandern Sie nicht in ein anderes Fachgebiet aus. Hier reden wir über Stahl, der schon gründlich erforscht ist. Der Spielraum für Phantasie ist da nicht mehr groß."

„Das mag sein", sagte ich, „trotzdem geht es nicht ohne sie."

Er hatte mich schon mit dem, was er vorgebracht hatte,

gereizt. Doch sein überheblicher Tonfall machte mich wütend.

Ich sagte: „Was ist denn Besonderes an der Skepsis? Ich habe mich früher auch von ihr beeindrucken lassen und mir eingeredet, dabei sehr elitär zu sein. Inzwischen habe ich aber Situationen erlebt, die meine Skepsis weggewischt haben – das können Sie mir glauben. Bis zu einem gewissen Grad ist sie wohl nützlich, weil sie dafür sorgt, daß alles überprüft wird, was es an Neuem und scheinbar Unseriösem gibt. Dagegen habe ich nichts, wenn das, was durch sie ausgerottet wird, falsch ist und seine Lebensfähigkeit nicht beweisen kann. Aber jetzt könnten sich die Skeptiker langsam besinnen. Sie zerstören zu vieles, aus dem etwas werden könnte. Das ist schon geradezu ein Selbstzweck bei ihnen."

Ich fürchte, ich war sehr rot im Gesicht, als ich mit angriffslustiger Stimme fortfuhr: „Zur Skepsis braucht man ja überhaupt keinen Mut. Man geht mit dem Zeitgeist konform – das ist kein Wagnis."

Harrys Vorhersage erfüllte sich. Ein Teil des Auditoriums schrie mich nieder. Der andere aber lachte oder winkte mir sogar zu: Ein halber Sieg. Ich hätte mich auch über einen ganzen nicht gefreut, so befremdet war ich selbst über meine Kanzelrede.

Mein Chef versagte es sich heldenhaft, über meine Angriffe böse zu sein. Halb und halb hatte ich ja auch ihn attackiert, bei allem kämpferischen Einsatz für unser Gemeinschaftswerk. Harry boxte und küßte mich und beneidete mich brennend um meinen Skandal.

„Du hast den richtigen Leuten die Meinung gesagt. Hätte nur ich einmal die Gelegenheit wahrgenommen, vom Rednerpult aus solche Wahrheiten zu sagen."

Den wahren Grund meiner Abtrünnigkeit kannte er nicht.

Im nachhinein war ich über mich selbst erschrocken,

drückte mich in den Winkeln herum und hielt es kaum aus, all den undeutbaren Blicken begegnen zu müssen, die mich maßen. Ich hätte dieses und jenes nicht sagen sollen. Damit hatte ich unserer Sache nichts Gutes getan.

Am Abend erstattete ich Raimund Bericht – ohne Abschwächung oder Beschönigung – und so kleinlaut wie mir zumute war. Ich hatte ihm schon vorher manches über unsere Arbeit erzählt, und er hatte mich jedesmal reden lassen und sich um Verständnis bemüht – das war schön von ihm. Er hatte sogar einen eigenen Namen für unseren Metastabilen Austenit, von dem er nicht mehr abzubringen war. Er nannte ihn „das Gespenstergefüge" – die typische Idee eines Werbefachmannes, doch für unsere Fachaufsätze schwerlich verwendbar.

An jenem Abend nach meinem Vortrag schien es mir, als könne ich nie mehr einen besseren Zuhörer haben. Er ließ sich dreimal erzählen, was ich angestellt hatte und hörte mir mit funkelnden Augen zu. Dann umarmte er mich und erstickte mich fast, dirigierte mich zu unserem Ehelager und flößte mir doppelt gebrannte Liebe ein. Erst als er wieder bei Atem war, kam er zum Lachen. Er fuhr mit den Fingerspitzen über mich hin, drückte tiefe Grübchen in meine Haut und sagte: „Ein Glück, daß du nicht oberflächengehärtet bist."

Es war der erste Frühling, den wir gemeinsam erlebten – hellgrün und zart. Die Abende waren schon lange genug zum Spazierengehen, und an den Wochenenden wanderten wir weit . . .

Aber dann kamen wieder stürmische Regentage. Es wurde sehr kalt, und es gab Reif in den Nächten. Die Blüte an den Apfelbäumen erfror. Ein frostiger, duftloser Mai vergrämte uns. Fast jeden Tag sagte ich: „Eine größere Wohnung muß her. Wie kannst du das aushalten,

Raimund! Mich macht es krank.“

Ich schaute durch das geschlossene Fenster hinaus. Über das bleiche Grau des Himmels jagten langgezogene schwarze Wolken. Wie Dolche sahen sie aus mit ihren glatten Rändern. Raimund beschwichtigte mich: „Du bist schlecht aufgelegt. Alle Leute sagen, daß sie das Wetter nervös macht.“

Ich wandte mich heftig und böse vom Fenster ab und sah meine überfüllte Wohnung vor mir. Überall lagen Dinge, die im Wandverbau keinen Platz mehr hatten. Auf dem Teppich neben der Sitzgarnitur war eine Zeitung auseinandergebreitet. Der Aschenbecher war mit Stummeln gefüllt. Über der Lehne eines Fauteuils hing Raimunds Krawatte, und Briefumschläge waren über den Tisch verstreut. Ich hatte weder Lust, sie zu sortieren, noch Raimund dazu aufzufordern. Schon sammelten sich wieder giftige Worte in mir, und ich bekam Magendrücken, weil ich sie nicht ausspie. Eine Zigarette sollte mir helfen, den bösen Gedankensumpf auszutrocknen, der in mir gärte. Ich knipste mein Feuerzeug an, ließ die Flamme steigen, drehte sie wieder zurück und betrachtete sie. Dieses Spiel mit der Feuerzeugflamme war ein Teil meines Ritus beim Rauchen. Besonders interessierte mich ihr fast farbloser Lichthof, dessen herrlich geschwungene, bedeutungsvolle Kontur in mir Vorstellungen von geistigen, reinen Welten erzeugte, von einer Botschaft, die mir durch das Zucken der Flamme zugefunkt wurde. Ich verstand ihre Chiffren nicht und bemühte mich auch nicht darum. Sie fesselte nur meine Aufmerksamkeit, bis sie in meinem atemlosen Schauen erstarb und das Leuchten die Stelle des Denkens in mir einnahm. Ich hörte, wie Raimund mich fragte:

„Was sagt er denn?“

„Was meinst du damit? Wer soll etwas sagen?“

„Der Weihnachtsengel. Der gleiche wie unter dem Christbaum, dessen süße Stimme deine Eltern nicht hören konnten. Im Ernst, Daniela, ich hab das Gefühl, daß man dich mit Leichtigkeit hypnotisieren kann. Wenn man nicht auf dich aufpaßt, versetzt du dich selbst in Trance, und dann suggerierst du dir wieder, daß ich tot bin."

Betroffen knipste ich das Feuerzeug aus. Etwas wurde schlagartig kalt und spröde in mir – so kalt und spröde wie das logische Denken. Mein Gott – so war es. So muß es gewesen sein. Endlich konnte ich mir alles zusammenreimen: Ich war da gesessen und hatte auf Raimund gewartet. Dabei hatte ich mir eine Zigarette angezündet. Ich hatte – so wie jetzt – mit der Flamme gespielt, und niemand war dabeigewesen, als ich in einen somnambulen Schlaf fiel. Da erlebte ich Raimunds Tod als Wirklichkeit. Auch meinen Schmerz erlebte ich als wirklichen Schmerz. Und Raimund hatte mich mit mir allein gelassen. Viele Stunden hatte ich Zeit gehabt. In ihnen erlebte ich Tage voll höllischer Qual, ganz präzise, ganz konsequent und nacherzählbar. Dabei muß ich mit medialer Hellsichtigkeit begabt gewesen sein. Ich sah, wie das Lastauto mit den Stämmen auf Raimund zukam, wie die Kette sich lockerte und die Holzlast sich neigte. Daraus hat sich mein Geist in seinem unerklärlichen Zustand diese ganz grauenerfüllte Geschichte gebaut.

Ich bastelte weiter an meiner Theorie, was ich getan haben konnte, als ich in Trance war. Ich hatte Blätter aus meinem Heft gerissen, noch ehe Raimund wieder zu Hause war und dann den Satz hineingeschrieben, daß Raimund lebte und zurückgekommen sei, der wahrscheinlich meinem Unterbewußtsein entsprang. Vielleicht wußte es, daß ihm tatsächlich nichts zugestoßen war, doch beließ es mich in meinem Irrtum – wer weiß, warum. Ich hatte die Blätter verbrannt und die Asche fortgeschwemmt, das Heft in der Lade verwahrt und mich auf die Couch gelegt und war noch immer in Trance gewesen, als Raimund heimgekommen war. Das war die Erklärung dafür, daß er später sagte, ich sei dagelegen wie Schneewittchen im gläsernen Sarg.

Irgendwann in der Nacht war ich aufgestanden, noch als Schlafwandlerin, war in die Küche gegangen und hatte auch erlebt, daß ich dort war, daß ich soeben die Blätter verbrannt und ihre Asche in den Ausguß geschwemmt hatte – was in Wirklichkeit viel früher geschehen war –, dann mußte ich mir befohlen haben, zu erwachen, und Raimund war da.

Er fragte: „Worüber grübelst du? Du siehst so ernüchtert aus.“ – Nun, das war ich wohl auch. Es war schön gewesen und hatte mich glücklich gemacht, an das Wunder zu glauben, das mir geschehen war und an dem ich womöglich auch mitgewirkt hatte, denn es ist etwas Herrliches, derart bevorzugt zu sein.

Aber anderseits war ich auch froh und erleichtert darüber, daß Raimund wieder ein gewöhnlicher Mensch für mich war. Er benahm sich als solcher – da war es mir denn auch recht, daß ich ihn dementsprechend behandeln durfte und kein schlechtes Gewissen mehr haben mußte, wenn ich dieses Gottesgeschenk verdientermaßen beschimpfte.

„Warum antwortest du nicht?“ fragte Raimund gekränkt. „Mir paßt dein Grübeln und Sinnieren schon lange nicht. Das kommt davon, daß du dauernd zu Hause hockst. Warum gehen wir denn nicht aus und zerstreuen uns?“

Ich war nahe daran, ihn anzufauchen. „Weil ich nicht zuschauen will, wie du das Geld hinauswirfst.“

„Also gut“, sagte er, „dann fange ich zu sparen an. Ich tu ja alles, was du von mir verlangst.“

Ich wußte schon, was davon zu halten war, wenn er so schnell und so bereitwillig nachgab. Auch den Tonfall kannte ich schon von früheren Debatten. – Er wollte für diesen Augenblick oder für diesen Tag oder solange es eben ging, seine Ruhe haben und erkaufte sie mit scheinbarer Nachgiebigkeit. Was die wert war, hatte ich schon erfahren. Sie war gar nichts wert. Sie war nur ein Beweis dafür, daß mich Raimund nicht ernst nahm.

Ich selbst sparte längst schon wieder und wußte, warum. Doch er schraubte seine Ansprüche nicht zurück. Seine Lebensform stand ihm zu. Ich hätte diese Form zerschlagen müssen. Ich sah sie als etwas Feindliches, Starres vor mir. Raimund hatte, wie Mollusken und Schalentiere, einen harten Außenpanzer und dafür kein Rückgrat.

Da erschrak ich vor meinen Gedanken. Womit hatte ich ihn soeben verglichen? Mit häßlichen und ekelhaften Geschöpfen. War er denn nicht mein Mann? Verdiente er solche Gedanken? Er war anders als ich – aber war er weniger wert?

Ich sah seine Augen. Er schaute mich aufmerksam an, und mir war, als habe er erraten, was in mir vorging. Es machte ihn traurig und schuldbewußt, aber gleichzeitig gab er sich zuversichtlich.

„Wozu immerfort Pläne machen?" sagte er. „Alles wird werden, wenn die Zeit dafür da ist."

Ich weiß nicht, ob er in die Zukunft geschaut und geahnt hatte, was nach einigen Tagen geschah. Seine Mutter starb im Alter von fünfzig Jahren an einem Gehirnschlag. Hoher Blutdruck, eine dünne Arterienwand – und vorbei.

Ihr unvorhergesehener Tod berührte mich, ohne daß er mich schmerzte. Ich hatte sie wohl noch nicht lange genug gekannt. Für mich bedeutete dieses schlimme Ereignis einen Rückfall in einen dunklen Erlebnisbereich, von dem ich geglaubt hatte, es sei schon aufgeklärt. Jetzt kamen die Traumschatten plötzlich wieder herbei, trugen schwarze Kleider und bekundeten uns ihr Beileid. Es gab Besuche und Familienzusammenkünfte.

Meine Beziehung zu Raimunds Verwandten war aus

ganz natürlichen Gründen nicht sehr eng, da ich diese Leute erst zweimal gesehen hatte. Keiner von ihnen wohnte in unserer Stadt. Raimund hatte mich ihnen vorgestellt – kurz bevor wir geheiratet hatten. Bei der Hochzeit hatte ich sie näher kennengelernt und bald darauf, als Witwe, wiedergesehen. Obwohl Letzteres nur ein Traum gewesen war, wie ich jetzt wußte, sah ich alles wieder mit allen Details. In dieser Wohnung, die Raimunds Mutter gehörte, waren wir alle zusammengekommen. Nur sie selbst war nicht da gewesen – wie auch jetzt nicht. – Als ich das Familientreffen erlebte, wohnte ich der Reprise eines düsteren Schauspiels bei, eines Traumspiels, das mich über alle Maßen bedrückte.

Ich sah die beiden Tanten Raimunds wieder, deren eine die Schwester seiner Mutter war. Sie glich ihr in vielem: in ihrer Beweglichkeit, in ihrer ganz und gar nicht matronenhaften Erscheinung, in der schnellen, genauen Sprechweise und im Blick. Nur ihre Haare waren weißer. – Mir gefiel sie.

Bei unserer Hochzeit hatte sie ein zinngraues Kleid aus weicher, matter Seide getragen. Darüber einen Paletot aus Saphirnerz.

Nach Raimunds Tod war sie in einem schwarzen Mantel erschienen. Er hatte schöne Büffelhornknöpfe gehabt. Und genau diesen schwarzen Mantel trug sie auch diesmal, an einem kalten, fast winterlichen Maitag.

Ich erschrak nicht sofort, als ich sie darin sah, denn mein systematisches Denken war noch nicht im Spiel. Erst als Raimund ihr aus dem Mantel half und ihn so über einen Kleiderbügel hängte, daß die Knöpfe für mich sichtbar waren, ging mir ein Licht auf. Die Erkenntnis, was ich daraus folgern mußte und die doch nicht wahr sein konnte, kam wie ein Rammstoß. – Das gibt es nicht, wehrte ich ab. Das muß anders erklärbar sein. Ich finde schon noch die Erklärung. Ich brauche nur Zeit. Entschlossen schaltete ich die Gedanken ab, die sich auf den Mantel und seine Bedeutung bezogen, und konzentrierte mich darauf, den Tisch zu decken.

Auch das Begräbnis von Raimunds Mutter sollte nach dem Beschluß der Familie feierlich sein. Ihre Argumente waren die gleichen wie damals im Traum, als sie über Raimunds Begräbnis beraten hatten. Mir schien, daß sogar die gleichen Worte fielen.

Das war eine Störung, das machte mich ängstlich und wirr. Es brachte meine Erklärung aus dem Konzept, ich hätte die erste Begegnung dieser Art in einem Zustand der Selbsthypnose erlebt.

Das Begräbnis wurde nach dem Beschluß des Familienrates pompös. Mir war es diesmal egal. Es war ja niemand dabei, den sie damit quälten. – Auch Raimund nicht? Nein! Er war traurig, aber er litt nicht. Er stand groß, gut aussehend und gut ausgeschlafen beim Grab und erwies im Verein mit den vielen Leuten, die gern oder ungern zu Begräbnissen gingen, seiner Mutter die sogenannte letzte Ehre. Ob er ihrer auch in Liebe gedachte? Er ließ sich nichts anmerken. Er beherrschte sich. Doch hatte ich den Verdacht, daß ihm dies leichtfiel. Daß er weinte, erwartete niemand von ihm, das wußte er und war sicherlich froh darüber. – Die Frau in dem blumenüberladenen Sarg tat mir leid, weil ihre Liebe ihr so wenig eingebracht hatte.

Als ich mit Raimund wieder zu Hause war und daran dachte, daß nicht er es war, den man so feierlich begraben hatte, war ich sehr froh, nur stellte sich jenes übermäßige Glück nicht mehr ein, das ein vermeintliches Wunder in mir ausgelöst hatte.

Der Mantel mit den Büffelhornknöpfen fiel mir ein. Ich mußte ihn irgendeinmal gesehen haben, nicht in jenem hypnotischen Schlaf, sondern bei einem wirklichen Anlaß. Systematisch durchsuchte ich meine Erinnerung.

Als Raimund und ich im Jänner geheiratet hatten, trug

die Schwester seiner Mutter diesen Saphirnerz. Der paßte zu ihrem zinngrauen Seidenkleid. Auf dem Kragen des Mantels trug sie eine Lederblume, tiefblau, mit strahlenförmigen Staubgefäßen. Diese Erinnerung war hieb- und stichfest.

Weniger klar stand die erste Begegnung vor mir, doch immerhin wußte ich, daß wir es gewesen waren, die Raimunds Tante einen Besuch abgestattet hatten. Sie hatte mir damals sofort gut gefallen, doch was sie angehabt hatte, wußte ich nicht mehr. Jedenfalls pflegt man keinen Mantel zu tragen, wenn man jemanden in seiner Wohnung empfängt. Aber dann fiel mir eine plausible Erklärung ein, und auf diese legte ich mich schließlich fest: In ihrem Vorzimmer an der Kleiderablage konnte ich den Mantel gesehen haben. Auch die Knöpfe konnten mir aufgefallen sein. Wenn er von damals als Erinnerungsbild in mir war, konnte ich in der Trance gesehen haben, wie sie ihn trug. Das war eine matte Erklärung, ich gebe es zu, denn wir hatten Raimunds Tante schon im August, zur Zeit einer langen Hitzewelle, besucht. Normalerweise sind da die Pelzmäntel eingemottet.

Ich brauchte noch eine zweite Erklärung zur Stütze und kam zum zweitenmal auf die Hellsichtigkeit, die ich im Trancezustand gehabt haben mußte, sonst hätte ich auch von dem Lastauto nichts gewußt.

Die Ausgeburt meiner Logik ging dennoch auf Krükken, während das Rätsel sich weiter in meinem Kopf herumtrieb. Es machte mich fortwährend darauf aufmerksam, daß noch immer das Unerklärliche an ihm überwog. Schließlich nahm ich mir einen freien Vormittag, ging zur Bank, schloß den Safe auf und sah, was ich ohnehin wußte. Das Heft, das ich als Tagebuch benutzt hatte, war noch da und in ihm der nach wie vor gespenstische Satz, den ich eigenhändig geschrieben hatte. Nicht einmal, sondern viele Male las ich ihn.

Ich rief mir den Tag in Erinnerung, an dem ich die Widersprüche bewußt akzeptiert und das Wunder ohne Vorbehalt anerkannt hatte. Jeder Gegenstand hatte gestrahlt. Das war längst nicht mehr so. Die Welt war schon wieder sehr reparaturbedürftig. Ich konnte nicht mehr so fühlen wie damals – das lag an Raimund. Unser Leben zu zweit, so aufregend schön es auch war, wenn alle Gegebenheiten zusammenstimmten, konnte nicht auf dem Walten göttlicher Gnade beruhen – höchstens auf schwarzer Magie, die ich ausgeübt hatte, mit wessen Hilfe auch immer. Diese Deutung war wahnwitzig, aber verführerisch. Wie nie zuvor genoß ich den Gedanken, daß ich Macht über Raimunds Sein oder Nichtsein hatte. Ja, auch den Gedanken an sein mögliches Nichtsein genoß ich, da er mir unvorstellbare Souveränität verlieh.

Am Abend mußte ich wieder auf Raimund warten. Als es später als zehn wurde, wußte ich schon, daß er vor Mitternacht nicht daheim sein würde. Ich aß und bereitete mich auf das Zubettgehen vor. Es war ziemlich dunkel im Zimmer, als ich mich auszog, denn ich hatte vorher die Wassermusik von Händel gehört – eine Art von Musik, die mich beruhigt und die ich gern im Halbdunkel höre.

Als ich aus dem Pullover schlüpfte, ging ein blauer, knisternder Blitz von mir aus, so heftig und unerwartet, daß ich erschrak, obwohl ich selbstverständlich wußte, was da vor sich ging: Ich trug ein synthetisches Unterkleid, und auch mein Pullover war aus Polyacryl. Da glichen sich elektrische Ladungen aus, wie es manchmal vor starken Gewittern vorkommt, wenn Dinge blau zu strahlen beginnen, besonders im Hochgebirge. „Elmsfeuer" nennt man so eine Entladungskorona, und dieses uralte Wort kam mir in den Sinn.

Wieder dachte ich an Raimund und daran, was ich ihm antun konnte, wenn es stimmte, daß ich magische Kräfte besaß. Nur damit kann ich erklären, was ich tat. Bevor ich nämlich unter die Dusche ging, überprüfte ich vor dem Spiegel sorgfältig meine Haut, ob ich nicht irgendwo ein Hexenmal hatte.

Ich war früher nie auf den Gedanken gekommen, zu schauen, ob mein Körper fleckenlos war, doch hatte ich ziemlich sicher gewußt, daß dies zutraf. Jetzt aber fiel mir auf einem Schulterblatt etwas auf. Fünf hellrote Male zeichneten sich darauf ab, als hätte sich irgendwann eine Pranke hineingedrückt. Die Farbe der Flecken war unauffällig. Normalerweise hätte ich sie nicht bemerkt. Aber je länger ich hinschaute, umso stärker traten sie hervor. Ihr Rot wurde immer greller und intensiver. Zuletzt sahen sie wie Entzündungen aus. Ich betastete sie. Sie schmerzten nicht, und als ich das festgestellt hatte, verblaßten sie wieder. Bald war ihre Farbe so unscheinbar wie zuvor.

Vielleicht war ich einer Sinnestäuschung erlegen? Doch nein! Ich wußte, was ich gesehen hatte, auch wenn mein Rückenmark eine Säule aus Eis war. Am ganzen Körper zitternd, dachte ich: Gut so! Diese Angst vor mir selbst sollte meine Verbündete sein. Wenn Raimund mich wütend oder hilflos machte, würde etwas in mir ihm zuraunen: „Hüte dich!“ Und ich könnte ihm schneller und leichter verzeihen.

Ich ließ das Heft im Banksafe. Es sollte dort bleiben. Doch wollte ich glauben, daß Raimunds Leben davon abhing, ob ich es verbrannte oder nicht.

Als die Erbschaftsverhandlungen vorüber waren, ging auch für Raimund gewissermaßen ein Safe auf. Er erbte von seiner Mutter alles und zeigte seine Freude darüber sehr deutlich. Sie war sicherlich größer, als sein Schmerz über ihren Tod gewesen war, und er schmiedete sogleich phantasievolle Pläne, die alle das Geldausgeben betrafen.

Ich will mich nicht besser machen, als ich bin. Auch ich

hatte mir vom Tod seiner Mutter die Erfüllung meines größten Wunsches erhofft und meine freudige Erwartung nicht ganz unterdrücken können. Ich hatte gehofft, daß wir in die Wohnung einziehen könnten, die jetzt leer stand, aber ich wurde enttäuscht. Die Wohnung wurde von Raimunds Onkel beansprucht, dem das Haus gehörte, in welchem sie sich befand. Er brauchte sie für seinen Sohn, der heiraten wollte. Dagegen war nichts zu sagen und nichts zu tun. Ich mußte eben weiter darauf warten, daß es Raimund irgendeinmal zu eng bei mir wurde. Doch die größere Wohnung war ihm überhaupt nicht mehr wichtig. Sein ererbtes Vermögen gab ihm ein neues Lebensgefühl. Er wollte seine Festwochen feiern, und ich mußte mittun, sonst hätte ich ihn vergrämt. Das war anstrengend, und sehr oft fehlte mir der Schlaf, da ich tagsüber weiterhin sehr beansprucht war. Auch das Vergnügen, das ich dabei hatte, war nicht sehr groß.

Raimund legte Wert darauf, daß ich den Schmuck trug, den seine Mutter ihm hinterlassen hatte. Es waren wunderbare, wertvolle Stücke dabei, zum Beispiel ein Halsband aus kornblumenblauen Saphiren und der dazugehörige Ring im gleichen Farbton, eine Kette aus gleichmäßig schönen Perlen, und schließlich das schönste, nicht nur das teuerste Stück: ein Brillantring mit einem blauweißen Solitär, der in kaiserlichem, reinem Sprühfeuer strahlte. Es schien mir wie Übermut, ihn anzustecken.

Raimund nahm meine Hand und betrachtete sie. „Weißt du, es beleidigt immer meinen Geschmack", sagte er, „daß man solche Ringe fast nur an alten Händen sieht. Da sind braune Flecken und eine verrunzelte Haut und dicke, blaue Adernstränge mit Knoten. Und die schmükken sich dann mit einem so wunderbaren Juwel."

Ich wußte, daß er die Hände seiner Mutter beschrieb. Die waren bei aller Gepflegtheit nicht schön gewesen. Ich hatte immer den Eindruck gehabt, daß alle Entstellungen, die das Altern mit sich bringt, in ihren Händen zusammengekommen waren. Dafür hatten sie ihren übrigen Körper und vor allem ihr Gesicht verschont. – Es stieß mich ab, Raimund so reden zu hören. Ich teilte ihm dies auch freimütig mit. Er besann sich, schien doch ein wenig beschämt zu sein und verteidigte sich gerade deswegen heftig. Er warf mir vor, daß ich unlogisch sei. Gerade den Toten schade es gar nichts, wenn man etwas über sie sage, was sie zu Lebzeiten hätte kränken können. Sie konnten nichts davon hören, nicht einmal durch Zufall.

Ich trug also den Schmuck, wie Raimund es wünschte. Ich zeigte mich gern mit ihm, denn er stärkte mein Selbstgefühl, aber anderseits belastete er mich auch. Ich wurde befangen und wachsam, wenn ich ihn trug. Alle Augenblicke vergewisserte ich mich, daß ich ihn noch nicht verloren hatte und keiner der Steine aus seiner Fassung gesprungen war. Das beeinträchtigte immer wieder mein Freiheitsgefühl.

Den Brillantring trug ich ohnehin nur ein einziges Mal. Dann kam ich auf die Idee, ihn schätzen zu lassen. Und als mir mitgeteilt wurde, wie kostbar er war, sah ich nur noch eine Geldanlage in ihm, da sich sein Wert, wie ich wußte, stetig vermehrte.

Ich empfand es als Risiko, daß ich ihn heimtragen mußte, und steckte ihn selbstverständlich dabei nicht an die Hand. In meiner Handtasche gab es ein Innenfach, das ich mit einem Reißverschluß zumachen konnte. In dieses gab ich das kostbare kleine Transportgut, machte die Handtasche zu und klemmte sie unter den Arm. Auf dem kürzesten Weg begab ich mich nach Hause, und als ich dort glücklich mit dem Brillantring ankam, war mir, als hätte ich einen Kronprinzen ausgetragen, von dem der Fortbestand eines ganzen Königtums abhing. Am liebsten hätte ich den Ring in den Safe gesperrt, aber Raimund wollte von solchen Vorsichtsmaßnahmen nichts wissen.

Ich mußte immer darauf gefaßt sein, daß er mich bat, den Solitär nur für ihn anzustecken. Dann betrachtete er meine Hand und streichelte sie, streifte meinen Ärmel hinauf und streichelte auch meinen Arm, und ich wußte schon, daß das kommende Liebesglück von meiner kleinbürgerlichen Vorsicht getrübt sein würde. Ich würde vor Angst, daß der Ring mir abhanden kommen, daß er bei zu leidenschaftlichen Liebkosungen abgestreift werden könnte, ziemlich abgelenkt und nicht hingebungsvoll genug sein. Das verübelte ich mir sehr, doch es nützte wenig. Mit dem Brillantring an meiner Hand war ich fast frigid.

Ich machte alles, was mir an diesem neuen Leben gefiel, und auch das, was mich daran störte, zunächst einmal mit. Der Tag mußte kommen, an dem es auch Raimund zu strapaziös wurde. Er kam wochenlang mit so wenig Schlaf aus, daß ich ein biologisches Phänomen darin sah. Ich blieb immer öfter daheim, weil ich mich ausruhen mußte, um am nächsten Tag bei der Arbeit frisch zu sein. Dabei war ich nicht ungesellig – im Gegenteil. Ich wünschte mir sehr, daß wir einen Freundeskreis hätten. Aber Raimund hatte dafür nichts übrig. Er fand, daß auch die gescheitesten, witzigsten Leute nur für eine begrenzte Zeit interessant sein konnten. Irgendeinmal kam der Augenblick, in dem sie nichts Neues mehr zu bieten hatten.

„Bei den einen kommt das früher, bei anderen später", fand er. „Der eine hat viel und der andere wenig erlebt. Aber irgendwann merkst du, daß er dir immer das Gleiche erzählt, und dann ist es höchste Zeit, daß du mit ihm Schluß machst. So ein Freundeskreis ist eine Gesellschaft von Leuten, von denen jeder den anderen auswendig kennt. Sie haben einander zur Langeweile verurteilt. Kannst du mir sagen, was das für einen Sinn hat?"

„Das kann ich. Für mich hat es zum Beispiel den Sinn, daß ich weiß, es gibt Menschen, die für mich da sind. Sie helfen mir, wenn ich in Not bin. Sie kennen mich. Sie gehören zu mir, so wie ich zu ihnen gehöre."

„Ach Unsinn, jetzt gibst du abgedroschene Sprüche von dir. Ich sehe nicht ein, was da eins mit dem andern zu tun hat. Ich habe schon eine Menge Freunde gehabt und sie alle zur rechten Zeit ausgewechselt, denn Langeweile ist das größte Übel für mich."

„Ist das nicht traurig, Raimund?"

„Aber gar nicht. Ich schleppe ungern zu viele Leute mit mir herum, die ich ununterbrochen auf mich aufmerksam machen muß: telephonieren, Briefe schreiben und dies und das. Man muß sich seiner Bekannten entledigen können. Es ist letztlich das, was ja auch das Gehirn tut, wenn es vergißt – ein Auslesevorgang, der lebensnotwendig ist. Andernfalls würden die Menschen wahrscheinlich verrückt. Ich bürde mir niemanden auf. Ich mag keine Freundschaft als Verpflichtung. Und trotzdem bleibt jeder mein Freund, der es einmal war. Als Beispiel nenne ich dir Kilian Weidrich. Er ist eine Zeitlang mein Schulfreund gewesen. Er war ein Mensch, mit dem ich einmal viel Spaß gehabt habe, dann kamen wir auseinander, wie das so ist, und als ich ihn zufällig wiedergetroffen habe, war er wie neu. Von Entfremdung konnte gar keine Rede sein."

„Und wie ist das bei dir und mir?" fragte ich. „Ich werde nämlich auch einmal so ein Mensch sein, der dir immer wieder die gleichen Geschichten erzählt, und der dich dann langweilt, weil du sie schon auswendig kennst."

Er gab mir einen verspielten Stoß vor die Brust. Ich tat, als käme ich aus dem Gleichgewicht und lieferte ihm einen Vorwand, mich aufzufangen.

„Ach, es ist doch noch gar keine Rede davon, daß du mich langweilst. Zwischen Männern und Frauen gibt es da einen Verzögerungsfaktor." – Damit verweigerte er mir die Antwort, die ich mir wünschte, und gab mir die, die für ihn typisch war, doch hatte ich keine Lust, mich damit zufriedenzugeben.

„Hast du das Gefühl", sagte ich, „daß es bald so weit kommen wird?"

Er lachte. „Ich gebe keine Gefühlsprognosen. Die sind so unsicher wie die Wettervorschau. Zur Zeit herrscht Hochdruckwetter. Leichter Südostwind. Gelegentliche Störungsfronten lösen sich auf." – Dann sagte er noch einige

Anzüglichkeiten über die Temperaturen der kommenden Nacht. Bei solchen Prognosen irrte er sich fast nie.

Natürlich kaufte sich Raimund sofort ein Auto. Ein Sportmodell, einen Alfa Romeo. Er hatte ein abnehmbares Dach und Aluminiumfelgen. Raimund nannte ihn seinen „Alfa“. Das war nur die halbe Wahrheit. In Wirklichkeit war es sein Alpha und Omega.

Für meine Begriffe von Nützlichkeit war das Auto um die Hälfte zu lang, um die Hälfte zu schnell und um mehr als die Hälfte zu teuer, doch war ich auch stolz auf das fabelhafte Vehikel.

Als Raimund sich für dieses Modell entschied, sprach er wieder von Kilian Weidrich, dem er es verdankte, daß er damals, im Winter, am Leben geblieben war. Dieser Mann hatte etwas über Autos gesagt, was meinen Widerwillen weckte – ich weiß nicht, warum.

„Wenn du einmal das Geld für einen Wagen hast, nimm dir keinen, der träg ist, da fühlst du dich alt darin. Kauf dir einen Flitzer! Der macht dich zum starken Mann.“ – Diesen albernen Rat hatte Raimund getreulich befolgt.

Nun ja, er hatte ein schönes Vermögen geerbt. Es bestand zum größten Teil aus Fabriksanteilen. Auch Bargeld war dagewesen. – Das war schon verjubelt und ebenso die Sparbucheinlagen. Damit er das Auto kaufen konnte, hatte Raimund die Hälfte der Pfandbriefe eingelöst, die ihm seine Mutter hinterlassen hatte.

Mir war voll bewußt, daß wir jetzt oder nie zu einer größeren Wohnung kommen konnten, und da jagte mir Raimund abermals einen Schreck ein, indem er erklärte, er denke gar nicht daran, sich mit dem Kauf einer Wohnung zu befassen.

Sofort war ich kampfbereit und waffenstarrend. „Dann

steig ich nie mehr in dein Auto", sagte ich. „Und außerdem wohnst du ab sofort nicht mehr bei mir. Du kannst dir irgendwo in der Nähe ein Zimmer mieten, damit du es nicht zu weit hast, wenn du mich besuchen willst, aber als Untermieter will ich dich dann nicht mehr."

Raimund lehnte sich in den Fauteuil zurück, streckte die Beine von sich und umarmte die Luft. „Weißt du, wann die Maschinenpistole erfunden worden ist? Nein? Ich überlege nämlich gerade, ob es sich zeitlich ausgeht, daß du im früheren Leben eine gewesen bist."

„Sei nicht dumm, Raimund."

„Das bin ich nicht. Du wirst gleich einen Freudentanz aufführen, und ich schau dir dabei zu. Wir kaufen uns nämlich keine Wohnung, wir mieten auch keine. Wir kaufen ein Grundstück und bauen ein Haus."

Ich hätte natürlich Grund zum Jubeln gehabt, wenn ich nicht vorher noch schnell hätte rechnen müssen. Wir hatten kein Geld für ein Haus, wir konnten auch keines ersparen, dafür kannte ich Raimund jetzt schon gut genug.

Dann überraschte er mich mit einem Plan, der mir zeigte, daß er nachgedacht hatte, und daß er mit Geld sehr gut umgehen konnte, wenn er wollte. Es waren noch Pfandbriefe da, die gedachte er zu verkaufen, mit Ausnahme einiger kleinerer Stücke, die er für alle Fälle behalten wollte, und mit dem Erlös könnten wir ein Grundstück erwerben. Auch wollte er der Schwester seiner Mutter einige Anteile an der Fabrik verkaufen. Sie hatten schon diesbezügliche Telephonate geführt. Raimunds Plan war, ein Drittel der Anteile herzugeben und das Geld dafür auf ein Bausparkonto zu legen. Nach Ablauf der Wartezeit hatten wir Anspruch auf einen Kredit für den Hausbau. Für die Einrichtung würden wir sparen, jeder für sich, und das sollte ein sportlicher Wettbewerb sein.

Ich fragte ihn, wovon er denn sparen wollte, und auch darüber hatte er sich Gedanken gemacht. Einen kleinen, aber fixen Betrag konnte er monatlich von seinem Gehalt abzweigen. Auch hatte er vor, das Geld zusammenzulegen, das ihm die verbleibenden Firmenanteile brachten. Davon wollte er jedes Jahr Pfandbriefe kaufen, weil die sich besser verzinsen als Geld auf dem Sparbuch. Und ich sparte ohnehin aus einem inneren Drang.

Anfangs war ich nicht so begeistert, wie er es sich wünschte, denn erstens gefiel mir die lange Wartezeit nicht, die wir auf uns nehmen mußten, bis wir den Kredit bekamen. Eine Wohnung hätten wir uns schon morgen kaufen und wenigstens provisorisch einrichten können. Oder wir wären in eine Mietwohnung eingezogen und hätten das Geld für schöne Möbel gehabt.

Zweitens hatte ich berechtigte Zweifel daran, daß Raimund ein so langes Sparprogramm durchhalten könne. Mein dritter Einwand aber wog am schwersten für mich. Raimunds Absicht, Firmenanteile zu verkaufen, gefiel mir nicht, denn mein Hang zur Sicherung unserer Zukunft war sehr groß.

Raimund zerstreute meine Bedenken. Er sagte, das lange Warten freue ihn auch nicht, aber dafür kämen wir auch zu einem Haus, und das werde nicht nur für mich, sondern auch für ihn eine besondere und schöne Errungenschaft sein. Das Sparprogramm nehme er mir zuliebe auf sich, weil ich ihm die Freude an seinem Auto gelassen hatte. Doch am meisten beeindruckte mich sein drittes Argument, das sich auf den geplanten Verkauf der Gesellschaftsanteile bezog:

„Ich habe ja meine Arbeit, und du hast die deine, und für die Angst vor der Zukunft sind wir noch zu jung. Wenn ich auch nicht gerade vernarrt bin in meinen Job, so denke ich trotzdem nicht daran, ihn aufzugeben."

Schließlich erinnerte er mich daran, daß er den Großteil seiner Anteile in der Firma beließ und nur noch so viele zusätzlich hergeben wollte, wie er brauchte, um die

Erbschaftssteuer zu zahlen, wobei er die Pfandbriefe und die Sparguthaben, da sie anonym waren, nicht zu versteuern gedachte. Meinen matten Einwand beachtete er nicht. Er befahl mir, mich unverzüglich mit ihm zu freuen und machte aus seinen Beinen einen Schraubstock, darin er mich quetschte, bis ich schrie.

Ich war froh, daß er so mit mir sprach, daß sein Selbstvertrauen so groß war, daß er arbeiten wollte und nicht nur sein Geld für sich arbeiten ließ. Jetzt war er wieder der Mann, der mir imponierte. Plötzlich hatte ich das Gefühl, sehr jung zu sein.

Bei einer Autofahrt entdeckten wir unseren Baugrund. Wir machten einen Ausflug zu einem Berggasthaus in der Nähe der Stadt. Die kleine Straße, die hinaufführt, ist in gutem Zustand. Sie verläuft durch freundliches bäuerliches Grünland, an Weidezäunen und Himbeerhecken vorbei und durch Streifen von lockerem Wald, der viel Sonne durchläßt. Zwei beinahe ebene Lichtungen liegen an ihr, von Strauchzeilen und Baumgruppen hufeisenförmig begrenzt. Auf einer sahen wir eine Bauhütte stehen. Die zweite war noch als Baugrund zu verkaufen.

Im Vorbeifahren sah ich die Ankündigungstafel. Wir blieben stehen und stiegen aus, und als wir den Grund betraten, gehörte er uns schon. Zumindest hatte ich das Gefühl, mit einem Stück der Welt in Berührung zu kommen, das meinem ganzen Wesen nahe verwandt war und das hier gewartet hatte, bis ich zu ihm kam.

Diese Lichtung entsprach meinem Wunschbild ganz und gar. Sie war sich selbst überlassen und doch nicht verwahrlost. Es war, als hätte sie sich selbst gepflegt. Ihr Gras war stark und fein. Man sah weit durch die Halme, wenn man sich niederlegte. Schöne Blumen, die einzeln zur Geltung kamen, brachten Farbe und Liebreiz in dieses Gespinst: Steinnelken, niedrige Margeriten und Bocksbart.

Raimund sicherte sich das Grundstück sofort. Es gehörte

dem Gastwirt am Berg, zu dem wir fuhren, und war dank seiner Lage am Zufahrtsweg mit Wasser und elektrischem Strom versorgt.

Natürlich war es sehr wichtig für Raimund, daß wir mit dem Auto schnell in die Stadt kommen konnten, obwohl ich meine Garçonniere behalten sollte. Sie sollte unser Nachtquartier sein, wenn wir einen Abend in der Stadt verbrachten.

Ich kannte Raimund schon lange genug, um mich über die Widersprüche in seinem Wesen nicht mehr zu wundern. Er lebte in vollkommener Berührung mit der Welt. Es gab nichts, das er ungenützt und unerforscht ließ, wenn es ihm Schönheit, Vergnügen und Freude vermitteln konnte. Alle Sinnesorgane setzte er dafür ein. Mir schien, daß er ständig damit beschäftigt war, Weltbewußtsein und Lebensgefühl zu sammeln. Er scheffelte sie förmlich in sich hinein, ob er nun fremde Landschaften kennenlernte, ob er die rhythmische Bewegung beim Tanzen genoß oder sich in eine blühende Wiese legte. Immer wieder mußte ich daran denken, wie er auf unserer Reise gewesen war – hellwach und aufnahmefähig und begeistert. Besonders eine Szene fiel mir ein:

Wir waren über den Roxas Boulevard in Manila spaziert und zu einem der vielen Nachtlokale gekommen, die es dort gibt, und über dessen Tür ein Spruch stand, der Raimund in helle Begeisterung ausbrechen ließ: „Enjoy your life, it is later than you think.“ – Er fand, daß das der beste Werbespruch, wenn nicht überhaupt die höchste Weisheit sei. Immer wieder, auch lange nach unserer Heimkehr, zitierte er ihn. Und ich kann wohl behaupten, daß er sich streng daran hielt.

Jetzt, nach dem Erlebnis von seinem tödlichen Unfall, gleichviel ob dieser tatsächlich geschehen war oder nicht und wie groß oder wie gering sein Gehalt an Wirklichkeit war, mußte ich zugeben, daß ein früher Tod der logische

Abschluß eines solchen Lebens gewesen wäre. Und Raimund lebte schon wieder wie jemand, der sich sehr damit beeilen muß. Er verausgabte sich entsetzlich. Oft hatte ich Angst um ihn. Doch alles in allem mußte ich dankbar und froh sein, daß unser Leben diese Wendung nahm. Unsere Ehe wurde erst jetzt ihrem Namen gerecht.

Etwas Schreckliches hatte geschehen müssen, um Raimund und mir ein gemeinsames Ziel zu geben. Wir waren Nutznießer eines zu früh beendeten Lebens, das war mir klar. Doch ich war klug genug, Raimund nicht daran zu erinnern. Er war so stolz auf seinen neuen Besitz. Das Drittel seiner Firmenanteile verkaufte er, nachdem er den Bausparvertrag unterschrieben hatte, und zahlte den Teil ein, den man normalerweise ansparen muß, um die Anwartschaft auf einen Kredit zu bekommen. Die Wartefrist, auf die wir uns gefaßt machen mußten, betrug zwei Jahre – das war viel Zeit. Sehr lange mußten wir noch so beengt wie bisher wohnen.

Dafür versuchten wir unsere Wohnung bequemer zu machen. Wir warfen alles weg, was unnütz war, und sahen verwundert, wie viel da zusammenkam. Und plötzlich war meine Garçonniere wieder wohnlich.

Eines Tages lud Raimund einen Arbeitskollegen mit dessen Frau ein, nicht um mit ihnen gemeinsam auszugehen, sondern damit ich sie zu Hause bewirten konnte. Ich wußte, daß er das mir zuliebe tat. So lernte ich meine spätere Freundin kennen. Das war von einiger Bedeutung für mich, da es mir sonst schwerfällt, mit Frauen Freundschaft zu schließen. Es gibt viele, von denen ich sagen kann, daß ich ein gutes Verhältnis zu ihnen habe, zum Beispiel Harry Reinhalters Frau. Doch mein Freund ist immer Harry gewesen, nicht sie. Einmal sagte sie mir sogar, woran das lag, nämlich, daß sie immer das Gefühl bei mir habe, daß ich zwischen Frauenproblemen und Männerproblemen nicht unterscheide. Ich will aber nicht von den Freundschaften berichten, die nicht zustande gekommen sind, sondern von meiner Freundschaft mit Ingrid Barhaupt. An einem Freitagabend kam sie mit ihrem Mann.

Der Besuch begann mit dem üblichen Höflichkeitsritus, der zwischen Harry und mir längst beseitigt war. Der Mann überreichte mir Blumen in Klarsichtpackung. Die Frau gab mir lächelnd die Hand und schaute mich neugierig an.

Wir tranken den üblichen Aperitif vor dem Essen. Es wäre an Raimund gelegen gewesen, die Stimmung zu heben, denn nur ihm war wenigstens Werner Barhaupt nicht fremd. – Doch er tat nichts dergleichen. Er benahm sich so würdevoll, so tadellos langweilig, daß mir ein Licht aufging. Er wollte gar nicht, daß sich der Abend gut anließ. Der sollte eine müde Angelegenheit werden, ein Wettgähnen, Sesselwetzen und Augenverdrehen mit heimlichen flehentlichen Blicken auf die Uhr. Daraus sollte ich lernen.

„Ich finde, wir sollten einander so schnell wie möglich kennenlernen", sagte ich. „Ich weiß zum Beispiel schon, daß Frau Barhaupt neugierig ist."

Diese letzte Bemerkung war provokant, denn Neugier wird höchst unterschiedlich bewertet, je nach dem Gegenstand, auf den sie sich richtet. Doch Ingrid Barhaupt lachte mich zustimmend an und erklärte, sie sei nicht nur gierig nach Neuem, sie sei geradezu süchtig danach. Ich bemerkte, daß sie sehr klare Augen hatte. Sie waren, zumindest an der Oberfläche, fast farblos, als seien sie dazu eingerichtet, möglichst viel in dieses Persönchen hineinzulassen, das recht klein war, aber den Eindruck machte, auch energisch, klug und vorurteilslos zu sein. Schon fand ein verschwörerischer Blickwechsel statt, der unsere Befangenheit hinschwinden ließ.

„Von Ihnen", sagte Ingrid, „weiß ich auch allerhand.

Sie getrauen sich eine Menge. Das imponiert mir.“

Ich verstand ihre Anspielung nicht sofort. Ingrid klärte mich auf, indem sie verriet, daß Raimund im Büro verkündet habe, seine Frau habe anläßlich eines wissenschaftlichen Vortrags allen Skeptikern einige Grundwahrheiten gesagt. Ihr Mann habe es zu Hause weitererzählt, und sie habe ihn gleich einmal mit der Bemerkung geärgert, sie hätte an meiner Stelle das gleiche getan. Doch die Liebe in ihren Augen war ungeheuchelt, als sie ihn ansah und sagte: „Er ist nämlich auch so ein Hohlkopf.“

Ich erwartete, daß er aufbrausen werde. Aber er sagte geduldig und gönnerhaft, wobei er sich an mich wandte, nicht an Ingrid: „Sie kann sich nicht vorstellen, was es bedeutet hat, das wissenschaftliche Denken einzuführen, zu einer Zeit, in der es nur Spekulationen gab. Man denke an Galilei, der die Jupitermonde entdeckt hat. Willst du ernstlich behaupten, daß der ein Hohlkopf war?“ – Diese letzte Frage war wieder an Ingrid gerichtet, die mich unausgesetzt beobachtet hatte. Noch immer hielten mich ihre Augen in Bann. Es war, als zeigten sie mir den Unmut, der sich in ihr zusammenzuballen begann.

„Das ist ja der Denkfehler, den ich dir nicht ausreden kann. Damals waren die Leute selten, die logisch dachten. Sie waren tatsächlich mutig. Heute sind sie zahlreich wie Spatzen und plustern sich auf und wollen nicht wahrhaben, daß es jetzt umgekehrt zugeht. Sie berufen sich immer noch auf das, was in früheren Zeiten neu und kühn war. Nur ist es heutzutage alt und gesichert. Sie sind nicht weniger stur als die Gelehrten, die seinerzeit nicht durch das Fernrohr des Galilei schauen wollten, weil sie dann die Jupitermonde gesehen hätten und glauben hätten müssen, daß es sie gibt.“

Das war der Augenblick, in dem Raimund aufstand.

„Das wird ja ein Glaubenskrieg“, sagte er, „da muß Daniela an ihrer Kanone sein. Also trage ich inzwischen die Suppe auf."

Als wir dann bei Tisch saßen, stellte ich eine Frage, die mich vor verhaltener Erregung zittern ließ. Ich fragte Werner Barhaupt, was er wohl dächte, wenn jemand ihm sagte, er habe einen Toten erweckt.

Die Antwort kam sicher und freundlich: „Ich würde ihm sagen, er spinnt."

Er bewirkte damit, daß mir der Löffel in den Teller fiel. Alle schauten mich an, und ich schämte mich gründlich. Nur vor Ingrid schämte ich mich seltsamerweise nicht. Da sie mir bei Tisch gegenübersaß, schaute ich gerade in ihre Augen, und da bemerkte ich in ihnen ein seltsames Glimmen. Es kam aus tiefen Regionen herauf und ließ mir die Botschaft zukommen, daß dort etwas wach war. Sie war schweigsam und schaute mich unbeirrt an, und ich konnte mich des Eindrucks nicht erwehren, daß ich das Glimmen ihrer Gedanken sah.

Da faßte ich den Entschluß, mich ihr anzuvertrauen.

Am nächsten Abend, an dem ich allein war, rief ich sie an und fragte sie, ob sie Lust hätte, mich zu besuchen.

Nach einer Stunde läutete sie an der Tür, und schon im Vorzimmer, als sie noch im Mantel vor mir stand, sagte ich: „Ich habe Raimund von den Toten erweckt."

„Wie wunderbar!" rief sie aus und erglühte vor Neugier.

Dann saß sie mir gegenüber und hörte mich an. Als ich fertig erzählt hatte, sagte sie, ich hätte sie von der Angst vor dem Sterben befreit. Denn was sie von mir gehört habe, sei ein Beweis, daß die Welt nicht ungeistig und sich selbst überlassen sei, und dieser Beweis bedeute alles für sie. Er sei die Entscheidung über Leben und Tod, der endlich zugunsten des Lebens ausfiel. Nun sei ihr die Unvergänglichkeit zugesagt worden.

Ich fragte: „Haben Sie nicht den Verdacht, ich könnte aus irgendwelchen Gründen gelogen haben?"

„Nein, das war keine Lüge“, sagte sie abwehrend und fast schroff. „Sie sind nicht so zynisch. Sie hätten sich etwas anderes ausgedacht.“

Für mich war in dieser Antwort mehr Konsequenz als im Denkmechanismus von manchen logischen Schlüssen. Es war ein gerades, irgendwie ökonomisches Denken, das sehr menschlich, sehr fraulich und sehr freundlich war.

Was Ingrid über sich selbst erzählte, war auch nicht gerade gewöhnlich, wenn auch längst nicht so provozierend wie mein Bericht. Sie hatte vier Semester Biologie studiert, weil sie gehofft hatte, etwas über das Leben zu erfahren, und hatte aufgegeben, weil sie enttäuscht worden war. Denn gerade die Biologie, die das Leben erklären sollte, sei zur Wissenschaft der Atheisten geworden. Sie habe gespürt, daß sie etwas in Sicherheit bringen müsse, das dort, in den Hörsälen der Universität, bedroht worden war.

Sie hatte es dann mit verschiedenen Berufen versucht, weil es nötig war, daß sie Geld verdiente, doch nirgends hatte sie sich einreden können, daß ihre Tätigkeit wichtig war. Sie konnte nichts Schönes oder Wertvolles vollbringen oder wenigstens einen Beitrag dazu leisten, daß etwas, das wertvoll und schön war, erhalten blieb. Jetzt war sie verheiratet und führte ihren Haushalt. Dabei konnte sie endlich ein wenig Phantasie walten lassen. Ihr Haus und vor allem der dazugehörige Garten gaben ihr eine Möglichkeit, kreativ zu sein.

Ich verstand sie nicht ganz. Sie war für mich widersprüchlich. Viele Ansichten, die sie hatte, teilte ich nicht. Trotzdem war die Freundschaft zwischen uns schon schweigend vereinbart. Als Raimund angeheitert nach Hause kam, war es, als ob sich zwei Welten vermischten.

Ingrid verabschiedete sich sehr bald, und wir hielten sie nicht zurück, Raimund, weil er mit mir allein sein wollte, und ich, weil ich wußte, daß es verlorene Zeit war, wenn sie noch blieb. Es gab zwar den gemeinsamen Nenner zwischen Raimund und mir, auf den er mich jetzt schon mühelos umgestimmt hatte, und das Gemeinsame zwischen Ingrid und mir, doch den gemeinsamen Nenner für uns drei gab es nicht.

„Sie ist ja ganz hübsch", sagte Raimund, als Ingrid fort war. „Trotzdem ist sie mir unheimlich, weil sie fanatisch ist. Ich glaube, daß man mit ihr nicht flirten kann."

Ich fragte: „Ist es das, was du an mir schätzt?"

„Unter anderem ist es das", bestätigte Raimund.

Er hatte mich schon immer damit verblüfft, wie elegant und liebenswürdig er unter dem Druckpunkt einer Frage weggleiten konnte. Diesmal wollte ich eine wirkliche, gültige Antwort.

„Ich möchte wissen, ob du es als das Wesentliche an mir ansiehst, daß du mit mir tun kannst, was du flirten nennst?"

Er kam auf mich zu, hob mein Kinn mit zwei Fingern und sagte: „Alles an dir ist für mich wesentlich."

Das konnte durch und durch ernst gemeint sein, dann wäre es eine schöne Antwort gewesen. Aber in seinen Augen tanzte ein verdächtiges Licht. Das ließ mich befürchten, daß er sich auch diesmal nur der Gefahr entzog, in ein Gespräch verwickelt zu werden, das ihn nicht freute. Mir war noch nie so stark zu Bewußtsein gekommen, wie wenig richtige Gespräche es zwischen uns gab. Ich dachte an das, was wir bei unserer zweiten Begegnung, in der Cueva de la Pileta, miteinander gesprochen hatten. Da hatte er mich tiefer in sich hineinschauen lassen als jetzt – auch viel tiefer als jemals seither, und das kränkte mich plötzlich. Damals, in der Cueva de la Pileta, hatten wir noch keinen Vorwand gehabt, miteinander wortlos und ohne Umwege einig zu werden. Jetzt hatten wir diese Möglichkeit und nützten sie aus. Bis jetzt hatte ich mich bevorzugt gefühlt, weil ich für Raimund mehr als eine Gesprächspartnerin war. Auf einmal fürchtete ich, ich könnte weniger sein.

Ich hatte geradezu ein Schwindelgefühl, einen Anflug von Übelkeit, als ich erlebte, wie die Perspektive kippte, wie ich meinen Wert verlor und nur noch den Rang eines erfreulichen Zufalls hatte.

Diese Überlegungen dauerten nur so lange, bis ich in Raimunds Augen das Licht tanzen sah, das mich aufforderte, doch nicht alles so ernst zu nehmen.

Wenige Tage später lernte ich Kilian Weidrich kennen, den Mann, der Raimund das Leben gerettet hatte. Er war wieder einmal in unsere Stadt gekommen, hatte Raimund bei der Gelegenheit im Büro angerufen, und Raimund brachte ihn abends heim, um uns miteinander bekanntzumachen. Das also war er. Wir gaben einander die Hand. Ich schaute ihn an und hätte ihm dankbar sein müssen. Alle Herzlichkeit, die ich aufbringen konnte, gebührte ihm. Doch ich blieb eiskalt, so heftig mißfiel er mir. Es gab nichts in seinem mageren, groben Gesicht, das mich ansprach. Er war mir ganz außerordentlich unangenehm. Seine abstoßend gelben Augen fielen mir auf. Sie hatten nicht die Farbe von Honig oder Bernstein, die auch gelbe Augen schön machen kann, sondern eine bedrohliche, sumpfige Schwefeltönung.

Vielleicht hatte ich sofort geahnt, daß er gleichzeitig Raimunds Lebensretter und Raimunds Lebensverderber war. Er war der Mann, der mir Raimund wieder wegnehmen sollte. Das wenige, das er zu mir sagte, genügte mir, um mir ein Urteil über ihn zu bilden. Später zeigte es sich, daß es kein Fehlurteil war. Er sprach rauh wie jemand, der viel raucht und trinkt und dies bei jeder Gelegenheit als persönliche Leistung vorweist, wie jemand, der seine Freundschaft oder das, was er dafür hält, durch kräftige

Schulterschläge zum Ausdruck bringt. Sein Anblick ließ mich an Stammtischrunden, derbe Witze und donnernde Lachsalven denken, an Trinkwettbewerbe, aus denen er als Sieger hervorging.

Das Bewirten von Gästen freut mich fast immer. Ihn bewirtete ich nicht – das war Raimunds Sache. Er bekam den doppelstöckigen Whisky, der zu ihm paßte, und daß er diesen in zwei Zügen kippte, wie man ein Zirkuskunststück zeigt, paßte auch zu ihm.

Er blieb nicht lange – vielleicht eine halbe Stunde, und wieder gab es keinen gemeinsamen Nenner zwischen uns dreien. Ich konnte mir nicht einmal vorstellen, daß es ihn zwischen Raimund und diesem Freund gab. Aber ich kannte eben noch nicht den ganzen Raimund. Als Kilian fort war, verhehlte ich ihm nicht, daß sein guter Kumpel mir uneingeschränkt mißfiel.

„Ich würde mich mit ihm langweilen", sagte ich, „und ich hätte geglaubt, daß dir seine Gesellschaft auch nichts gibt."

Ich sprach impulsiv und unkontrolliert und wußte nicht, ob meine Stimme dabei aggressiv war. Meine Gedanken waren jedenfalls angriffslustig.

Raimund nahm die Herausforderung nicht an. „Das verstehst du nicht", sagte er ruhig. „Er war mein Schulfreund. Wir haben so viel miteinander angestellt, über das wir noch heute lachen müssen. Und ich hab mich noch keine Sekunde mit ihm gelangweilt." – Ein Zucken von Spitzbüberei war in seinem Gesicht, eine Andeutung, wie das war, wenn er mit Kilian lachte. Ohne daß er sich gegen meine Kritik verwahrte, hatte er mir damit klargemacht, daß er sich das nicht wegnehmen ließ und daß es unklug von mir wäre, es zu versuchen. Es hätte nicht viel gefehlt, und ich hätte bereut, daß ich ihm die Erinnerung an Bubenstreiche mißgönnte und eifersüchtig war, weil es etwas gab, das er nicht mit mir, sondern mit seinem

Schulfreund teilte. Da löschte Raimund mit einer zweiten Bemerkung alles aus, was ich schon an Einsichtigkeit für ihn bereithielt.

„Weißt du, er imponiert mir ganz einfach, weil ihn nichts umwirft."

„Wie ist das zu verstehen, Raimund?"

„Na ja, er ist trinkfest. Du wirst nicht bald einen finden, der so viel verträgt. Man merkt ihm einfach nicht an, wieviel er in sich hat."

Es war ein Schock für mich, daß er so etwas sagte, etwas so Plumpes, in dem überhaupt keine Überzeugungskraft war.

Ich fragte: „Verlangst du von mir, daß mir das auch imponiert?"

„Ich verlange eigentlich gar nichts von dir", sagte Raimund.

„Oh ja, du verlangst, daß mir einleuchtet, was du da sagst. Ich habe aber noch nie einen Menschen bewundert, weil er eine leistungsfähige Leber hat, und gedenke das auch in Zukunft nicht zu tun."

„Und wenn jemand ein leistungsfähiges Hirn hat, bewunderst du ihn. Wo ist da die Logik? Beides sind Körperorgane. Wenn du dich schon auf den Standpunkt stellst, daß nichts dran ist, wenn einer eine Leber hat, die viel leistet, dann darf auch ein gut funktionierendes Hirn nichts Besonderes für dich sein."

Ich mußte lachen, denn mir gefiel die Gleichrangigkeit, die er allen Körperorganen zukommen ließ. Sie war demokratisch, gerecht und ungewöhnlich. Ich gab mich geschlagen und freute mich dessen sogar. Wenn Raimund herausgefordert wurde, dachte er scharf und klar und präsentierte mir das Ergebnis so mühelos, als hätte er überhaupt nicht nachgedacht. Immer wieder bemerkte ich, daß es viel an ihm gab, das wert war, daß ich es kennenlernte und das am offensten vor mir lag, wenn ich am wenigsten darauf gefaßt war – so wie jetzt. Es läßt sich schwer sagen, ob er es normalerweise vor mir verbarg oder ob ich mir bloß nicht die Mühe machte, es zu entdecken.

Als wir zu Bett gegangen waren, fragte ich ihn, warum er sein Studium eigentlich aufgegeben habe. Es war merkwürdig, daß die Begründung, die er mir gab, beinahe die gleiche wie bei Ingrid war. – Man lerne auf den Hochschulen nichts, man sammle nur Wissen. Das formulierte er zwar anders als sie, aber im Endeffekt sagte er mir das gleiche. Er hatte es mit verschiedenen Fächern probiert und war bei allen zu einem Punkt gelangt, wo er nichts mehr von dem, was er suchte, dazugewann und statt dessen von einem Verlust bedroht war. Er zog den Anschauungsunterricht vor, vor allem in seinen Lieblingsfächern, in Frühgeschichte und in Ethnologie. Darum sei auch das Reisen so wichtig für ihn, weil es ihm die Möglichkeit gab, fremde Völker kennenzulernen, vor allem solche, die noch isoliert und zu wenig entwickelt waren, um ein Menschenteig zu sein, der nach nichts mehr schmeckte. Er sagte, er wünsche sich, Expeditionen zu unternehmen und lange mit primitiven Völkern zu leben, zum Beispiel in Neuguinea oder am Amazonas. Das wäre für ihn ein Beruf und nicht nur ein Broterwerb.

Ich dachte, daß das ein respektgebietender Wunsch, aber auch der richtige Traum für jemand war, der einen Vorwand für sein Scheitern brauchte: Ein nur in Ausnahmefällen erreichbares Ziel. Ich schaute in Raimunds Gesicht. Es war kindlich und ernst und versagte mir die Berechtigung, seine unerfüllten Träume herabzumindern. Vielleicht waren sie mehr wert als mein solider Beruf, mehr wert als mein Doktordiplom, auf das ich so stolz war. – Mir fiel ein, daß ich Raimund noch nie ein Buch geschenkt hatte. Bei nächster Gelegenheit wollte ich es tun. Ein Buch über fremde, geheimnisvolle Völker sollte es sein, und er könnte bei mir daheim sitzen und es lesen.

In gewisser Hinsicht war es das falsche Buch, das ich ihm schenkte, denn er war so begeistert davon, daß er es in einer Nacht auslas und erst einschlief, als ich schon aufstehen mußte. Er hatte gerade noch Zeit, mich zu bitten, ich möge die Werbeagentur anrufen und melden, daß er eine fiebrige Darmgrippe habe und daher nicht ins Büro kommen könne. Mit größtem Widerstreben tat ich das, nicht ohne ihm das Versprechen abzunehmen, die Wohnung tagsüber nicht zu verlassen und sich auch abends wie ein Kranker zu benehmen, indem er zwar nicht im Bett, aber doch daheim blieb. Darauf gab er mir gähnend und ungeduldig sein Wort und schlief ein.

An jenem Nachmittag fiel mir ein, wie lange es her war, daß ich in aller Ruhe Musik gehört hatte, und faßte den Vorsatz, es am Abend zu tun. Aber so, wie es früher gewesen war, wurde es nicht. Es war das erste Mal, daß ich Raimund vorschlug, einen ganzen Abend lang mit mir Platten zu hören, und damit überforderte ich ihn. Ich tat ihm nichts Gutes damit und mir erst recht nicht. Seine innere Unruhe übertrug sich auf mich, obwohl er sich Mühe gab, sie zu unterdrücken. Ich beobachtete ihn, wie er heimlich gähnte, wie er immer wieder eine andere Stellung im Sessel einnahm, wie er heimlich auf die Armbanduhr schaute und gleich darauf wieder gutwillig horchte, und das störte mich so, daß ich ihn am liebsten fortgeschickt hätte.

Raimund bedeutete Musik nicht so viel wie mir. Er hörte sich gern einmal zwischendurch einige Platten an, aber immer handelte es sich dabei um Zeitüberbrückung.

Mit meiner Freude am Musikhören blieb ich allein, so wie ich Raimund mit seinem Lebenshunger letztlich allein ließ. Weil ich das nun wußte und es für klug hielt, aus der Tatsache, daß wir zwei verschiedene Menschen mit teilweise unvereinbaren Bedürfnissen waren, kein eheliches Drama werden zu lassen, stellte ich mich ganz bewußt darauf ein, mein Zusammenleben mit Raimund neu zu gestalten. Ich faßte den Vorsatz, ihn niemals zu unterdrükken, so wenig wie ich mich von ihm unterdrücken ließ. Wenn er öfter sein schwirrendes Leben führen wollte, als ich dazu aufgelegt war, sollte er es tun. Ich nahm mir vor, an solchen Abenden bewußt allein zu sein und die Rückkehr zu vielen alten Gewohnheiten zu feiern. Das würde sicherlich für uns beide ein Gewinn sein. Für mich jedenfalls bedeutete dieser Beschluß ein Zurückfinden zu mir selbst.

Eines Abends nahm ich mir das Buch vor, das ich Raimund geschenkt und das er in einer Nacht ausgelesen hatte: „Urformen der Kultur" von Ruth Benedict. Auch ich war so fasziniert davon, daß es mir schwerfiel, die Lektüre abzubrechen. Mit Raimund führte ich lange Gespräche darüber.

Allmählich nahmen wir feste Gewohnheiten an. Zweioder dreimal pro Woche ging Raimund aus, und da las ich, hörte Musik oder traf Ingrid.

Da ein schöner, manchmal sehr heißer Spätsommer war, fuhren wir fast jeden Samstag und Sonntag fort. Wir badeten viel oder machten Wanderungen und aßen an warmen Abenden in Gasthausgärten, die wir nach und nach entdeckten. Doch genausooft fuhren wir, wenn die Dämmerung kam, in wortloser Einigkeit heim und öffneten die Fenster weit, um in der Sommernachtluft miteinander allein zu sein. Da war zwischen uns noch die gleiche Anziehungskraft und die gleiche bezaubernde Übereinstimmung wie am Beginn.

Ich freute mich, daß die Form gefunden war, ohne Gereiztheit beieinander zu sein und vor allem die Liebe nicht entbehren zu müssen.

Ich war so zufrieden, daß ich nicht hellhörig wurde, als Raimund mir sagte, daß Kilian Weidrich seinen Job als Büromaschinenvertreter aufgegeben und die Absicht hatte, in unsere Stadt zu ziehen, weil da der ständige Sitz seiner Firma war. Er bekam eine Stelle in der Exportabteilung, die es ihm ermöglichte, seßhaft zu werden, denn vom Herumzigeunern habe er schon genug.

Im September übersiedelte er und verbrachte von da an viel Zeit in Raimunds Gesellschaft. Da er unverheiratet war, nützte er die Tatsache aus, daß auch Raimund gern wie ein Junggeselle lebte. Am Anfang hatte mich das nicht bedenklich gestimmt. Mir war es egal, ob Raimund mit ihm oder in anderer Gesellschaft den Zustand genoß, den er Freiheit nannte, und aus Gründen, die ich nicht verstand, dabei glücklich war. Ich merkte, wie angenehm es auch für Raimund war, daß ich nicht mehr so viele Anstrengungen unternahm, meine Vorstellungen vom Eheglück durchzusetzen.

Daß meine Gefühle für Raimund trotzdem beeinträchtigt wurden, hatte einen anderen, für mich sehr enttäuschenden Grund. Durch Zufall fand ich heraus, daß Raimund log. Es geschah, als ich einen Abend dazu benützte, um in meiner Hälfte unseres Wandverbaus Ordnung zu machen. Da fiel mir eine Schachtel entgegen, und über den Boden verstreuten sich allerhand Dokumente. Beim Einsammeln fielen mir Raimunds Zeugnisse in die Hand. Fast absichtslos faltete ich sie auseinander und las sie. Mein Interesse erwachte erst, als ich sah, daß es fast ausnahmslos schlechte Zeugnisse waren und daß Raimund in einer höheren Mittelschulklasse sogar einmal sitzengeblieben war.

Sicherlich hätte ich darüber gelacht und dem keine

Bedeutung beigemessen, hätte mir Raimund nicht immer wieder erzählt, was für ein glänzender Schüler er gewesen sei. Dabei hatte er niemals versäumt, herauszustreichen, daß er seine vorzüglichen Noten ganz mühelos eingeheimst hatte. Ich habe darüber insgeheim lachen müssen, wie immer, wenn jemand auf seinen Geistesglanz hinweist und den Anschein der höchsten Vollkommenheit zu erzielen glaubt, wenn er auch noch für sich verbuchen kann, daß er faul ist.

Der Fleiß ist doch eigentlich etwas Positives. Trotzdem habe ich Raimunds Erfolge nie diskriminiert. Jetzt stellte sich plötzlich heraus, daß es diese Erfolge nicht gab. Raimund stand als Großsprecher da – das nahm mich gegen ihn ein. Als ich mich auf der Spanienreise in ihn verliebte, waren mir seine Zeugnisnoten egal gewesen. Ich wäre auch später nie auf den Gedanken gekommen, ihn danach zu fragen. Ich hatte sofort bemerkt, daß er kein Dummkopf war, daß er eigenwillige Gedanken hatte, und das genügte. Es bestand kein Grund für ihn zu prahlen und zu lügen. Er hätte wissen müssen, wie sehr mir das gegen den Strich ging. Es schmerzte mich, daß er eine traurige Figur vor mir wurde, die er nie geworden wäre, wenn er einbekannt hätte, daß Fleiß und Preis auch in seinem Fall in einem normalen Verhältnis standen – oder wenn er das Format gehabt hätte, gar nichts zu sagen.

Ich sprach mit Raimund nie über meine Entdeckung. Ich wollte großzügig sein und ihm zugestehen, daß dies eben zu seinen menschlichen Schwächen gehörte. Und doch war er für mich nicht mehr der, der er vorher gewesen war. – Und da es immer wieder geschieht, daß ein scheinbar zufälliges Ereignis ein anderes, ähnliches im Gefolge hat, wie es manchmal zu einer Pechsträhne kommt und in anderen, besseren Zeiten sich Glück auf Glück häuft, so erwies sich Raimund bald darauf wieder als Lügner. Ich kannte ihn nun schon gut und war überzeugt gewesen, daß er offenherzig und leicht zu durchschauen war. Ich hätte geschworen, daß er ehrlich war, nicht so sehr aus ethischen Gründen als aus Bequemlichkeit – weil das Erfinden von Lügen anstrengend ist. Jetzt wurde ich wieder eines Schlechteren belehrt, und das kam so: Seit ich zu meinem häuslichen Leben zurückgekehrt war, blieb an mir auch mehr Hausarbeit als früher hängen. Mir machte das für gewöhnlich nicht viel aus, da es meistens nur einige Handgriffe waren. Mit ihnen stellte ich jenen Ordnungsgrad her, den ich für meine Behaglichkeit brauchte. Ich räumte auch Raimunds Anzüge weg, die er im Vorzimmer hängen ließ, und leerte dabei auch die Taschen aus, in denen in unglaublich kurzer Zeit unglaubliche Mengen von Dingen zusammenkamen, die man normalerweise sortiert und teilweise wegwirft. Darunter fand ich eine Rechnung vom Schloßrestaurant, die ziemlich hoch war. Ihr war zu entnehmen, daß für zwei Personen bezahlt worden war, und es gab keinen Zweifel für mich, daß es Raimund gewesen war, der wieder einmal den Krösus gespielt hatte. – Das ärgerte mich. Wenn schon er es war, der ein Haus bauen und darauf sparen wollte, so mußte er nicht gerade in solche Lokale gehen und auch noch für andere Leute die Rechnung bezahlen.

Ich erwähnte die Rechnung nicht und fragte ihn nur, ob es ihm mit dem Hausbau noch immer ernst sei, denn ich wollte mich gern auch mit einer Wohnung begnügen, vorausgesetzt, daß sie für uns geräumig genug sei. Ich sagte, ich hätte nicht den Eindruck, daß er so lebte, wie es notwendig wäre, wenn von seinem Gehalt etwas bleiben sollte.

Ich gab ihm zu bedenken, wie teuer das Ausgehen sei. Da versicherte er mir, das müsse durchaus nicht so sein. Er könne bei einem Glas Wein sehr lange sitzen, und ein Abendimbiß mit Freunden in einem Weinhaus sei auch kein Luxus.

Er schaute mich, als er das sagte, gerade und offen an, und mir fiel etwas ein, was ich einmal gelesen hatte, daß nämlich die schlauesten Lügner den ehrlichsten Eindruck machen und daß eben dies ihre große Begabung ausmacht. Ich bewunderte Raimunds schauspielerische Leistung, aber gleichzeitig war ich so empört über ihn, daß ich nicht länger diplomatisch sein wollte.

„Das Schloßrestaurant ist aber kein Weinhaus", fuhr ich ihn an, „und einen billigen Abendimbiß bekommt man dort auch nicht. Ihr habt französischen Champagner getrunken."

In meinem Zorn beobachtete ich Raimund nicht mehr und sah nicht, welche Miene er machte, ob er nun erschrak oder ob er verlegen war.

Seine Antwort war jedenfalls unbefangen und freundlich. „Ach, auf das spielst du an? Dafür hab ich ja gar nicht bezahlt. Da hat mich Kilian eingeladen, weil er eine Gehaltserhöhung bekommen hat."

Damit wich er mir in die falsche Richtung aus. Wahrscheinlich glaubte er, daß ihn jemand gesehen und mir davon berichtet hatte und baute darauf seine Verteidigung auf.

„Du lügst", sagte ich erbittert, „die Rechnung hast du bezahlt. Ich hab sie in deinem Anzug gefunden."

„Beim Schnüffeln?" fragte Raimund scharf und hart. Zum ersten Mal erlebte ich ihn so. Er war sonst alles eher als angriffslustig. Wahrscheinlich wollte er nur Zeit gewinnen.

„Nicht beim Schnüffeln. Beim Ordnungmachen", erwiderte ich, noch ein wenig schärfer und härter als er. „Darf ich dich daran erinnern, daß das notwendig ist, weil wir uns sonst im Vorzimmer nicht mehr umdrehen können? Und außerdem stinken deine Kleider nach kaltem Rauch."

Daraufhin war Raimund ein Weilchen still, dann fing er leise und glucksend zu lachen an. „Ich bin ein Affe", sagte er. „Also schau, das war so: Der Kilian hat bezahlt und die Rechnung liegen gelassen, weil das seine Gewohnheit ist, und ich hab sie dann gedankenlos eingesteckt. Das ist wirklich kein Grund zum Streiten, finde ich, aber anderseits streite ich hie und da gern mit dir. Du bist nämlich eines der wenigen weiblichen Wesen, die der Zorn nicht häßlicher, sondern hübscher macht. Ich schau dich gern an, wenn du wütend über mich bist."

In der Tat schaute er mich eindringlich an und bediente sich dabei bewußt oder unbewußt seiner für mich unwiderstehlichen faunischen Mimik. Daraus entspann sich dann auch eine ausgiebige Versöhnung, die wieder einmal vieles von alldem tilgte, was mich in letzter Zeit gegen ihn aufgebracht hatte.

Nach einigen Tagen brachte er mir sein Sparbuch und zeigte mir, daß darauf schon ein Guthaben war. Er tat es unaufgefordert und eigentlich unmotiviert, denn ich hatte die Angelegenheit mit dem Schloßrestaurant und dem Streit, der sich daraus fast entsponnen hätte, für mich selbst schon gedanklich verarbeitet und erledigt. Ich hatte mich schon dafür entschieden, Raimund zu glauben. Das Sparguthaben, das er mir zeigte, war nicht allzu hoch, und das erwartete ich auch nicht von ihm. Doch immerhin zeigte es Raimunds guten Willen. Darüber freute ich mich so, daß ich gar nicht auf die Idee kam, auf irgendwelche Begleitumstände zu achten. Erst am nächsten Abend, als ich wieder allein war, drängten sich mir verdächtige Erinnerungsbilder auf. – Raimund hatte das Sparbuch nicht aus der Hand gegeben. Er hatte es vor meinen Augen aufgeklappt und schnell wieder zugeschlagen und eingesteckt. Es hatte einen sehr neuen Eindruck gemacht. Ich erinnerte mich an die glänzende Steifheit der Blätter. – Das war es! Das Sparbuch war neu, und ich wußte sofort, warum. Es war erst vor kurzem eröffnet worden, damit ich leichter zu beschwichtigen wäre, falls mir in Zukunft wieder einmal ein Verdacht käme, der Raimund peinlich und lästig wäre. Bestimmt war das Geld, mit dem er es angelegt hatte, gar nicht gespart. Er hatte ja verschiedene Möglichkeiten, sich kurzfristig Bargeld zu verschaffen, indem er Pfandbriefe verkaufte oder belehnte. Je länger ich nachdachte, desto unerträglicher wurde es mir, daß mich Raimund möglicherweise derart beschwindelt hatte.

Nun bestand wieder die Gefahr, daß es doch nicht stimmte, da meine Liebe jetzt wieder zu verteidigen war – und ausgerechnet gegen den, dem sie galt. Mir fielen wieder allerhand Ungereimtheiten ein: Ich dachte daran, daß mir Raimund weisgemacht hatte, sie hätten eine Gehaltserhöhung gefeiert, die Kilian Weidrich bekommen habe. Das war unglaubwürdig, wenn man bedachte, daß dieser Mann erst seit wenigen Wochen an seinem neuen Arbeitsplatz war. Er sah außerdem nicht so tüchtig und strebsam aus, daß er sich nach so kurzer Zeit eine Anerkennung verdiente, die etwa der Preis- oder Auftrumpfklasse von Kaviar und Champagner entsprach.

Meine Angst, daß ich recht haben könnte, nahm zu, und meine Ungewißheit peinigte mich. Ich sprach mir das Recht zu, der Sache nachzugehen und überlegte: Das Sparbuch mußte leicht auffindbar sein. Falls alles mit rechten Dingen zuging, war es noch in einer der Taschen des Anzugs, den Raimund gestern angehabt hatte und der noch unausgebürstet im Vorzimmer hing, denn Raimund wechselte seine Anzüge täglich.

Ich fand das Sparbuch im Anzug nicht, und das war ein schlechtes Zeichen. Anscheinend hatte Raimund es wieder versteckt. Ich war entschlossen, es aufzustöbern und fing unverzüglich an danach zu suchen.

Das Durcheinander entmutigte mich. Es gab kein System, nach dem ich vorgehen konnte. Überall konnte etwas sein oder auch nicht. Buchstäblich alles, was flach oder rechteckig war, mußte ich in die Hand nehmen, um nichts zu übersehen.

Methodisch durchsuchte ich zwei Laden voller Papier, und immer größer wurde dabei meine Angst. In keiner der Laden war das Sparbuch zu finden. Doch stieß ich auf den Juxtenbon für Raimunds Pfandbriefe, die er in einem Bankdepot aufbewahrte. Er zeigte mir schon, wie begründet mein Verdacht war. Ich erinnerte mich nämlich genau, wieviele Pfandbriefe Raimund übriggeblieben waren, nachdem er unseren Baugrund erworben hatte. Den Juxtenbon hatte er mir damals gezeigt. Doch der, der mir da in die Hände geriet, war auf eine niedrigere Geldsumme ausgestellt, und die Differenz machte ganz genau den Betrag aus, der in Raimunds Sparbuch als Guthaben aufschien. Dann bemerkte ich auch, daß der Juxtenbon neu war. Laut Datum war er erst wenige Tage alt. Raimund hatte wirklich vor einigen Tagen Papiere verkauft. Alles andere konnte ich mir zusammenreimen.

Es war gar nicht mehr notwendig weiterzusuchen. Ich tat es trotzdem, weil mich meine Gründlichkeit dazu zwang, mir auch gründlich weh zu tun, da schon einmal der Anfang gemacht war. Ich schob den Juxtenbon in die Klarsichtmappe zurück und steckte diese wieder zwischen das viele Papier, das darüber und darunter gewesen war. Ich mußte es fest zusammenpressen, damit die Lade, der es entquollen war, wieder zuging. Jetzt war Raimund im Recht, wenn er mich eine Schnüfflerin nannte.

Sonst aber war er mit gar nichts im Recht, was diese Suche und ihre Folgen betraf. Ich hatte kein schlechtes Gewissen, ich war empört. Und als ich dann auch noch das Sparbuch fand – unter Raimunds Sommerhemden geschoben, die er jetzt, da es bereits Herbst wurde, nicht mehr trug, und als ich sah, wie mich Raimund zum Narren gehalten hatte, gab ich mich einer fassungslosen Erbitterung hin.

Das Sparbuch war tatsächlich nagelneu. Das Geld war

erst kürzlich eingelegt worden. Und die Art, wie Raimund das bewerkstelligt hatte, war für mich der Inbegriff eines schmutzigen Tricks. Er hatte das Geld nicht auf einmal eingelegt, sondern an mehreren Tagen hintereinander, um durch die Zahlenkolonne auf dem Blatt ein langes, geduldiges Sparen vorzutäuschen. Darum hatte er mir auch das Sparbuch nur kurz gezeigt und es dabei nicht aus der Hand gelassen. – Es war eine schwindelerregende Erkenntnis für mich, daß es den Mann, den ich geheiratet hatte, nicht gab, und daß ich den, als der Raimund sich nun entpuppte, nie geliebt und nie geheiratet hätte.

Wäre Raimund jetzt nach Hause gekommen, so hätte ich ihm viel Böses gesagt. Da er aber nicht kam, schlug meine Erbitterung sehr rasch in den Wunsch um, nie mehr mit ihm reden und ihn nicht mehr sehen zu müssen. Zu einem Streit hätte die Versöhnung gehört, und ich fühlte mich absolut unversöhnlich. Ich wollte schlafen, wenn Raimund nach Hause kam. Nichts hätte ich lieber gehabt als ein eigenes Bett, das kühl und frisch war, um darin bewußt und entschlossen allein zu sein. Ich zog mich rasch aus und nahm eine Schlaftablette. Voll Genugtuung spürte ich, daß sie bald zu wirken anfing, obwohl ich alles eher als entspannt war. Ich schlief tief und erwachte nach einiger Zeit, von Raimund abgewandt. Sofort und noch ehe ich zu denken begann, war mir der Dunst, der von ihm ausging, unangenehm – dieser Lügendunst, diese falsche Wärme, die nur ein Abfallprodukt seiner Lebensfunktionen war. Mit Liebe hatte sie ganz bestimmt nichts zu tun und auch mit der Geborgenheit nicht, die einer beim anderen findet, wenn man weiß, daß man sich aufeinander verlassen kann.

Obwohl die Tablette noch wirkte und ich ganz benommen von Schläfrigkeit war, stand ich auf. Ich wusch mich rasch mit viel kaltem, ernüchterndem Wasser, das mich munter machte, als ich mein Gesicht damit abrieb, aber mir auch das Gefühl gab, daß etwas in mir erstarrte. Es war eine Gemütsverfassung, in der ich mir fern und fremd war. Der viele Kaffee, den ich trank, verstärkte sie noch. Ich war ganz und gar wach und innerlich völlig erkaltet. Auch kein Zorn war mehr da, nur Ernüchterung und die frostigste Entschlossenheit meines Lebens. – Da es nicht mehr so werden konnte, wie es gewesen war, wäre es besser, wenn ich mich von Raimund trennte. Nichts war mir so widerwärtig wie der Gedanke an eine eheliche Resignation, die die wunderbare Unwiderstehlichkeit in meinen bisherigen Liebesbegegnungen mit Raimund zu einem Kompromiß zwischen seinem Körper und meinem oder gar zu einer Pflichterfüllung machte. Da sollte es lieber ganz damit vorbei sein.

Natürlich erschreckte mich die Notwendigkeit, einen derart entscheidenden Schritt zu tun. Nur in meiner totalen Vereisung hielt ich ihn aus.

Leise zog ich mich an. Es war früher als sonst. Viel zu früh würde ich an meinem Arbeitsplatz sein. Bevor ich das Zimmer verließ, schaute ich noch einmal auf Raimund. Er war aufgewacht und äugte mich an. „He, Daniela! Du gehst heute schon weg? Warum denn?“

„Weil wahrscheinlich im Labor viel Arbeit anfallen wird.“

„Laß sie anfallen“, sagte Raimund. „So früh steht man doch nicht auf. Du wirst dich kaputtmachen, wenn du das einreißen läßt.“

Ich gab ruhig zur Antwort: „Mach dir keine Sorgen um mich.“ Es war nicht der geeignete Zeitpunkt, um mehr zu sagen. Und jeder Vorwurf erübrigte sich bereits, da ich auf Raimund nicht mehr einwirken mochte. Da ich nichts mehr mit ihm zu tun haben wollte, sollte er bleiben, wie er war. Um so leichter würde die Trennung für mich sein.

Ich hob winkend die Hand, zog die Zimmertür hinter mir zu und hatte es eilig, in meinen Mantel zu kommen. Auf der Treppe spürte ich, daß ich den Atem anhielt. Ich dachte an die theoretische Möglichkeit, das Leben durch Atemanhalten zu beenden. Der tiefe Atemzug, den ich tat, war eine kleine Rebellion meiner Lebensinstinkte, und meine Erstarrung löste sich.

Seit langem war es das erste Mal, daß ich am Morgen wieder in den Autobus stieg. Sonst fuhr ich immer mit Raimund im Auto zur Arbeit, da wir ein langes gemeinsames Wegstück hatten. Ich fragte mich, ob ich es als Rückschritt empfinden würde, wenn ich wieder jeden Tag mit dem Autobus fuhr, und gab mir die entschiedene Antwort: Nein, gar nicht! Ich kapitulierte nicht aus Bequemlichkeitsgründen. Erst später, in meinem Arbeitszimmer im Labor, als ich in der hier ganz ungewohnten Stille allein war, erfolgte die zweite Rebellion gegen das, was ich für eine echte Entscheidung gehalten hatte. Ich brach, für mich selbst überraschend, in Tränen aus.

Ich lag mit der Stirn auf meinem Schreibtisch und schluchzte. Meine Verzweiflung war echt, doch nicht ganz erklärbar. Die Abneigung, die ich gegen Raimund hatte, war unvermindert, nur wußte ich plötzlich, wie sehr ich darunter litt.

Ich gab nach und ließ meine Tränen rinnen, wohl wissend, daß ich unbeobachtet war. Über viele kleine Enttäuschungen weinte ich mit, die mir Raimund schon früher bereitet hatte und von denen jede für sich allein zu geringfügig für einen Tränenausbruch gewesen war. Sehr viele waren es schon, und alle schmerzten.

Als ich hörte, daß die Tür zu meinem Zimmer aufging, erschrak ich. Ich hatte es nicht gern, wenn mich jemand weinen sah. In der Tür stand Harry und schaute betreten auf mich.

„Verzeih“, sagte er, „ich hab gesehen, daß du schon da bist, weil draußen in der Garderobe dein Mantel hängt. Ich hätte wohl lieber nicht hereinkommen sollen.“

„Es macht nichts, Harry. Jetzt hast du mich eben

erwischt. Möchtest du dich zu mir setzen, oder hast du zu tun?"

Er kam zögernd herein und machte die Tür hinter sich zu, nahm sich einen Sessel und setzte sich rittlings auf ihn.

„Da glaubt man immer, daß man der einzige ist, der mit seinen Problemen nicht fertig wird", sagte er leise. Das war eine Bemerkung, die mich hellhörig machte. Ich schaute ihn an und bemerkte wieder, wie blaß und schmal er geworden war. Auch seine Andeutung, daß seine Frau sich nicht wohl fühle, fiel mir ein.

Ich fragte: „Hat das, was du meinst, mit Doris zu tun?"

„Ja, sie ist krank." Ganz einfach sprach Harry das aus. Weil er gesehen hatte, daß ich weinte, verlor er seine Scheu, mich ins Vertrauen zu ziehen.

„Jetzt steht es schon fest", setzte er hinzu, „daß sie Schizophrenie hat. Ich kann mit ihr nicht mehr unter die Leute gehen."

Ich schaute ihn an, und vor meinen Augen verfiel sein Gesicht.

„Mußt du sie in eine Anstalt geben?" fragte ich.

„Nein, solang es sich vermeiden läßt, will ich es nicht tun."

Ich war in einer der Situationen, in denen man eigentlich nichts sagen kann, weil alles zu einer billigen Redensart wird. Ich schaute an Harry vorbei und dachte an Doris. Sie war für mich immer der Inbegriff einer gesunden, natürlichen Frau gewesen. Jetzt sollte sie das auf einmal nicht mehr sein. Die Vorstellung von ihrer Geisteskrankheit war unvereinbar mit meinen Erinnerungen.

„Hat es dafür einen Anlaß gegeben?" fragte ich Harry. „Vielleicht einen Schock oder eine schwere Enttäuschung?"

„Gar kein Anlaß war da, zumindest kein unmittelbarer. Sie hat angefangen, nervös und launisch zu sein. Dann sind Depressionen dazugekommen, und plötzlich hat sie sich von den Leuten verfolgt gefühlt. Sie ist mir ununterbrochen in den Ohren gelegen, daß ich hingehen und sie zur Rede stellen soll. In dir hat sie übrigens auch eine Feindin gesehen. Sie hat behauptet, daß du sie auf der Straße neuerdings nicht mehr grüßt. Und einmal, behauptet sie, bist du vor ihr gestanden und hast ihr nur höhnisch ins Gesicht gegrinst."

„Ich bin ihr in letzter Zeit überhaupt nie begegnet, Harry."

„Da siehst du's", sagte er kläglich. „Aber sie hat das alles erlebt. Sogar von einem Gespräch mit dir hat sie erzählt. Sie hat gesagt, daß du sie mit Spott überhäuft und als graue Gouvernante bezeichnet hast."

„Als graue Gouvernante?"

„Ja, genau das."

„Ich hab bestimmt nie mit ihr gesprochen, Harry."

Mit einem leisen, verzagten Lachen versicherte er, daß das für ihn auch ganz außer Zweifel sei.

„Aber Doris schwört darauf", sagte er. „Sie hat mich beschimpft, weil ich ihr nicht glauben wollte. Sie hat geweint und beteuert, daß es wahr ist. Für sie ist es wahr gewesen. Was sollte ich tun?"

„Du hättest längst mit mir reden sollen. Dann hätte ich Doris davon überzeugt, daß sie sich geirrt hat."

Er verzog wie in plötzlichem Schmerz sein Gesicht und sagte: „Du hättest sie ganz bestimmt nicht davon überzeugt. Oder würdest d u dich davon überzeugen lassen, daß es dieses Gespräch zwischen uns nie gegeben hat? Wenn ich in einer Stunde zu dir käme, um dir zu sagen, daß es nur eine Sinnestäuschung war, würdest du sicherlich glauben, daß ich den Verstand verloren habe und nicht du. Und wir könnten auch gar nicht feststellen, wer von uns beiden recht hat."

„Meinst du das ernst?" fragte ich mit plötzlichem Interesse, das mich aus meinem befangenen Mitleid herausriß. Harry schaute mich an. Sein Blick war müde.

„Mein Gott, ja, du kennst ja diese Idee, daß die Wirklichkeit etwas rein Subjektives ist, daß sich also jeder Mensch seine eigene Wirklichkeit schafft. Ich hab das nie besonders ernst genommen. Aber seit ich erlebe, wie das bei Doris ist, wie verzweifelt sie ihre Halluzinationen verteidigt und mich für verrückt hält, weil ich nicht sehen kann, was sie sieht, bin ich nicht mehr so sicher, daß ich hundertprozentig im Recht bin. Man weiß ja bis jetzt nicht, woher diese Krankheit kommt. Es gibt Annahmen, daß sie eine Stoffwechselstörung ist, eine chemische oder immunologische Abweichung, die auf das Hirn einwirkt. Wenn das richtig ist, müßte man daraus folgern, daß du nur deswegen weißt, wovon ich rede, und umgekehrt, weil es diese chemischen Störungen bei uns nicht gibt. Und für die übrigen Leute, die wir als normal bezeichnen, gilt das auch. Ich meine, wenn das, was wir für die Wirklichkeit halten, von irgendwelchen Substanzen abhängt, die in unserem Körper vorhanden sind oder nicht, dann hat Doris ihre eigene Wirklichkeit, die genau so ernst zu nehmen ist wie deine und meine. Sie hat ihre Logik, die dazupaßt und die für sie stimmt, nur hat sie das Unglück, daß sie damit allein ist." Er schüttelte beinahe wütend den Kopf und senkte ihn wieder.

„Warum weiß ich nicht", sagte er, „an welchen Substanzen das liegt? Ich würde sie mir injizieren lassen, damit ich mit Doris wieder übereinstimmen kann. Ich müßte sie dann nicht allein lassen in ihrer Welt. Sie könnte mir klarmachen, was sie meint, wenn sie mit mir redet, und ich könnte wirklich sehen, was sie mir zeigt."

„Ich hab gar nicht gewußt", sagte ich, „daß du Doris so gern hast."

„Ich auch nicht. Ich weiß es auch erst, seit sie mir so leid tut." Er brachte ein Lächeln zustande, das kläglich und tapfer war.

„Jetzt weißt du, was mit uns los ist. Und was ist mit dir?“

„Mit mir?“

„Na ja, es hat meistens einen Grund, wenn man weint. Du mußt aber nicht darüber reden, wenn du nicht willst.“

Auf dem Korridor wurden Schritte laut. Eine Tür wurde nebenan aufgemacht und geschlossen. Unser Chef war gekommen. Wir hörten, wie er seinen Schreibtisch aufschloß und wie er von einem Ende des Zimmers zum anderen ging.

Ich sagte: „Ich muß mir die Augen auswaschen. Sieht man noch, daß ich geweint hab? Ich möchte nicht, daß man das sieht. Und ich erzähl dir ein anderes Mal, was mit mir los ist. Ich weiß nicht, ob es dich sehr beeindrucken wird.“

„Soll das heißen, daß es nichts Wichtiges ist?“

„Nichts Wichtiges – das will ich nicht sagen, Harry. Es wiegt einerseits schwer für mich – es bedrückt mich wirklich. Aber anderseits ist es so abgeschmackt. Es paßt überhaupt nicht zu dem, was du mir erzählt hast.“

„Also ein Streit“, sagte Harry. „Wahrscheinlich mit Raimund.“

„Kein Streit, aber etwas auf der Linie. Man könnte fast sagen, daß es die Umkehrung deines Problems ist, daß ich nämlich aus der Wirklichkeit herausgehen möchte, die meine Ehe mit Raimund ist. Ich möchte nicht mehr bei ihm sein.“

Er stutzte und starrte mich an. „Vielleicht Scheidungsgedanken!“

„Ich will nicht mehr bei ihm sein“, beharrte ich. Mir war nicht ganz klar, warum ich diesen Unterschied machte. Trotzdem empfand ich ihn als sehr wesentlich.

Harry stand auf und sagte, indem er zur Tür ging: „Ich wünsch dir, daß morgen schon wieder alles ganz anders aussieht.“ – Ich wünschte mir das nicht einmal, so undenkbar war es.

Gern hätte auch ich ihm den Trost gegeben, daß morgen alles ganz anders aussehen werde – doch damit hätte ich ihn höchstens verhöhnt. So blieb ich ratlos und wortlos zurück, als er das Zimmer verließ.

Ich selbst fühlte mich erleichtert nach diesem Gespräch, nicht etwa, weil ich das Vorgefallene nicht mehr so schlimm fand, sondern weil ich ausgesprochen hatte, was ich fühlte, und weil sich plötzlich vor mir ein Gedankenraum auftat, in den es mich mit aller Macht hineinzog. Ich dachte: Mein Leben mit Raimund ist auch nicht wirklich. Es hängt nur von mir ab, ob es so oder anders ist. Und wenn ich nicht mehr bei ihm sein möchte, muß ich nur anerkennen, daß er tot ist. Etwas drehte sich in mir gleichsam um eine Achse, was einmal eine annehmbare Erklärung gewesen war, und wurde zu seinem eigenen Spiegelbild. Nicht Raimunds Tod hatte ich in der Trance erlebt, sondern Raimunds Wiederkehr und mein Leben mit ihm. Das bedeutete allerdings, daß ich noch nicht wach war, weil das, was mich aufwecken konnte, erst getan werden mußte. Ich fand eine ganz konsequente Gedankenkette, die schlüssiger als die erste war: Beim Verbrennen der herausgerissenen Tagebuchblätter hatte ich ebenfalls lange ins Feuer gestarrt, und da war nicht der Weihnachtsengel gekommen wie damals in meiner Kindheit, sondern Raimund war zu mir zurückgekehrt. Ich lebte mit ihm in meiner eigenen Realität, die von jener der übrigen Menschheit abgetrennt war, genauso wirklich wie Doris und ebenso überzeugt, daß das, was ringsum geschah, keine Täuschung sein konnte.

In der anderen Wirklichkeit drüben war Raimund tot. Die Tür, die hinüberführte, hatte ich zugesperrt. Vielleicht lag der Schlüssel dazu in meinem Banksafe. Und da ich sozusagen mein eigener Hypnotiseur war, hatte ich mir befohlen: Du bleibst, wo du bist und lebst mit Raimund, so lange es dir gefällt. Wenn es dir nicht mehr gefällt, gibst du dir das Zeichen. Es wird ein Feuerzeichen sein – wie bei deinem Eintritt. Du nimmst das Heft aus dem Schreibtisch und verbrennst es, und Raimund kann nicht nach Haus und ist wieder tot.

Ich saß allein und voll schaudernder Nachdenklichkeit da. Zu dieser zweiten Erklärung paßte alles. Ich hatte den Mantel mit den Büffelhornknöpfen in der drüberen Wirklichkeit zum ersten Mal und in meinem hypnotischen Schlaf, der immer noch anhielt, beim Begräbnis von Raimunds Mutter wiedergesehen. Ach, vielleicht lebte sie, war schon wieder gesund und gab sich alle Mühe, mich aufzuwecken. Ich hatte eine Vision von mir selbst, die weder erschreckend noch unglaubhaft für mich war: Ich sah mich als Geisteskranke in einer Anstalt. Die Ärzte und Krankenschwestern kamen und gingen und nahmen verschiedene Gestalten für mich an. Sie erschienen mir einmal als Harry und einmal als Raimund, der von den Toten auferstanden war, und dann wieder als Ingrid, damit meine Traumwirklichkeit lebendig und rund war. Es war durchaus kein Widerspruch, daß mir alles logisch vorkam. Auch Träume sind folgerichtig, solange man träumt, und erst nach dem Aufwachen hält man sie für Unsinn. Wenn ich also die Möglichkeit wahrnahm, aufzuwachen und damit gewissermaßen zu gesunden, wäre die alte Ordnung wiederhergestellt. Es käme zu keiner Ehescheidung mit allem, was daran häßlich und schmerzlich ist. Ich ginge einfach aus einer Realität, in der ich mit Raimund zu leben glaubte, in eine andere hinüber, in der ich allein war. Dabei würde sich nur für mich etwas ändern, also würde ich ihm damit nichts zuleide tun. Ich brauchte nur das Heft, das im Banksafe lag, am Abend nach Hause zu tragen und es zu verbrennen, und Raimunds Tod wäre damit anerkannt.

Ein schrilles, verwarnendes Läuten erschreckte mich. Das

Telephon riß mich unnachsichtig aus meinen Gedanken. Ich hob den Hörer ab und meldete mich, und am anderen Ende meldete sich Raimund. Seine Stimme klang munter und ausgeruht. „Guten Morgen, Daniela. Geht's dir auch gut?"

„Wie ist das aufzufassen? Als Frage oder nur als Redensart?"

Ein kurzes, befremdetes Schweigen.

„Hör zu", sagte Raimund dann. „Ich ruf dich an, weil ich mir Gedanken über dich mache. Du hast heut in der Früh nicht besonders gut ausgesehen. Du hast einen übermüdeten Eindruck gemacht."

„Ich war nicht übermüdet. Ganz bestimmt nicht."

„Na, auf mich hast du jedenfalls so gewirkt. Du hast strapaziert ausgesehen und irgendwie übernächtig, so als kämst du zu wenig zum Schlafen in letzter Zeit. Bin ich daran schuld? Das mußt du mir offen sagen. Ich weiß, daß ich hie und da furchtbar rücksichtslos bin. Gestern abend hab ich dich wieder allein gelassen. Das tut mir jetzt leid. Vielleicht hättest du mich gebraucht. Hör zu, du darfst nicht zu nachsichtig mit mir sein. Du mußt mich mit einspannen, wenn du zu viel Arbeit hast. Ich bin mir bestimmt nicht zu gut dazu, am Abend zu kochen und aufzuräumen. Ich bin nur gedankenlos. Du kennst mich ja. Ich bin nur scheinbar ein Nichtsnutz, im Grund hab ich dich sehr gern. Ich glaub, das muß ich dir nicht eigens sagen. Auf keinen Fall ist es mir recht, daß du zu früh aufstehst und alle Tage unausgeschlafen bist. Du mußt aufpassen, daß du gesund bleibst. Was täte ich denn ohne dich?"

Mir war alles, was ich da zu hören bekam, etwas peinlich. Es klang unecht wie Grußdurchsagen in Radiowunschkonzerten und wurde möglicherweise nicht nur von mir gehört.

Ich fragte: „Bist du allein, weil du so mit mir redest?"

„Ich bin ganz und gar nicht allein", sagte Raimund gekränkt. „Du glaubst wohl, daß ich es vor der Welt verheimlichen möchte, wenn ich mir Gedanken mache, weil du dich überanstrengst. Wenn du willst, veröffentliche ich das sogar in der Zeitung. Ganz große Annonce mit werbewirksamem Text."

Das war jetzt die liebenswürdige Routine Raimunds. Ich durchschaute sie und lehnte sie ab und hatte keine Lust, mich beschwatzen zu lassen.

„Hast du eigentlich das Gefühl, daß solche Werbesprüche notwendig sind, damit ich deine Qualitäten wieder zu schätzen weiß?"

„Weißt du sie denn nicht mehr zu schätzen?" fragte Raimund.

Ich schwieg und stürzte ihn damit in Verwirrung.

Er sagte: „Ich habe ja nicht die leiseste Ahnung, was los ist. Ich bitte dich nur, daß du keine Dummheiten machst."

Plötzlich war deutliche Angst in seiner Stimme, und damit brach er meinen Widerstand. Ich spürte, wie sich etwas in mir bewegte und wieder bereit war, sich ihm zuzuwenden. Ich gab ihm eine zögernde Antwort, die eigentlich für mich selbst bestimmt war.

„Du redest von Dummheiten, die ich machen könnte. Meinst du damit etwas Bestimmtes?"

„Nein, nein, das nicht. Ich hab nur auf einmal so eine Ahnung gehabt – ein Gefühl, daß du mich aus irgendeinem Grund nicht mehr magst."

Auch die Antwort, die ich ihm nach kurzem Nachdenken gab, war vor allem für mich bestimmt: „Ich mag dich, Raimund."

Es war, als ginge sein Aufatmen auch durch mich. Ein kurzes, glückliches Schweigen war in der Welt. Dann war plötzlich wieder Raimunds Stimme an meinem Ohr: „Das ist lieb von dir, daß du das sagst. Du bist überhaupt lieb.

Ich entwerfe gerade ein Plakat, auf dem es steht: D a n i - e l a i s t l i e b. – Und daneben dein Bild. Unser Graphikerteam wird noch heute damit beauftragt."

Das war nun schon wieder der gleiche Ton wie vorher, den ich durchschaut und abgelehnt hatte. Ich durchschaute ihn immer noch, aber ohne innere Abwehr. Es hätte nicht viel gefehlt, und ich hätte gelacht und wäre auf sein verliebtes Geplänkel eingegangen. Da ich das nicht wollte, beendete ich das Gespräch. Ich fragte mich: Wird das jetzt so weitergehen? Wird er mit mir immer tun können, was er will? – Mein Wunsch, von ihm fortzugehen, auf welche Art immer, war nicht mehr da. Es schien, als habe er sich in mir aufgelöst.

Ich wußte jetzt wieder, was für eine Welt das war, in die ich mich noch vor kurzem zurückgesehnt hatte. Sie war verödet und von Schmerzen verbrannt. Ich könnte dort nie mehr diese Stimme hören, die trotz allem eine geliebte Stimme war, und müßte unwiderruflich verzweifeln. Alles Grauenvolle von damals war noch in mir. Mir war nichts geschenkt worden, als ich Raimund zurückbekam. Das Schicksal ist nicht so großzügig mit Geschenken. Es hatte mir nur meinen großen Schmerz in die kleinen Münzen des Ärgers umgewechselt. Mit denen zahlte ich für das Glück mit Raimund. Wir lebten in einer ökonomisch verwalteten Welt.

Ich weiß nicht, ob es Zufall gewesen war, daß Raimund mich genau in dem Augenblick anrief, in dem ich beschlossen hatte: „Fort mit ihm!“ Vielleicht war es auch Zufall, daß ich den Schreckensbrief fand, von dessen Inhalt ich noch berichten werde. Doch beides zusammen war ganz gewiß kein Zufall.

Zwei Wochen waren vergangen, in denen ich unschlüssig gewesen war, ob ich Raimund zur Rede stellen sollte oder nicht. Hätte ich es nämlich zu einer Aussprache kommen lassen, so hätte er von da an gewußt, was er mir an Unanständigkeiten zumuten konnte. Eine Aussprache hätte auch sein Gewissen entlastet. Sie hätte die Wirkung einer Absolution gehabt. Es sollte meine Genugtuung sein, daß ich ihm keine Absolution zuteil werden ließ.

Raimund beobachtete mich und argwöhnte etwas. Es entging ihm nicht, daß ich anders geworden war. Ich war kühler zu ihm als bisher, wenn auch ohne Absicht. Es gelang mir ganz einfach nicht, mich so zu benehmen, als wäre er für mich der gleiche Mensch wie bisher.

Raimund spürte das und war nicht gewillt, sich mit meiner Zurückhaltung abzufinden. Sie machte ihn nervös und bedrückte ihn. Er bemühte sich, gute Stimmung zu machen, war liebenswürdig und aufmerksam. Ich zweifelte nicht daran, daß seine Bemühung echt war. Er war wirklich verstört und ratlos – da täuschte er mir nichts vor. Er benahm sich wie jemand, der alles mögliche ahnt, aber nichts genau weiß und sich nicht zu fragen getraut. Das war ein kindlicher Zug an ihm, der seit jeher eine seiner Stärken ausmachte.

Der besagte Brief fiel mir in die Hände, als ich einen Abend dazu benützen wollte, einer Studienkollegin zu schreiben, mit der ich noch in Verbindung war. Es gab einen zerdehnten Briefwechsel zwischen uns, obwohl wir uns schon auseinanderlebten, und die Pausen des Schweigens waren so lang, daß ich von Mal zu Mal den Inhalt der Briefe vergaß und den letzten aus dem Ordner suchte, um zu wissen, worauf ich antworten mußte. Und dies war der Anfang des Briefes, den ich fand:

„Meine liebe Daniela, ich bin entsetzt. Soeben kam Deine Nachricht von Raimunds Tod. Jetzt müßte ich Worte finden, die noch nicht abgenützt sind, um Dich nicht mit billigen Trostsprüchen noch mehr zu kränken. Aber der Tod (wie übrigens auch die Liebe) haben unseren Wortschatz ganz ausgeraubt."

Sie schrieb weiter in diesem Ton. Es war ein schöner und herzlicher Kondolenzbrief.

Ich erinnerte mich, daß ich nach Raimunds Tod die Beileidschreiben in einer Schachtel gesammelt hatte, die selbstverständlich nirgends mehr war. Sie war mitsamt ihrem Inhalt verschwunden, genau wie die schwarzen Kleider im Schrank. Dieser Brief, den ich schaudernd las, war als erster gekommen. Automatisch hatte ich ihn in den Ordner gehängt. Erst was nachher gekommen war, hatte ich in die Schachtel gelegt, damit ich alles beisammen hatte, wofür in Bausch und Bogen zu danken war.

Mir war, als würde ich zwischen knöchernen Fingern zermalmt. Da kam etwas auf mich herab wie jene Holzlast; der donnernde, dröhnende Wahrheitsbeweis. Ohne Möglichkeit zu Abwehr und Widerspruch hatte ich zu WISSEN, wieviel mir geschenkt worden war.

Raimund war also wirklich gestorben. Es war kein Erlebnis im hypnotischen Zustand gewesen. Als ich fühlte, daß ich noch atmen konnte, war jede Einzelheit wieder gegenwärtig, die ganze Verzweiflung über die Endgültigkeit, die der Raubgriff des Todes für alle Beraubten mit sich bringt. Ich spürte die brennende und vergebliche Sehnsucht, die keinem erfüllt werden kann – aber mir wurde sie erfüllt. Mir war das aufwendigste Geschenk gemacht worden. Der ganze Kosmos mußte im Einsatz gewesen sein, damit ich, dieses Nichts im winzigen Sonnensystem, in der unbedeutenden Milchstraße, nicht mehr litt. Wie groß mußte meine Liebe gewesen sein – und wie groß und unzerstörbar war sie noch immer!

Noch einmal zog es mich in den mächtigen Sog von Leidenschaft und blindem Begehren hinein, der mich in der ersten Zeit der Bekanntschaft mit Raimund ganz und gar wehrlos und kritiklos gemacht hatte. Ich stellte an ihn keine Ansprüche mehr als die, die er mit seinem intuitiven Charme und seinem untadeligen Körper erfüllte. Ich liebte wieder seine geschmeidige Haut, sein Lachen und die faunischen Falten in seinem Gesicht, denn all dies hatte mir noch keine Enttäuschung bereitet. Es war unbeeinträchtigt seit dem ersten Tag. Ich war wieder in Raimunds innersten Bannkreis geraten, in die schmiegsame Wärme, welche die Grenzen zwischen uns aufhob. Rückwirkend wurde wieder alles von Liebe durchströmt, meine ganze starre Verachtung, mein dummes Gekränktsein. Ich verzieh so großzügig, wie ich beschenkt worden war – soweit ich als menschliches Wesen dies überhaupt konnte. Ich weinte fast vor Erschütterung, als ich bemerkte, daß ich Raimund damit glücklich und dankbar machte. Er deutete meine Leidenschaft als gutes Zeichen – als Beweis, daß die von Schweigen umnebelte Störung, die ihn so nervös gemacht hatte, nicht mehr bestand. Es konnte nicht ausbleiben, daß ich auch ihn neu entflammte. Eine kurze Zeit reinsten Glücks wurde mir geschenkt.

Doch der Brief hing wieder im Ordner, der Alltag bestimmte die Welt, und der ahnungslose Raimund sorgte dafür, daß mich auch ihre Banalität wieder in Besitz nahm.

Das Erwartungsgemäße geschah viel zu bald. Raimunds Vergnügen an unseren zweiten Flitterwochen nahm ab. Er schätzte sein abwechslungsreiches Leben zu sehr. Ich hätte großzügig und vernünftig sein und dies einsehen oder voraussehen müssen. Doch meine neue Verliebtheit war so groß, daß ich über ihre Grenzen noch nicht hinaussah. Raimund kümmerte sich nicht darum, und bald war ein Abend da, an dem er wieder nicht nach Hause kam.

Ich hatte ein Fischsoufflé zubereitet, das sofort serviert werden mußte – ein schaumiges Gebilde aus Fisch- und Krebsfleisch, Gewürzen und Eischnee, das ich ins Backrohr stellte. Es war wichtig, daß ich die Backzeit genauestens einhielt. Raimund hatte mir zugesagt, daß er pünktlich heimkommen werde, denn Fischsoufflé aß er außerordentlich gern. Trotzdem gab ich eine Sicherheitsfrist von einer halben Stunde dazu, für den Fall, daß er sich ein wenig verspäten sollte – und dann verspätete sich Raimund um sieben Stunden. Das Soufflé im Backrohr ging auf und duftete wundervoll. Ich wartete anfangs zuversichtlich und später mit ungeduldigem Argwohn auf Raimund. Als das Soufflé soweit war, daß es aufgetischt werden sollte, wartete ich noch immer mit dem Essen und hoffte, daß Raimund in den nächsten Minuten doch noch käme, und in diesen nächsten Minuten gab das flaumige Gebilde den Geist auf. Durch das Fenster im Backrohr sah ich, wie es zusammenfiel, und mir war, als wäre in diesem Vorgang ein Sinnbild. Etwas Zartes, Empfindsames konnte sich nicht mehr behaupten.

Ich zog das Soufflé aus dem Rohr und kostete davon. Es war speckig und unappetitlich und schmeckte nach totem Fisch. In einer Aufwallung von Enttäuschung warf ich es weg.

Ich las dann noch eine Weile. Das Buch war gut und hatte mich vor kurzem noch interessiert. Plötzlich fand ich es nicht mehr so gut. Es war kein Ersatz für Raimund. Ich hatte Sehnsucht und noch einmal Sehnsucht nach ihm.

Einige langgedehnte Stunden gingen vorbei. Vorübergehend spürte ich die Bereitschaft zu schlafen. Doch da ich wach sein wollte, wenn Raimund nach Hause kam, kämpfte ich sie nieder und war bald darauf wieder hellwach. Auch das Licht löschte ich nicht aus. Ich gab vor, noch immer zu lesen. Sogar vor mir selbst wahrte ich beharrlich den Schein.

Es ging gegen Mitternacht. Ach, das Warten war qualvoll. Wie konnte mir Raimund das antun? Alles, was vor kurzem noch Sehnsucht und freudige Erwartung gewesen war, vergor zu trüber, säuerlicher Entrüstung.

Jetzt wollte ich nicht mehr warten – nein, jetzt nicht mehr. Ich schaltete mit einem plötzlichen Entschluß das Licht ab.

Ich wollte unbedingt einschlafen, doch es gelang nicht, um so weniger, je mehr ich mich darum bemühte. Und plötzlich hatte ich zu meinem Entsetzen auch noch einen inneren Aufruhr zu unterdrücken, der zu einem Tränenstrom werden und ausbrechen wollte. Damit war ich wirklich nicht einverstanden. Allerdings half mir das nichts, denn schon rannen die Tränen, und dies war der Augenblick, in dem ich ein Auto vorbeifahren hörte, und nach wenigen Minuten sperrte jemand die Haustür auf.

Danach bewahrheitete sich meine Befürchtung, daß es ausgerechnet diesmal Raimund war. Ich empfand es als Bosheit, als hätte er es sich mit Absicht so eingeteilt, daß er mich dabei ertappte, wie ich weinte. Ich hatte noch Zeit gehabt, mir ein Taschentuch zu holen. Mit diesem ribbelte ich mir möglichst viel Feuchtes aus dem Gesicht, putzte mir die Nase und versteckte es. Zur Wand gedreht, lag ich still, als Raimund eintrat. Er machte leise die Tür zu und kam an mein Bett. Ich gab nicht das leiseste Zeichen, daß ich wach war. Zumindest glaubte ich das, bis mir zu Bewußtsein kam, daß ich den Fehler machte, den Atem anzuhalten, und als ich das schließlich nicht mehr ertrug, atmete ich mit einem hörbaren Luftschnappen ein.

Raimund, der auf mich niederschaute, sagte mit leiser Stimme: „Du schläfst ja nicht."

Er hätte mich damit wahrscheinlich nicht aufgeweckt, wenn ich wirklich so tief, wie ich vorgab, geschlafen hätte. Ich antwortete nicht und dachte: Hoffentlich macht er kein Licht. – Vorsichtig drehte ich mich noch ein Stück von ihm fort, drückte mein Gesicht in das Kissen und wünschte mir nichts, als daß Raimund mich endlich in Ruhe ließe. Das tat er aber nicht. Er spürte, daß ich wach war. Mit immer noch leiser Stimme sagte er:

„Warum redest du denn nicht mit mir? Sei doch nicht albern."

Ich hätte mir natürlich den Anschein geben können, daß ich jetzt erst, da Raimund auf mich einsprach, erwachte. Vielleicht hätte er dann aber Licht gemacht und mein verweintes Gesicht gesehen. Um das zu verhüten, sagte ich abermals nichts. Doch Raimund wollte wissen, woran er war. Ich hörte, wie er durch das Zimmer ging. Dann schaltete er die Stehlampe ein, die sich im gegenüberliegenden Winkel befand. Obwohl ich noch immer mein Gesicht in das Kissen drückte und nur eine schwache, rötliche Helligkeit wahrnahm, war ich über Raimunds mangelnde Rücksicht erbost.

Ich weigerte mich, ihm mein Gesicht zu zeigen, weil ich fürchtete, mir damit eine Blöße zu geben. Aber schon hatte sich Raimund an den Bettrand gesetzt, schob seine Hand zwischen meinen Kopf und das Kissen und wollte mich dazu bringen, ihn anzuschauen. Ich leistete Widerstand – das verriet mich vollends, und Raimund verstärkte daraufhin den Druck seiner Hand. Schließlich blieb mir nichts übrig, als nachzugeben. Meine Augen waren noch zu, aber Raimund sah mein Gesicht.

„Ogottogott – eine häusliche Szene! Ich muß schon

sagen, das ist unter deinem Niveau."

Das war ein so ungerechter und niederträchtiger Vorwurf, daß ich mich weigerte, darauf einzugehen. Ach so? Eine Szene machte ich ihm? Das war ganz bestimmt nicht meine Absicht gewesen. Ich hatte nichts weiter gewünscht, als mich schlafend zu stellen, und ihm hatte das nicht ins Konzept gepaßt. Er selbst hatte meinen Angriff herausgefordert, damit er seine Verteidigung anbringen konnte, und jetzt schob er mir in aller Ruhe die Schuld zu. – Er wartete ab. Da konnte er lange warten. Ich würde ihm nicht den Gefallen tun, in meiner zerzausten Gemütsverfassung, die mich von vornherein benachteiligte, mit ihm zu streiten. Schon war wieder ein Nachschub an Tränen in mir gestaut, der eine verheerende Überschwemmung anrichten würde.

„Laß mich bitte in Ruhe", fuhr ich ihn an, zog mir die Decke über den Kopf und stellte mich tot.

„Mir scheint, heute spinnst du ein bißchen", sagte Raimund. – Eine neue Herausforderung – eine neue Gemeinheit. Ich hatte nicht vorausgesehen, wie maßlos sie mich kränken würde. Doch nein – ich wehrte mich nicht. Heimlich zog ich an einem Zipfel des Taschentuchs, das ich unter das Kissen geschoben hatte, und tupfte mir alles, was an meinem Gesicht feucht war, vorsichtig ab. Ich hörte, wie Raimund schicksalsergeben seufzte, wie er sich auszog, das Licht der Stehlampe löschte und durch das Zimmer tappend zu meinem Bett kam. Ich war schon zur Wand gerückt, um ihm Platz zu machen. Nun spürte ich seinen Körper, nah und versöhnungsbereit.

„Na, na", sagte Raimund und tätschelte mich. Ich spürte, wie er mit dem Mund mein Haar aus dem Nacken schob und mir einen kitzelnden, aber auch elektrisierenden Kuß gab. Dann stellte er mir die tückische Frage, ob ich noch immer wünsche, daß er mich in Ruhe lasse und fing mich kenntnisreich zu streicheln an. Damit erreichte er jedesmal, was er wollte. Doch diesmal ließ er es, als ich bereitwilligst nachgab, an aller Glut und Hingabe fehlen. Er blieb in einem fast kränkenden Maß souverän, während ich trotz des Alkoholatems, in den er mich einhüllte, hinschmolz. Mir war klar, daß die Rolle, die er da spielte, neu war, nämlich die des pflichtbewußten Ehemannes, der an Liebe zur Zeit übersättigt war. Er wollte mich friedlich stimmen. Danach schlief er ein.

Ich schlief immer noch nicht, weil ich durchaus nicht friedlich gestimmt war. Ich war beunruhigt über das, was mir da widerfuhr. Ich hatte Raimund nicht immer vorbehaltlos und nicht immer zärtlich, sondern manchmal recht zornig geliebt. Doch jetzt bestand die Gefahr, daß ich ihn unglücklich liebte.

Es war falsch gewesen, daß ich geschwiegen hatte, als ich hinter den Trick mit dem Sparbuch gekommen war. Es wäre besser gewesen, Raimund zur Rede zu stellen, ihm zu sagen, was ich über seine Gemeinheit dachte und ihn dann großmütig hinzunehmen, wie er war. Oder ich hätte mich von ihm trennen müssen, so oder so. – Diese beiden reinlichen Möglichkeiten gab es nicht mehr. Schon siegte er über mich und wußte nicht einmal, warum. Ich trug Raimunds häßliche Eigenschaften wie Keime einer Krankheit mit mir herum. Ich hatte sie weder abgewehrt, noch in einem ehrlichen Fieberanfall vernichtet, sondern ließ sie ihr heimliches und schwächendes Werk tun. Ich spürte die ersten Symptome von chronischem Liebesleid. Ich nahm mir vor, dem entgegenzuwirken, solange ich noch dazu imstande war.

Der gespenstische Brief war an allem schuld. Dies wurde mir abermals klar, als ich feststellen wollte, ob er sich wirklich in jenem Ordner befand.

Er war da. Er behauptete seinen Platz, und ich fragte mich, immer noch schaudernd, woher er kam. Gab es Schleichwege über die Grenze, die ich nicht kannte?

Waren schattenhafte Geister herübergelangt? Hatten sie wispernd und huschend zur Schlafenszeit den Trauerbrief bei mir hinterlassen, der mir jetzt wieder die Gewißheit ins Gesicht schrie?

Ich steckte den Brief in die Handtasche und nahm mir vor, ihn irgendwie verschwinden zu lassen. Ich hatte das Zeichen, das er mir gegeben hatte, verstanden.

Ich sollte unsere Ehe wieder heilen! Das wollte ich tun – doch war mir der Brief dabei hinderlich. Darum mußte er weg. Ich gab ihn Ingrid und erzählte ihr seine Geschichte, und abermals rief sie aus: „Wie wunderbar!"

Ich bat sie, ihn gut zu verwahren und darauf zu achten, daß er nie mehr zu mir gelangen konnte. Auch bat ich sie, ihn nie im Gespräch zu erwähnen. Für das Leben mit Raimund wünschte ich kühles Blut.

Schon recht bald hatte ich Gelegenheit, das Gleichgewicht wieder herzustellen. Da blieb Raimund zu Hause, war liebebedürftig und brachte mir dies werbewirksam zur Kenntnis. Obwohl es mir überaus schwerfiel, standhaft zu bleiben, dachte ich: Jetzt oder nie – und ging nicht darauf ein. Mein erfolgsgewohnter Raimund stutzte und war beleidigt.

Er fragte: „Ist das ein Denkzettel? Oder was ist das?"

Ich legte die Arme um seinen Hals, rieb meine Nasenspitze an der seinen. „Weißt du, wir dürfen nichts übertreiben", belehrte ich ihn, während es mich mit aller Macht zu ihm hinzog."

Er verstärkte den Druck seiner Arme und sagte: „Ach was!" – Er war der Ansicht, daß es Unsinn war, sich auf haushälterische Überlegungen einzulassen, wenn wir in der Stimmung waren, einander zu lieben und wenn auch die Gelegenheit dazu bestand. – Ich schob ihn liebevoll, aber entschieden weg und sagte ihm etwas, das sorgfältig ausgeklügelt doch ganz und gar unzutreffend war: „Es ist falsch, wenn du von deiner Stimmung auf meine schließt."

Eine Viertelstunde lang war Raimund tödlich gekränkt. Er zog sich finster und stumm hinter eine Zeitung zurück. Ich redete weiterhin besänftigend auf ihn ein und mutete mir so viel Vernunft und Weisheit zu, daß mir meine scheinbare Abgeklärtheit bald selbst zu viel war.

Ich erzählte ihm von dem Fischsoufflé, das ich mit viel Sorgfalt und Freude gebacken hatte und das schließlich ungenießbar geworden war.

Darauf riet er mir, das in Zukunft bleiben zu lassen und mich abends nicht mehr mit Kochkünsten zu belasten. Für ihn sei es ja kein Opfer, auswärts zu essen, und falls er sein Abendessen zu Hause einnahm, genügte es ihm, wenn etwas Käse und Wurst da war.

Ich war über seine Antwort erbittert und sagte: „Weil für dich das Zuhausesein ohnehin zweitrangig ist. Dein eigentliches Leben spielt sich woanders ab, wo es nicht so still ist. Die ganze Zeit bist du nur auf Zerstreuung aus."

„So ist es, und so will ich es", sagte Raimund. „Die Langeweile ist das größte Übel für mich. Wenn ich ihr entgehen kann, nehme ich keine Rücksicht. Ich bin überzeugt, daß die Hölle, wenn es sie gibt, für mich nicht heiß, sondern langweilig ist."

„Also ist das Zusammenleben mit mir die Hölle."

Er stutzte, um nachzudenken. „Aber nein. Du weißt genau, wie himmlisch es manchmal sein kann. Nur ist das ein Zustand, der sich nicht verewigen läßt. Daran kannst du nichts ändern und ich auch nicht. Außerdem schlafe ich herrlich in deinem Bett, und wenn ich schlafe, langweile ich mich auch nicht."

Seine Antwort schmerzte mich, und ich wollte ihm ebenfalls weh tun.

„Und ich kann mir wieder nicht vorstellen", warf ich ihm vor, „daß das Herumhocken in den Bars den Geist so beflügelt. Man versteht dort die meiste Zeit das eigene Wort nicht. Da kann man sich überhaupt nur zuprosten. Füllt dich das aus? In meinen Augen ist das der reinste Stumpfsinn."

„Von mir aus. Es handelt sich eben um deine Augen. In deiner Hölle, vorausgesetzt, daß du hineinkommst, werden scharfe Getränke sein und heiße Musik. Du wirst nichts zum Lesen finden. Nur Lärm und Betrieb wird sein. Rundherum wird gelacht werden, und du wirst nicht wissen, warum. Das ist der Unterschied zwischen dir und mir."

Ich hielt mir die Ohren zu. „Bitte, rede nicht so. Wir kommen doch gut miteinander aus, oder nicht? Ich laß dir ja deine Freiheit, aber du machst mir meine zur Qual, wenn du mich nicht darauf vorbereitest, daß du spät heimkommst. Dieses Warten, auf das ich nicht eingestellt bin, zermürbt mich. Es ist gestohlene Zeit, und Zeit ist mir wertvoll. Schließlich ist mein ganzes Leben eine Summe von Zeit. Wenn du mir etwas davon entwertest, verkürzt du es mir. Es ist so, als hättest du mich ein paar Stunden zu früh getötet. Ich erwarte von dir nur, daß du das bedenkst."

Raimund faltete die Zeitung zusammen und legte sie weg. „In Ordnung, das sehe ich ein", sagte er vergnügt. „Das sind Friedensbedingungen, die ich annehmen kann. In Zukunft verständige ich dich, falls es bei mir spät wird, und wenn ich dir einen Eilboten schicken muß. Aber du rationierst mir nicht mehr mein Eheglück." – Wir besiegelten unsere Vereinbarung mit einem Handschlag.

Raimund hielt sich genau an unseren Pakt. Er rief mich sehr oft an, daß ich auf ihn nicht warten möge. Die Ansprüche, die er an unsere Ehe noch stellte, erfüllte er sich. Meine heimlichen Wünsche empfand er nicht als verpflichtend.

Während seiner häufigen Abwesenheit dachte ich viel nach. Jetzt beschäftigte ich mich methodisch mit der Idee, daß Raimund wirklich gestorben war und ich mich erst jetzt in einem Ausnahmezustand befand.

Ich hielt es aber für ebenso denkbar, daß ich in einer anderen Wirklichkeit war, in der Raimund nicht hatte sterben müssen, weil Kilian Weidrich ihn erkannt und am Weitergehen gehindert hatte. Die Verschiebung zwischen den beiden Welten der Wirklichkeit und Nichtwirklichkeit war nicht groß. Vielleicht betrug sie nicht mehr als einen Sekundenbruchteil. – Aber welche Art von veränderter Wirklichkeit war das, die teils mein Asyl und teils mein Gefängnis war? Im Grunde waren nur zwei Erklärungen möglich. Sie war entweder nur für mich vorhanden, dann mußte sie eine Form von Wahnsinn sein, aus dem mich mein Unterbewußtsein entweder geheilt entließ, sobald die Zeit dazu gekommen war, ohne daß ich diesen Vorgang beeinflussen konnte. Dann war wohl auch das Verbrennen des Tagebuchs, das in meiner Einbildung Zauberkraft hatte, ohne Bedeutung.

Oder – das Tagebuch hatte tatsächlich Zauberkräfte, dann war das, was mein Leben verändert hatte, Magie. Dann war diese Wirklichkeit allgemeingültig, und ich war mit Mächten verbündet, die mich erschauern ließen.

Ich schlug mich unaufhörlich mit derlei Gedanken herum, und lebte in Angst vor mir selbst. Trotzdem war mein Leben das gewöhnlichste, das es gibt. Es war eine nicht sehr glückliche Durchschnittsehe, die nur die Magie des Eros zusammenhielt.

Als Raimund eines Abends die Wohnung verließ, suchte ich wieder sein Sparbuch heraus, um darin einen Hinweis zu finden, wieviel er ausgab. Was ich sah, hätte mich veranlassen können, zufrieden und beruhigt zu sein, denn in der letzten Woche des vergangenen Monats war ein Betrag neu hinzugekommen, der immerhin auf einen gewissen Sparwillen hinwies. Wenn ich wollte, konnte ich es dabei bewenden lassen. Ich konnte Raimund in Gedanken Abbitte leisten und mir zu einer friedlichen Zeit verhelfen. Leider riet mir meine schlechte Erfahrung weiterzusuchen, und tatsächlich fand ich ein zweites Sparbuch. Dieses war überaus aufschlußreich. Es wies als Erstanlage eine Summe aus, die Raimund etwa erzielt haben konnte, wenn er seine letzten Pfandbriefe auch noch zu Geld gemacht hatte, und von diesem Guthaben hob er laufend ab. Es war schon derart rapid geschmolzen, daß ich es zuerst überhaupt nicht für möglich hielt. Raimund gab für seine vergnügliche Freizeit fast das Doppelte dessen, was ich verdiente, aus.

Zuerst war ich gar nicht imstande, die Sparbücher wegzuräumen. Ich ging zur Hausbar und entnahm ihr eine Flasche mit Enziangeist. Ich brauchte etwas, das scharf und bitter war und zunächst einmal gegen meine Übelkeit wirkte. Ich trank ausgiebig, legte mich flach auf den Rücken und weinte. Mich verlangte nach einer gründlichen Reinigung und ich wartete auf die ersten Anzeichen der Genesung.

Als ich leer und erschöpft war, aber mich keineswegs besser fühlte, stand ich auf und räumte die beiden Sparbücher weg. Als ich das eine, welches die Wahrheit bezeugte, wieder in sein Versteck legte, achtete ich darauf, keine verräterische Spur zu hinterlassen. Raimund sollte nicht wissen, daß ich es gefunden hatte. Ich wünschte, daß er Gelegenheit hatte, noch eine Weile sein häßliches Spiel zu treiben, damit seine Schande noch größer war, wenn ich später einmal die ganze Gemeinheit enthüllte. Das andere Sparbuch, das zur Verschleierung diente, sollte ebensolange seinen Zweck erfüllen. Ich wollte den Zeitpunkt bestimmen, wann es damit aus war. Dann würde ich den souvetränen Raimund als jämmerlichen Lügner entlarven. Bis dahin durfte ich mir jedoch nichts anmerken lassen. Raimund sollte sich in Sicherheit wiegen und glauben, daß er sich eine perfekte Methode ausgedacht hatte. Es würde mir guttun, dabei eine heimliche Zeugin zu sein.

Am nächsten Tag kündigte ich den Safe auf und nahm mein Tagebuch wieder nach Hause. Somit tat ich nichts mehr dazu, um es vor der Vernichtung zu schützen. Es sollte wieder, wie alles im Leben, dem Zufall ausgesetzt sein – dem Zufall und seiner Gefahren, der eine natürliche Bedrohung alles Bestehenden ist und manchmal auch tötet, wenn man seinen Lauf nicht ändern kann.

„Siehst du, da ist es", sagte ich zu Ingrid. Sie nahm das Heft in die Hand und schaute es an. Von allen Seiten betrachtete sie dieses Ding, an dem allem Anschein nach nichts Besonderes war, diese Nichtigkeit im gelben Hartkartonumschlag.

Es sah nicht zauberkräftiger und wundertätiger aus als irgendein Gebrauchsgegenstand, ein Schuhband oder eine Tube Zahnpaste. Es brachte mich nur zum Nachdenken, nicht zum Erschauern. Ingrid nahm keinen Anstoß daran, daß dieses Geheimnis, an dem ich sie teilhaben ließ, so schäbig verpackt war. Sie betastete das Heft vorsichtig und mit einer gewissen Ehrfurcht, als könnte sie fühlen, daß da ein Kraftfeld war, als hätte sie einen sechsten oder siebenten Sinn, der mir fehlte. Ihre Augen waren allerdings ganz und gar ehrfurchtslos. Eine brennende, ungeduldige Neugier stand in ihnen.

„Darf ich es aufmachen und anschauen?" fragte sie.

Noch bevor ich richtig bejaht hatte, tat sie es schon. Ich stand hinter dem Fauteuil, in dem sie saß, und schaute ihr beim Umblättern zu. Manche Seiten überblätterte sie, dann wieder nahm sie sich Zeit für zwei, drei Sätze, die sie ohne viel Interesse und fast nur aus Höflichkeit las.

Dann tauchte auf einmal Raimund auf. Das war, als ergösse sich Farbe über die Blätter. Mein spanisches Reisetagebuch fing an. Ich zeigte Ingrid meine erdachte Liebesgeschichte, die sich las, als spielte jemand eine Lyra dazu. Ich erzählte ihr, wie es gewesen war, als ich Raimund nach zweimaliger Begegnung zweimal verloren und schließlich doch noch bekommen hatte. Beim Zuhören wendete sie gespannt den Kopf nach mir um. Das seltsame Glimmlicht in ihren Augen verstärkte sich. Dann zogen sich wieder Schatten zusammen und machten Ingrids Gedanken unzugänglich.

„Du mußt ihn wahnsinnig gern haben", sagte sie.

„Damals schon, aber jetzt vielleicht nicht mehr", erwiderte ich. Ich erzählte Ingrid nicht gerne Ehegeschichten. Sie verschonte mich auch seit jeher mit den ihren. Vielleicht fand sie ihre Ehe unerheblich. Vielleicht liebte sie ihren Mann auch noch immer auf eine Art, die im Anfangsstadium einer Verliebtheit die Denkwege zu umgehen weiß und etwa auf ein faunisches Lächeln oder auf den Klang einer Stimme hineinfällt.

„Hab ich richtig gehört?" fragte Ingrid. „Du magst deinen Mann nicht mehr?"

„Zur Zeit hat es immerhin den Anschein", sagte ich. „Ich weiß aber, daß ich mich nie darauf festlegen kann. Es ist durchaus denkbar, daß ich bald wieder nach ihm verrückt bin. In diesem Punkt wundert mich überhaupt nichts mehr."

Nun erzählte ich Ingrid doch über meine Ehe mit Raimund. Mit einer befremdeten Kälte hörte sie zu. Und als ich über seinen letzten schäbigen Trick sprach, hatte ich das Gefühl, daß sie starr vor Ablehnung war.

„Ich würde an deiner Stelle dabei bleiben", sagte sie, „daß du diesen elenden Halunken nicht mehr magst." – Dann erschrak sie und hob die Hand, wie um sich auf den

Mund zu schlagen. Vielleicht fiel ihr die kurze, unkontrollierte Empörung auf, die sie mit ihren Worten in mir hervorrief. Sie murmelte kleinlaut:

„Du darfst mir nicht böse sein. Ich bin nicht unparteiisch, was Raimund betrifft. Mir war er von Anfang an unsympathisch. Ich hab nie verstehen können, was dir an ihm gefällt."

Ich dachte: Da haben wir es. – Fast schämte ich mich bei dem Gedanken, daß ich mit einem Menschen verheiratet war, der in Ingrids Augen genauso nichtig war wie ihr Mann in den meinen. Dabei war ich auf Raimund einmal so stolz gewesen.

Ich nahm ihr das Heft aus der Hand, schlug die Stelle auf, wo noch die Überbleibsel der herausgerissenen Blätter von den Heftklammern niedergehalten wurden, und sagte: „Da schau!"

Ingrid las auf dem letzten beschriebenen Blatt jenen Satz, der mir Raimunds Leben verbürgte, und zupfte vorsichtig an den ovalen Blättchen im Falz. Ich merkte ihr an, wie erregt sie war, und wie sehr sie sich Mühe gab, es zu unterdrücken.

„Weißt du, daß ich schon nahe daran war, das Heft zu verbrennen?" sagte ich. „Damit du ihn wieder los wirst", bekräftigte sie.

Sie nahm sich kein Blatt vor den Mund, was Raimund betraf, und fand, dieser Mann sei es nicht wert gewesen, zum zweiten Mal mit dem Leben beschenkt zu werden. Um so mehr genoß sie mein sensationelles Geheimnis und lebte leidenschaftlich mit mir mit.

Von Anfang an war sie diktatorisch gewesen und hatte logische Erklärungen abgelehnt. Ich dachte daran, daß sie böse gewesen war, als ich ihr gesagt hatte, ich hielt es für wahrscheinlich, daß Raimund nicht wirklich tot gewesen war, sondern daß vielleicht mein Blick in die Feuerzeugflamme hypnotische Träume in mir ausgelöst hatte.

Auch die zweite Vermutung, auf die ich gekommen war, ich sei erst beim Verbrennen der Blätter in Trance gefallen, und mein jetziges Leben mit Raimund sei nichts als ein Wahn, hatte sie voll Empörung verworfen.

„Dann wäre ja auch ich nur ein Wahngebilde. Ich werde doch wissen, ob ich wirklich bin oder nicht und ob es mich noch gibt, wenn ich dir aus den Augen gehe."

Ich gab zurück: „Aber ich kann es doch nicht wissen."

„Dann kann ich von dir verlangen, daß du es glaubst. Hab ich dir nicht auch geglaubt, was du mir alles erzählt hast? – Ich bin wirklich. Ich hänge nicht von dir ab. – Und ich laß mich von dir nicht zu einem Schatten machen."

Für sie war das Wunderbare einfach und glaubhaft und hatte die gleiche archaische Würde wie der Merseburger Zauberspruch: „Bein zu Bein und Blut zu Blut . . ." – In der heutigen Sprachwelt hieß das: „Atom zu Atom".

Nach jenem Streitgespräch, das schon eine Weile zurücklag, sagte sie immer wieder beschwörend zu mir: „Du wirst noch oft in Versuchung kommen, ihn dorthin zurückzuschicken, woher er gekommen ist. Und dabei wird dir die Tatsache helfen, daß du an sein wirkliches Vorhandensein nicht glaubst."

Eines Tages bekam sie darauf die Antwort: „Oh nein. Ich werde es ganz bestimmt nicht tun. Willst du wissen, warum nicht? Weil ich bekehrt worden bin. Ich glaube wieder, daß es ein Wunder war. Es ist groß, und ich habe es nicht verdient. Ich muß es mir wohl erst im nachhinein dadurch verdienen, daß ich Raimund so fehlerhaft hinnehme wie er ist."

„Ach so?" sagte Ingrid und beäugte mich sehr nüchtern. „In letzter Zeit hältst du mich also auch nicht mehr für einen Schatten?"

„Nein, denn ich kann diese Theorie nicht mehr aufrechterhalten. Ich habe Bücher über Selbsthypnose gelesen. Sie kann nicht im Spiel sein, weil sie immer nur seicht und kurz ist. Ich habe meine Ansichten ändern müssen, das heißt aber nicht, daß mir alles endgültig klar ist."

Ingrid hätte zufrieden sein können und war es nicht. Sie sah aus, als machte sie sich einen schweren Vorwurf.

Raimund hörte nicht auf, mich hinters Licht zu führen. Für mich war es ein beschämendes und klägliches Schauspiel. Am Monatsende stellte ich fest, daß auf dem Sparbuch, welches als lügnerisches Beweisstück für Raimunds solides Leben zurechtgemacht war, abermals eine Einlage aufschien. Und das Dreifache dieser Summe war zum gleichen Datum von dem zweiten der beiden Sparbücher abgebucht worden, das Raimunds heimliche Geldquelle war. Nach einem weiteren Monat geschah das gleiche.

Ich tat nichts, um dieses boshafte Lauern in mir zu bekämpfen, obwohl sich Liebe anders zu äußern pflegt. Ich nannte das, was mich noch immer zu Raimund hinzog, auch nicht mehr Liebe. Es war etwas Trübes, Zähes, Erbarmungsloses, das mich gegen meinen Willen gefangen hielt. Jede Anstrengung, die ich machte, um mich zu befreien, verstärkte in mir das Gefühl, daß mich Raimund allmählich verschlang.

Dies war nicht nur körperliche Abhängigkeit. Er übte auch geistig eine gewisse Faszination auf mich aus und brachte mich dazu, viel über ihn nachzudenken. Ich verstand ihn nicht und war außerstande, mich in ihn hineinzudenken. Es war für mich unfaßbar, daß es möglich war, eine so helle, freundliche Tagessphäre zu haben und eine Nachtseite, die so häßlich und finster war.

Ich versuchte von neuem, das Beste daraus zu machen, daß er mich an den Abenden fast immer allein ließ. Doch dieses genießerische, bewußte Alleinsein, das ich schon gelernt hatte, gelang mir nicht mehr. Ich las lustlos und hörte lustlos Musik. Nachher lag ich im Bett und wartete erbittert auf Raimund. Wenn ich Glück hatte, schlief ich ein und wenn nicht, mußte ich daran denken, daß ich den ganzen folgenden Tag wieder schläfrig sein würde. Raimund hatte kein Recht, sich zu amüsieren, wenn es auf Kosten meiner Arbeitskraft ging. Ich war böse auf ihn, wenn er heimkam – ich konnte nicht anders. Ich erklärte ihm, daß er mir die Nachtruhe stahl.

Mit niederträchtiger Unschuld sagte er dann: „Ich hab dich ja am Einschlafen nicht gehindert."

Wenn ich ihm entgegnete, daß mich der Ärger wachhielt, schaute er mich mit einem Kopfschütteln an und meinte: „Wenn du dich ärgerst, bist du selbst daran schuld."

Ich beschloß, mit den Vorwürfen aufzuhören. Sie waren beschämend für mich und führten zu nichts. Statt dessen machte ich mir Gedanken darüber, wie ich in die Entwicklung der Dinge eingreifen konnte. Ich kam zu dem Schluß, daß es gut sein könnte, mit Raimund abends wieder auszugehen, weil ich ihn nur beeinflussen konnte, wenn ich bei ihm war. Immer deutlicher spürte ich, daß es eine Kraft gab, die ihn von mir wegzog, in der Absicht, ihn zu verderben. Es würde sehr schwer sein, ihr entgegenzuwirken, da sie nicht nur brutal war, sondern auch tückisch und schlau. Wenn ich die Augen schloß, sah ich sie als mein finsteres und feindliches Gegengewicht. Nur mit freundlicher Heiterkeit war ihr beizukommen.

In Gedanken versetzte ich mich in die Zeit unserer frühen begeisterten Verliebtheit zurück. Da war es mir selbstverständlich gewesen, so viel wie möglich mit Raimund zusammen zu sein. Alle Abende hatten wir gemeinsam verbracht, und es war eine herrliche, beflügelte Zeit gewesen. Warum sollte es nicht wieder so sein? Warum sollten wir nicht wieder tanzen gehen und im Chinarestaurant süßsaure Krabben essen? Wenn Raimund schon Geld verschwenden wollte – warum nicht mit mir? An warmen Sommerabenden konnten wir schwimmen und in einem Fischrestaurant am Wasser sitzen. Vielleicht wünschte sich Raimund das gleiche und glaubte nur, ich sei nicht mehr dafür zu gewinnen?

Ich nahm die erstbeste Gelegenheit wahr, um meinen Sinneswandel in die Tat umzusetzen. Es war eine gute Gelegenheit, denn sie erlaubte mir, unabsichtlich zu handeln. Raimund sollte nicht merken, daß ich etwas bezweckte. Das hätte vielleicht seinen Widerspruchsgeist geweckt. Und dies war der Anlaß, dessen ich mich bediente: Raimund sagte mir, daß er gemeinsam mit Kilian Weidrich ein Klassentreffen zustandebringen wollte, und daß sie schon mehr als ein Dutzend Zusagen hatten. Das Treffen sollte in unserer Stadt erfolgen, wo Raimund auch zur Schule gegangen war.

„Wir waren eine ausgelassene Bande“, sagte Raimund. „Wenn jeder von uns so geblieben ist, wie er war, werden wir den größten Spaß miteinander haben.“

Ich fragte: „Bist d u so geblieben, wie du warst?“

„Nicht ganz so. Da sind schon Entartungssymptome – das sogenannte Ehemännersyndrom. Das kommt von deinen Erziehungsmethoden. Die haben aus mir ein zahmes Männchen gemacht.“

Obwohl er lachte, um mir zu zeigen, daß seine Antwort nicht ernst zu nehmen war, empörte sie mich. Ich fand sie dumm und im höchsten Maße unfair. Es war primitiv und außerordentlich taktlos, wenn Männer diese verstaubten Witzblattbemerkungen machten. Im Fall Raimunds war es außerdem unzutreffend, denn seine Ähnlichkeit mit einem Ehemann war kaum wahrnehmbar.

Raimund spürte meine Verstimmung und lenkte ein. Er verfiel in einen freundlichen und sachlichen Ton, den er mir als Zeichen seiner wahren Gesinnung anbot. „Übrigens sind die meisten von uns verheiratet“, sagte er, „und einige bringen sogar ihre Frauen mit. Willst du nicht mitkommen?"

„Ja, gern", sagte ich.

Ich schaute in Raimunds Gesicht, als ich die Einladung annahm, und sah das Darüberhuschen eines verräterischen Ausdrucks. Ich bemerkte Verärgerung und Verdrießlichkeit, die er mit einem geübten und eleganten Umschwung zu einem freudigen Lächeln werden ließ. – „Ach, wirklich? Ist das dein Ernst?"

„Warum denn nicht? Ich bin neugierig, was für ein unverbildeter Mensch du sein wirst, wenn du dich vorwiegend unter Männern bewegst."

„Ironischen Frauen sollte man die Stimmbänder durchschneiden", sagte Raimund. Er war darauf bedacht, daß es wie eine Artigkeit klang. Dann bekräftigte er dieses Täuschungsmanöver durch ein erfolgreiches Liebeswerben, in dessen Verlauf ich so tat, als glaubte ich ihm, daß er seine blutige Drohung nicht ernst gemeint hatte. – Gemeinsam retteten wir die Situation.

Beim Klassentreffen sah ich Kilian Weidrich zum zweitenmal, und genau wie beim ersten Mal verabscheute ich ihn spontan. Ich hatte sehr bald die Gelegenheit, zu bemerken, daß er der Urheber jener albernen Witzblattgesinnung war, derzufolge sämtliche Ehefrauen den Charakter richtiger Männer verdarben. Er schaute mich mit seinen sumpfgelben Augen an. Ich hätte ihm gerne gesagt, daß er meiner Meinung nach kein richtiger Mann, ja vielleicht nicht einmal ein richtiger Mensch war, daß er nur etwas Böses und Feindliches personifizierte. Er war der Typ des fanatischen Junggesellen, der in einer Ehe genauso ein Störenfried sein kann wie eine unverheiratete Frau auf Männerjagd. Er war nicht nur unsympathisch, er war auch gefährlich – ein ernstzunehmender Gegner im Kampf um

Raimund. Bei der Begrüßung, die nicht zu umgehen war, ließ er mich seine ganze Herablassung spüren, eine feindselige Geringschätzung meiner Bedeutung und Kraft. Ich wollte mich aber von ihm nicht einschüchtern lassen. Es sollte ihm nicht gelingen, mich auszuschalten. Auch ich hatte wirksame Waffen und immer noch mein Selbstbewußtsein als Frau.

Am Anfang war dieses ganze Klassentreffen recht harmlos. Wir saßen an einem langen, festlich gedeckten Tisch. Raimund saß zwischen mir und Kilian Weidrich und wendete seine Aufmerksamkeit anfangs noch mir zu, wie das die meisten verheirateten Männer taten, die ebenfalls ihre Frauen mitgebracht hatten. Insgeheim stimmte ich Raimund zu, daß dies wirklich kein guter Gedanke gewesen war. Zu viele Leute kannten einander noch nicht und hatten Mühe, zu einem Gespräch zu finden. Ich faßte den Vorsatz, dabei mein Bestes dazu zu tun. Ich lobte das Essen, lachte meinen Tischnachbarn zu und versuchte die Befangenheit zu lockern. Ich bemühte mich ehrlich und mit Aufbietung all meiner Kraft und mit allem mir zur Verfügung stehendem Charme eine umfassende gute Laune zu erzwingen, und zwar möglichst sofort. Man hat mir wohl meine Bemühtheit auch angemerkt, und so erreichte ich eher das Gegenteil. Gewiß, alle Leute waren sehr freundlich zu mir. Sie taten gleichfalls ihr Bestes, um mir gefällig zu sein. Jeder einzelne, an den ich mich wandte, strengte sich an, aus Höflichkeit lustig zu sein und mitzulachen, und jeder verdarb gerade durch seine Anstrengung alles. Einmal warf mir Raimund einen befremdeten Blick zu. Er fühlte sich in dieser Gesellschaft nicht wohl, die ich zu erzwungener Lustigkeit animierte. Er lachte gern, aber hier lachte er nicht mit.

Mein Gott – und ich hatte mich schon total verausgabt. Ich hielt dieses Nicken, Lachen und Aufmuntern nicht mehr durch. Es war wahrscheinlich ein Fehler gewesen,

Raimund zu diesem Klassentreffen zu begleiten. Aber ein noch viel größerer Fehler war es, mich für das Gelingen des Abends verantwortlich zu fühlen. Ich fragte mich, ob das die mir zugeteilte Lebenslast war: mir für alles mögliche die Verantwortung aufzuhalsen, in der uneingestandenen Absicht, mich meiner Kraft zu vergewissern. An jenem Abend verließ mich die Kraft viel zu schnell, wahrscheinlich, weil ich sie in einer Art eingesetzt hatte, die mir nicht lag. Immer wieder wandte ich mich an Raimund und bemühte mich, ihm zu zeigen, wie witzig ich manchmal war. Er hörte nur flüchtig zu, und auch das nicht immer. Er unterhielt sich mit seinem Freund Kilian, und damit will ich sagen, daß er sich gut unterhielt. Bald schwieg ich und hörte heimlich und aufmerksam zu, wie der Witz beschaffen war, der ihm so gefiel. Ich wollte bei Kilian in die Lehre gehen und herausfinden, welchen Trick er hatte, der Raimunds Bedürfnis, in seiner Gesellschaft zu sein, nie erlahmen ließ. Ich war verdutzt und beinahe enttäuscht, als ich merkte, daß er zwar laut aber langweilig war. Nichts Farbiges, Sprühendes konnte ich an ihm finden. Was aber war es? Was fesselte Raimund an ihn? Wie unbedeutend mußte ich sein, da mir Raimund diesen klotzigen Dummkopf vorzog. Ich bemerkte, daß die Zurücksetzung, die ich empfand, alle Kennzeichen weiblicher Eifersucht hatte und daß es nicht leicht für mich war, sie im Zaum zu halten.

Ich ließ die beiden Männer witzeln und lachen und wandte mich notgedrungen meinem Nachbarn zur Rechten zu. Als ich das Wort an ihn richtete, hatte ich das Gefühl, daß er mich schon eine Weile beobachtet hatte.

Er hatte einen schmalen und dunklen Kopf, der auf einem auffallend kräftigen Hals saß, so daß er von den Schultern aufwärts einen eigenartig monolithischen Eindruck machte. Seine Augen waren von einem sehr dunklen Braun. Doch obwohl sie etwas eng beieinander standen, erschienen sie mir nicht scharf – nur sehr aufmerksam. Eine schmale, kerzengerade Nase verlieh dem Gesicht eine deutliche Symmetrie, die mir trotz ihrer Ungewöhnlichkeit angenehm war, weil sie mir das Merkmal eines ausgewogenen Charakters zu sein schien. Ganz unversehens fand ich mich in einem Gespräch mit dem fremden Mann, den Raimund mir zwar vorgestellt hatte, dessen Name mir aber zu wenig wichtig gewesen war, um ihn mir zu merken. Das Gespräch war angenehm und angeregt, doch kann ich mich nicht mehr erinnern, worüber wir sprachen. Ich weiß nur, daß eine natürliche Vertrautheit da war, eine vollkommene Mühelosigkeit im Gedankenaustausch, die für mich wie ein Ausruhen nach dem mißglückten Versuch war, die Gesellschaft zu Jubel, Trubel und Heiterkeit hinzureißen.

Die gemeinsame Mahlzeit war vorbei. Schon löste sich die Tischrunde auf, und plötzlich saß Raimund nicht mehr neben mir. Er hatte sich mit einem Glas Wein in der Hand und mit Kilian Weidrich in seinem Gefolge zu einigen Männern gesellt, die ihm auf die Schulter schlugen. Ein großes Gelächter brandete auf und wollte den ganzen Abend kein Ende nehmen. Manchmal wurde es leiser und hörte sich wie ein Gebrumm an, bis es unversehens wieder anschwoll und barst.

Einmal wandte der Mann, mit dem ich mich unterhielt, den Kopf und schaute mit seinen aufmerksamen Augen hinüber. Er sagte lächelnd: „Das sind unsere Junggesellen“ und deutete mit dem Kinn in ihre Richtung.

„Sie irren sich“, gab ich zur Antwort, „einer davon ist mein Mann.“

Das Lächeln vertiefte sich und wurde merkwürdig ernsthaft, obwohl Heiterkeit und Ernst im allgemeinen nicht zusammenpassen.

„Mir scheint, daß so mancher Mann, der verheiratet ist, ein Junggeselle bleibt, ob er es nun weiß oder nicht. Haben Sie nicht das Gefühl, daß das auch bei Raimund so ist?“

Ich fand seine Frage außerordentlich dreist, und trotzdem war zwischen uns ein Einvernehmen, das sie natürlich und legitim werden ließ, sobald mich der Blick, der die Frage bekräftigte, traf. Dieser Blick war so frei von Anzüglichkeit, von der Absicht mir weh zu tun, daß ich nickte.

„In gewisser Hinsicht mögen Sie recht haben“, sagte ich. Doch ich verschwieg ihm, wie groß die Wahrheit war, die er aussprach.

„Bei mir ist es eher umgekehrt“, setzte er hinzu, wobei er behutsam die Hand um sein Weinglas legte. „Ich habe noch keine Frau. Trotzdem bin ich kein Junggeselle. Ich weiß nicht, ob das für Sie ein Widerspruch ist.“

Ich schaute ihn prüfend an und kam zu dem Schluß, an seinen Worten könne etwas Wahres sein. Es nahm mich für ihn ein, daß er so offen über sich sprach, ohne daß es im Tonfall geschwätziger Enthüllung gesagt war. Ein wenig grüblerisch klang es – doch eben dies sprach mich an.

Ich hatte Raimund aus den Augen verloren und mußte mich umdrehen, um ihn zu finden. Mein Sitznachbar hatte sich ebenfalls umgewandt und richtete seinen Blick auf Raimund.

„Sie müssen wissen, daß er immer ein netter Kerl war. Sein Charme war gleichmäßig über die ganze Klasse verteilt.“

Als hätte Raimund bemerkt, daß wir über ihn sprachen, schaute er plötzlich zu uns herüber und winkte. Es war ein weit ausholendes, befehlendes Winken mit der Bedeutung: Komm her! Dann rief er: „He, Philo!“

Der Mann neben mir bewegte verweigernd die Hand und lachte. Er tat, als bemerke er nicht, wie betroffen ich war. Nicht mich hatte Raimund gerufen. Noch schlimmer: Er schloß mich aus. Die Erniedrigung, der er mich aussetzte, würgte mich. Der Mann neben mir half mir instinktiv. Vielleicht war es aber auch seine Absicht, mir zu helfen. Er schaute mich eine Weile nicht an, doch setzte er unbefangen sein Gespräch mit mir fort. Er sagte: „Ich sprach über Raimunds diffusen Charme. Jetzt fällt mir ein, daß das nicht immer so war. Im letzten Schuljahr hatte er einen festen Freund. Das war Kilian Weidrich – der Diabolos.“ Etwas Kaltes und Bleigraues drang in mich ein. Ich wurde so schwach, daß ich fast zur Seite kippte. Mein Gesicht mußte leichenhaft weiß gewesen sein. „Diabolos?“ flüsterte ich. „Was war denn so teuflisch an ihm? Warum habt ihr ihm diesen Namen gegeben?“

Das hat niemand wirklich getan. Nur ich selber nannte ihn so – und selbstverständlich auch nur in Gedanken. „Diabolos – der Entzweier. Auf ihn traf das zu. Warum? Weil es ihm ein Vergnügen war, wenn er zwei Freunde auseinanderbrachte. Immer hat er sich den Labileren ausgesucht. Mit dem konnte er tun, was er wollte. Das ging nie gut. Wer mit Kilian befreundet war, hat sich immer irgendwie zu seinem Nachteil verändert. Meist ließ seine Lernleistung nach. Er wurde zum Lügner. Es gab einen, der sogar zu stehlen anfing und aus der Schule entfernt wurde, als es aufkam. Und seltsamerweise fiel es niemandem auf, daß immer Kilian Weidrich mit im Spiel war, denn er selbst ließ sich nichts zuschulden kommen.“

„Und was ist mit Raimund geschehen?“

„Der hat Glück gehabt, weil Kilian ganz zum Schluß auf ihn verfiel. Es war im letzten Halbjahr der achten Klasse.“

„Da haben Sie gut beobachtet“, warf ich ein.

Es dauerte lange, bis die zögernde Frage kam: „Hat Raimund Ihnen noch nie von mir erzählt? Ich habe nämlich vorhin ein wenig geschwindelt. Wir waren sehr gute Freunde, er und ich.“

Ich fragte: „Bis Kilian Weidrich kam?“ – Ich hätte auch sagen können: „Bis ihn der Teufel geholt hat.“

Kilian Weidrich – Diabolos. Der Name stand plötzlich

drohend in dem magischen Kreis, in dem ich mich mehr und mehr als Gefangene fühlte. Das Böse hatte darin seinen festen Platz, doch hatte ich das vorher noch nie bedacht. Welche Wirkung und welche Absicht hatte es? Ich wollte nicht daran denken. Ich wich allem aus, was an jenem Abend beklemmend war, was mich bloßgestellt, gekränkt und geängstigt hatte. Jemand half mir dabei, und das war der Mann namens Philo. Ich wandte mich wieder an ihn und dachte daran, daß Raimund ihm seine Freundschaft entzogen hatte.

Ich sagte: „Raimund ist sehr leichtfertig mit seinen Gefühlen. Hat er nicht bedacht, was für ein schlechter Tausch das war? Einen Menschen wie Sie gegen diesen Kilian. Das war schon kein treuloser Abfall mehr. Ich nenne es einen Absturz in Hirnlosigkeit."

Die Antwort wurde zu einem Blick und wanderte gedankenvoll über mein Gesicht.

„Warum heißen Sie eigentlich Philo?" wollte ich wissen. Das hört sich an wie ein Spitzname. Ist es einer?"

„Ganz recht. Ich war immer gut in Philosophie und hab schon in der Schule Schopenhauer und Kant gelesen."

„Und was ist Ihr Beruf?"

„Maschinenbauingenieur. Aber die Philosophie ist noch immer mein Freizeitvergnügen."

„Das bedeutet wohl, daß Sie viel lesen und viel daheim sind?"

Ich hatte die Frage spontan und arglos gestellt. Erst nachträglich kam mir der Verdacht, daß sie möglicherweise eine List meines Unterbewußtseins gewesen war – die versteckte Absicht, herauszufinden, ob Philo die gleichen Vorlieben hatte wie ich. Doch das war ja egal. Er war mir auch so sympathisch, auch ohne die bejahende Antwort, die er mir gab.

Schmunzelnd sagte er, er könnte sich von Büchern ernähren, wenn er einmal durch Schneemassen oder Naturkatastrophen von der Außenwelt tagelang abgeschnitten wäre.

„Ich auch!“ rief ich. „Nur kann ich nicht sagen, wie lang. Nach einiger Zeit müßte ich wieder an Speckbrote denken.“

„Speckbrote“, wiederholte Philo genießerisch. „Oder Rinderbraten mit Kartoffelpüree.“

Im Winkel der Junggesellen brandete lautes Gelächter auf, das nicht dem Esprit unseres Wortwechsels gelten konnte. Dessen Kachelofenwärme zündete keine Raketen. – Ich sah Raimund, von Begeisterung buchstäblich durchgeschüttelt, wie er sich krümmte und bog und Tanzschritte machte. Er riß alle mit, die sich zu ihm gesellt hatten. – Und dann geschah etwas, das mich entsetzte. Die ganze Gruppe war in Bewegung geraten und durchquerte, immer noch lachend, den Speisesaal. Sie gingen zur Garderobe und zogen die Mäntel an. Ich sah Raimund, der seinen Hut aufsetzte, und ohne einen Blick in meine Richtung mit der ausgelassenen Gesellschaft den Saal verließ. Empört und fassungslos stellte ich fest, daß er mich völlig vergessen hatte, daß er sich in einer geistigen Entrückung befand, die mich ausschloß.

Ich stand unschlüssig auf und brachte es nicht über mich, vor so vielen Leuten seinen Namen zu rufen. Niemand sollte darauf aufmerksam gemacht werden, was er mir antat. Schlimm genug, daß Philo es sah und sich seinen Reim darauf machte. Allerdings tat er, als hätte er nichts bemerkt.

Ich nickte ihm flüchtig und entschuldigend zu, stieß den Sessel zurück und lief hinter Raimund her. Bei der Garderobe zog ich schnell meinen Mantel an, hätte fast den Schal vergessen, den ich dann hastig umband, schaute noch einmal zurück, um mich zu vergewissern, daß niemand bemerkte, in welch peinliche Situation mich Raimund brachte, und folgte dem johlenden, begeistert lärmenden

Trupp, der bereits aus dem Hotelportal ins Freie trat.

Dem Hotel gegenüber lag eine teure Bar. Mehrmals war ich mit Raimund dort tanzen gewesen, hatte ihn aber nach und nach in ein anderes Lokal dirigiert, wo das Tanzen und Trinken nicht gar so kostspielig war. Nun sah ich, daß die Bande um Raimund auf den regenbogenfarbenen Eingang der Bar zuging, so zielstrebig und instinktiv wie Bienen zum Flugloch streben, und das erweckte in mir den Verdacht, daß das häufig geschah, zumindest was Raimund und Weidrich betraf.

Ein Vorhang ging auf. Ich sah rotes Licht in der Bar, und als Raimunds Gestalt sich von diesem Hintergrund abhob, war es, als ginge er in den Schlund eines Feuerofens. Da er sich nicht umschaute, rief ich ihn an. Ich war eilig und atemlos hinter ihm hergestolpert. Ein Ruck ging durch ihn, als erwache er.

Sekundenlang starrte er mich fassungslos an, bevor er verlegen zu stammeln anfing: „Da bist du ja, Daniela. Ich hab dich gesucht. Du warst aber nirgends zu sehen. Entschuldige, bitte!"

Er log automatisch und ungeniert, doch diese Lüge war bis zu einem gewissen Grad taktvoll, obwohl sie unglaubhaft war.

„Bist du böse, wenn du ohne mich heimfahren mußt?" fragte Raimund. Du kannst den Wagen haben, und ich nehme mir später ein Taxi. Du kannst dir aber auch selber ein Taxi nehmen."

Plötzlich stand jemand neben mir und sagte: „Deine Frau braucht kein Taxi. Ich bringe sie gern nach Hause."

„Das ist schön von Ihnen", sagte ich. Für Raimund hatte ich keinen Blick und kein Wort mehr. Aus den Augenwinkeln bemerkte ich, daß er halb gekränkt und halb erleichtert war. Er bedankte sich trocken und flüchtig, bevor er verschwand.

An meiner Seite stand der Mann namens Philo. Ich hätte

gerne gewußt, wie er wirklich hieß. Ich merkte, daß er ein wenig kleiner als ich war, gerade um so viel, als mich meine Schuhstöckel hoben. Ich trug elegante, sehr hohe Abendschuhe und schaute somit auf Philo hinab.

„Kommen Sie“, sagte er und führte mich zu seinem Auto. Schweigend ging er neben mir und sperrte mir ebenso schweigend die Autotür auf.

Voll spontanem Zutrauen stellte ich fest, daß seine Schweigsamkeit mir nicht peinlich war und daß ich mich nicht verpflichtet fühlte, etwas zu sagen. In mir war ein Gefühl der Geborgenheit, als sich das Auto aus der Parklücke schob, so als wären mir viele Entscheidungen abgenommen, und als hätte mich jemand, der es gut mit mir meinte, von einer verhängnisvollen Lebensspur abgedrängt.

Während der ganzen Fahrt führten wir kein Gespräch. Ich gab Philo nur kurze Anweisungen, wo er fahren und abbiegen sollte, und er kam meinen Instruktionen wortlos nach. Bei unserem Haus stellte er den Motor ab, legte den Arm um mich und küßte mich – und es war selbstverständlich. Im Auto war es dunkel und angenehm warm. Nur das diffuse Licht der Nacht kam von draußen herein. Philos Mund, der meinen fast gewichtlos berührte, war behutsam und kühl.

Es wurde ein Kuß, der dauerte, ohne sich zu steigern. Er war ohne Begehrlichkeit, er forderte nichts und war gerade aus diesem Grund so außerordentlich männlich. Ich entspannte mich und machte die Augen zu und hatte den Kopf auf Philos Schulter gebettet. Ich ruhte wie in einem glücklichen Halbschlaf. Von Zeit zu Zeit, wenn ich die Augen aufschlug, sah ich Philos dunkles, aufmerksames Gesicht, seine Augen, die sich in meine versenkten und in denen ein verstehendes Lächeln war. Ich dachte: Das ist ein erfahrener und selbstloser Mann. Er hat nicht die Absicht, mich schwach und wehrlos zu machen, obwohl er alle

Mittel dazu kennt. – Er gab mir ein Wohlgefühl, das fast ohne Erregung war, und dessen Grenzen ich in jedem Augenblick selbst bestimmte. – Sehr lange saß ich neben ihm und nahm und gab und war nicht gesonnen, von mir aus etwas zu tun, das diesen glücklichen Schwebezustand störte, bis ich plötzlich spürte, daß mich niemand mehr hielt. Ich setzte mich auf und strich mir das Haar zurecht. „Ich muß aussteigen", murmelte ich, „bald wird Raimund da sein." Weiterhin schweigend beugte sich Philo zu mir, nahm meinen Kopf zwischen seine Fingerspitzen und gab mir noch einen kurzen gewichtslosen Kuß, dann spürte ich, daß er mir etwas in die Hand schob.

„Damit du mich findest, wenn du das willst", sagte er. „Und damit du weißt, wie ich wirklich heiße, falls du an mich denkst."

Ich hielt eine Visitenkarte in der Hand, die ich in der Dunkelheit nicht lesen konnte.

„Gute Nacht! Hast du weit zu fahren?" flüsterte ich.

„Aber nein, ich bin bald daheim. Schlaf gut und grüß Raimund von mir." – Ich stieg aus und hob noch einmal winkend die Hand. Der schattenhafte Philo im Auto winkte zurück. Dann wurde das Auto reversiert und kam in Fahrt, und ich sah noch seine Schlußlichter glimmen, bevor es um die Straßenbiegung fuhr und verschwand.

In der Wohnung schaute ich das Visitenkärtchen an und wurde belehrt, daß Raimunds Schulfreund, der seit kurzem kein Fremdling mehr für mich war, Gerhard Wetter hieß. Ich freute mich, daß er einen Namen hatte, der etwas besagte und an Sturmwolken, die sich zusammenballten oder auch an einen strahlenden Sommertag denken ließ, je nachdem, in welcher Gemütsverfassung er war. Ich zweifelte nicht daran, daß er heftig und zornig sein konnte und stellte mir das sogar sehr anziehend vor. Es war seiner dunklen Männlichkeit angemessen.

Langsam und nachdenklich zog ich mich aus, ging zu Bett und durchlebte noch einmal in Gedanken, was in den letzten Stunden geschehen war. Es war merkwürdig, daß mich die Demütigung, die ich durch Raimund erfahren hatte, nicht mehr schmerzte. Ich fragte mich, ob es daher kam, daß ich Gelegenheit gehabt hatte, mich zu rächen. Aber das war es wohl nicht, das wäre zu billig gewesen und hätte auch Gerhard herabgewürdigt. Ich hatte einfach ein schönes Erlebnis gehabt, das das vorhergegangene häßliche überdeckte. Es stimmt mich froh und gab mir ein Glücksgefühl. Ob ich mich in Philo verliebt hatte? Nein, das nicht. Doch ich dachte voll zärtlicher Dankbarkeit an ihn.

Ich lag lange wach und beriet mich mit meinem Gewissen, ob ich Raimund erzählen sollte, was geschehen war. Da ich selbst gegen Heimlichtuerei und Verlogenheit eine Abneigung hatte, die an Unduldsamkeit grenzte, hatte ich kein Recht, zu tun, was ich anderen übelnahm. Für mich war es fast ein Bedürfnis, die Wahrheit zu sagen. Ich rechnete mir das nicht einmal als Verdienst an. Ich betrachtete es – ob mit Recht oder Unrecht – als einen meiner guten Wesenszüge, die ich nicht zu meinem Vorteil mißachten durfte. Vielleicht ist das sogar die einzige Schuld, für die man wirklich verantwortlich ist, während die Niederlage im Kampf mit Charakterfehlern fast gar nicht zählt. – Ich hätte nicht befürchten müssen, daß Raimund mir eine Eifersuchtsszene machte – soweit kannte ich ihn. Er beanspruchte meine Großzügigkeit, doch war er auch bereit, mich großzügig zu behandeln. Vielleicht würde er glauben, daß ich ihm nur einen Denkzettel geben wollte, denn daß er mich brüskiert hatte, war ihm sicherlich klar. Dafür gönnte auch er mir ein kleines Vergnügen.

Freilich: das stimmte nicht. Es war wesentlich mehr. Es war ein wertvoller, schöner Bestandteil meines Lebens, den

Raimund herabmindern würde, wenn er darüber lachte. Ich hatte die Zuneigung eines Mannes gespürt, von dem ich eine hohe Meinung hatte und ihm gezeigt, daß ich sie mit Freude annahm. Mir war bewußt, daß da etwas Schwebendes war, das leicht verletzt werden konnte, wenn ich darüber sprach. Ich wünschte, daß es so blieb, bis ich es vergaß, so kampflos und schmerzlos wie man Träume vergißt. Das wäre nicht möglich, wenn ich Raimund davon erzählte. So beschloß ich, ihm nur dann die Wahrheit zu sagen, wenn er mich fragte, was mit Philo gewesen sei. Doch als er nach Hause kam, schlief ich schon, und auch später fragte mich Raimund nichts dergleichen.

Wenn er in der Folge abends fortging, waren die Vorstellungen, die ich mir machte, sehr konkret. Ich sah ihn mit Kilian und anderen Spießgesellen in jener außerordentlich teuren Bar, in deren feuerrotem Schlund er am Abend des Klassentreffens verschwunden war, und sah förmlich vor mir, wie sein Geld in der Rotglut schmolz. Bald war es endgültig mit der Ruhe vorbei, die ich vorübergehend mühevoll aufrechterhalten hatte. Immer wieder konnte ich mich dessen vergewissern, daß sein geheimes Sparbuch nur dazu diente, mich zu täuschen und daß es immer bedenkenloser ausgeraubt wurde.

Ich kam mit mir überein, daß es höchste Zeit war, jene Aussprache mit Raimund herbeizuführen, die für mich eine lange schon fällige Rache sein sollte – und eine blamable Überraschung für ihn. Ich hatte noch ein wenig zuwarten wollen, um aufzuzeigen, daß seine Gemeinheit methodisch war und um ihm das Erfinden von Ausreden zu erschweren. Aber das Warten kostete schon zu viel Geld, zumal Raimund neuerdings nicht nur am Abend seine eigenen Wege ging, sondern mich auch an den Wochenenden allein ließ. Zuerst war es nur ein Samstagnachmittag gewesen, an dem er sich aus dem Staub gemacht hatte. Bald kam der ganze Sonntag auch dazu. – Wie will er da zu einem Haus kommen?, dachte ich. Wir kommen zu gar nichts, wenn er so weiterlebt.

Manchmal kam mir auch der Gedanke, daß er Liebschaften haben könnte. Es gab keine Verdachtsmomente, und ich suchte auch keine. Ich bin von Natur aus nicht eifersüchtig. Für Seitensprünge hätte ich Verständnis gehabt. Doch erwartete ich von Raimund, da er nun einmal mein Mann war, daß er getreulich bei unserer gemeinsamen Lebensbewältigung mithalf.

An einem der nächsten Nachmittage rief ich ihn an und bat ihn in möglichst unverfänglichem Tonfall, sich für den einen Abend nichts vorzunehmen. Ich hätte den Wunsch, wieder einmal mit ihm zu reden.

„Worüber denn?“ fragte er voll ängstlichem Argwohn.

„Über uns beide – und das, worauf wir uns freuen.“

Ganz bewußt färbte ich meinen Wortklang so, daß er Raimund in seiner Männlichkeit schmeicheln mußte, und tatsächlich war er dagegen nicht immun. – „Also gut – bleib ich heute daheim“, versprach er nach kurzem Zögern. Nur andeutungsweise klang es gönnerhaft.

Ich ging schon ein wenig früher als Raimund nach Hause und brachte das Sparbuch an mich, von dem ich nichts wissen sollte. Das andere ließ ich dort, wo Raimund es suchen müßte, wenn unser abendliches Gespräch dort war, wohin ich es zu lenken gedachte. Die Falle war aufgestellt.

Ich muß zugeben, daß ich voll Erregung war, und daß ich mich nicht mehr auf meine Rache freute. Was geschehen konnte, war unabsehbar. Es konnte sogar der Bruch mit Raimund sein. Es war sicherlich schlecht gewesen, so lange zu warten. Jedenfalls war es hinterhältig und würdelos, und ich konnte nur hoffen, daß es um so wirksamer war.

Als Raimund nach dem Abendessen daheim blieb, bestürzte es mich, wie ungewohnt das schon war. Ich spürte, daß es uns beide befangen machte. Es gab keine selbstverständlichen Gewohnheiten mehr, die sich in einem gemeinsamen Alltagsleben entwickeln. Ziemlich steif ging Raimund zur Hausbar, machte sie auf und fragte mich, was ich trinken wolle. Eigentlich wollte ich nichts, doch es war vielleicht ganz gut, wenn ich mich an einem Cocktailglas festhalten konnte. Je näher die Auseinandersetzung rückte, um so größer wurde mein Grauen vor ihr. Etwas überaus Häßliches hatte sich aufgestaut, und i c h hatte es so weit kommen lassen. Wenn ich in wenigen Augenblicken den Damm zum Einstürzen brachte, würde sich ein brackiger, übelriechender Schwall, der viel Halbverwestes mit sich trug, über Raimund und mich ergießen. Plötzlich wünschte ich, es möge so schnell wie möglich vorbei sein.

„Lieber Raimund", sagte ich knapp und umweglos. „Du gibst zu viel Geld aus. Du spielst kein ehrliches Spiel."

Daraufhin geschah, was ich erwartet hatte. Raimund schmunzelte und erklärte mir, daß er sich zwar mit Kilian lustige Abende mache, doch daß sie nicht so viel kosteten, wie ich glaubte.

Da ich darauf keine Antwort gab, sagte er: „Soll ich dir's beweisen? Ich kann es. Wart nur ein bißchen." Und er suchte mit triumphierendem Eifer in einer Lade. Auch ich machte eine Lade auf, tat einen schnellen Griff, den er nicht bemerkte, und wartete voll Abscheu auf das, was kommen mußte.

Raimund hielt mir sein lügnerisches Sparbuch hin, schlug es auf und sagte: „Da siehst du's. Das hab ich erspart."

Da zeigte ich ihm wortlos das andere Sparbuch.

Ich sah Raimund zusammenzucken, dann wurde er feuerrot. Sein scheuer, huschender Blick wich dem meinen aus. Ich hatte mir vorgenommen, nichts zu sagen, solange er nicht zu reden begann. Es war mir bewußt, wie peinvoll das für ihn war. Es war auch für mich nicht angenehm. Verlegenes Schweigen weckt automatisch mein Schuldbewußtsein. Jedesmal fühle ich mich verpflichtet, ein Stichwort zu geben, doch diesmal hielt ich der Versuchung stand.

Raimund hatte sich in einen Fauteuil gesetzt und hielt die gefalteten Hände zwischen den Knien. Noch immer wortlos starrte er auf das Teppichmuster. Ich stand neben ihm und schaute ihn an, als er mit einem Achselheben bekannte, daß alles seine Schuld war, und daß es ihm leid tat. Ich war auf einen Gegenangriff gefaßt – nun blieb er aus.

„Du denkst jetzt bestimmt", sagte Raimund, „daß ich nichts wert bin und daß ich als Ehemann ein Versager bin." Es klang schicksalsergeben und ehrlich beschämt. Mir war klar, daß ich einen der wenigen Augenblicke erlebte, in denen sich Raimund so gab, wie er wirklich war. Dann schaute ich ihn schärfer an und bemerkte etwas, das mir nur auffiel, weil schon einige Zeit vergangen war, seit ich ihn so lange und kritisch betrachtet hatte. Ich konnte feststellen, daß vor allem die Kinnpartie seines Gesichts nicht mehr so scharfe Konturen wie früher hatte. Unter der ehemals glatten und straffen Haut hatten sich weiche Schichten abgelagert. Es wäre eine Übertreibung gewesen zu sagen, daß sein Gesicht in die Breite gegangen war, doch zweifellos fing es an, aus der Form zu gehen.

„Bin ich als Ehemann ein Versager? Wirfst du mir das vor?" – Jetzt klang in seiner Frage schon Zuversicht mit.

„Das kommt auf die Ansprüche an, die man stellt. Für mich, die das Wesentliche am Verheiratetsein darin sieht, daß man gemeinsam etwas aufbaut, was Zusammenhalt gibt, bist du ein exemplarischer Versager, lieber Raimund. Ich bin eine Frau, die es merken will, daß ihr Mann sie bewußt in sein Leben hineingenommen hat, und daß er ihr das beweist. Bei dir trifft das immer weniger zu, je länger wir verheiratet sind. Du hast dich bei mir wie in einem Hotelzimmer einquartiert, das nichts kostet und auch noch den Vorteil bietet, daß man beim Heimkommen eine Frau im Bett hat. Du hast mich belogen und ausgenützt, hast mich verleitet, große Pläne zu machen. Ich hab dir geglaubt, daß es dir ernst damit ist und mich darauf eingestellt, daß es dabei bleibt. Du hast mich betrogen – ja, das hast du getan, auch wenn du keine andere Frau neben mir gehabt hast. Jeder, der über seine Nase nicht hinausdenkt, glaubt, daß in einer Ehe nur ein Seitensprung ein Betrug ist. Aber was du mit den beiden Sparbüchern aufgeführt hast, um mich zum Narren zu halten, war ein Betrug. Es war ein so niederträchtiger, abscheulicher Trick, daß ich am liebsten nicht mehr an dir anstreifen will."

Ich sah Raimund zusammensacken und kam noch mehr in Fahrt. Ich bereitete mich darauf vor, ihn noch kleiner zu machen. – Da hob er mit einer Bewegung, die kraftlos wirkte, den Kopf, schaute mir von unten her in die Augen und sagte:

„Es wird sich aber nicht immer vermeiden lassen, daß du hie und da an mir anstreifst, wenn wir beieinander sind."

„Ja, eben. Und darum bleiben wir nicht beieinander." – Mit aller Entschiedenheit sagte ich ihm das. Ich hatte es nicht vorausgeplant und auch nicht ernsthaft vorausgesehen. Sobald ich es aber gesagt hatte, stand es fest.

Ich empfand es als Einströmen einer gereinigten Zukunft.

Trotzdem war ich nicht glücklich über meine Entscheidung, denn ich war ja ein Mensch und kein seelischer Monolith, doch hatte ich noch den Klang meiner Stimme im Ohr, und um seinetwillen war ich stolz auf mich – aber Stolz muß nicht unbedingt ein Glücksgefühl sein.

Ich schaute in Raimunds Gesicht. Es war weiß und leer. Sein Mund war langsam aufgemacht worden, ohne daß eine Antwort gekommen war, und ließ ihn ein wenig töricht erscheinen. Es war eine große moralische Stütze für mich, diese Miene zu sehen, die ihn absolut nicht zierte.

Aber dann, als ich innerlich schon über ihn lachte, schrie er: „Zum Teufel, das ist ja eine Schnapsidee!“

Ich zuckte zusammen, war aber schnell wieder obenauf und sagte: „Ich kann nicht finden, daß das soeben ein Argument war.“

„Ach, ich pfeife darauf!“ sagte Raimund gereizt. „Über solche Dinge argumentiere ich nicht mit dir. Damit kannst du dich unterhalten, wenn du allein bist. Ich will dich nicht hergeben. Schluß! Ich will dich behalten, und wenn ich dich gleich einmal vergewaltigen muß.“

Er riß mich an sich und zerquetschte mich fast. Ziellos versuchte er mich zu küssen. Jede meiner Abwehrbewegungen feuerte ihn nur an. Dabei brüllte er mir in die Ohren, daß er mich liebte. Er hatte Pech. Mit all dem stieß er mich nur ab. Ich finde den Ausbruch erotischer Urgewalten immer nur komisch. Mit einem Ruck machte ich mich frei und schrie: „Laß das Theater!“

Sofort hatte ich ihn beschämt und ernüchtert. Als er mich jetzt anschaute, war er wieder der alte Raimund, und damit für mich so gefährlich wie eh und je.

Er schüttelte ratlos den Kopf und fragte: „Ist das dein Ernst? Magst du mich wirklich nicht mehr?“ –

Ich mußte mich abwenden, damit ich sagen konnte: „So ist es.“

Als er mich bat, ihm noch eine Chance zu geben, fragte ich ihn, was er im Detail damit meinte. Da hielt er mir die Sparbücher hin und nötigte mich, sie an mich zu nehmen.

„Diese Dinge mußt du jetzt verwalten“, sagte er. „Du

gibst mir mein Taschengeld und damit Schluß."

Noch abwehrend aber schon ein wenig nachgiebig fragte ich: „Glaubst du, daß das deine Lebenseinstellung beeinflussen wird? Du wirst zu Hause hocken und unglücklich sein, aber ich will keinen Mann neben mir, der sich untergeordnet hat und seine Unzufriedenheit darüber zur Schau stellt. Ich habe mich in letzter Zeit oft gefragt, warum du überhaupt geheiratet hast. Du bist doch eher ein Mensch wie Kilian Weidrich."

„Den magst du nicht, wie?"

„Ich verabscheue ihn."

„Damit tust du ihm unrecht", sagte Raimund sanft. „Du mußt bedenken, daß er lange nirgends richtig daheim war. Wie du weißt, war er Büromaschinenvertreter, und du kannst dir nicht vorstellen, was für ein Leben das ist. Man muß immer in fremden Hotels oder Gasthäusern schlafen, und dann ißt und trinkt man auch dort und wartet die Zeit ab. Man ist froh, wenn man bei den Einheimischen Anschluß findet und mit denen noch ein bißchen mittrinken kann. Wenn nicht, legt man sich zu Bett und der Tag war so gut wie nichts. Höchstens über ein paar Abschlüsse freut man sich, und da ist dann auch niemand, der sich mit einem freut. So ein Mensch kann sich gar nicht vorstellen, wie das ist, wenn man eine Wohnung, eine Frau oder Familie hat. Er lebt in seinem Auto, in Restaurants und in Bars, und auf einmal verträgt er es gar nicht mehr, anders zu leben. In Wohnungen fühlt er sich eingesperrt und nervös und benimmt sich wie einer, der Wände zertrümmern möchte. Das kommt von dem Leben, das er bis jetzt geführt hat – bestimmt!"

Ich empfand es als Zumutung, daß ich mich in Kilian hineinfühlen sollte, der mir innen so unangenehm wie außen war. Ich sagte kalt:

„Was du da an Entschuldigungen vorbringst, gilt für ihn aber nicht für dich – das vergißt du in deinem Eifer.

Ich möchte dich bitten, daß du mich nicht von dir ablenkst, Raimund. Ich erwarte keine Entschuldigung. Aber wenn du schon eine vorbringen willst, bleib bei dir."

Raimund schaute mich flehentlich an. Er war traurig, zerknirscht und ratlos. „Ich bin so. Es gibt keine Umwelteinflüsse, die daran schuld sind, daß ich so geworden bin. Höchstens daß du zu großzügig warst und zu wenig geschimpft hast."

„Ich bin überhaupt nicht großzügig", widersprach ich. „Mir ist nur das Streiten zuwider. Darum mache ich jetzt auch Schluß. Das Streiten hat immer nur zweierlei Wirkung gehabt. Entweder hat es zu einer Szene geführt oder im Bett mit einem Ergebnis geendet, das von mir nicht beabsichtigt war, so sehr es mich dann auch erfreut hat." In sich zusammengesunken saß Raimund da und starrte unglücklich vor sich hin.

Er sagte ganz einfach: „Ich hab dich so gern, Daniela. Ich will alles tun, damit du mich nicht verläßt."

Darauf konnte ich nichts erwidern als: „Auch ich hab dich gern. Aber ich mag nicht chronisch unglücklich sein."

Raimund sprang auf und umarmte mich, noch ehe ich einen Schritt zurücktreten konnte. „Es kommt nicht mehr soweit – das verspreche ich dir. Aber du mußt mir auch dabei helfen – du mußt mittun. Du mußt mich zügeln, wenn mein Temperament mit mir durchgeht. Sperr mich ein! Wirf den Schlüssel zum Fenster hinaus!"

„Das klingt alles sehr einfach. Aber was soll ich tun, wenn du gar nicht nach Hause kommst?"

Raimund hatte auch dafür schon ein Rezept.

„Ich hol dich jeden Tag von der Arbeit ab, und wenn du länger im Labor bleiben mußt, bleib ich im Büro. Und außerdem brauchen wir endlich ein Telephon in der Wohnung. Wer nur einen Antrag stellt und wartet, kommt praktisch nie dran. Ich hab da Leute, die nachhelfen können, und notfalls hilft Geld. Das ist immer so."

Er war energiegeladen und optimistisch, nachdem er soeben noch wie ein Haus mit geborstenen Fundamenten gewesen war.

„Soll ich das in die Hand nehmen, Daniela? Traust du mir das zu?"

Ach ich traute ihm schon fast alles zu – vom ehrlichsten Willen bis zur häßlichsten Niedertracht. Trotzdem mußte ich ihm in Erinnerung rufen, daß ich ja entschlossen war, mich von ihm zu trennen . . .

Da schaute er mich so verwundert an, daß es beinahe schon ein dummer Blick war. „Aber – du hast doch gerade gesagt, daß du mich gern hast."

Ich wandte mich kopfschüttelnd ab und setzte mich weit von ihm weg. „Ich lasse mich scheiden, weil ich nicht mit dir leben kann, ohne daß du mich unglücklich machst und meine Selbstachtung leidet. Mit meinen Gefühlen für dich hat das nichts zu tun."

Da war plötzlich nicht mehr der alte Raimund im Zimmer, sondern ein Mann, der mich ernst und verständnisvoll ansah und gut verstanden hatte, was ich meinte. Er legte sich rücklings auf die Couch, wie auch ich es bei längerem Nachdenken immer tat und schob einen angewinkelten Arm unter seinen Kopf. Er blickte mich an und schlug mit der Hand auf die Polsterung. Damit bedeutete er mir, daß ich mich zu ihm legen sollte. Ich tat es, ohne ihn anzuschauen. Seite an Seite starrten wir in die Luft. An Raimunds unregelmäßigem Atem merkte ich, daß er über etwas nachdachte, das er nicht begriff. Er wollte sprechen, unterließ es, setzte noch einmal und noch einmal dazu an, und dann sagte er, er könne es nicht begreifen, daß wir hier auf der Couch erst vor zwei, drei Tagen die leidenschaftlichsten Liebkosungen ausgetauscht hätten, die für sein Gefühl ohne Rückhalt und Trübung und ohne verdächtige Kälte gewesen waren. Dabei hätte ich doch schon alles gewußt, und er hätte mich wohl auch schon angewidert. Das sei im nachhinein ein Schock für ihn.

Ich erklärte es ihm: „Ich war absolut zweigeteilt. Der Teil von mir, den du schon um den Verstand gebracht hast, war bis zuletzt nicht imstande, dich abzuwehren, und der andere war nicht mehr daran beteiligt."

„Und glaubst du nicht, daß sich das wieder bessern könnte? Daß zwischen uns alles wieder werden könnte, wie am Anfang?"

„Das kann ich mir, ehrlich gesagt, nicht vorstellen, Raimund. Die Entscheidung ist da, die Schmerzen sind auszuhalten, und ich will nicht, daß sie sich wieder verschlimmern. Das Alleinsein ist für mich erträglich, wenn ich weiß, daß ich nichts anderes zu erwarten habe. Ich will schlafen, arbeiten und meine Freizeit genießen, aber nicht in meiner Freizeit zum Warten verurteilt sein."

Da sagte Raimund langsam: „Erinnere dich. Du hast einmal sehr lebhaft geträumt, daß ich tot war. Falls man dir damals zugesagt hätte, daß du mich wieder zurückerhältst, wenn du dich mit all dem abfindest, was dadurch auf dich zukommt, hättest du mich da tot sein oder leben lassen?"

„Das ist eine unfaire Frage, die eine entsprechende Antwort verdient. – Ich hätte dich möglicherweise tot sein lassen."

Raimund griff hart nach mir und fragte: „Stimmt das?"

Er ahnte vielleicht, wie gut seine Frage gezielt war, und wie exakt sie getroffen hatte. Vorsichtig schob er den Arm unter meinen Nacken, doch er wußte genau, daß das nicht der Zeitpunkt war, um mich durch Zärtlichkeiten zu erweichen. Er sagte: „Bestimmt hättest du mich leben lassen."

„Vielleicht", wich ich aus. „Dieser Tag ist vorbei."

„Also hättest du mich leben lassen", bekräftigte er. Er legte die zweite freie Hand um mich – ohne Druck, ohne

Zwang und dennoch besitzergreifend.

„Da ist noch etwas", sagte ich, „worüber wir reden müssen. Bist du einer, der um des Lügens willen lügt?" – Und dann sprach ich von dem Mittelschulzeugnis, das mir durch Zufall in die Hände gefallen war. Ich ließ ihn dabei nicht aus den Augen und sah, wie ihm ein dünnes, leuchtendes Rosa ins Gesicht stieg. „Das war meine einzige Lüge, die keine Notlüge war", sagte Raimund.

„Nun gut. Ich billige jedem das Recht zu, sich manchmal herauszulügen, wenn er nicht möchte, daß man zu neugierig in sein Leben hineinschaut. Da darf aber kein sportlicher Ehrgeiz mit im Spiel sein, mit dem man sich selbst beweist, wie gut man als Schauspieler ist. Wenn du so ein Mensch bist, lieber Raimund, ist damit zu rechnen, daß früher oder später eine Zeit kommen wird, in der ich an dir keinen Anteil mehr nehmen kann. Was du mir erzählen wirst, hat dann keine Mitteilungskraft mehr. Ich fürchte, daß ein notorischer Lügner nicht weiß, wie hoffnungslos er von seinen Mitmenschen isoliert ist – so als wäre er stumm, obwohl er sich reden hört, oder als gäbe er Wörter von sich, die keinem was sagen – als drückte er sich in einer fremden Sprache aus."

„Ich bin kein notorischer Lügner", erwiderte Raimund.

Ich merkte, wie er mein Gesicht studierte und seiner Sache schon ziemlich sicher war, und ich sagte so ernst, wie ich innerlich war: „Dann will ich es noch einmal mit dir versuchen, Raimund."

Er zerquetschte mich fast und flüsterte: „Danke! Danke!" Ich rechnete es ihm hoch an, daß es dabei blieb und er nicht gleich anfing, meine Bluse aufzuknöpfen. So war alles glaubhafter, schöner und ernster – für ihn wie für mich. Ich werde nie sein Gesicht vergessen, – er verdiente es, daß man ihm viel verzieh.

Da Raimund gern Menschen um sich hatte, schlug ich ihm vor, einen Fernsehapparat zu kaufen, obwohl ich kein Bedürfnis danach empfand.

Er sagte: „Das gibt es nicht. Ein Heimkino willst du? Damit wir schon vor dem Zubettgehen schlafen?"

Ich erklärte ihm, daß wir damit die Wände aufmachen konnten und gleichsam Menschen hereinließen, die zu uns sprachen. Da stimmte er meinem Vorschlag halbherzig zu, blieb aber argwöhnisch, bis er selbst die Erfahrung machte, daß ein Zimmer durch einen Fernsehapparat jenen intimen und privaten Charakter verliert, der manche Menschen unruhig macht, um so mehr, je tiefer die Stille ist.

Zu der Zeit, in der das Gerät zu uns kam, gab es gerade einen Tanzkurs im Fernsehprogramm. Da wurde unser Teppich zusammengerollt, und wir tanzten. Dazwischen servierte uns Raimund Bargetränke und fühlte sich mit mir und den bunten Schatten, die auf dem Bildschirm ihre Lektionen lernten, recht wohl. Auch bei Fragesendungen hörte er gerne zu und freute sich, wenn ich sein Wissen bestaunte.

Wenn das Programm ihn nicht interessierte, stöberte er nach den Plänen für unser Haus, und wir stellten uns wieder vor, daß wir daran bauten, daß wir Möbel, Tapeten und Teppiche kauften, jedem Ding und jedem Platz seine Bestimmung zuteilten, und das war wie ein ernstes, hochwichtiges Kinderspiel. – Es war Raimund tatsächlich ernst mit dem Hausbau, nur erfaßte er nicht dessen volle Realität und die Last der Entbehrungen, die er sich aufbürden wollte. Oft hatte ich das Gefühl, daß er glaubte, wir säßen miteinander am Meeresstrand und bauten es aus Muscheln und feuchtem Sand.

Wir fuhren auch wieder öfter zu unserem Grundstück. Ich ging wieder darauf umher und erlebte Freuden, die ich niemandem erklären kann, für den Dinge tot sind.

„Und hier herein wollen wir ein Haus stellen", sagte ich. Der Gedanke machte mich froh – doch es tat mir auch leid, daß dieses Stück Landschaft verändert werden sollte. Mir kam die Idee, es so wie es war, zu behalten – als Wertanlage, und auch, weil es einfach schön war. Wenn ich den Kopf wandte, sah ich das zweite Grundstück, welches das häßliche Wundmal einer Baugrube trug und Gott sei Dank nicht an unseres grenzte. Die rundherum aufgeworfene Erde war wie Schorf.

Mein Einfall gefiel mir, weil er nur Vorteile brachte, für Raimund keine geringeren als für mich. Wir konnten uns sofort eine größere Wohnung kaufen, mit der ich zufrieden sein würde – für alle Zeit. Sie würde mir wesentlich weniger Arbeit machen als ein Garten und ein entlegenes Haus, denn meinen Beruf gedachte ich ja nicht aufzugeben. In der Stadt war auch vieles leichter für mich – ich konnte besser einkaufen und hatte mehr Auswahl, und es war kein Unglück, wenn ich einmal etwas vergaß. Wir konnten ja viele Wochenenden auf dem Grundstück verbringen und das Sonnenlicht, das auf unser Stück Land fiel, besitzen. Wir konnten einen Zaun aus blühenden Sträuchern pflanzen, der mit Kornelkirschen, wilden Rosen und Weißdorn zur Landschaft gehörte und doch von unserer Hand war. Wenn Raimund wollte, konnten wir auch eine Holzhütte bauen, in der wir bleiben konnten, solange der Sommer warm war. Da genügte es uns, einen Tisch mit zwei Stühlen zu haben, ein breites Bett und ein Gaskochgerät. Unser Luxus wäre eine Dusche im Freien. Ich könnte Himbeersträucher und Erdbeeren pflanzen. Und Raimund mußte nie mehr so sparen. Wir konnten ausgehen, wenn er es daheim nicht aushielt, und konnten weite, schöne Reisen machen.

Ich glaubte, das wäre genau, was auch Raimund sich wünschte, und war befremdet, als er das Gesicht verzog. Er sagte: „Ich will aber eine Kellerbar und einen Swimmingpool, den man beleuchten kann. – Und Sommernachtsfeste mit Spanferkelbraten. Stell dir vor, was für ein herrliches Leben das sein wird."

„Ja, das wird herrlich werden", wandte ich ein, „wenn ich schlafen möchte und ihr in der Kellerbar Lärm macht."

„Keine Angst. Ich bau dir ein Zimmer mit schalldichten Wänden, und die Kellerbar wird doppelte Fenster haben. Und wenn es zu schlimm wird, nimmst du dir Ohrenstoppeln." Er streichelte mich, als werbe er schon um Nachsicht.

Ich schwieg lächelnd und fragte mich, ob es wirklich stimmte, daß es Ehen ohne Kompromisse nicht gab. – Es wird schon so sein, dachte ich. Ich schließe ja auch Kompromisse, und die Summe davon wird mein Leben sein.

Hier sollte also eine Kellerbar und als Vorwand für ihre Existenz ein Haus gebaut werden – nicht unnötig groß, aber sicherlich mit viel Luxus. Wenn Raimund einen seiner Männerabende gab und mich bitten würde, ein kaltes Buffet zu richten, meinte er damit nicht Heringssalat und dergleichen, sondern Fisch in Aspik und Hühnersalat und Räucherlachs oder kaltes Roastbeef. Wahrscheinlich schaffte er sich auch noch einen Grillwagen an, wie sie im Schloßrestaurant einen hatten, und briet eine Ochsenlende. Freimütig hatte er mir einen Blick in die von ihm erstrebte Zukunft gestattet, und mir oblag es, zu tun, als freute ich mich.

Ich weiß nicht, was in Raimund vorgegangen war, als er mir sein Vermögen überantwortet hatte. Ich hatte kein heimliches Zähneknirschen gehört. Er lachte wie jemand, der sich selbst eine lange Nase dreht und sagte ganz ohne Pathos: „So, da hast du!“

Er wollte nicht wissen, wohin ich alles gab und würde zu bequem sein, danach zu suchen. Ich konnte beruhigt, aber nicht mehr ganz froh sein. Raimund bewies mir seine Anhänglichkeit, indem er sich mir zuliebe viel Zwang auferlegte. Er tat manches, was ihn langweilte, doch er sprach nicht darüber. Nicht einmal versteckte Vorwürfe machte er mir.

Der Kauf des Fernsehgeräts war kein guter Gedanke gewesen. Nachdem der Reiz der Neuheit verschwunden war, zwang es uns eine schläfrige Ehe auf, so sehr wir auch dieser Entwicklung entgegenwirkten. Wenn der lebendige und erlebnishungrige Raimund von dem trägen blauen Glimmlicht umhüllt war, das ihn aussehen ließ, als befände er sich unter Wasser oder gar bei den Schatten in der Unterwelt, und wenn seine Blickrichtung der meinen angepaßt war, spürte ich die gewaltsame Deformation seines Wesens, der er sich unterwarf, um mir gefällig zu sein.

Auch ich war über das Fernsehen nicht recht glücklich. Zu sehr war ich schon auf das Lesen eingestellt – oder auf das Alleinsein mit Raimund, das ihm nur angenehm war, wenn es auf das übliche eheliche Vergnügen hinauslief. Auch gefiel mir das plumpe Gerät in der Wohnung nicht. Immer sah ich ihm seinen Zweck an, auch wenn es schwieg. Es gab schon so vieles, was ich falsch gemacht hatte, und für Raimund galt das erst recht. Nur nahm er es nicht so schwer.

An meinem Arbeitsplatz fühlte ich mich jetzt am wohlsten. Da gab es keine Eheprobleme, keinen stummen Vorwurf und keine heimliche Reue. Es gab Versuchsreihen, die uns weiterbrachten und andere, in denen wir steckenblieben, es gab das Hantieren an Meßgeräten und das Nachdenken über das, was dabei herauskam. Besprechungen fanden statt, und dienstliche Anrufe kamen, und manchmal auch Anrufe Raimunds, die mich freuten. – Doch einmal kam ein Anruf, der freute mich nicht.

„Hier spricht Kilian Weidrich."

„Ach ja? Guten Tag! Wie geht's?"

„Bitte fragen Sie Raimund doch einmal, was mit ihm los ist."

„Wie ist das aufzufassen? Doch nicht etwa als Auftrag?"

„Ich will wissen, warum er für mich keine Zeit mehr hat."

Am liebsten hätte ich wortlos aufgelegt. Dann sagte ich aber doch: „Das geht mich nichts an. Warum fragen Sie ihn nicht selbst? Es geht doch um Ihr Problem."

Ein Kichern klang mir ins Ohr. „Und um Ihres wohl auch. Jetzt haben Sie Ihren Pantoffelhelden. Muß er seine Schuhe ausziehen, wenn er heimkommt?"

Die Stimme an meinem Ohr war abscheuerregend. Sie war frech und grob, doch gewissermaßen auch schleimig. „Fragen Sie Raimund, wer ihn dazu gebracht hat, daß er sich vor mir verleugnen läßt."

Da ich fassungslos schwieg, kam wieder ein Kichern, das heiser und rauh von Zigarettenqualm war. „Mir scheint, ich spreche mit dieser Person. Sie bilden sich wahrscheinlich ein, daß Raimund Sie liebt. Aber wissen Sie, was die Wahrheit ist? Er hat heimliche Angst, irgendwann vor die Hunde zu gehen, und rechnet damit, daß Sie ihm dann Futter geben, und daß er in Ihrer Wohnung hausen darf."

Ich schrie: „Was erlauben Sie sich?"

„Ich erlaube mir, was ich will. Sie sollen nur hören, daß Raimund an Ihnen nichts findet. Woher ich das weiß? Ach – das hat er mir selbst gesagt – noch bevor Sie die Kette geschmiedet haben, an der er jetzt hängt. Er hat wörtlich gesagt, daß er sich mit Ihnen langweilt, daß Sie eine graue Gouvernante sind."

Ich tastete nach dem Schreibtischsessel, sank nieder und dachte: Er rächt sich nur. Nie hat Raimund so etwas gesagt. Ich glaube das nicht. – Und trotzdem war mir diese Formulierung nicht neu. Irgendjemand hatte von mir gesagt, ich sei eine graue Gouvernante. Raimund war es bestimmt nicht gewesen, denn das hätte mich so geschmerzt, daß ich es sicher nicht vergessen hätte.

Der Ausdruck war unmißverständlich, doch nicht gebräuchlich. – Eine graue Gouvernante! – Wann hatte ich das gehört?

Beim Nachdenken machte ich den Fehler, zu hören, was Kilian Weidrich noch an Gemeinheiten von sich gab. „Ach, Sie schweigen? stänkerte er. „Ich hab sie wohl sprachlos gemacht. Bitte glauben Sie mir: Genau das war meine Absicht. – Und sagen Sie Raimund, daß er ein mieser Freund ist. Er hat eben Geld, und ich bin ein armer Teufel. Ich werde ihm nicht mehr auf der Tasche liegen." – Er machte eine kurze, kunstvolle Pause und setzte anzüglich hinzu: „Es sei denn, er will es."

Ich horchte einem Wort nach, das gut versteckt war – ein harmloses und zugleich fürchterliches Wort.

„Jetzt macht sie ein Schafsgesicht", höhnte Kilian. – Erst da legte ich den Hörer auf. Ich rauchte eine Beruhigungszigarette und sah meine Hände zittern – vor Empörung oder vor Angst? Ich paffte die Zigarette unruhig vor mich hin. Plötzlich drückte ich sie halbgeraucht aus, sprang auf und ging zu Harry hinüber. Er blickte von einer Fachzeitschrift auf und gab mir zu erkennen, daß ich ihn störte.

„Du!" stieß ich immer noch unruhig atmend hervor – „Hast du mir nicht erzählt, daß deine Frau mich als Feindin betrachtet? Hat s i e nicht gesagt, ich sei eine graue Gouvernante?"

„Aber nein", sagte Harry erstaunt. „Es war umgekehrt. Sie hat sich eingebildet, du hättest sie so genannt. Ich versteh nicht, warum dich das auf einmal so aufregt. Ich hab dir doch erzählt, daß Doris krank ist."

Ich wollte beschwichtigend sagen: „Das weiß ich, Harry. Ich weiß, daß sie ein armer Teufel ist." Dann änderte ich, noch ehe ich sie aussprach, die Antwort und sagte: „Sie ist ja ein armer Mensch. Nur der Ausdruck graue Gouvernante gibt mir zu denken. Der ist doch nicht üblich?"

„Nein, das ist er nicht."

„Wie ist es dann zu erklären, Harry, daß mich soeben jemand anderer so genannt hat – jemand, der deine Frau ganz sicher nicht kennt?"

Ohne spürbares Interesse bemerkte Harry: „Ein Zufall."

„Kein Zufall!" schrie ich ihn an. „Es war eine List."

Harry warf mir einen erschrockenen und befremdeten Blick zu und sagte beinahe lethargisch: „Na, dann eben nicht. Es ist meine Erklärung. Eine andere habe ich nicht."

Ich murmelte einen Gruß und entfernte mich. Mein beunruhigendes Erlebnis nahm ich mit. Ich packte es zu meinem Grübelrepertoire, von wo ich es bei Bedarf hervorholen konnte, und setzte die unterbrochene Schwärzungsmessung einer aufschlußreichen Rückstrahlaufnahme fort. Mit Raimund sprach ich über Kilians Anruf nicht. Den Gefallen wollte ich diesem Menschen nicht tun. Und Gott sei Dank kam auch kein weiterer Anruf.

Es war, alles in allem, wohl auch nicht die Jahreszeit, in der man sich normalerweise glücklich fühlt. Ich glaube im Spätherbst einem Baum zu ähneln, der die Blätter abwirft, um unbeschadet zu überwintern. Ich bereite mich da auf ein reduziertes Leben vor, auf ein kleineres Gesichtsfeld, das mich nicht dazu zwingt, die kahlbraune, triefende Welt anzuschauen. Ich habe zwar weniger Kraft und Antrieb als sonst, trotzdem arbeite ich mehr und finde das rationell, weil ich minderwertige Zeit hierfür aufbrauchen kann.

Raimund gab sich dem Fernweh hin. Er sprach immer wieder davon, wie schön es jetzt wäre, in einem warmen, sonnigen Land zu sein, am besten irgendwo in Äquatornähe, wo es immer Sommer war. Er holte die Dias von unserer letzten Reise hervor, und wir schauten sie an. Die schönen Erinnerungen verlockten auch mich, mir heimlich, doch unnachsichtig einzugestehen, daß ich die gleichen Wünsche hatte wie Raimund. Sie schweiften über das Gradnetz der Erde von Nepal nach Japan und Mexiko bis zum Amazonas, wo Raimund eine Entdeckungsfahrt machen wollte. Doch wurde kein konkreter Vorschlag daraus. Nun einmal, als Raimund in meinen Augen etwas bemerkte, das vielleicht ein verräterisches Aufleuchten war, sah ich ihn stutzen, und dann wurde er plötzlich deutlich:

„Ceylon soll durchaus erschwinglich sein. Und vielleicht noch die Malediven, wenn es sich ausgeht. Ich möchte so gern einen Tauchkurs machen. Wieviel Bargeld habe ich eigentlich noch?"

Ich lachte, um mich nicht ärgern zu müssen, und war gleichzeitig fassungslos, weil seine Frage mir zeigte, wie blind und bedenkenlos er gewesen war: „Es reicht nicht einmal mehr für einen Schiurlaub mit Privatquartier und kaltem Proviant."

Raimund schaute mich töricht an. „Das darf doch nicht wahr sein." – Ich bewies es ihm, indem ich ihm seine beiden Sparbücher zeigte, die ich jetzt verwahrte. Dabei konnte ich es mir nicht versagen, ihn spöttisch zu fragen, ob er wirklich sein Geld nur verjubelt und nicht auch nachgezählt habe. Und ich fügte hinzu: „Wir verreisen nicht, Raimund. Wenn die Gewinnausschüttung aus der Teppichfabrik bei dir einläuft, kaufen wir wieder Pfandbriefe. Ist dir das recht?" – Er maulte ein wenig und ärgerte sich und gab dann zur Antwort, es müsse ihm recht sein, denn er habe mir die

Verfügungsgewalt über seinen Besitz eingeräumt. Ich war froh, daß er sich zu seinem Versprechen bekannte.

Der Winter blieb grämlich und novemberlich und ging in ein langes, kaltes Frühjahr über. Es wunderte mich nicht, daß Raimund unfroh war. Doch ab einem bestimmten Tag war er unverhältnismäßig bedrückt.

Es kam so weit, daß ich mich wirklich um ihn sorgte und mit der Frage herauskam, was er denn habe.

Er schaute mich wütend an und sagte: „Bald habe ich nichts mehr. Mir ist zu Ohren gekommen, daß die Teppichfabrik nicht gut dasteht. Heuer gibt es angeblich keine Gewinnausschüttung mehr. Und für nächstes Jahr sieht es noch trauriger aus."

Am liebsten hätte ich ihm ins Gesicht gelacht und zugleich voll Zorn auf den Mund geschlagen, denn selbstverständlich glaubte ich ihm kein Wort. Doch bevor ich ihm sagte, daß sein Sorgenpaket in meinen Augen ein infamer Täuschungsversuch war, mit dem Zweck, den Gewinn für sich zu behalten, sprach ich eine automatische Tröstung aus und wartete ab. Ich stand mitten im Zimmer, und Raimund umkreiste mich. Er massierte sein Kinn, damit er nachdenklich aussah.

Er sagte: „Am besten wäre es, auszusteigen und eine andere Geldanlage zu suchen."

„Ja?"

„Es gibt eine Menge Möglichkeiten." – Ich schwieg und lockte ihn weiter aus sich heraus. Ich bemerkte die Andeutung eines Schmunzelns bei Raimund und ahnte, worauf ich mich einstellen mußte. Noch ehe er zu reden begann, war ich schon voll Zorn.

„Ich habe daran gedacht, daß wir nicht alles woanders anlegen müssen. Ein bißchen könnten wir abzwacken und verreisen."

„Wohin?"

Raimund ging mir auf den Leim und gestand: „Nach Island. Im Juli möchte ich so gern einmal dort sein."

„Island!" rief ich, „davon träume ich lange schon. Ich bin sicher, daß wir irgendwann hinkommen werden."

Das nahm Raimund sofort als prinzipielle Bereitschaft, dieses „Irgendwann" in den Juli vorzuverlegen. Schon wurde sein Vorschlag konkret und erstaunlich planvoll. Er war reich informiert, was die Flugtermine betraf, kannte Namen von Hotels und Aufenthaltspreise und steigerte sich in freudige Ferienpläne, bis ich ihn mit kalter Ablehnung unterbrach:

„Spar dir deine Werbesprüche – und erspar sie mir auch."

„Aber Daniela!" beklagte er sich voll langgedehnter Enttäuschung, wie ein verwöhntes Kind, dem die Erfahrung, daß man ihm etwas abschlug, neu war. Und in diesem gekränkten Bettelton sprach er weiter.

„Was willst du denn? Wir gönnen uns sowieso fast nichts mehr. Wir sparen wie Kleinhäusler."

„Ja, und warum? Weil du unbedingt eine Kellerbar willst. Verzichten wir doch auf diesen unnützen Hausbau. Wir ziehen in eine größere Wohnung und fliegen in jedem Urlaub wohin du willst." – Ich schaute ihn aufmerksam und voll Mißtrauen an, als ich trocken hinzufügte: „Übrigens lügst du schon wieder."

Ich ärgerte mich über ihn, doch beobachtete ich ihn genau. Er war schlau und im Lügen geübt, denn er reagierte entrüstet. Vielleicht kam das auch daher, daß er mit seinen Gedanken in Island war und daß er mir dahingehend wirklich die Wahrheit gesagt und mich mit richtigen Informationen beliefert hatte.

Er stellte sich vor mich hin und fragte: „Was heißt: Ich lüge?" Ein wenig grollte es in seinen Nordlandträumen.

„Ich will sagen, daß die ganze Geschichte nicht stimmt,

die du mir von der drohenden Pleite erzählt hast. Ich glaub dir kein Wort, außer, daß dir das Sparen nicht paßt.“

Raimund spielte vorzüglich den Eingeschnappten. Dann tat er, als hätte er eine Idee. Er sagte: „Du kannst ja mit Tante Ilse reden.“ Und dann – es war peinlich und lächerlich – winkte er hastig ab: „Nein, nein, lieber nicht.“

„Ach so, und warum nicht?“ – Meine Frage klang desinteressiert, doch mein Interesse am Fortgang des Schauspiels war groß.

„Ach, zum Teufel!“ stieß Raimund hervor, „weil sie sowieso Lunte riecht. Und weil ich sie mit Mühe und Not beschwichtigt habe. Ich möchte nämlich, daß sie mir meinen Anteil abnimmt. Vielleicht tut sie es, wenn sie glaubt, daß sie nichts verliert.“

Er tat, als fände er seine Absicht in Ordnung und ahnte nicht, daß sie eine Ungeheuerlichkeit war. Sie war zwar nur ein Teil seiner Lügengeschichte, trotzdem gab sie mir einen erschreckenden Einblick.

„Ist das dein Ernst, daß du sie hereinlegen möchtest?“ fragte ich.

„Ach was!“ – Er war gereizt und in die Enge getrieben. So oder so, er hatte gelogen und sein Gesicht verloren und auch noch den Zweck seines Manövers verfehlt.

„Hör zu“, sagte ich. „Du verkaufst deinen Anteil nicht, und nach der Gewinnausschüttung werden wir Pfandbriefe kaufen. Die Islandreise schlägst du dir aus dem Kopf, so schön sie auch wäre, für dich genau wie für mich.“

Er starrte mich wortlos an. Er war abgekühlt, und auch ich empfand keine Liebe für ihn, und in dieser Verfassung blieben wir einige Zeit. Erst als es dann tatsächlich zum Konkurs der Fabrik kam, und dies viel früher, als Raimund befürchtet hatte, strömte eine Flut von Gefühlen in mich zurück, die verzweifelt, reuig und mitleidig waren – und auch eine Art von Liebe war wieder dabei.

Raimund hatte sein Vermögen verloren. War ich daran schuld? Oh ja, das war ich. Zwar gab es eine Gegenstimme in mir, die mir sagte, daß ich mich nicht zu sehr anklagen sollte, da ich den Geschäftserfolg der Fabrik nicht beeinträchtigt hatte. Es war Raimunds Sache, wachsam zu sein. Stille Teilhaber sind nicht verpflichtet, auch blind zu sein. Er hatte Zeit gehabt, sich um seinen Besitz zu kümmern. Diese Stimme, die sich bemühte, mich zu entlasten, hatte von vornherein wenig Aussicht auf Erfolg.

Nur Raimund wäre das möglicherweise gelungen. Hingegen tat er das Gegenteil, und zwar mit allem Nachdruck. Er war wie von Sinnen, redete tagelang nicht mit mir, nahm meine Existenz überhaupt nicht zur Kenntnis und litt so wütend, wie es zu seinem leichten Sinn gar nicht paßte. Ich hätte ihm niemals zugetraut, daß er so zehrenden, echten Schmerz fühlen könnte. Er verlor an Gewicht, sein Gesicht fiel ein, und seine Haut verfärbte sich zu einem kränklichen Graugelb.

Ich war immer der irrigen Meinung gewesen, daß Raimund an materiellem Besitz nichts lag. Dabei war in ihm der leidenschaftliche Anspruch auf Geld, wenn auch nicht, um es zu behalten und zu vermehren, sondern, um es in Freuden des Lebens zu verwandeln. Er offenbarte sich mir als eine Form der Habgier, die erst bei dem erkennbar wird, der nichts mehr hat, der wie Raimund an Verschwendungssucht leidet und seine Sucht nicht mehr befriedigen kann. Als er wieder mit mir zu sprechen begann, war das noch lange keine Entlastung meines Gewissens. Ich bekam zu hören, daß ich seine Existenz untergraben und ihr die sichere Basis entzogen habe.

Er wetterte: „Hätte ich nur nicht auf dich gehört! Hätte

ich mich nur nicht so tyrannisieren lassen." –

Mit sehr deutlichen Worten belehrte er mich, daß er künftig die Zügel wieder in die Hand nehmen werde. Die Sparbücher und die Wertpapiere, die er mir gegeben hatte, damit ich darüber wachte, hatte er wieder zurückverlangt, und ich hatte sie ihm gegeben, zerknirscht wie ich war. Und selbstverständlich nahm er sein altes Leben wieder auf.

Wieder blieb er an fast keinem Abend daheim, und immer öfter geschah es auch wieder, daß er erst frühmorgens nach Hause kam. Wir hatten jetzt zwar schon ein Telephon, doch machte er sich nicht die Mühe, mich anzurufen. Dies alles war offensichtlich als Strafe gedacht.

Zu den vielen Sorgen, die ich schon hatte, kam jetzt auch noch die Angst, er könne Schulden machen. Er steigerte sich in eine chaotische Gleichgültigkeit, in eine genußvolle Selbstzerstörung hinein und kämpfte gegen seine Schwächen nicht mehr an.

Ich verstand die Zusammenhänge. Sie waren typisch und einfach: Wenn jemand seine Natur vergewaltigt, weil er ein besserer Mensch werden will, ist ihm jeder Anlaß recht, der ihn davon erlöst. Unbewußt wartet er sogar auf einen Vorwand, der ihm das moralische Recht gibt, darauf zu pfeifen und wieder der miese Kerl von früher zu sein. Solange ihn sein Gewissen zum Kämpfen nötigt, ist das normal, doch Raimund hatte zur Zeit kein schlechtes Gewissen. Das übertrug er auf mich, und ich Dummkopf wehrte mich nicht. Nur Ingrid versuchte mir klarzumachen, ich sei damals im Recht gewesen und sei es noch. Raimund sei, den Jahren nach, ein erwachsener Mensch und hätte mir keine Verantwortung auflasten dürfen.

Sie kam abends oft zu mir, und das half mir sehr. Sogar ihre unverhohlene Schadenfreude über Raimunds geschäftliche Pleite tat mir wohl, und sie wußte das – so gut wie sie anderseits wußte, daß ich von seiner Vermögenseinbuße mitbetroffen und also auch mit ihm verarmt war. Doch sie sagte: „Du wirst immer haben, was du brauchst, weil du eine tüchtige und fleißige Person bist. Was du nicht brauchst, ist Raimund. Wirf ihn einfach hinaus.“ Dann bekam sie ein Hexengesicht: „Oder schick ihn zurück – du weißt schon, wohin . . .“

Ich bat sie, nicht weiter über dieses Thema zu reden.

„Ist das Heft noch dort in der Lade?“ fragte Ingrid.

„Ja, es ist dort“, sagte ich, „und dort soll es auch bleiben.“

„Und warum verbrennst du es nicht?“

„Weil das keine Lösung ist.“

Sie entblößte die Zähne und schaute mich wütend an. Ihre Finger krümmten und bewegten sich.

„Es ist doch nicht möglich, daß du immer noch in den Schuft verliebt bist?“

Ich wußte es nicht, und das sagte ich ihr.

„Oooooooh“, flüsterte sie und starrte die Lade an. „Soll ich es tun?“ fragte sie plötzlich und saß sprungbereit da.

Ich schüttelte den Kopf und mußte lachen. „Du neigst heute dazu, die Dinge sehr simpel zu sehen. Das ist kein Hokuspokus. Wir sind nicht im Varieté.“

Sie nahm die Zurechtweisung an. „Sei nicht bös, ich war ziemlich albern. Das bin ich immer, wenn mein Temperament mit mir durchgeht. – Ich könnte ihn eben umbringen. Hört sich das klüger an?“

„Es ist die landläufige Übertreibung“, sagte ich. „Der Schaden, den ich schon angerichtet habe, ist groß genug. Auf Rache habe ich da wohl kein Recht mehr.“

Als Ingrid nach Hause gegangen war, nahm ich das Heft aus der Lade, und schlug es auf. Dann benützte ich es wie früher als Tagebuch und fand viel, das ich mir vom Herzen schrieb.

Ich sprach mit Raimund noch einmal davon, ob es nicht besser wäre, uns scheiden zu lassen.

Er lehnte kurz und ohne Begründung ab. Ich suchte nach Zeichen einer Gemütsbewegung, doch sein Nein klang so unpersönlich und gleichgültig wie nur möglich. – Sollte Kilians Einflüsterung etwas Wahres enthalten? Wollte Raimund auf die Dauer bei mir nur versorgt sein? Nein, ich glaubte es nicht. Das konnte nicht wahr sein. Kein junger, gesunder Mann konnte so spekulieren. Da ich ausgehungert nach einem Zeichen der Anhänglichkeit oder gar einer beginnenden Versöhnlichkeit war, entschied ich mich für die Deutung, daß er mich noch liebte – wenn auch überzeugungslos und widerwillig – und gewöhnte es mir an, alles überzubewerten, was ein Hinweis darauf war, daß meine Vermutung stimmte.

Auch ich wollte nicht mehr nachtragend sein, was die Vergangenheit betraf, die noch weiter zurück lag. Seine Lügen, seine Täuschungsversuche, die vielen Abende, an denen er mich allein gelassen und zur Schlaflosigkeit verurteilt hatte – alles sollte getilgt sein. Ich sprach nicht darüber und hütete mich, etwas zu tun, was nach Schmeicheln oder Liebeswerben aussah. Statt dessen setzte ich kleine, unscheinbare Zeichen gleich Kieselsteinchen auf den Weg zu mir, denen er nachgehen konnte, wenn er wollte. An den Tagen, an denen zu hoffen war, daß er heimkam, wenn auch nur, um bald wieder fortzugehen, kochte ich wieder ein warmes Abendessen – nicht gerade seine erklärten Lieblingsspeisen, aber doch etwas, das er gerne aß. Halb verdutzt, halb zufrieden verzehrte er es und nahm es im übrigen als selbstverständlich.

In dieser Zeit rief mich Kilian noch einmal an, und

auch diesmal wieder mitten in einer schwierigen Arbeit. Er bedankte sich, daß ich Raimund gut zugeredet und damit die Freundschaft zwischen ihnen erneuert hatte.

Die einzig mögliche Antwort wäre gewesen: „Daß ich nicht lache! Sie glauben doch nicht, daß ich etwas für Sie zu tun bereit bin." – Doch dann kippte die lachende Freimütigkeit in mir um und wurde ganz ohne mein Mittun in etwas verwandelt, das mir unangenehm und wesensfremd war: in Schläue. Es war, als flüstere mir jemand ins Ohr: „Wer weiß, was er dir noch antut, wenn er dein Feind bleibt."

So sagte ich: „Nichts zu danken" und „Gern geschehen." – Es war entwürdigend, aber ich konnte nicht anders.

Dieser Teufel von einem Menschen wußte das ganz genau. Sein langes, mißtönendes Lachen bewies es mir.

„Also hören Sie zu. Ich will mich erkenntlich zeigen. Aber wohlgemerkt, nur einmal – dann sind wir quitt."

Er hatte schon aufgelegt, und ich horchte noch. Dabei fühlte ich mich leicht und ein wenig taumelig, als wirkte eine verringerte Schwerkraft auf mich ein. Und unbegreiflicherweise freute ich mich.

Bald darauf kam der erklärende Anruf Raimunds: „Stell dir vor, was Kilian für Ideen hat. Er möchte, daß wir ihm das Tanzen beibringen und läßt dich fragen, ob du dafür zu haben bist."

„Ja, das bin ich", sagte ich ernst. Diese Chance wollte ich nützen. Ich hatte doch die Begabung, ein Kumpel zu sein, und hatte auch früher, in meiner Studienzeit viele Freunde zum Lachen und Dummheitenmachen gehabt. Immer wieder hatte man mir gesagt, daß ich schlagfertig, lustig und für Späße zu haben sei. Warum sollte ich diesen Wesenszug, nur weil er nicht vorherrschend war, verloren haben?

Raimund hatte mein Einverständnis zur Kenntnis genommen – nicht gerade erfreut, aber auch ohne Mißvergnügen. Doch als ich bei nächster Gelegenheit wieder darüber sprach, gab er zu bedenken, ob es nicht besser sei, dieses komische Ansinnen stillschweigend zu vergessen.

„Es ist kein Ansinnen", sagte ich. „Ich freu mich darauf." – Mein Plan war nämlich schon fertig – ein schwieriger Plan. Ich wollte so oft wie möglich bei Raimund und Kilian sein, aber nicht wie ein Keil, der Widerstände hervorruft, sondern eher in der Eigenschaft eines Lösungsmittels, das unauffällig feste Verbindungen lockert, einfach indem es sich dazugesellt. Mir war klar, daß von Raimunds zahlreichen männlichen Freunden Kilian der einzige war, der sich an ihn hängte und ihn immer wieder dazu verführte, in sein Junggesellendasein Kurzweil zu bringen. Er hatte sein williges Opfer, das er nicht mehr hergab. – Was die anderen guten Freunde betraf, so spielte wohl eher Raimund den Verführer.

Nun also, meine Absicht war die: Mich mit Kilian abzufinden, so heftig er mir auch mißfiel, zu ihm freundlich zu sein, über seine Witze zu lachen, ihn nach einem abendlichen Bummel zu dritt mit zu uns zu nehmen, und auf Holzbrettern einen richtigen Männerimbiß, zum Beispiel kalten Schweinebraten mit allerhand scharfen Zutaten aufzutischen, einen klaren Obstschnaps in der Hausbar zu haben und mitzutrinken als wäre ich ein Mann. Es sollte keine familiäre Note haben, damit er das nächste Mal wieder mit uns kam. Und später einmal gingen wir vielleicht gar nicht aus, sondern grillten Bratwürste in der Küche und tranken Bier. – Damit konnte ich allerdings erst nach Monaten rechnen, denn dieser abscheuliche Mensch war gewiß auch voll Argwohn.

Ich wollte Kilian bis zu einem gewissen Grad zähmen und ihm Geschmack an der Häuslichkeit machen. Damit dies gelang, war ich bereit zu dulden, daß meine Wohnung, die davon geprägt war, daß ich in ihr las und Musik hörte oder in meinem Tagebuch schrieb, gelegentlich auch als Bierzelt diente oder als Bar – eben als irgendein Aufenthaltsort, wo Männer, die sich als richtige Männer fühlen, gern sind. Und was weiter? Na ja, vielleicht glückte es mir, ein weibliches Wesen für Kilian aufzuspüren, das so gewöhnlich und so energisch war, daß sie ihm gefiel und ihn gefügig machte. Wenn er geheiratet wurde, war ich ihn los. Vielleicht würde sich dann auch Raimund wieder normalisieren, so weit ihm dies seinem Wesen nach möglich war.

So sehen verzweifelte Pläne aus. So viele falsche Voraussetzungen gibt es in ihnen. Schon meine erste erwies sich als falsch, nämlich die, ich könnte Kilian dazu bringen, seine nachdrückliche und bewußte Ablehnung meiner Person in etwas nicht ganz so Feindseliges zu verwandeln. Es hätte ja nicht gleich eine Duldung sein müssen. Auch ein vorurteilsfreies Abwarten hätte mich weiter gebracht. Doch muß ich bekennen, daß auch ich nicht vorurteilslos war, als wir mit ihm in die Tanzbar gingen. Es war merkwürdig, wie dieses vornehme, teure Lokal durch Kilians Anwesenheit für mein Gefühl zu etwas Gewöhnlichem, fast Ordinärem wurde, trotz Kilians einwandfreier Abendkleidung.

Bei Tisch bestellten die beiden Männer einen „Black Label". „White Label" ist also nicht gut genug, dachte ich. Ich überlegte, ob ich auch einen bestellen sollte, damit ich mich nicht gleich am Anfang distanzierte – aber Whisky schmeckt mir nun einmal absolut nicht. Einen Bacardi! Der war ebenfalls hart. Später konnte ich Soda nachfüllen, wenn ich wollte. Ich wollte mit meinem ganzen Aufgebot an Humor, an Selbstironie und auch Selbstverleugnung einfach dabei sein. Raimund, der in guter Stimmung war, würde es mir nicht schwer machen – soweit kannte ich ihn.

Er packte mich auch gleich bei der Hand und tanzte

einen Charleston mit mir. Ich liebe diesen Tanz aus den zwanziger Jahren, bei dem ich alles aus mir herausschütteln kann, was mich zu ernst macht, der so verspielt und so akrobatisch wie eine Zirkusnummer ist, wenn man ihn richtig tanzt. Er erschüttert das Zwerchfell, auch wenn man nicht lacht. Genau das war es, was ich für den Anfang brauchte. Wir schüttelten unsere Körper beim Tanzen, beim Drehen auf den Fußballen, beim Beineschleudern, wir zuckten rhythmisch und lachten vor Vergnügen. Es war kein Tanz mit enger Körperberührung – zum Verlieben oder zum Mitteilen von Verliebtsein, sondern einer, bei dem man sich mit den Augen verständigen kann. Man gibt Funksignale zwischen zwei Welten, die möglicherweise weit auseinander liegen, aber gute Beziehungen aufnehmen wollen. Dies stand in Raimunds Augen und wohl auch in meinen.

Als wir wieder zu Tisch gingen, hob er meinen Arm, machte aus der Schulter heraus eine kleine Schleuderbewegung und schubste mich Kilian zu, der mich auffing und mitzog. Und dann kam ich weder zum Atmen noch zum Staunen – denn Kilian konnte hervorragend tanzen. Wir tanzten einen Quickstep mit Figuren, bei dem wir bald die ganze Tanzfläche leergefegt hatten, und, von einem applaudierenden Publikum umringt, fast eine Darbietung von Turniertänzern zeigten. Dieses Weidrich-Monster war in der Tat erstaunlich.

Dann tanzten wir den langweiligsten Tanz, den es für mich gibt, nämlich einen Blues, und erst bei ihm kamen wir zu einem Gespräch. Ich fragte:

„Was haben Sie mit Ihrem Schwindel bezweckt? Was sind das für Tänze, die wir Ihnen beibringen sollen?"

„Soeben haben Sie mir einen beigebracht."

Ich lachte ihm ins Gesicht. „Sie meinen doch nicht den Quickstep. Den hab ich noch nie so gut wie mit Ihnen getanzt."

„S i e haben ihn gut getanzt, und ich war Ihr Lehrling. Ich hatte vorher keine Ahnung davon."

Mit der größten Ruhe sagte er das – mitten in das fade Geschiebe mit knieweichen Schlenderschritten.

Da ich sprachlos war, sagte er noch: „Sie kennen mich eben noch nicht. Wahrscheinlich haben Sie sich auch schon gefragt, wie es kommt, daß sich Raimund nie mit mir langweilt."

„Da haben Sie recht."

Nun breitete sich über sein Gesicht ein geheimnistuerisches Lachen aus, das abstoßend war und mich trotzdem neugierig machte.

„Sehen Sie, da haben Sie richtig vermutet. Ich bin in der Tat kein unterhaltsamer Mann."

„Aber –"

„Sie sollen mich ausreden lassen, damit Sie verstehen, wie sich die Sache verhält. Raimund unterhält sich blendend, wenn ich bei ihm bin. Er hat sich noch keine Minute mit mir gelangweilt."

„Ja eben. Und das verstehe ich nicht."

„Weil sie mir nicht konsequent zugehört haben. Ich habe gesagt, e r unterhält s i c h glänzend, wenn ich bei ihm bin. Daß ich ihn unterhalte, habe ich nicht gesagt."

„Nun gut. Und worin liegt der Unterschied?"

„In der Sprache. Im schlampigen Zuhören. Denken Sie nach."

Das tat ich denn auch, und zwar so intensiv, daß ich ihm auf die Füße trat. Ich hörte sein gluckerndes Lachen.

„Jetzt habe ich S i e beeinflußt. Jetzt tanzen Sie nicht mehr so gut mit mir wie vorher."

Darin lag das Stichwort. Es sollte mir nachdenken helfen und brachte mich auch zu einem Ergebnis, das merkwürdig war:

„Sie meinen, es liegt an ihm selbst, daß er sich nicht langweilt. Sie schaffen nur irgendwie die Bedingung dazu

– seine innere Bereitschaft, in guter Laune zu sein?"

„Sie haben es fast erraten."

Ich dachte weiter nach. „Ist es vielleicht so, wie wenn eine Flasche Wein den Menschen in Hochstimmung bringt, ohne daß sie witzige Bemerkungen von sich gibt?"

Er schwieg beziehungsvoll, und das hieß wohl: „So ist es."

„Aber wie machen Sie das?"

„Sie müssen nicht alles wissen." – Das klang so schroff und überheblich, daß ich erschrak und ihm ziemlich hart auf die Füße trat. Auch der Widerstand, den ich dabei spürte, war hart. Ich glitt ab wie auf einem steilen, eisigen Stein. Als ich dabei stolperte und in die Knie ging, sagte Kilian: „Jetzt können Sie gar nicht mehr tanzen. Machen wir eine Pause. Ich bring Sie zu Raimund zurück."

Ich war derart verwirrt und eingeschüchtert, daß ich stumm und beinahe unbeteiligt beim Tisch saß. Als ich mein Glas hob, sah ich die Flüssigkeit zittern und stellte es, ohne getrunken zu haben, wieder zurück. Ich fühlte mich starr und hart und hatte Atembeklemmung. Nur langsam lockerte sich die Verkrampfung in mir – und nun machte mich Raimund auf sich aufmerksam, der tatsächlich schon in recht guter Stimmung war. Ich beobachtete ihn und begann zu begreifen, worüber ich soeben belehrt worden war: Buchstäblich alles, worüber gelacht wurde, kam von ihm. Er befand sich in einem Zustand froher Erregung, der sich in spontanen Späßen entlud. Der Beitrag Kilian Weidrichs war nur sein Lachen, in dem so viel berstende Zustimmung war, daß es wie ein Zündvorgang auf Raimund wirkte. Der wurde noch witziger, noch einfallsreicher, und immer besser amüsierte sich Kilian Weidrich.

Raimund war wirklich erstaunlich. Er war voll Ironie und Charme, wie er sich mir noch nie dargeboten und mit seinem ganzen Sprühfeuer ausgelebt hatte. Freilich konnte ich auch nicht so schallend und zündend lachen wie dieser

Kilian, der sonst so ein Klotz war. Mir tat trotzdem binnen kurzem das Zwerchfell weh, denn ich lache immer in mich hinein. Das hört man kaum.

Als eine Pause zum Tränenabwischen eintrat, fiel mir das Harte und merkwürdig Starre ein, von dem ich beim Tanzen mit der Schuhkante abgerutscht war. Es mußte mit Kilians Schuhwerk zusammenhängen. Ich schaute unauffällig unter den Tisch, sah aber nur flache schwarze Abendschuhe, die auch nicht den Eindruck erweckten, sehr hart zu sein. Kilian war meinem Blick gefolgt und grinste.

Dann fragte er: „Tanzen wir noch einmal?“ – Er fragte es grob und laut und zog mich schon mit, bevor ich zustimmen oder ablehnen konnte. Wieder spielte man einen Blues, der fast schon kein Tanz mehr, sondern nur ein schläfriges Hin- und Herwiegen ist. Doch ist er ausgezeichnet dazu geeignet, daß man einander in den Armen liegt oder Konversation macht. – Ich hielt es für ratsam, zu Kilian freundlich zu sein und sagte, er habe tatsächlich bewirkt, daß Raimund aus sich herausgegangen sei wie noch nie, und das habe auch mir Vergnügen gemacht.

Ich sagte: „Wir müssen öfter zusammenkommen“, und er erwiderte:

„Ach, ich sehe Sie oft.“ – Die Geringschätzung, die er mitklingen ließ, und für die ich ihm keinen Anlaß gegeben hatte, weckte schon wieder meine heftige Antipathie.

Ich bemühte mich, spöttisch zu sein. „Sie haben ein schlechtes Gedächtnis. Sie haben mich höchstens dreimal gesehen.“ –

Er lachte kurz und mißtönend auf. „Und Sie“, erwiderte er, „haben kein Gespür. Einmal habe ich Sie gesehen, da suchten Sie etwas. Ich erinnere mich, daß das sehr aufschlußreich für mich war.“

Ich ärgerte mich über ihn. „Jetzt reden Sie Unsinn. Oder haben Sie mich mit jemandem verwechselt? Das könnte schon sein."

„Oh, sicher, es könnte dies oder das sein." – Er sprach wieder in Rätseln und verwirrte mich. Außerdem hielt er mich zu fest. Das tat mir weh. Der Druck seiner Finger auf meiner Schulter brannte, als riefe er eine Entzündung hervor.

„Wann wollen Sie mich gesehen haben?"

„Oh, ich will immer", sagte der dreiste Mensch. Ich trat ihm noch einmal auf den Fuß, und diesmal mit Absicht. Damit entriß ich ihm einen wütenden Schmerzenslaut.

„Passen Sie auf, wo Sie hinsteigen, bitte schön! Oder glauben Sie vielleicht, daß ich Hufe habe?"

Er verstärkte den Druck seiner Hand, wie um mich zu bestrafen, und verursachte mir einen brennenden Schmerz damit, als drückte er glühendes Eisen in mich hinein. Es dauerte nur ganz kurz und war grauenvoll.

Ich schrie auf, und er fuhr mich an: „Sind Sie toll geworden? Alle Leute schauen uns an. Zum Schämen ist das." – Ich wollte davonlaufen, aber er hielt mich fest. „Dableiben! Weitertanzen! Und lachen! Na, lachen Sie endlich!" – Ich blieb, ich tanzte, ich lachte – und fürchtete mich. Meine Schulter tat immer noch weh, doch der glühende Schmerz ließ nach. Und der Tanz war nicht ewig, wir kehrten zum Tisch zurück – zu Raimund, der alles beobachtet hatte.

Er fragte belustigt: „Was war mit euch beiden los? Warum hast du gequietscht, Daniela? Hat er dich gezwickt? Das ließe den Schluß zu, daß er kein feiner Herr ist. Wenn ich eine Frau verführen will, quietscht sie nicht."

„Na, was ist?" wandte er sich an Kilian. „Dir macht wohl meine Frau Appetit?"

Das Weidrich-Monster schwieg und musterte mich. Dann sagte es langsam und leise: „Ich möchte sie schon."

Ich kann nicht schildern, wie er mich anschaute, als er

das sagte, und ich will es auch nicht, denn sonst käme alles, was ich dabei fühlte, zurück: die Angst, die zuckende Fluchtbereitschaft, der Brechreiz . . .

Raimund schien bemerkt zu haben, was in mir vorging und nahm meine Hand: „Komm, gehen wir tanzen. Und nimm diesen Blödsinn nicht ernst."

Ich tanzte und war erlöst. Ich legte meine Wange an Raimunds Gesicht. Ein häßlicher, drohender Alptraum verflüchtigte sich und machte wieder ein Menschenland aus der Welt.

Auch Kilian Weidrich, der scheinbar betreten beim Tisch saß, erhob sich höflich, als wir wiederkamen. Er tat, als wünschte er, daß ich ihm verzieh.

In mir war ein Rest von Schläue geblieben, der mir sagte, daß das ein günstiger Augenblick war, um den Wunsch zu äußern, nach Hause zu gehen und dort noch einen kalten Imbiß zu nehmen. Weder Raimund noch Kilian Weidrich widersprachen.

Raimund zahlte die hohe Rechnung. Wir brachen auf.

Daheim, als ich in der Küche war, hörte ich schon wieder Kilians Lachen und kam auf die Idee, ihm eins auszuwischen. Es sollte eine genußvolle Rache sein. Ich servierte den Imbiß, legte Messer und Gabeln mit Hirschhorngriffen dazu, und holte aus der Hausbar den klaren Obstschnaps. Scheinheilig sagte ich:

„Ihr seid ja zwei Stimmungskanonen. Bei Raimund purzeln die Späße nur so heraus, und Sie, Herr Weidrich, haben ein Lachen, das ansteckt. Es würde mich interessieren, wie das umgekehrt funktioniert. Sind Sie auch so ein Witzbold oder hören Sie lieber zu?"

Raimund stutzte, sah plötzlich nachdenklich aus und schaute seinen Kumpel erwartungsvoll an. Der schoß mir einen giftigen Blick zu und fing sofort an, Witze zu erzählen. Der erste war gar nicht schlecht. Ich wechselte einen Blick mit Raimund und lachte. Dann sagte ich:

„Sie haben mich mißverstanden. Ich meinte, ob Sie so herrlich blödeln können wie Raimund. Das Witzeerzählen ist für mich ein Unterhaltungsersatz, wenn einem sonst nichts Gescheites mehr einfällt.“

Ich spürte ein unterirdisches Zornesbeben, dessen Ausläufer mich erreichten und mitzittern ließen. Aber Kilians Antwort war kalt und verächtlich.

„Was das Witzeerzählen für S i e ist, schert mich nicht.“

Er erzählte weiter, und wir lachten dazu, doch die sprühende Stimmung von vorher war nicht mehr da. Im weiteren Programmablauf merkte ich, daß in Kilians Witzen ein System war. Sie waren nur fallweise ordinär, doch immer gehässig. Und es waren ausnahmslos Witze von der Art, die die Ehefrauen verächtlich machen. Zum Beispiel war jener Witz dabei, in dem zwei betrunkene Freunde bei Glatteis mit einer Urne vom Wirtshaus nach Hause gehen. In der Urne befindet sich die Asche der Frau, mit der einer der beiden verheiratet war. Sie kamen von einer freudigen Leichenfeier. Und im Zustand verminderten Gleichgewichts auf dem Glatteis sagte der Freund zum Witwer: „Streu deine Alte auf!“ –

Mir ist klar, daß das Böse und Grausame solcher Witze nicht realistisch, sondern vielleicht archetypisch ist wie die Grausamkeit in den alten Kindermärchen. In diesem Fall aber war die Kränkung gezielt. Sie sollte eine Folge von Demütigungen sein, auf die ich irgendwann reagieren mußte, und dann sollte ich als die Zimperliche entlarvt und für die Zukunft hoffentlich aus dem Spiel sein. –

Ich wollte dafür sorgen, daß er unterlag. Ich wollte lachen, bis ihm nichts mehr einfiel, und dabei um keinen Preis den Anschein erwecken, als mißfiele mir etwas. Ich lachte Kilian einfach aus. Er merkte es, und das tat mir wohl. Dann, als er schon stockte und nachdenken mußte, war der Augenblick für meine Rache gekommen. Mir kam ein Witz in den Sinn, der recht albern war. Doch weil es meiner Absicht entsprach, auch den Verlust von Ehemännern, als etwas zu zeigen, das Frauen unter Umständen kalt lassen kann, erzählte ich den Witz von der Frau, die allein daheim ist, und an deren Tür jemand klopft, um ihr mitzuteilen, daß ihr Mann von einer Straßenwalze überrollt worden sei. Ihre Antwort lautet: „Schieben Sie ihn unter der Tür durch!"

Ein Schweigen brach aus, das mir unheimlich war. Irgend etwas kam mir plötzlich schrecklich bekannt vor. – „Eine Straßenwalze hat Ihren Mann überrollt." Ich stellte mir den zermalmten Mann vor – und es war Raimund. Ich war entsetzt über mich und hielt die Hand vor den Mund. Meine Schulter fing langsam wieder zu schmerzen an.

„Sie wollen jetzt sicherlich ins Bett gehen", meinte das Monster.

Ich hielt die Nähe dieses Menschen nicht mehr aus. Auf meiner Schulter war auch wieder der Wundschmerz, den ich ergründen und verarzten wollte. So antwortete ich tonlos: „Eigentlich ja."

Auch Raimund sah aus, als wolle er mit mir allein sein. Fast ungeduldig führte er Kilians Abgang herbei.

Das Monster warf mir noch einen unangenehmen Blick zu und entblößte die Zähne, als es beim Abschied lachte. Sie waren häßlich und gelb von Nikotin.

Raimund kam zurück. Er schloß die Wohnzimmertür, lehnte sich mit dem Rücken an sie und sagte: „Das war doch nicht Absicht."

„Bestimmt nicht, Raimund. Ich wollte nur Kontra geben, weil Kilian ausnahmslos Witze gegen die Frauen erzählt hat. Als Gegenstück kam ich auf diesen, und darum erzählte ich ihn."

Ich hatte mein Kleid schon ausgezogen, bog die Schulter nach vorn und den Kopf zurück, da ich merkte, daß da eine nässende Wunde war. Raimund stutzte und kam eilig herbei.

„Was hast du denn da? Das sieht ja fürchterlich aus!“

Er befahl mir, mich bäuchlings hinzulegen. Danach betastete er voll Vorsicht den Wundrand, und als seine Fingerspitzen mich berührten, überkam mich ein unbeschreibliches Verlangen nach ihm.

„Es sieht wie fünf kleine Brandblasen aus. Beim Ausziehen hast du sie wahrscheinlich aufgerissen. Das ist mir ein Rätsel. Wie kommst du dazu?“

„Da ist beim Tanzen Kilians Hand gelegen.“ – Ich saß wieder aufrecht und umschlang meine Knie. Raimunds Blick ruhte lange auf mir, voll von Fragen, die er nicht aussprach. Nur seine nachdenkliche Bemerkung galt als Frage: „So etwas entsteht zuweilen durch Suggestion. Wenn ein Mensch in Hypnose ist, und du legst ihm ein Geldstück auf, kannst du ihm suggerieren, daß es glüht. Er wird schreien, und seine Haut wird verbrannt sein. Hast du mir nicht erzählt, daß du leicht in Trance kommst? Damals – der Weihnachtsengel – erinnere dich!“

Wieder rührte er meine nackte Schulter an, und da packte die Erregung auch ihn. Er umschlang mich und warf mich um, stöhnte auf, und dann waren wir wie von Sinnen. Was in den nächsten Stunden geschah, will ich nicht beschreiben, weil es undenkbar ist, daß es jemand nachfühlen kann. Wir waren, krächzend vor Lust, ineinander verkeilt und wurden über den Schlund der Ohnmacht gehalten, in ununterbrochenen Steigerungen, wie sie die Natur sonst nur bei den Schmerzen zuläßt. Erst gegen Morgengrauen verebbte der Wahnsinn, ohne daß der Moment der Erlösung gekommen war. Wir lagen entkräftet und beinahe entseelt beieinander wie mürbes Strandgut in einem Hafenbecken voll Schlamm. Nach dem Aufstehen schwiegen wir und wichen einander aus und waren darauf bedacht, einander nicht zu berühren.

Auf meine Brandwunden, welche den Flecken glichen,

die ich damals im Badezimmer entdeckt und mit größter Spannung beobachtet hatte, gab ich antiseptischen Puder und verpflasterte sie. Obwohl ich die Wunden mit Vorsicht pflegte, eiterten sie und heilten wochenlang nicht.

Mit allem hätte ich gerechnet, nur damit nicht, daß mir Kilian Weidrich Blumen schickte. Am nächsten Abend läutete meine Nachbarin an der Tür und überreichte mir ein langgezogenes Päckchen, das bei ihr abgegeben worden war. Neugierig war sie nie. Sie verschwand auch diesmal, ohne abzuwarten, daß ich die Hülle aus Seidenpapier mit dem kunstvoll verschnürten Goldband vom Päckchen abzog. Das Seidenpapier war weiß und ließ nichts erraten. Es ließ mich auch nichts befürchten – ich war nur erstaunt. Auf dem Kärtchen, das beigefügt war, stand ein kühler Dank für meine nette Bewirtung vom Vorabend. An der Schrift war nichts Ausgeprägtes. Sie sah leer und charakterlos aus. Die lange Schachtel war eine Klarsichtpackung, in der eine sonderbare Blüte lag – keine Orchidee, eher etwas wie eine Calla, die man auch Drachenwurz oder Schlangenkraut nennt. Sie ist eine Sumpfpflanze, die einen dicken Blütenkolben und ein normalerweise weißes, ins Grünliche spielendes Hüllblatt hat, das spitz zuläuft und wie eine hohle Hand geformt ist. Bei uns bekommt man sie nur in Blumengeschäften. Auch in Totenkränze flicht man sie öfters ein. Doch als ich einmal auf Teneriffa war, habe ich sie in feuchten Straßengräben gesehen. Sie blühte dort üppig und wild und sah recht gewöhnlich aus.

Die Blüte, die mir zugestellt worden war, gehörte wahrscheinlich auch dieser Gattung an, nur war sie fleischrot und hatte einen kräftigen Lackglanz. Auch war sie auffallend lang und spitz und sah aus, als wollte sie zu züngeln beginnen. Der Kolben war dick und stieg steil aus dem Hüllblatt empor, wie der Leib einer Schlange, die sich in die Höhe reckt. Auch die Musterung war wie die einer Schlangenhaut – mit dichten Tüpfeln in einer Netzstruktur. Die Blüte, so schön sie auch war, hatte etwas Obszönes an sich. Vorsichtig hob ich den Deckel der Klarsichtpackung. Das Blumenungeheuer sah drohend aus, als lauerte es auf den Augenblick, da es mir Gift ins Gesicht speien konnte. Natürlich tat es das nicht. Es lag ruhig in meiner Hand und zeigte sich mir in seiner zuchtlosen Schönheit. Etwas Ekelerregendes ging von ihm aus, das ich zuerst nur ahnte und nicht spürte. Erst als ich vorsichtig an ihm roch, schlug mir ein fürchterlicher Gestank entgegen, der seinen Ursprung im Blütengrund hatte, wo das Hüllblatt den Blütenkolben noch ganz umschloß. Er war ein abscheulicher Verwesungsbrodem, der in dicken, würgenden Schwaden zu mir aufstieg. Bei längerem Einatmen mußte er tödlich sein.

Ich schleuderte das fleischrote Monster von mir und hätte es am liebsten zu Tode getrampelt, doch dann beschloß ich: Nein, das muß Raimund sehen. Ich verpackte die Drachenwurz wieder und stellte sie auf den Balkon.

Ich benötigte nichts, um mich wach zu halten, so übererregt und verängstigt war ich. Raimund kam nicht sehr spät.

Seine erste Bemerkung beim Vorzeigen des infamen Blumengrußes, den mir Kilian Weidrich hatte zukommen lassen, war ein Staunen: „Die kenne ich ja!“ –

In aller Gemütsruhe sagte er mir, er wisse, wo dieses Gewächs gedieh. Er habe es in der Türkei bei Pamukkale, in den Ruinen von Hierapolis gefunden, und ebenso in der Ruinenstadt Priene.

Er sagte: „Oft wenn ich durch Steppenland fuhr, stieg mir dieser Geruch in die Nase, und ich dachte: Da muß irgendwo ein Aas in der Sonne liegen. Es hat aber nur dieses Gewächs dort geblüht. Es ist harmlos, aber bestimmt keine Zimmerpflanze."

„Und daß dein Freund mir diese Pest in die Wohnung geschickt hat . . .?"

„Der hat sie doch in der Klarsichtpackung gekauft. Wie konnte er wissen, daß sie einen unangenehmen Geruch hat? Ich werde ihn nicht zur Rede stellen, wenn du das meinst."

Ich nahm die Schachtel samt ihrem teuflischen Inhalt, warf sie in den Abfallkübel und dachte: So!

Raimund hielt also wieder zu Kilian. Er konnte und wollte nicht schlecht von jemandem denken, der die Langeweile von seinem Leben fernhielt. Wenn ihm dies gewährleistet war, ließ er mich im Stich.

Die einzige, die meine Gedanken aussprach, war Ingrid, denn vor ihr hatte ich sogar dies nicht verheimlicht.

Sie fragte mich: „Ist dir überhaupt klar, wer das gewesen ist, mit dem du getanzt hast?"

Ich fröstelte, als ich sagte: „Das kann nicht sein."

Ingrid war unbeirrbar und unbestechlich und kümmerte sich nicht darum, daß ich das verkörperte Entsetzen war:

„Es kann auch nicht sein, daß ein Toter zurückkommt." Dann wartete sie ab, beäugte mich aufmerksam und warf mir dann mitleidlos vor, daß ich mich belog.

„Alle fürchten sich vor dem Wort, als käme ER dann. Aber hier ist er schon gewesen, und das weißt du. Sie schnupperte: „Deine Wohnung riecht noch nach IHM."

„Es riecht nach der Drachenwurz", unterbrach ich sie schroff.

Sie nahm meine Zurechtweisung an und ließ die Erklärung gelten. Doch ich wußte, daß sie sich das Denken nicht abschalten ließ. Ihre Warnung kam nach geraumer Zeit und nach einem gründlich durchdachten Selbstgespräch:

„Du machst einen Fehler, wenn du dir einredest, daß es IHN nicht gibt."

Ich sagte: „Es wird nicht mein einziger Fehler bleiben." Und vieles von dem, was auf mich zukam, gab mir recht.

Raimund hing noch an mir – wenn auch bald nur noch als Gewicht. Und ich unterwarf mich immer mehr dem Gedanken, daß sein Dasein eine Aufgabe für mich war. Ich fühle mich gerne zu einer Leistung herausgefordert, sogar wenn sie über meine Kräfte geht.

Ich schrieb wieder viel in das Heft, das mir als Tagebuch diente, doch alles, was Kilian betraf, vermied ich. Häufig schrieb ich auch nur, um mir Luft zu machen, wenn ich über Raimund wütend war. Da konnte es geschehen, daß ich über ihn herzog und Dinge über ihn niederschrieb, die ich ihm kaum jemals ins Gesicht gesagt hätte.

Tagsüber wurde ich meine Bedrückung durch Arbeit los. Dort tat sich ein vielversprechender Weiterweg auf. Eine neue Idee war ausgeheckt worden, und zwar vom Chef, den es unsagbar wurmte, daß man unsere Veröffentlichungen noch immer nicht ernst nahm. Er durchlitt, wenn auch ohne sichtbares Aufbegehren Seelenqualen, weil er seine wunderschöne Theorie nicht beweisen konnte. Er nahm ab und war schon ganz fahl von dem stereotypen Vorwurf der Fachwelt, die Austenitlinien, die uns die Feinstrukturaufnahmen zeigten, seien nur ein Indiz für Restaustenit.

Es war ermüdend, vergeblich darauf zu verweisen, daß der Abstand der Schwärzungslinien auf dem Film beim metastabilen Austenit etwas größer war.

Wir wollten nun eine Stahloberfläche so härten, daß sie beide Arten von Austenit enthielt. Wir erhofften, daß irgendwann ein eng beieinander liegendes Linienpaar auftrat, dessen innere Linie dem Restaustenit und dessen äußere unserem neuen Gefüge, dem metastabilen Austenit, zugeordnet war. – Der Gedankengang hörte sich unwiderlegbar an, aber die Durchführung hatte ihre Tücken. Immer wieder bereiteten wir Versuchsreihen vor, bei denen wir alles mögliche variierten.

Es war gut, daß es diese Ablenkung für mich gab. Das Problem interessierte mich nach wie vor, aber immer wieder schlich sich die Frage ein: Wozu?

Es war eine ernüchternde Frage, wozu es denn gut sein sollte, wenn ich der Natur auf einen so winzigen Schlich kam, den man vielleicht gar nicht großtechnisch nutzen konnte. Und wenn einmal eine Nutzung möglich war, wäre noch ein wenig mehr Härte in der Welt.

Mit Harry redete ich wenig, was unsere gemeinsame Arbeit betraf. Doch ich glaube, wir wußten trotzdem recht viel voneinander. Auch er bemühte sich, zu verbergen, wie es um ihn stand, trotzdem geschah es sehr oft, daß er verstummte und einen starren, trüben Blick bekam.

Wenn ich nach Doris fragte, schaute er mich kaum an: „Alles beim alten! Hoffnungslos."

Er war noch viel schlechter dran als ich, denn er mußte passiv sein. Mir aber gab Raimund etwas aufzulösen, und wenn ich Erfolg hatte, würde das etwas Großes sein – bestimmt etwas Größeres als zwei Schwärzungslinien auf dem Film, die mir bewiesen, daß es zweierlei Austenit gab.

Ich hatte beschlossen, Raimund Zeit zu lassen. Er sollte vergessen können, was ich verschuldet hatte. Ich durfte ihm keine Vorwürfe machen, auch wenn er auf mich keine Rücksicht nahm – vielleicht machte er mir dann eines Tages auch keine mehr.

Diese sanfte und reuevolle Gesinnung hielt ich lange durch – aber keinen Tag länger, als bis ein Besuch zu mir kam, der mir eine gründliche und schockierende Aufklärung gab. – Tante Ilse, die Schwester von Raimunds Mutter kam, um einmal nachzuschauen, wie es mir ginge. Sie kam unangesagt und unerwartet an einem Abend, an dem ich wie immer, allein war. Sie bedauerte, daß sie Raimund nicht antraf, war aber durchaus mit meiner Gesellschaft zufrieden. Sie trug den Mantel mit den Büffelhornknöpfen, an dem ich sie früher erkannte, als an ihrem Gesicht. Seit Raimunds Mutter gestorben war, sah ich sie das erste Mal wieder und freute mich. Sie war mir nicht so fremd, wie zu erwarten war, da wir doch keine persönlichen Verbindungen aufrechterhielten. Sie wohnte weit weg und kam selten in unsere Stadt und hatte keine Neigung zum Briefeschreiben.

Sie kam herein, legte den Mantel ab und schob die Ärmel ihres Kleides gerade. Als ich sah, wie leicht ihr jede Bewegung noch fiel, und wie fest ihr zierlich gebauter Körper noch war, sah ich Raimunds Mutter vor mir und vermißte sie plötzlich sehr. Ich stellte mir vor, daß sie mich besuchte, und ich ihr dann sagen könnte, wie niedergeschlagen ich war, und daß sie mir dann gegen Raimund beistehen wollte. Doch dann erinnerte ich mich daran, wie sie ihm heimlich Geld zugesteckt hatte und war schon nicht mehr so überzeugt von ihrem Beistand. – Dafür fand ich diesen in kürzester Zeit bei Tante Ilse. Diese Frau mit dem weißen Haar war sehr energisch und weltklug. Ich merkte, daß sie ein gutes Herz hatte, doch kein weiches. In gewisser Hinsicht richtete sie mich auf, indem sie mir etwas Niederschmetterndes sagte.

Es begann mit der harmlosen Frage, ob ich ihr böse sei. Ich fragte, warum ich ihr böse sein sollte, und sie gab zur Antwort, wegen des Firmenanteils, beziehungsweise, weil sie sich geweigert hatte, ihn Raimund vor dem Konkurs noch abzukaufen.

Nun hatte mir Raimund ja erzählt, daß er versucht habe sie zu interessieren, nur hatte er dann den Eindruck erweckt, er hätte es nach meinem Einspruch nicht mehr getan und hätte auch sonst die Sache auf sich beruhen lassen. Dieser Einspruch war es ja schließlich, den er mir vorwarf.

Nun hörte ich, er habe nie aufgehört, Tante Ilse mit seinem Angebot zu bestürmen. Er habe es buchstäblich bis zuletzt getan, bis der Konkurs schon nicht mehr zu bremsen war. Und ich selbst war die längste Zeit eine Gans gewesen, als ich alle Schuld auf mich genommen hatte. Nun aber wurde ich darüber aufgeklärt, daß Raimund sich nie darum gekümmert hatte, ob ich sein Aussteigen aus der Firma billigte oder nicht. Völlig unabhängig von meinen Wünschen war alles geschehen. Alle Welt hatte er bestürmt – und mit allen Mitteln. Vor allem Tante Ilse hatte er ununterbrochen bedrängt, am Anfang brieflich, dann immer wieder per Telephon, und in der letzten Phase, indem er angereist kam. Er hatte sie mit allem zu ködern versucht, was er an Charme und Überredungskraft aufbringen konnte, und zum Schluß war er ihr auch noch mit falschen Gefühlen gekommen. Er hatte vom Tod seiner Mutter gesprochen, von Blutsverwandtschaft, hatte aber in den gleichen Redestrang eingeflochten, daß Tante Ilse ohnedies eine begüterte Frau sei, die sicherlich schon öfter etwas riskiert und dabei gewonnen oder verloren habe.

Sie hatte ihm klargemacht, daß in solchen Fällen das Risiko immer gut abgewogen gewesen sei, doch diesmal sei es nicht zumutbar. Zu gewinnen sei da mit Sicherheit nichts mehr, also führte sich Raimund wie ein Roßtäuscher auf.

„Ich war ziemlich hart zu ihm", sagte Tante Ilse. „Es ist fast so weit gekommen, daß ich ihn hinauswarf. Aber jetzt hab ich, ehrlich gesagt, ein schlechtes Gewissen."

Ich war auf schmerzhafte Weise wach, als sie mit mir sprach. Mehr als sie mir in der kurzen Zeit sagte, wurde mir klar. Nur daß sie ein schlechtes Gewissen hatte, verstand ich nicht. Meinte sie wirklich, es täte ihr leid, ihm seinen Anteil nicht abgekauft zu haben? War es denkbar, daß sie sich für Raimund verantwortlich fühlte, trotz seiner Vorgangsweise, die fast schon betrügerisch war? – Tante Ilse machte mir lächelnd klar, daß sie, was das Geschäftliche anbelangte, heute wie damals ganz ohne Reue sei.

„Ich hab auch meinen Teil verloren", sagte sie. „Was ich Raimund nach dem Tod seiner Mutter abgekauft habe, ist weg, und ich mache ihm keinen Vorwurf deswegen. Damals war es ein faires Geschäft, an dem auch ich interessiert war. Mein einziger, allerdings großer Vorteil ist der, daß ich klüger als Raimunds Mutter war und mein Erbteil in verschiedenen Projekten angelegt habe.

Ich stand in der Küche und kochte Kaffee. Tante Ilse hatte sich auf einem Dreibeinhocker zu mir gesetzt. Ihre Gesellschaft war mir sehr angenehm. Sie hatte eine klare Härte, die mir gefiel, und durch die ihre Fraulichkeit nicht beeinträchtigt wurde.

Später, beim Kaffeetrinken, fragte sie mich, was mich an der ganzen Sache denn so bedrücke. Sie riet mir, einen Blick in den Spiegel zu tun.

„Dein Gesicht", sagte sie, „ist buchstäblich abgemagert, seit ich bei dir bin. Schau, ich war ja auch entsetzt über Raimund. Jetzt bin ich es nicht mehr. Ich sehe ein, daß er damals um seine Existenz gekämpft hat, denn sein Broterwerb scheint mir nicht sehr gesichert zu sein. Darum reut es mich auch, daß ich ihn so hart angepackt habe. Und nur deswegen habe ich ein schlechtes Gewissen. Du trägst mir nichts nach, das sehe ich ein – aber er?"

Ich erwiderte langsam und hart: „Das sollte dir gleichgültig sein. Er ist noch wesentlich weniger wert, als du denkst. Er ist ein mit Gemeinheiten ausgestopfter Hautsack. Du schaust mich verweisend an. Was ich sage, schockiert dich. Hör mir weiter zu, und bilde dir selbst dein Urteil. Ich hatte nämlich keine Ahnung davon, daß

Raimund so viel unternommen hat, um seinen Firmenanteil loszuwerden.“ –

Und dann erzählte ich ihr, wie sich alles verhielt. Ich ließ nichts unerwähnt, auch den Trick mit den Sparbüchern nicht und auch nicht, daß er mich meistens alleine ließ, um sein Geld mit einem nichtsnutzigen Freund zu verschwenden, daß er mich schon eine geraume Zeit unter dem Druck meines Schuldgefühls leben ließ, und daß er es ausnützte, um mich gefügig zu halten.

Tante Ilse hatte jetzt keinen verweisenden Blick mehr. Sie fragte nur knapp und sachlich: „Wann kommt er voraussichtlich heim? Da wird er nämlich etwas zu hören bekommen, was ihn um zehn Zentimeter verkürzen wird.“

Ich sagte: „Ich habe keine Ahnung, wann er kommt. Es wird wohl, wie üblich, weit über Mitternacht sein.“

Tante Ilse stieß ihren Löffel in den Kaffee. „Du behandelst ihn ja ganz falsch. Das tut ihm nicht gut. Er braucht jemanden, der ihm seine zehn Gebote aufstellt, dann ist er reizend. Weißt du denn nicht, daß er leicht zu beeinflussen ist?“

„Ich bin nicht die einzige“, sagte ich, „die Raimund beeinflußt. Da hat jemand noch einen viel böseren Einfluß auf ihn.“ – Ich erzählte von seiner Freundschaft mit Kilian Weidrich und gab Tante Ilse einen Begriff davon, was dieser Mensch für eine Lebenseinstellung hatte, und wie sie auf Raimund wirkte.

„Ist Raimund noch in dich verliebt?“ fragte Tante Ilse. Sie nagte an ihrer Unterlippe und dachte nach. „Wenn er noch verliebt in dich ist und an dir hängt, dann sag ihm, daß er zwischen euch wählen muß.“

„Bei Raimund komme ich damit nicht durch“, sagte ich. „Ich wollte mich schon von ihm scheiden lassen.“

„Na und?“

„Da macht er dann große Versprechen und hält sie doch nicht.“

„Bist du noch in ihn verliebt?“

„Ich glaube – jetzt nicht mehr.“

„Dann nütz das so schnell wie möglich aus und mach Schluß mit ihm.“

Das alles stürmte zu schnell auf mich ein. „Ich muß noch darüber nachdenken“, wehrte ich ab.

„Das ist ein schlechtes Zeichen. Dann hängst du noch an ihm.“

Ich zögerte und erwiderte dann mit Nachdruck: „In gewisser Hinsicht hast du damit recht. Es ist nämlich so, daß ich sicher schon längst mit ihm Schluß gemacht hätte, wenn nicht etwas geschehen wäre, was ich dir nicht sagen kann.“

„Könnte ich es denn nicht verstehen?“

Schnell lenkte ich ab. „Es ist nur, weil ich es selbst oft nicht glauben kann.“

Sie dachte eine geziemende Weile nach, dann lächelte sie und kniff die Augen zusammen. „Man sieht wirklich noch nichts davon, daß du schwanger bist.“

Ihr Lächeln war ansteckend, weil es so wohlwollend war. Die Versuchung, ihr alles zu erzählen, war sehr groß. „Ich bin nicht schwanger. Weder von Raimund noch von sonst wem. Ich habe aber doch gewissermaßen einen Menschen zur Welt gebracht, auf den ich aufpassen muß und für den ich mich verantwortlich fühle.“

„Wie? Doch nicht etwa für Raimund. Der ist doch ein ausgewachsenes dreißigjähriges Mannsbild.“

„Eigentlich ist er noch keine zwei Jahre alt.“

„Jetzt redest du Blödsinn.“ – Sie ärgerte sich. Und ich wußte, daß ich schon zu viel verraten hatte.

„Dann sei aber streng“, sagte sie. „Laß dir nicht so viel bieten von ihm. Ab heute hast du ja wieder Oberwasser.“ – Ich stimmte in ihr Lachen ein, obwohl mir immer noch zum Weinen war, so schmerzend war das, was mir dazu verhalf, in der kommenden Zeit wieder wehrhaft zu sein.

Tante Ilse fragte, was mir lieber sei: daß sie Raimund die Meinung sagte oder daß sie sich heraushielt. Damit setzte sie mich einer großen Versuchung aus. Ich hätte so gern ihre Hilfe angenommen, doch Raimund sollte nicht glauben, daß ich allein zu schwach war. Sie war ja nur jetzt bei mir, um mir beizustehen – dann war ich bei dem Kampf um Raimund wieder allein.

„Ich halte mich also heraus", beschloß Tante Ilse, die exakt und verständnisvoll meine Gedanken las. „Dann fahre ich jetzt in mein Hotel und morgen heim. Du kannst mir aber schreiben, wenn du mich brauchst."

Ich legte mich nicht zu Bett, bis Raimund kam. Er war diesmal schon mehr als angeheitert und schwankte ein wenig. Daß in ihm aber schon die Aggressivität des Betrunkenen war, bemerkte ich erst, als ich ihm alles an den Kopf warf, was ich mir in der Wartezeit zurechtgelegt hatte.

„Halt den Mund, ich will schlafen gehen", maulte Raimund. Und da sah ich dann keinen Anlaß mehr, sachlich zu sein.

Ich kochte vor Zorn und fauchte ihn an: „Du Dreckskerl!" – Und ehe ich mich versah, kam er auf mich zu und bestätigte mir die Richtigkeit meines Urteils, indem er mir mit aller Kraft ins Gesicht schlug.

Es war eine Ohrfeige, die ich mehr hörte als spürte. Es war ein lautes, summendes Dröhnen in meinem Kopf, das fast musikalisch wie ein Glockenton war. Es gab ein Auf- und Abschwellen dieses Tons, das ich mit gefühllosem Interesse registrierte.

Und dann hätte eigentlich die Reaktion kommen müssen, ein Umschlagen meiner Gefühlsleere in Empörung, in Fassungslosigkeit oder ähnliches, jedenfalls in etwas, das normal und üblich ist, wenn einem jemand ins

Gesicht geschlagen hat. In diesem Fall erfolgte nichts dergleichen, denn ich erlebte etwas, das derart bestürzend war, daß ich unbewegt dastand und die Wand anstarrte. Dort war nämlich plötzlich das alte Tapetenmuster, das mit den Blumenranken, das längst überklebt worden war. – Es ist nicht ganz richtig, wenn ich sage: Es war da. Es trat langsam hervor, wie ein Photo bei der Entwicklung, stand dann aber scharf und eindeutig vor meinen Augen. Ich sah auch die Falte an der Stoßstelle zweier Bahnen, die ich bemerkt hatte, als ich Witwe gewesen war. Dabei spürte ich deutlich, daß Raimund nicht neben mir stand. Ich wollte nicht daran denken, wo er vielleicht war und hatte Angst, mich dessen zu vergewissern. Eine heftige, stumme Verweigerung war in mir, während das Dröhnen in meinem Kopf verebbte. – Und damit verblaßte auch das Rankenmuster. Binnen weniger Sekunden verschwand es ganz, und Raimund, der sich neben mir gleichsam materialisierte, noch ohne daß ich es wagte, ihn anzusehen, sagte mit einer Stimme, die anfangs kaum hörbar war und erst langsam zu normaler Lautstärke anschwoll: „Ach, bitte, verzeih."

Da wandte ich ihm endlich den Kopf zu und schaute ihn lange schweigend und nachdenklich an.

„Verzeih!" wiederholte Raimund. Er schrie es fast. Er packte meinen Arm und rüttelte ihn. „Ich war wahnsinnig, Daniela. Ich war betrunken."

Ich gab geistesabwesend zur Antwort: „Ja, das warst du."

„Und du bist mir nicht einmal böse?"

„Bitte, sei still." – Ich war unfähig, unseren Streit dort fortzusetzen, wo Raimund ihn im wahrsten Sinne des Wortes mit einem Schlag unterbrochen hatte. Ich hätte meine Gedanken nicht sammeln und schon gar nicht formulieren und aussprechen können. Ich preßte die Hand auf den Mund und bewegte mich nicht.

Raimund hatte sich auf das Bett gesetzt und sah nüchtern, müde und reuevoll aus. Das Licht der Leselampe über dem Bett beschien sein Gesicht. Dabei wurden Wülste und Falten sichtbar, die nicht auffielen, wenn die Beleuchtung weicher war. Ich war unangenehm berührt, als ich es bemerkte. Früher hatte ich Raimunds Haut mit teurem Leder verglichen. Jetzt fiel mir dazu etwas Minderwertiges ein. Ich dachte an Wammenleder, das dick und zerknittert ist, und dessen Farbe häufig ins Graue spielt. Raimunds ehemals nette und lustige Sommersprossen waren nur noch Hautunreinheiten mit rostigem Farbton. Ich hatte den Eindruck von einem krassen und jähen Verfall, der nicht unerwartet, aber doch zu früh kam.

„Ich mache dir einen Vorschlag“, sagte Raimund. „Wir gehen jetzt schlafen und sprechen uns morgen aus.“

Ich war damit einverstanden, denn nichts wünschte ich mir mehr, als mich in eine Betäubung sinken zu lassen, in der meine ordnenden und heilenden Kräfte ungestört arbeiten und mich wiederherstellen konnten. Ich war nicht mehr aufgebracht oder erregt – ich war einfach erschlagen. Darum schlief ich auch unverzüglich ein, kaum, daß ich mir die Decke zurechtgerückt und den Kopf auf das Kissen gebettet hatte. Ich kam nur zu einem kurzen, doch tiefen Schlaf. Er dauerte nicht viel länger als etwa vier Stunden, dann weckte mich eine innere Uhr, und ich stand auf. Raimund sah noch aus, als läge er im Tiefschlaf. Ich rüttelte ihn kräftig an den Schultern, wie ich das jeden Tag tat, da öffnete er mühevoll und verdrossen die Augen. –

„Muß ich wirklich schon aus den Federn? Das gibt's doch nicht.“

Ich hielt ihm wortlos meine Armbanduhr hin. Er rollte sich demonstrativ wieder ein und sagte, daß er zu spät kommen werde. Das käme bei ihm nicht allzuoft vor, darum werde man es ihm nachsehen müssen. Basta.

Seine Stimme klang rauh. Er war arg verkatert. Vielleicht war es wirklich besser, wenn er zu spät kam und sich nicht mit diesem Gesicht an seinem Arbeitsplatz blicken ließ.

Meine Arbeit machte ich schlecht, und dann gab ich sie überhaupt auf, weil das Denken zu mühsam war. Es erforderte immer wieder, daß ich mich aus meinen Grübeleien herausriß. Ich wäre am liebsten sofort zu Ingrid gegangen, um ihr zu sagen: „Ich lebe doch nur in einem Wahn. Es gibt eine zweite Wirklichkeit, in der Raimund tot ist. Heute nacht war ich dort, wenn auch nur für Sekunden. Ich kann in sie zurückgehen, wenn ich das möchte. Du bist doch nur ein Schatten, ob du willst oder nicht, und die Bücher, die mich von etwas anderem überzeugt haben, taugen nichts."

Während ich grübelte, kam mein Chef herein. Er fragte mich freundlich: „Ein kompliziertes Problem?" – Und ich war in der glücklichen Lage, nicht lügen zu müssen. Die Verweigerung einer Antwort verdiente er nicht.

Ich sagte, ehrlich bedrückt: „Ach, ich habe eine Menge Probleme. Ich setze in einemfort meine ganze Logik ein, aber was auf die Dauer herauskommt, ist immer nur Flickwerk. Kaum hat es den Anschein, daß eine Erklärung stimmt, tritt etwas ein, das mir beweist, daß sie doch nicht ganz richtig sein kann. Diese Ungereimtheiten bringen mich um den Verstand. Oft habe ich das Gefühl, ich ersticke an ihnen."

„Ist das wahr? Das k a n n doch nicht wahr sein", sagte der Chef. Seine Augen rundeten sich vor Betroffenheit. „Ich habe geglaubt, daß Sie von unserer Theorie überzeugt sind. Meine Hand hätte ich dafür ins Feuer gelegt. Die Zweifel daran sind die Zweifel der Fachkollegen, aber doch nicht die Ihren, Frau Doktor. Das glaube ich nicht. Ich erinnere mich noch daran, wie wehrhaft Sie waren, wie überzeugt Sie gegen die Skepsis gewettert haben. Sie werden mir doch jetzt nicht sagen, daß das nicht echt war!“

Ich erwiderte: „Doch, es war echt“. – Und das war noch immer die Wahrheit. Doch um bei der Wahrheit zu bleiben, mußte ich konsequent sein. Ich mußte hinzufügen: „Ich habe kein Recht gehabt, mich so stark zu machen, weil ich selber nicht besser bin. Ich kann die Logik nicht ausschalten, auch dann nicht, wenn sie mich narrt. Sie führt mich im Kreis, statt mich an ein Ziel zu bringen.“

„Und so soll es auch sein, Frau Doktor.“ – Mein Chef war schon wieder versöhnt. Er begann ein Gespräch über unser Gespenstergefüge, nicht ahnend, daß ich über Raimund gesprochen hatte. Alles lief auf die unlösbare Frage hinaus, ob er ein lebender Mensch oder doch nur ein Trugbild war. Und je länger ich mich mit dem logischen Denken herumschlug, desto mehr entartete mir mein Wunder zum Ärgernis. Ich lebte im tiefsten Zwiespalt und wußte nicht, ob mein Chef beneidenswert oder bedauernswert war. Er war als denkendes Wesen noch mit sich eins. Doch ich war herausgefordert, an Wunder zu glauben und hatte mir eingebildet, ich hätte es schon gelernt. Welch ein Irrtum. Und welch ein Verlust! War auch Schuld im Spiel? Ich fing immer wieder von neuem zu grübeln an.

Die Aussprache über den Schlag ins Gesicht, den Raimund mir im betrunkenen Zustand verabreicht hatte, erschien mir schon unerheblich, bevor sie stattfand. Was mich bis ins Innerste verstörte, war das, was als Folge davon geschehen war: das Wiederauftauchen jener versunkenen Welt und ihr Wiederverschwinden.

Ich wunderte mich, wie apathisch ich war, als ich Raimund bereits in der Wohnung vorfand, wo er gewartet hatte und bei meinem Eintritt aufstand. Mein Gruß war sachlich, und seine Antwort war kalt. Er stellte sich vor mich hin und fragte mich genau das, wovon ich geglaubt hatte, daß er es wissen müßte.

Er fragte: „Was wirfst du mir eigentlich vor?“

Ich faßte mich schnell und sagte: „Das gleiche wie gestern. Doch muß ich feststellen, daß du mir gestern nicht zugehört hast. Oder hast du es vergessen, weil du so betrunken warst? In diesem Fall wüßtest du auch von der Ohrfeige nichts mehr.“

Raimund warf mir einen wütenden und warnenden Blick zu. „Oh, ich war nüchtern genug. Ich weiß, was du willst. Du willst alles so drehen, daß du an nichts schuld bist, und ich soll der Sündenbock sein. Damit kommst du aber nicht durch. Du kannst nämlich nicht bestreiten, daß seinerzeit du es warst, die mich davon abgehalten hat, mein Vermögen zu retten.“

„Was sagst du da?“ – Ich schüttelte unwillkürlich den Kopf. War es möglich, daß sein Respekt vor meinem Verstand so gering war? Nicht einmal eine Ausrede war das. Ich fand keinen Ausdruck dafür. Es war ein Strohhaufen, hinter dem er sich verschanzte – das Stroh der Dummheit. Vielleicht spürte er, daß mich Dummheit oft wehrlos macht, besonders, wenn auch noch Frechheit dabei ist. – Doch machte ich einen Fehler. Ich ging darauf ein.

Ich entgegnete ihm so energisch und ernsthaft, als müßte ich ein echtes Argument entkräften: „Lieber Raimund, du weißt, daß das Unsinn ist, weil mein Einspruch dich überhaupt nicht beeinflußt hat. Du hast getan, was du wolltest – wenn auch erfolglos. Du hast mein schlechtes Gewissen gut ausgenützt.“

Raimund war wieder ruhig und unverfroren. Er tat, als verstünde er nicht, um was es ging. „Willst du etwa abstreiten, daß du mir nach dem Tod meiner Mutter zugeredet hast, die Anteile zu behalten? Nun? Wie war das?“

Das war schlau. Er sprach mich von meiner Schuld nicht frei, er versetzte sie nur um ein Jahr zurück und verankerte sie an einem Zeitpunkt, von dem sie nicht mehr weggewischt werden konnte. Tatsächlich erreichte er, daß ich vor Verblüffung den Mund hielt. Er stellte sich vor mich hin und schaute mich merkwürdig an, so als ob er meinen Wert für sich abschätzen wollte. Auch ich schaute kritisch und mitleidlos in sein Gesicht. Das Ausschlafen hatte ihm gut getan. Ich sah von der argen Verwüstung der vergangenen Nacht nur noch Spuren: eine leichte Gedunsenheit, eine graublasse Haut, eine leichte Rötung in den Augenwinkeln, doch es genügte, daß ich mir in Erinnerung rief, wie Raimund aussehen konnte, wenn er betrunken war.

Er verzog den Mund und lachte: „Jetzt sagst du nichts mehr.“ Dazu nickte er selbstgefällig und mit Nachdruck: „Ich hätte nie auf dich hören sollen. Die allzu gewissenhaften Leute haben kein Glück. Ich hab immer Glück gehabt, mir ist alles gut ausgegangen, solang du nicht angefangen hast mir dreinzureden. Schau doch nicht so! Was ich sage, ist wahr. Ich bin für das Glück geschaffen und ziehe es an. Du findest nicht bald einen Mann, der so jung ist wie ich und schon eine so große Erbschaft gemacht hat.“ –

Ich spürte den Schwung, den er hatte, um weiterzureden, und das plötzliche Stocken, das daher kam, daß er vor seinen eigenen Worten peinlich erschrak.

Die Pause, die er machte, nützte ich aus und ätzte seine Selbstgefälligkeit mit Verachtung: „Du siehst es also als glücklichen Umstand an, daß deine Mutter so früh gestorben ist?“

Er errötete und wandte sich ab. Er war über sich selbst wahrscheinlich genauso wütend wie über mich.

„Du kannst mich wieder anschauen, Raimund. Ich bin froh, daß du wenigstens rot geworden bist.“

Unbeherrscht fuhr er herum und reckte den Kopf vor. Ich dachte: Jetzt schlägt er mir wieder ins Gesicht. – Voll Spannung, fast ungeduldig, wartete ich darauf, denn ich wußte oder hoffte zumindest, daß dann das gleiche eintreten könnte wie in der Nacht. Ich hoffte, daß das alte Tapetenmuster erscheinen und Raimund sich neben mir auflösen könnte. Und diesmal würde ich w o l l e n , daß es geschah. Es gäbe keine Gegenkraft in mir, auch wenn ich nahe daran war, vor Angst zu sterben. Raimund mußte verschwinden, und ich könnte mir sagen: Gut so. – Und dann?

Leider erfuhr ich das nicht, weil Raimund nicht zuschlug. Etwas völlig anderes ereignete sich. Er senkte den Kopf und war plötzlich kleinlaut.

Er murmelte: „Du weißt, daß es nicht so gemeint war", und nahm meine Antwort hin:

„Das weiß ich nicht. Ich weiß, daß du vorhin geredet hast, wie du denkst. Und das kommt wohl nicht allzuoft vor, lieber Raimund."

Er legte die Hand auf die Augen: „Hör auf! Hör auf! Dann bestreitest du eben, daß ich ein Mensch bin, der Glück hat. Aber daß du mir Pech gebracht hast, wirst du nicht abstreiten können. Du mit deinem Pflichtbewußtsein und deinen Skrupeln!"

Ich zuckte zusammen. Was hatte er da gesagt? Er hatte mir vorgeworfen, ich hätte ihm Unglück gebracht. Und dies nicht allein mit dem, was ich getan oder im guten Glauben verhindert hatte, sondern weil ich ein unheilbringender Menschentyp war. Er scheute wirklich kein Mittel, um mich zu verletzen, auch wenn er mir nicht gerade ins Gesicht schlug. Es war der geeignete Zeitpunkt für Raimund, sich mit infamer Eleganz aus der Affäre zu ziehen.

Auf einmal lächelte er: „Aber lassen wir das. Ich trage dir nichts nach. Es bringt mir mein Vermögen nicht zurück, wenn wir streiten. Ich schlage dir also vor, daß wir Frieden schließen." – Er hob die Hand und streichelte mich und beeilte sich sehr, hinzuzufügen: „Es tut mir übrigens aufrichtig leid, Daniela, daß ich gestern so unbeherrscht war. Ich bin dir sehr dankbar, daß du es nicht tragisch genommen hast. Zur Buße habe ich dir etwas mitgebracht." – Er brachte ein Päckchen zum Vorschein und schälte es aus dem Papier. Französisches Parfum! Die Sühne roch angenehm.

Schließlich tat Raimund seinen typischen Blick auf die Uhr, zog den Mantel an und sagte: „Dann gehe ich also." – Als Überraschungssieger verließ er das Haus.

Je länger ich Raimunds Vorwurf überdachte, ich hätte Unglück in sein Leben gebracht, um so größer wurde meine Empörung darüber. Es gab wirklich keinen Hinweis darauf, daß dies stimmte. Das Unglück, von dem er betroffen war, war unabhängig von meinen Eigenschaften.

Ich gebe zu, daß jemand, dem nichts in den Schoß fällt, diese Eigenschaften entwickeln muß, um sich zu behaupten. – Aber waren sie deshalb weniger wert? Ich verwahrte mich dagegen, in seinen Augen ein wandelnder Unstern zu sein – so etwas wie ein Mensch, der den Bösen Blick hat.

Ich dachte daran, wie es wäre, wenn ich ihm sagte, daß ich es war, der er sein Leben verdankte, und auf welche Weise ich das bewerkstelligt hatte. Sollte ich ihm das Heft zeigen, in dem die magische Formel stand, durch die er, wie an einem Zwirnsfaden hängend, lebte? Sollte ich ihm raten, daß er gut daran täte, mich nicht zu reizen?

Mein Stolz kam zurück und wurde zum Hochmut, der lästerlich war, wenn ich daran dachte, wie einmalig die Gnade war, die ich erfahren hatte. – Was für ein prunkvolles seelisches Ausstattungsstück am Beginn – und was für ein immer kläglicher werdender Fortgang!

Davon abgesehen kümmerte es mich nicht mehr, ob diese oder jene Erklärung stimmte. Raimund hing auch als Traumgeschöpf von mir ab. Ich war einverstanden mit meinem Erwachen. Doch auch den Vorsatz, dies nicht herbeizuführen und nur den Zufall walten zu lassen, empfand ich als Macht.

Der Tag, an dem ich all meine Dankbarkeit und all meine Freude an Raimund aufgab, damit ich mein Selbstbewußtsein wiedererlangte, hätte ein Tag des Resignierens sein müssen. Doch ich fühlte mich wohl, wie immer dann, wenn ich auf ein klares Ergebnis verweisen kann. Und das konnte ich nicht nur in meinem privaten Bereich. Auch beruflich war es ein stolzer Tag für mich. Unsere Versuche brachten ein Ergebnis, das uns recht gab. Die Versuchsbedingungen hatten endlich gestimmt.

Ich bekam die Feinstrukturaufnahmen aus dem Photolabor. Die meisten Streifen sahen wie immer aus. Aber dann, als ich jene eine gegen das Licht hielt, sprang ich auf und stieß einen kurzen freudigen Schrei aus. Ich sah, daß ganz nahe bei der Linie des Restaustenits eine schwache, aber sehr deutliche zweite Linie stand, die der etwas größeren Gitterkonstante des metastabilen Austenits entsprach. Es gab ihn! Ich lüftete sein Inkognito. Und ich war die erste Zeugin, daß dies geschah. Ihn selbst würden wir zwar nie zu Gesicht bekommen. Es war nicht möglich zu erfahren, wie er aussah. Doch hatte er uns Signale gesandt, indem er einen gewichtslosen Röntgenstrahl, der ihn nicht erschüttern konnte, zurückgestrahlt hatte. Das so leicht zerstörbare Gespenstergefüge und der handfeste Restaustenit, der kaum zu beseitigen war, selbst wenn man ihm alle möglichen Torturen antat, ihn hämmerte oder zur Rotglut brachte, hatten nebeneinander ihre Spuren geprägt. Ich hielt etwas Überzeugendes in der Hand.

Ich schaute auch die Streifen der zweiten Testreihe an. Sie gehörten zu Proben, deren Oberflächen durch Hämmern beeinflußt worden waren. In ihnen gab es keinen metastabilen Austenit mehr. Die Erschütterungen hatten bewirkt, daß er umgekippt war und nun als stabiles Härtegefüge vorlag. Der Restaustenit war noch da. Sein Schwärzungsmuster bewies es.

Die ganze Abteilung feierte das Ereignis. Wir ließen uns Sandwiches bringen und tranken Wein. Während der nächsten Tage hatte ich viel zu tun. Immer neue Photos mit doppelten Linien trafen jetzt ein, die ich vermessen und auswerten mußte, um anhand von Zahlen und Fakten zu zeigen, daß unser Ergebnis kein Zufallsergebnis war. Daneben machte ich mir schon Notizen für unseren Aufsatz. Diesmal sollte er selbstbewußt und ausführlich sein – nicht mehr bloße Vermutungen präsentieren, sondern kühle, glatte Tatsachen, Punkt für Punkt.

Mein Privatleben blieb vor der Tür. Ich wollte ungestört sein. Ich hatte nicht einkalkuliert, daß es von Gedanken durchschwirrt war, und daß diese auch durch geschlossene Türen drangen. Es war unausbleiblich, daß es zu einer Assoziation kam. Ich erwähnte im Aufsatz zu oft den mechanischen Schock, der das Gespenstergefüge verschwinden ließ. Dabei fiel mir notgedrungen ein anderer Schock ein – die Ohrfeige Raimunds samt ihrem Effekt. Ich dachte: Da wäre ihm fast ein Malheur passiert. Er hätte mich beinahe herausgeschlagen aus meiner metastabilen Wirklichkeit, in der er lebend seinen Vergnügungen nachgeht, statt Ausgangssperre zu haben, weil er im Grab liegt. Ich empfand es als schrecklich lästerlich und doch auch komisch – und in einem plötzlichen Überwallen von Grauen als wahr. Mir fiel ein, daß ich einmal gesehen hatte, wie man einen Narkotisierten tätschelte, damit er erwachte. Und mir schien, daß da mehr als ein Analogieschluß erlaubt war.

Ich stand auf, schaute unentschlossen umher und wußte erst, was ich wollte, als mein Blick an der Tür hängenblieb. Ich verließ mein Zimmer und klopfte bei Harry an. Und dann ging ich unaufgefordert zu ihm hinein. Er hob den

Kopf und sah aufgestört aus. In der winzigen Zeitspanne, bis er mich erkannte, verschwand ein Ausdruck von Unwillen aus seinem Gesicht. Er hatte gegrübelt – ich sah noch die Falten auf seiner Stirn. Und als ich ihn geradeheraus fragte, wie es Doris ginge, vertieften sie sich.

„Wie immer", war seine knappe, doch freundliche Antwort. „Daß sie nicht mehr gesund werden kann, steht jetzt schon fest, aber manchmal kann ich auch mit ihr reden – da merkt man nicht viel von ihrer Krankheit."

„Glaubt sie immer noch, daß ich ihre Feindin bin?"

„Das schon. Aber du bist natürlich kein Einzelfall. Es ist ein kompliziertes System von Mißtrauen, das sie sich da aufbaut. Ich habe oft das Gefühl, daß das Mißtrauen etwas ist, das ihr hilft, auch wenn es sie anderseits quält und dauernd ängstigt."

Er schwieg. Er hatte von sich aus genug gesagt und schien nicht in der Stimmung zu sein, mir den ganzen Bestand seiner Sorgen mitzuteilen. Auch ich war an keinem Herzausschütten, sondern nur an einigen Hauptpunkten interessiert.

„Glaubst du, daß es einen Sinn hat, wenn ich zu ihr gehe? Wenn ich ihr mit aller Logik und aller Geduld die Unsinnigkeit ihrer Verdächtigungen erkläre?"

Er gab mir die Antwort, die ich erwartet hatte: „Nein." – Und dann sagte er mir das gleiche wie schon einmal. „Sie hat sich ihre Welt aufgebaut, und das ist nicht einfach ein Gedankengebäude. Da gehört alles hinein, was unser Leben ausmacht, auch die Gefühle und die Sinneseindrücke. Wenn sie darauf ihre Überzeugung gründet, ist sie im Recht."

Ich nickte verstehend und starrte ihn lange an. Er ließ sich davon nicht aus der Fassung bringen, sondern ließ mich sitzen und machte sich wieder an die Arbeit.

Ich fragte: „Hast du es schon einmal mit einem Schock versucht?"

Er winkte ab und lachte mich beinahe aus. „Sie hat einige Elektroschocks hinter sich.“

„Nein, nein, das meine ich nicht. Du verstehst mich falsch, und ich kann dir jetzt nicht erklären, worum es geht. Gib ihr einmal einen kräftigen Schlag ins Gesicht. Bitte, tu das. Und laß mich wissen, wie sie darauf reagiert.“

Damit brachte ich Harry, der sonst so gutmütig war, in Zorn. „Bist du verrückt? Sind wir im Mittelalter?“

„Nach dem Gregorianischen Kalender sicher nicht. Ich könnte allerdings oft genug glauben, daß es für uns einen Weg dahin gibt.“

„Ach so?“

Ich ignorierte den spöttischen Klang seiner Antwort und redete weiter, wenn auch hauptsächlich mit mir selbst. „Ich weiß, was ich meine. Erklären kann ich es nicht. Und du würdest dir es auch bestimmt nicht erklären lassen, denn so ein ordentliches Weltbild, wie wir es haben, mit seinem quarzgesteuerten Zeitablauf, ist zu überzeugend für den, der nichts anderes kennt. Doch glaub mir, ich bin aus Erfahrung davon überzeugt, daß es einen verschütteten unterirdischen Gang gibt, und der führt auf dem kürzesten Weg in das Mittelalter wie ein schwarzer in die Erde gegrabener Schacht.“

„Ach so?“ – Das hörte sich nicht mehr so spöttisch an. Ich fühlte mich sogar aufgefordert, weiterzureden:

„Er führt vielleicht noch viel tiefer hinunter. Zu den Höhlen von Altamira zum Beispiel. Die bedeuten etwas wie den Anfang der Menschheit für mich. Ich bin einmal dort gewesen. Das war wie ein Sturz durch die Zeit.

Er lächelte unfroh. „Und noch tiefer geht es wohl nicht? Es kann heiß werden in deinem Schacht, wenn du tiefer gräbst. Da kommst du zum Erdkern, und der ist feuerflüssig.“

„Da komme ich bis in die Hölle“, bekräftigte ich.

Er sagte: „Wie klug deine Lehren sind. Jetzt weiß ich endlich, wo sich die Hölle befindet. In letzter Zeit habe ich nämlich geglaubt, daß sie ein unaufhörlicher Selbstvorwurf ist."

Er bot mir eine Zigarette an, nahm selbst eine und gab mir Feuer. Das war bei ihm ein Zeichen der Sprechbereitschaft. Er spuckte einen Tabakkrümel aus und sagte:

„Es ist merkwürdig, daß du da einen wunden Punkt berührt hast. Bei Doris ist nämlich die Krankheit zum Durchbruch gekommen, nachdem ich sie im Streit geohrfeigt habe."

Er gestand mir, daß es vor dem Ausbruch der Krankheit zu vielen Streitigkeiten mit Doris gekommen war, weil sie plötzlich zu einer peinigenden Eifersucht neigte.

„Aber doch nicht auf mich!" rief ich aus.

„Nein, auf alle möglichen Frauen. Aber du warst besonders verdächtig, das gebe ich zu."

Ich sagte: „Da muß sie schon vorher krank gewesen sein und nicht erst, als du sie geohrfeigt hast."

„Na ja, daran mag etwas Wahres sein. Viele Anzeichen waren ja wirklich schon vorher da. Andere sind erst später dazugekommen. Sagen wir: es hat alles zusammengewirkt. In Doris war einfach eine innerliche Bereitschaft, ein Warten auf Anlässe, die sie als Vorwand nahm, sich wieder tiefer in die Krankheit fallen zu lassen, bis etwas wie ein neuer Gleichgewichtszustand erreicht war. Vielleicht braucht sie den und fühlt sich geborgen darin. Ihr erscheint es möglicherweise gar nicht als schrecklich und qualvoll. Am liebsten möchte ich sie in Ruhe lassen."

„Das heißt, daß du dich von ihr im Grunde getrennt hast?"

„Wenn du willst, bedeutet es das. Sie könnte auch tot sein. Die Verständigungsmöglichkeiten zwischen uns nehmen ab. Bald wird es keine mehr geben, dann ist sie so gut wie tot. Und da soll ich hingehen und ihr eine Ohrfeige geben?"

Ich hielt ihm die Hand hin und sagte: „Sei mir nicht bös."

Er spielte nachdenklich mit meinen Fingerspitzen. Dann zwickte er mich mit dem Daumennagel, und das war die Absolution, die er mir gab. Zugleich beendete er damit unser Gespräch.

Mein Leben mit Raimund war wieder einigermaßen im Lot. Es war durch mein Wissen, daß ich ihn nicht mehr liebte, fixiert. Doch war er auch mein Geschöpf, das mir geschenkt worden war, und an dessen Schöpfung ich zum Teil mitgewirkt hatte.

Wir hatten einen privaten Frieden geschlossen, in dem unser Ehefragment seinen Fortgang nahm. Zuweilen erzählte mir Raimund sogar noch etwas. Ich stufte es automatisch als Lüge ein.

Nach einer langen und schwierigen Krisenzeit, in der ich es fast schon als Schändung empfunden hatte, wenn Raimund zu mir gekommen war, um mich zu lieben, und ich mich schämte, weil mich das unvermindert beglückte, errang ich ebenfalls einen gefestigten Standpunkt. Jeder Vorsatz, mich einfach totzustellen, wenn Raimund sich mir näherte, war fehlgeschlagen. Ich hatte die Schaltstellen meiner Nerven bewußt blockiert, wenn die schmeichlerischen und wohlbekannten Impulse, auf die sie sich eingestellt hatten, zu fließen begannen. Doch sie waren und blieben empfangsbereit, und bald hörte ich mich zärtliche Worte flüstern. Jetzt beschloß ich kühn, mich seiner zu bedienen, und sagte mir, daß ich das Recht hätte, dies zu tun.

An den vielen einsamen Abenden wartete ich nicht mehr bewußt auf Raimund. Ich kochte nie mehr ein Abendessen für ihn. Trotzdem gab er mir das Geld für die Haushaltsführung und die Hälfte der Rückzahlungsrate für die Wohnung. Ich muß zugeben, daß er mir mehr zahlte, als er verbrauchte. Freilich rührte er keine Arbeit mehr an. Er verursachte mir aber auch immer weniger Arbeit, wenn ich vom Reinigen und Bügeln seiner

Kleidung absah. Es gab weniger Unordnung als in der Zeit, in der er noch manchmal zu Hause geblieben war.

Doch führte er jetzt eine andere Unsitte ein. Er gewöhnte es sich an, in der Früh im Bett zu bleiben, wenn er erst gegen Morgen heimgekommen war. Wenn ich meine Besorgnis darüber aussprach, winkte er ab und sagte, es bestehe für ihn kein Zwang, sich an die Bürozeit zu halten. Wenn einer tüchtig sei, spiele es keine Rolle, ob er sich an seine Arbeitszeit halte oder nicht.

Er hatte sich immer schon zu den guten Arbeitern gezählt. Ich wußte, daß er sich für eine der Stützen in seinem Büro hielt und konnte mir nur wünschen, daß das stimmte. Mir erschien es zumindest wahrscheinlicher als so manches, was er mir erzählte, wenn ihm der Sinn danach stand. Er log, hatte auch Phantasie, und die brauchte er für seinen Job.

Es hätte nur nicht so oft geschehen dürfen, daß Raimund einfach liegen blieb und sich ausschlief. Er belastete damit auch mein Gewissen, das noch immer bereit war, sich schikanieren zu lassen. – Am Anfang machte er sich wenigstens die Mühe, das Bett in Ordnung zu bringen, bevor er die Wohnung verließ, doch bald kam die Zeit, in der er sich auch diesen Handgriff ersparte. Wenn ich dann heimkam, widerte es mich an, das offene und zerwühlte Bett vorzufinden. Die Luft im Wohnzimmer war noch stickig und verbraucht. Ich konnte so lange lüften, wie ich wollte. Sobald das Fenster wieder geschlossen war, kam nach einiger Zeit erneut ein Geruch zustande, der nicht stark, aber unangenehm und fast feindselig war. War das wirklich nur der Gestank der Drachenwurz oder auch der des betrunkenen Raimund?

Als mir das zu bunt wurde, rief ich ihn an und ersuchte ihn, morgens gründlich die Wohnung zu lüften. Er versprach, es zu tun und hielt sich auch daran. Trotzdem blieb in der Wohnung etwas von diesem Geruch.

Eines Abends im Winter war Raimund pünktlich daheim und war so liebenswürdig wie schon lange nicht mehr. Das bedeutete wohl, daß ich mich auf etwas gefaßt machen mußte, wofür meine Langmut dringend nötig war. Er bedachte mich mit auffallend viel Freundlichkeit, die schon den Eröffnungspraktiken der Liebe gleichkam. Er verschwendete mehr Bemühung an dieses Manöver als sonst insgesamt im letzten halben Jahr. Dazu mischte er gerade soviel Verdrossenheit, daß sie nur wie ein bitterer Gewürzhauch wirkte, trat an das Fenster und lud mich ein, den ausnehmend scheußlichen Abend zu betrachten. Ein spätnovemberlicher Regensturm fauchte uns an und beschränkte unsere Aussicht auf wenige Meter.

Raimund fragte in Schmeicheltönen, ob ich mir vorstellen könne, daß es auf anderen Teilen der Erde jetzt paradiesisch schön sei.

„Ich kann mir mehr vorstellen, als du mir anscheinend zutraust", erwiderte ich. „Zum Beispiel kann ich mir vorstellen, was du jetzt gleich sagen wirst."

Er stupste mich lachend. „Dann sag ich es. Fliegen wir fort!"

„Nach Äquatorialafrika?"

„Nein, auf die Malediven. Ein Bürokollege von mir tritt zurück, weil seine Frau operiert werden muß, und könnte mir billig das Arrangement überlassen. Er verliert dabei weniger als im Reisebüro."

„Dann wird er schon einen Abnehmer finden", sagte ich zugeknöpft. Es war eine automatische Reaktion, die in unserer Lage nicht anders ausfallen konnte. Erst nachher kam meine wirkliche, nicht mehr automatische Regung: ein mächtiges Fernweh. Doch Raimund, die Malediven vor Augen, bemerkte sie nicht.

„Also du willst nicht", maulte er enttäuscht.

Ich fragte: „Hast du dabei mein Erspartes im Sinn?"

Es war nur als Frage gedacht und nicht als Verhöhnung, denn halb und halb hatte er mich schon umgestimmt. Doch Raimund fühlte sich anscheinend in seiner Ehre gekränkt.

„Du bist langweilig wie ein Margarinebrot", fuhr er mich an und kehrte der feuchtkalten Szenerie den Rücken, und ich wußte, daß das auch eine Abkehr von mir war. Kein Wort wurde mehr darüber verloren. Ich glaubte, die Sache sei abgetan. Doch als Raimund drei Wochen später die Koffer packte, die Taucherbrille und den Schnorchel dazugab und bereits aussah, als ginge er unter einer Sonne, die nur für ihn schien und mir verweigert war, gab er mir damit ohne Worte kund, daß er für sich allein die Entscheidung getroffen hatte.

Ich war tief verletzt und sagte ihm das.

„Du hättest ja mitkommen können", wies er mich zurecht. „Jetzt hab ich mir jemand anderen suchen müssen."

„Und zwar Kilian Weidrich", ergänzte ich. – Daß Raimund darauf keine Antwort gab, konnte nur bedeuten, daß ich richtig geraten hatte. Ich hatte einen großen Fehler gemacht. Nun kam zu dem Riß, der durch unsere menschliche Bindung ging, auch noch eine räumliche Trennung, die beängstigend groß war. Und es kam eine lange, ununterbrochene Zeit dazu, in der Kilian auf Raimund einwirken konnte. Da fiel ich als Gegenkraft nicht mehr ins Gewicht.

Ach was, mir lag ja an Raimund nichts mehr. Er sollte tun, wonach ihm zumute war und sich mit Düsenlärm aus meinem Leben entfernen. Das Alleinsein nachher, die einsamen Abendstunden, frei von der Demütigung des Wartens, sollten mir zeigen, wie gut ich auf Raimund verzichten konnte.

In der Tat stellte es sich als erholsam heraus, ihn für eine

Weile weit fort zu wissen. Aber allzu erholsam war es auch wieder nicht. Zumindest machte mir der Gedanke zu schaffen, wie es möglich war, daß er sich diesen Urlaub noch leisten konnte. Ich bemerkte, daß seit meiner Heirat mit Raimund in mir eine automatische Rechenmaschine ablief, die mich jederzeit annähernd genau informierte, wie es um seine Barmittel stand. Wenn ich seine Lebensweise erwog sowie die Durchschnittszeiten, zu denen er nachts heimkam, wenn ich die Schlüsse aus den Rechnungen zog, die ich gelegentlich in den Taschen seiner Anzüge fand, hätte er für die Malediven kein Geld haben dürfen – es wäre denn, er hätte Schulden gemacht. Die Pfandbriefe waren mit Sicherheit schon verbraucht und das Geld bei der Bausparkasse fest gebunden. Es war sehr wahrscheinlich, daß er längst Schulden machte oder kurzerhand sein Gehaltskonto überzog.

Er sollte sich künftig täuschen, wenn er darauf spekulierte, daß ich ihm von meinem ersparten Geld etwas gab. Ich wollte weniger als er, doch das wollte ich wirklich. Bis zum Überdruß hatte ich Raimund erklärt, daß mein Ehrgeiz sich nicht bis zu einem Haus verstieg. Ich hatte gar keinen Ehrgeiz – nur einen Dickkopf. Der betraf mein eigenes Sparziel: die größere Wohnung.

Ich hatte ein Buch nach Hause gebracht, das ich schon lange hatte lesen wollen. Immer wieder schweiften meine Gedanken ab und landeten bei meinen Alltagsproblemen. Ich rechnete nach, wie lang es noch dauern konnte, bis mein Vorhaben realisierbar war, mit dem Geld, das mir meine jetzige Behausung einbringen würde, und meinen Ersparnissen, die erstaunlich rasch wuchsen, eine richtige Wohnung für ein Ehepaar zu erwerben. Wenn alles gut ging, sollte es in zwei Jahren schon soweit sein.

Doch dann blitzte etwas in meinem Kopf, und ich will gar nicht wissen, ob es eine Idee war, von der man zu sagen pflegt, daß sie aufblitzt, oder ob ich einfach im Geist den

Brillantring sah, der mir gehörte. Den hatte mir Raimund unmißverständlich geschenkt und nicht nur zur Verwendung überlassen. Und er allein war ein Vermögen wert. Ich war nicht so mittellos, wie ich aus Gewohnheit glaubte. Ich war fast reich. Der Ring! Er war mein, und ich trug ihn nie, weil ich eine Herausforderung des Schicksals darin sah. Ich nahm lieber Modeschmuck, denn auch der konnte schön und apart sein und mußte beim Tragen nicht dauernd beaufsichtigt werden. Der Brillantring war also nichts als ein Äquivalent für Geld, darum könnte ich ihn ohne großes Bedauern verkaufen. Gut, daß ich ihn hatte schätzen lassen, sonst hätte ich seinen Wert bei weitem verkannt und niemals daran gedacht, daß ein kleines Vermögen in ihm verdichtet war. Ich holte mein Schmuckkästchen, um ihn noch einmal zu betrachten und in Gedanken ein kleines Gespräch mit ihm zu führen, ihm zu sagen, was für ein vornehmes Ding er sei – doch für mich eben eine große Belastung und viel zuviel Aufwand. Er sollte zu einer Besitzerin kommen, die sich öfter getraute ihn herzuzeigen, denn das war ja der Seinszweck eines Prunkjuwels. – Das sollte mir den Abschied von ihm erleichtern.

Der Ring war nicht mehr im Schmucketui. Ich sage das so kurz und so kalt wie mein Schreck war. Ich setzte mich nieder, und mein Kopf war leer. Ich leerte alle Schutzhüllen aus, ließ Ketten und Armbänder durch meine Finger laufen. Ihre kühle Gleichgültigkeit ließ mich wissen, woran ich war.

Der Ring! Der Brillant! Auf ihn kam es an. Er war meine Wunscherfüllung in reinster Form. Er schloß zwei sonnige Räume ein, ein blauweiß verfliestes Bad mit funkelnden Armaturen und was sonst noch zu meiner erträumten Wohnung gehörte. Ich war beraubt. Der Brillant, die kristallene Bürgschaft für alle diese Wünsche war nicht mehr vorhanden.

Da niemand als Raimund zur Wohnung Zutritt hatte, war es klar, wer ihn mir genommen haben mußte. Auch das Rätsel der teuren Reise war jetzt gelöst.

Ich warf mich der Länge nach auf die Couch und schrie wie von Sinnen. Dann sprang ich auf und riß das Heft aus der Lade. Und das Blatt mit dem Zaubersatz, der darauf stand, schlug sich von selbst in meinen Händen auf. Ich starrte darauf nieder, zitternd vor Wut, und meine Hand tappte nach dem Feuerzeug auf dem Tisch. Ich tat den automatischen Handgriff, um es zu entzünden und merkte, daß keine Flamme entstanden war. Ich knipste es noch einmal an, und wieder brannte es nicht. Meine Hand war zu schwach gewesen und meine Bewegung zu hastig. Ich zwang mich, es ruhig und fest zu halten und den Zündfunken kräftig und bedächtig herauszuschlagen. Vergebens – es brannte, brannte, brannte nicht. Schließlich warf ich es wütend zu Boden und trat darauf, so fest, daß seine gläserne Hülle zersprang. Dann kramte ich nach einem Kugelschreiber und blätterte weiter im Heft, bis ich zu der Seite kam, auf der ich mir das letzte Mal einen Ärger mit Raimund vom Herzen geschrieben hatte. Ich ließ die restlichen Zeilen frei und schrieb auf das nächste ganz leere Blatt: „Raimund hat meinen Brillantring gestohlen." – Dann schleuderte ich das zugeklappte Heft von mir.

Ich konnte meinen Körper nicht mehr beherrschen. Meine Hände zitterten und verkrampften sich. Am liebsten hätte ich wie ein Seemann gespuckt, um auszudrücken, wie mir Raimund zuwider war.

Es war gut, daß ich zornig war – das verpuffte schnell. Hätte ich mich gekränkt, so hätte es Tage gedauert, bis alles abgeklungen war, und ich anfangen konnte, in meinem Inneren wieder Ordnung zu machen. Aus Gerechtigkeit dachte ich noch einmal nach, ob mir Raimund den Ring ganz sicher geschenkt oder nur zur Verfügung gestellt hatte. Ich habe ein gutes Gedächtnis für Gespräche und kann sie oft noch nach Jahren wiedergeben. Sogar den Tonfall habe ich meistens noch im Ohr.

Raimund hatte gesagt: „Der Ring gehört dir.“

Er hatte ihn mir fest in die Hand gedrückt und meine Finger mit Nachdruck darübergelegt. Die steinernen Kanten hatten mir weh getan.

„Der Ring gehört dir. Du kannst damit tun, was du willst. Du kannst ihn verkaufen oder im Boden vergraben. Verbrennen kannst du ihn auch, wenn du Lust dazu hast. Das ist reiner Kohlenstoff – da bleibt nichts davon übrig. Am liebsten ist es mir natürlich, du trägst ihn. Du hast Ringhände: hellbraun und weich mit spitzen Fingern.“

Ich holte das Heft zurück, strich die Seiten glatt und notierte das alles als Erinnerungshilfe. Dann quollen Gedanken nach, die böse und vorwurfsvoll waren, und auch sie schrieb ich nieder – ohne Schonung für Raimund. Die Sache mit dem Ring war schon abgehandelt. Jetzt kam alles, was mir noch an Vorwürfen einfiel. Es war nicht wie sonst, wenn ich mir Mühe gab, Motive gegeneinander abzuwägen, bis fast ein wissenschaftlicher Aufsatz dabei herauskam. Diesmal war es, als leerte ich einen Sack Unrat aus.

Dann schlug ich das Heft so energisch zu, daß das Klatschen, das dabei zustande kam, mir einen Schlag in Raimunds Gesicht ersetzte, riß die Lade auf, um es wieder hineinzulegen und zog so fest dabei an, daß sie herausfiel und ihr Inhalt durcheinander am Boden lag. Zuoberst lag ein Kärtchen mit dem Rücken zu mir. Ich erlangte auf unerklärliche Weise die Fähigkeit, zu wissen, was darauf stand, ohne daß ich es las. – Dies war Gerhard Wetters Visitenkarte – und mit ihr formte sich die Erinnerung an die Nachtstunden in seinem Auto – in schwarze, prosaische Zeichen zusammengedrängt. Etwas Zartes, längst Hingeschwundenes deutete mir hier an, daß es wirkliche Freude gespendet hatte und bereit war, dies wieder zu tun, wenn mir daran lag.

Der Augenblick für diese Mitteilung stimmte genau. Wenn das Zufall war, so war es ein außerordentlicher Zufall. Ich hielt die Karte in der Hand und las sie: Gerhard Wetter, Maschinenbauingenieur. – Die Anschrift, die Telephonnummer las ich und auch das, was nicht lesbar war: Komm bald zu mir! – Ich hatte mir Zeit gelassen, und nicht nur dies. Ich hatte Gerhard auf angenehme Weise vergessen. Warum hätte ich Raimund körperlich untreu sein sollen? Gerade dazu gab er mir keinen Anlaß. Und auf andere Art hatte ich nicht treulos sein wollen, sonst hätte ich es Raimund gleichgetan. Aber jetzt? Jetzt wollte ich es Raimund gleichtun. Ich gab meiner Rachsucht nach und fühlte mich dabei im Recht. Ich dachte gar nicht daran, was ich von Gerhard wollte, ob ich das Bedürfnis hatte, mein Herz vor ihm auszuschütten, oder ob er einfach der Mensch für mich war, dessen Eigenschaften ich auf mich einwirken lassen wollte, um Raimunds Gemeinheit damit zu überdecken.

Ich rief an, und Gerhard hob an.

„Ich bin Raimunds Frau", sagte ich. – Das hörte sich unverfänglich an und ließ alles offen.

Gerhard dachte nicht eine Sekunde nach. „Daniela!" sagte er. „Ich bin froh, daß du anrufst." Er duzte mich. Das war gar nicht so selbstverständlich. Und auch meinen Vornamen kannte er noch. Bevor ich weiterreden konnte, sagte er: „Es war mir damals sehr ernst. Das wußtest du nicht."

Ich schwieg, denn dies war ein beglückender Überfall. Ich habe keinen anderen Namen dafür.

„Warum hast du es mir nicht gleich gesagt?"

„Weil ich wollte, daß du den ersten Schritt tust. Ich breche nicht gern in eine Ehe ein, auch nicht, wenn sie schlecht ist."

Da ich meine Ehe nicht zu verteidigen gedachte,

entstand ein Schweigen, das ohne Peinlichkeit war. Dann fragte Gerhard: „Wann kommst du also?"

„Wenn es dir recht ist, jetzt gleich. Es ist aber schon ziemlich spät."

Er lachte doppelsinnig. „Ich finde auch, daß es spät ist." – Und da widerfuhr mir etwas, was mich verblüffte. Plötzlich war eine jagende, unbezähmbare Sehnsucht da, die keineswegs erst bei diesem Gespräch entstand. Sie war alt und fest eingewurzelt – ein echter Teil meiner Gefühlswelt. Ich hatte sie nur bis jetzt zu verdrängen gewußt. Ich setzte mich in das Auto und fuhr zu Gerhard – nur zwanzig Kilometer, zur übernächsten Stadt. Da Gerhards Wohnung in jenem Stadtteil lag, den man, aus unserer Stadt kommend, als ersten durchfährt, fand ich seine Wohnung bald und war bald bei ihm. Die spontane Einigkeit zwischen uns war so groß, daß eine Begrüßung nicht mehr notwendig war. Gerhard zog mich ins Vorzimmer, drückte mich fest an sich und betrachtete lange mein Gesicht. Ich schaute in seine dunklen, ernsthaften Augen, die eng beieinander standen und trotzdem nicht scharf, sondern voll Wärme waren, die mir wohltat. Er war abermals kleiner als ich, weil er Hausschuhe trug, und ich wieder in Schuhen mit hohen Absätzen stand. Sofort schlüpfte ich heraus, und dann freute ich mich, weil jetzt Gerhard es war, der auf mich herunterschaute.

„Du mußt deine Schuhe nicht ausziehen."

„Aber ich will es."

Da lächelte er und gab mir Männerhausschuhe. Im Wohnzimmer bot er mir ein Getränk an.

Ich sagte: „Das ist eine weitere Vergeudung von Zeit. Du willst, daß ich die Initiative ergreife, und dazu gehört, daß ich jetzt nicht trinken mag."

Ich dachte an unser Beisammensein im Auto, an den Kuß, der zärtlich und endlos gewesen war, ohne sich zu steigern und mich begehrlich zu machen. Diesmal würde es wohl wieder so sein, wenn ich ihm erlaubte, Rücksicht zu nehmen. Von Anfang an erlaubte ich es ihm nicht. Ich brachte ihn mühelos dazu, mir zu zeigen, daß eine unerschöpfliche Leidenschaft in ihm war, die er aber in jedem Augenblick bändigen konnte. Es war, als klammerte ich mich an eine Stahlsaite an, die vibrierte, aber nicht riß und mich sicher hielt. Das war wunderbar neu. Da war nicht der verspielte Raimund, dessen Liebe gleitend und schmeichlerisch war, und der sie immer wieder zur Kunst erhob. Ich spürte, daß Gerhard nicht daran dachte, mir seine männliche Meisterschaft vorzuführen. Er war sich meiner bewußt und davon überwältigt. Er bereitete mir das reinste Glück, das es gibt. Ich hatte nicht lange genug zu warten gewußt und war Raimund zu früh in die Arme gerannt.

Als wir Kopf an Kopf nebeneinander lagen, war eine Ruhe in mir, die ich noch nicht kannte. Ich machte die Augen auf und schaute umher. Das Zimmer gefiel mir, auch wenn es auf einen Wesenszug in mir ansprach, den ich als meine männliche Beimischung ansah.

Ich fragte: „Ist das eine Mietwohnung?“

„Nein, sie gehört mir.“

„Ich habe auch eine Eigentumsgarçonnière.“

„Das ist schön. Da können wir meine und deine verkaufen und uns eine Wohnung einrichten, die uns beiden gehört.“

Ich wunderte mich nicht, daß er das so einfach sagte, daß er unser Zusammenbleiben für etwas Beschlossenes hielt. Er wollte, daß wir etwas gemeinsam hatten – und damit wollte er das gleiche wie ich. Aber Raimund – wo tat ich Raimund dann hin? – Es wäre für mich leicht und sogar befreiend gewesen, mich von ihm zu trennen. Trotzdem mußte ich immer daran denken, wo er war, und ob er unter Kilians Einfluß nicht gänzlich verkam. Was hatte sich da in mich eingenistet? Wie kam ich dazu, mich auch jetzt noch um ihn zu sorgen? – Oh, ich wußte so gut wie sonst nichts, daß ich selbst es war, die mir diese Verantwortung aufgehalst hatte. Niemand nahm sie mir ab, so inständig ich mir dies auch wünschte.

„Wäre das keine logische Lösung?“ fragte Gerhard.

Meine Antwort war unbestimmt. „Sie könnte es sein.“ – Ich hoffte, daß er die Trauer nicht hörte, die mitklang, sondern nur das, was normalerweise gemeint ist, wenn eine Antwort unbestimmt formuliert wird:

Man könnte darüber nachdenken. Ja, warum nicht.

So faßte er es auch auf und gab sich zufrieden. Das Reden und Plänemachen störte nur. Wir fanden aus unserm Bannkreis, der uns umgab, nicht heraus.

Es hört sich wahrscheinlich unglaubhaft an, wenn ich sage, daß ich Ekstasen des Geistes erlebte und meinen Körper dabei nur mitriß, aber vergaß.

„Kannst du morgen zu mir kommen, Gerhard?“ Ich fragte es laut, weil eine Ballung von Vitalität in mir war.

„Wie kann ich kommen? Raimund wohnt ja bei dir.“

„Morgen nicht.“ – Es widerstrebte mir, mehr zu erklären. – „Also kommst du? Sag ja. Ich will unbedingt, daß du kommst.“

Er versprach es und löste stürmische Freude in mir aus. Oh, ich freute mich wie auf ein großes Reinigungsfest.

Wir konnten fast jeden Tag beisammen sein und nützten es aus. Meistens kam Gerhard zu mir und blieb über Nacht, und mir fiel auf, daß meine Wohnung für ihn und für mich nicht zu klein war. Sofort war da eine einzige Sphäre, die ihm so selbstverständlich und so vertraut war wie mir. Vom ersten Tag an war es, als käme mein Mann nach Haus. Er hatte den Wohnungsschlüssel, er sperrte auf, ich hatte gekocht und wir aßen gemeinsam und räumten gemeinsam die Küche auf. Wir mußten nicht nach Gesprächen suchen. Eher fingen uns die Gespräche ein, sie umgarnten und fesselten uns, und kein Abend verging, an dem wir einander nicht besser kennenlernten. Wir wußten, warum wir einander so zwingend liebten. Wir waren so weitgehend von der gleichen Art, daß es nichts Folgerichtigeres gab, als ganz zu verschmelzen. Es waren da eher Gesetze im Spiel, die allgemeingültig sind, wie etwa die Schwerkraft, und nicht nur das Hormongebräu, das die Libido macht.

An Abenden, an denen wir nicht beisammen sein konnten, war eine schwere Störung in der Natur, und ich stellte mir vor, daß alles, was lebte, davon berührt war – vielleicht sogar Raimund im Indischen Ozean.

An so einem Abend war Ingrid bei mir und behauptete, mich weniger denn je zu begreifen. Sie wußte von Gerhard und billigte unser Verhältnis. Immer klarer wurde es, daß sie Raimund haßte, besonders da sie auch von dem Ringdiebstahl wußte. Ich hatte ihr ohne Bedenken davon erzählt. Ich schonte Raimund von nun an nicht mehr. Er hatte etwas derart Infames getan, daß er sich damit selbst an den Pranger stellte, und Ingrid beschimpfte ihn voll Verachtung und Hohn. Sie kannte keine Gnade und kein Mitleid. Sie bestürmte mich abermals, das Heft zu verbrennen und Raimund damit in das Nichtsein zurückzustoßen. Sie holte es aus der Lade und las darin, und ich ließ sie gewähren, obwohl ich fand, daß sie ihre Eigenmächtigkeit damit zu weit trieb. Ich ließ es zu, daß sie sich durch den Unrat hindurchlas, den ich damals aus mir herausgeleert hatte, durch diese Ergüsse aus Verzweiflung und Wut. Sie las mit einem Gemurmel, von dem ich nicht viel verstand, das aber im höchsten Maße bekräftigend klang. Zwischendurch erhob sie die Stimme und schlug auf das Blatt.

„Da hast du es selbst geschrieben: Er ist einfach ein Schwein. Es gibt keine Schimpfwörter mehr, die nicht auf ihn passen oder die zu drastisch und zu ungerecht für diese widerliche Menschenattrappe sind.“

Ich nahm ihr das Heft aus der Hand und legte es auf den

Tisch.

„Ja, siehst du, und hätte ich ihn damals vor mir gehabt, und hätte ich ihm das ins Gesicht geschrien, so hätte es seinen Zweck erfüllt. Und dann wäre es weg gewesen – verklungen, verraucht, und bald hätte ich nicht mehr so wüste Gedanken gehabt. Aber weil ich sie aufgeschrieben habe, dauern sie scheinbar fort. Du liest das und glaubst, ich fühle es noch. Aber nein, es ist längst überholt. Es war eigentlich nie ganz wahr.“

„Aber – willst du ihn denn wieder aufnehmen, wenn er zurückkommt?“

„Was ich dann tun werde, weiß ich noch nicht. Du sollst aber eines wissen, was sehr einschneidend für mich ist: In mir ist ein Sinneswandel vorgegangen. Ich bin nicht mehr die passive Empfängerin einer Wohltat, die immer mehr zur Bestrafung geworden ist. Ich fühle mich jetzt auch als Herrin über Raimund – egal in welcher Spielart von Wirklichkeit.“

Ingrid schwieg und ließ mir die Freiheit weiterzusprechen, doch fand ich in ihren Augen nichts, das mir recht gab. Ich sah nur das undeutbare Glimmen in ihnen, das ihr ein koboldhaftes Aussehen gab. Nun gut, was ich sagte, beeindruckte sie nicht. Trotzdem sollte sie weiter hören, was für mich endlich galt. Ich legte die Hand auf das Heft und sagte mit Nachdruck:

„Ich habe mich oft gegen den Gedanken gesträubt, daß ein Ding wie dieses Zauberkraft haben kann. Es störte mich, daß es nicht etwas wie ein Dreifuß, eine Kristallkugel oder eine Eule war. Du hast es manchmal viel ernster genommen als ich, aber jetzt nehme auch ich es ganz ernst. Ich weiß, daß hier die Nahtstelle ist, an der die zwei Wirklichkeiten zusammenstoßen, daß Raimund also hier lebt und drüben im Grab liegt. Stell dir einmal die Wucht der Verpflichtung vor, die für mich mit dieser Überzeugung verbunden ist. Am Anfang habe ich mir eingebildet, daß alles nur ein Geschenk für mich war, doch bald mußte ich sehen, daß es eine Aufgabe ist.“

„Jetzt hör aber auf“, schnitt mir Ingrid das Wort ab. „Er ist ein erwachsener Mann. Er hat sein Privatgewissen. Die Aufgabe, von der du da redest, ist ihm gestellt und nicht dir. Wo kämen wir denn sonst hin? Da verrennst du dich aber gründlich. Wirf ihn wenigstens aus deiner Wohnung hinaus und heirate so schnell wie möglich Gerhard. Das täte jede vernünftige Frau in so einem Fall.“

„Du vergißt, daß es so einen Fall nur einmal gibt.“ – Ich schüttelte lächelnd den Kopf. „Ich tu's nicht, Ingrid. Raimund bleibt der, für den ich verantwortlich bin.“

Ich ging in die Küche, um uns einen Imbiß zu machen, und kam bald darauf mit belegten Broten zurück. Da sah ich, daß Ingrid nicht im Zimmer war. Sie war auch nicht in der Wohnung, das stellte sich bald heraus, Und das Heft, das ich auf den Tisch gelegt hatte, war ebenfalls weg. Sie hatte es mitgenommen. Da wußte ich sofort, was Ingrid im Schilde führte und daß ich alles tun mußte, um es zu vereiteln. Ohne den Mantel anzuziehen, rannte ich aus dem Haus und sah Ingrid im Licht der Straßenlaternen, wie sie gerade in ihr Auto stieg.

„Nicht wegfahren!“ rief ich. Trotzdem stieg sie ein. Ich sah, wie sie sich hinter das Lenkrad setzte und hörte das blecherne Türzuschlagen. Zum Glück sprang der Motor beim Starten nicht an. Dann hatte ich das Auto erreicht und stellte mich zwischen die Vorderräder. Durch die Windschutzscheibe starrte ich Ingrid an. Mein Blick bedeutete: Ich laß dich nicht fahren, und wenn du es trotzdem tust, dann nur über mich. Sie kurbelte das Seitenfenster herunter und steckte den Kopf heraus, als sie mir zurief:

„Ich habe den Rückwärtsgang eingelegt. Du wirst auf die Nase fallen, wenn du nicht weggehst.“

Da war ich schon blitzschnell bei ihr und griff durch das

Fenster, zog den Zündschlüssel aus dem Schloß und steckte ihn ein. Sie zuckte die Achseln und ließ mich gewähren, dann öffnete sie mir die andere Tür.

Ich setzte mich neben sie und sagte: „Gib mir das Heft."

Sie machte seufzend ihre große Handtasche auf. „Du Pechvogel", sagte sie und zog es heraus. „Hast du dir nicht Zeit lassen können mit deinem Imbiß? Wenn du nur noch eine Minute getrödelt hättest, wäre ich weg, und du könntest nichts tun – und dein Raimund käme von den Malediven nicht mehr zurück."

„Du hättest das Heft verbrannt?"

„Ja, was denn sonst?" sagte sie. „Ich wäre schnurstracks damit nach Hause gefahren und hätte es in den offenen Kamin gesteckt. Ich hätte dir damit einen Dienst erwiesen. Du hättest keinen moralisch verlotterten Mann mehr, von dem du glaubst, daß du ihn veredeln mußt, und hättest dir deswegen keinen Vorwurf zu machen."

Sie lachte mit geschlossenem Mund. Es hörte sich unheilvoll an wie ein unterirdisches Kollern. Dann trommelte sie mit den Fäusten auf das Lenkrad.

„Es war so eine gute Idee, ein Genieblitz. Du ahnst nicht, was für ein Vergnügen das für mich war, als ich mit dem gestohlenen Heft aus dem Haus schlich. So leise bin ich noch nie in den Mantel geschlüpft. So vorsichtig hab ich noch nie eine Tür aufgemacht. Ich hab Raimund aus deinem Gewissen herausgeschwindelt, und du hast es nicht bemerkt – das war eine Großtat. Und dann ist es doch noch danebengegangen. Du mußt doch jetzt auch schon kapiert haben, daß das ein Pech war."

Ich hörte ihr ungläubig zu und schaute sie an und sah meine Freundin Ingrid als fremde Frau, die mir soeben enthüllte, wer sie war, und wie sie dachte. Mein Schweigen bewirkte, daß sie plötzlich unsicher wurde, und daß ihre Frage, ob mir einleuchtete, was sie da sagte, schon einen zerknirschten Beiklang bekam.

„Sag, wäre es denn keine Erlösung für dich, wenn Raimund aus deinem Leben verschwände und du dir sagen könntest, daß du nicht daran schuld bist?"

Ich sagte: „Als er erschlagen wurde, war es schrecklich."

Sie wandte ein: „Da hast du ihn noch nicht gekannt."

„Nein. Aber wer sagt dir, daß ich ihn jetzt schon kenne? Er steht unter einem Einfluß, der ihn verdirbt. Ich weiß aber, daß er auch Wesenszüge hat, die großzügig und sogar liebenswert sind. Er ist schönheitshungrig und wissensdurstig, das weiß ich. So ein Mensch kann nicht wertlos sein – den ERSCHLÄGT man nicht einfach. Ich hoffe noch immer, daß ich nur abwarten muß, bis er einmal von diesem Weidrich genug hat. Natürlich wird er niemals so werden wie ich. Er wird niemals ein Ehemann sein, wie ich ihn mir wünsche. Es wird wenig Übereinstimmung zwischen uns geben. Wir werden eben einander gewähren lassen."

„Gegen den Teufel kannst du nicht ankämpfen", sagte Ingrid. „Du glaubst doch nicht ernstlich, daß du das durchhalten kannst. Und wo bringst du zum Beispiel Gerhard unter bei deinem übermenschlichen Zukunftsprojekt?"

„Mit ihm hat das überhaupt nichts zu tun." – Doch das waren nur Worte,. die ich mechanisch sagte, denn in Wahrheit war ich so ratlos wie man nur sein kann.

Ich setzte leise hinzu: „Ich glaube nicht an den Teufel. Ich habe mir vorgenommen, Gerhard um Rat zu bitten. Ich bin überzeugt, daß er mir beistehen wird."

„Da hast du ihm ja etwas Lustiges zugedacht", sagte Ingrid. „Ich frage mich, ob du den armen Mann zu einem Ritter von der Traurigen Gestalt machen willst. Er wird dir mitnichten beistehen. Da wäre er wirklich schön dumm. Er wird von dir verlangen, daß du dich entscheidest."

Dann machte sie eine versöhnliche Handbewegung. „Ist

schon recht. Die Entscheidung kommt früh genug auf dich zu, dann wird aber niemand mehr da sein, der dir das Heft stiehlt."

„Ich werde mich scheiden lassen", sagte ich.

„Und wie paßt das zu deinen Plänen?" spöttelte Ingrid. „Willst du dann vielleicht die moralische Wiederaufrüstung Raimunds durch Fernsteuerung oder durch Telepathie bewirken?"

Das konnte ich nicht mehr hinnehmen. Das war zu respektlos – nicht gegen mich, sondern gegen die Situation, in der es immerhin um Leben und Tod und um die Bewertung eines Wunders ging. Ich war zornig und ging zum Angriff über, so prompt und scharf, daß Ingrid erschrak.

Ich sagte kalt und knapp: „Du machst mir ja auch was vor. Du hast mir das Heft nicht gestohlen, weil du so selbstlos bist. Hauptsächlich hast du es aus Neugier getan."

Da war Ingrid verwandelt. „Du hast recht", gab sie zu. Und nach diesem Geständnis kam nichts mehr. Sie saß da, hielt den Kopf gesenkt und war darauf vorbereitet, sich noch deutlicher sagen zu lassen, was ich von ihr dachte. Als aber die Zeit verging und die Stille anwuchs, und ich Ingrid das Weiterreden überließ, warf sie plötzlich den Kopf herum und näherte mir ihr Gesicht.

„Warum erlebst gerade du so etwas!" rief sie. „Du bist doch kein Mensch, von dem man annehmen möchte, daß ihm etwas anderes als das Normale widerfährt. Du bist nüchtern, vernünftig und schrecklich gewissenhaft. Die Geheimnisse ängstigen dich, und du wagst dich an sie nicht heran. Dein Wunder benützt du nur zum Gedankenwälzen, und weil du das tust, macht es eine Närrin aus dir. Du hast dich bestimmt nie für Paraphysik und für all diese sensationellen Dinge interessiert, die man endlich einmal ernst nimmt und untersucht. I c h interessiere mich brennend dafür. Ich möchte ein einziges Mal ein Erlebnis haben, das unerklärlich oder doch wenigstens unheimlich ist. Ich habe keines. Ich frage dich: Ist das gerecht? Wenn ich früher gelebt hätte, wäre ich zu den Hexen gegangen, auch auf die Gefahr hin, daß sie mich verbrannt hätten – so ist das mit mir."

Dieses letzte Bekenntnis, das die Vorstellung in mir hervorrief, als bedauerte sie die versäumte Gelegenheit, einer politischen Bewegung beizutreten, die bei geheimen Wahlen für Satan stimmte, brachte mich zum Lachen:

„Bist du tatsächlich so ein Wirrkopf, liebe Ingrid? Ich glaube wohl eher, da spielst du mir etwas vor. Ich muß dir auch vorwerfen, daß du dir nicht viel gedacht hast, als du das Heft ins Kaminfeuer legen wolltest, weil das eine Angelegenheit ist, die nur mich betrifft. Ich bin überzeugt, daß es meine Entscheidung sein muß, und daß nur das Feuersignal, das ich selber mir gebe, gilt."

„Nein, so ist es nicht", sagte Ingrid eigensinnig. Vielleicht bin in Wirklichkeit ich es, die träumt, und du bist nur so etwas Ungereimtes, das nach dem Aufwachen nirgends mehr ist. Wenn du mir erklärt hast, es könnte Einbildung sein, daß ich ein wirklicher Mensch bin, dann gilt auch das Umgekehrte."

In dieser Nacht war sie außer Rand und Band. – Ich fragte sie, ob sie auch meine Freundin geworden wäre, wenn es über Raimund und mich nichts zu erzählen gäbe, das über die Ereignisse des Alltags hinausging. Aber Ingrid dachte nicht daran, sich zu deklarieren. Sie öffnete mir nur die Autotür und sagte mit plötzlicher Ruhe: „Frag nicht, steig lieber aus." Dann zwinkerte sie mir zu und lachte breit: „Leider kannst du mir nicht beweisen, daß es dich gibt. Es täte mir aber leid, wenn du nach dem Aufwachen weg wärst."

Ich zog nur noch Schuhe mit niederen Absätzen an, denn ich wollte nicht größer als Gerhard sein, auch dann nicht, wenn ich gar nicht bei ihm war. So wurde mir jeder Schritt und das Ungewohnte daran der Anlaß für einen Gedankenimpuls an ihn. Er war nicht der Mann, der mich veränderte oder ergänzte. Er war meine männliche Entsprechung, mein zweites Ich. Er wurde zur zweiten Lebensquelle in mir, aus der ich Kraft schöpfen konnte, so oft ich wollte.

So gern ich es hatte, wenn er am Abend zu mir kam – noch lieber fuhr ich zu ihm. Das war immer, als ließe ich Raimund zurück, ohne mich umzuschauen. Ich begab mich an einen Ort, an dem er nie gewesen war und zu dem er auch keinen Zutritt hatte. Ich dachte nie an Raimund, wenn ich bei Gerhard war. Ich war frei von den Schandmalen und den geistigen Krankheitsherden in mir, die von dem Zusammenleben mit Raimund kamen.

Gerhards Wohnung war etwas größer als meine. Er hatte ein Zimmer, das nur zum Wohnen bestimmt war, und ein kleines zum Schlafen. Die Einrichtung war auf angenehme Weise sehr männlich. Es herrschten nicht Leder und Metall in ihr vor, und auch nicht das Kantige, Spießige, Dunkelbraune, das mich immer an Krieg und Landsknechtwämser, an Lanzen und Ritterrüstungen erinnert hat. Hier war alles bequem und menschenfreundlich – zum Zurücklehnen und Räkeln gemacht. Die Farben, die er für das Zimmer ausgesucht hatte – ein mattes Hellbraun mit einem wärmenden Kirschrot –, gefielen mir und taten mir körperlich wohl.

Er war so stolz auf seine Wohnung wie ich auf meine. Nur war seine noch eine atmosphärische Einheit und meine nicht mehr. Er wußte, daß dies der Grund dafür war, daß ich lieber zu ihm kam als umgekehrt, und ich hatte den Eindruck, daß es ihm nicht anders erging. Vielleicht störte auch ihn der schlechte Geruch, dem er ausgesetzt war, wenn er mich besuchte, der Brodem der Sumpfblume und eines verschlammten Lebens.

Gerhard hatte eine Aufräumefrau, die die tägliche Staubsaugertour, das Staubwischen, das Bettenüberziehen und sogar das monatliche Fensterputzen auf sich nahm. Das übrige besorgten die Haushaltsmaschinen. – Aber das Kochen besorgte Gerhard eigenhändig, und man könnte fast sagen, meisterhaft. Nur weil er bemerkt hatte, daß es mich ebenfalls freute, ließ er mich mittun. Sein Verhältnis zur Ordnung war vernunftbetont, das heißt, daß er weder pedantisch noch schlampig war. Sein gutes Gedächtnis, seine maßvolle Großzügigkeit und ein gewisser ästhetischer Anspruch wirkten zusammen, um jenen Ordnungsgrad entstehen zu lassen, den ich ebenfalls als sympathisch und männlich empfand. Doch vielleicht übertrug ich auch nur die überaus gute Meinung, die ich von Gerhard hatte, auf seinen Besitz. Tatsache war, daß das Leben, das ich mit ihm führte, alle Merkmale einer glücklichen Ehe hatte. Es gab allerdings nicht die Zeit jener ersten Verrücktheit, in der man sich kaum voneinander lösen kann. In unseren Zusammenkünften war Freude, die auch die Vergangenheit und die Zukunft miteinbezog: Wir konnten warten. Die Tatsache, daß die Nacht auf uns zukam und mir die vollkommenste Liebeserfüllung gewiß war, gab mir immer aufs neue ein Glücksgefühl, das einer Verminderung meiner Schwere gleichkam. Es schwang mit, wenn wir miteinander sprachen, es ließ unsere Blicke ineinanderfließen, beredsam, doch in selbstauferlegter Geduld, und ich spürte, daß sich das Zimmer langsam mit etwas füllte, das wie eine unsichtbare Strahlung war.

Am Tag nach meiner Auseinandersetzung mit Ingrid

fragte ich ihn, ob er sich bei seiner Beschäftigung mit Philosophie auch mit der Frage auseinandergesetzt habe, ob die Wirklichkeit subjektiv oder objektiv sei. Ich wollte ihm erklären, daß es mir darum ging, ob die Welt vielleicht nur ein Erzeugnis der Phantasie war.

Da winkte er ab. „Du sprichst vom Deutschen Idealismus nach Kant, von Fichte bis Schopenhauer. Der ist dafür kompetent."

Er ging zur Bücherwand und suchte einige Zeit, dann brachte er mir ein Buch und sagte: „Da hast du sie alle. Die ‚Spirituellen Philosophen' nennt man sie auch. Du kannst es lesen, wenn es dich interessiert. Im Buddhismus findest du übrigens auch den Gedanken: Die Welt ist nur Schein. – Ich selbst sage mit Descartes: ‚Cogito, ergo sum.' Damit müßte die Philosophie am Ende sein, denn eine andere sichere Erfahrung gibt es nicht. Ich denke, daher weiß ich, daß ich bin." Er zog mich an sich. „Das hat sich jetzt freilich geändert. Ich kann nicht mehr daran zweifeln, daß es dich auch gibt."

„Warum kannst du nicht daran zweifeln?" fragte ich und war in Gedanken noch bei der Philosophie. Da gab er mir eine wunderschöne Antwort.

„Weil du ein Teil von mir bist", sagte er.

„Ich danke dir, Philo."

Mit Unwillen in der Stimme sagte er. „Für dich bin ich Gerhard. Meine Klassenkollegen haben mich ‚Philo' genannt und somit auch Raimund."

Ich fragte ihn ungeschickt und bestimmt auch zur unrechten Zeit, ob er eifersüchtig auf meinen Mann sei. Damit löste ich fassungsloses Befremden aus, das sich nur durch entsprechendes Schweigen ausdrücken ließ.

Ich sagte: „Vergiß es. Wir wissen, wie es um uns steht."

„Das ist wohl richtig, was du da sagst, Daniela." – Die unsichtbare Strahlung war wieder im Raum. Ich nahm das

Buch, das mir Gerhard gegeben hatte, und las darin. Irgendwann hatte ich diese Dinge als trockenen Schulstoff gelernt und sie aus Mangel an Interesse wieder vergessen. Was davon geblieben war, hatte ausgereicht, mich glauben zu machen, ich hätte es selbst entdeckt. Dabei hatte ich nur die Erfahrung, die dazu paßte.

Ich ging in die Küche zu Gerhard und half ihm kochen. Wir aßen, wir räumten das Geschirr ab, wir setzten uns nebeneinander, noch im Gespräch, aber schon wie unter weichen Narkosenebeln.

Es war ein brüsker, brutaler Vorgang, daß wir aufstehen und uns auskleiden mußten. Er riß uns aus der Verzauberung, in der wir versanken, und zwang uns vorübergehend etwas zu tun, das uns störte, da wir doch in Wirklichkeit reines Gefühl und reines Ineinanderstreben waren. – Es gibt vielleicht Leute, die das als typisch für die suggestive, romantische Liebe halten, die nichts weiter als eine Art von Exaltation ist. Sie sind zu bedauern. Sie haben das nie gekannt.

Und dann kam Raimund von den Malediven zurück, wieder gleichmäßig braun und wie in weiches Leder gebunden. Ich war darauf vorbereitet, ihn zu empfangen. Man kann sogar sagen, daß ich geharnischt war. Allerdings ersparte ich es ihm, ihn gleich in der Tür mit Vorwürfen zu empfangen, und damit hatte ich etwas falsch gemacht, denn sogleich war ich geblendet von dem Glanz, der von Raimund ausging. Ich empfand ihn als Sonnenglanz in Äquatornähe, obwohl es natürlich nur seine Hautcreme war, mit der er seine unverschämte Bräune betonte und diesen lyrisch überhöhten Eindruck hervorrief. Trotzdem überrumpelte er mich sekundenlang, und da war es zunächst einmal mit allem vorbei, was ich ihm an Naßkaltem, Winterlichem, den nördlichen Breiten Entsprechendem zugedacht hatte.

Er trat ins Vorzimmer, stellte den Koffer ab und entlud seine Urlaubsbegeisterung in stürmischen Küssen, die ich so unbeteiligt wie möglich entgegennahm. Er fing zu erzählen an. Er sprach und strahlte. Und was er mir schilderte, war die Schönheit der Welt. Er erzählte von der Pracht der Koralleninseln mit ihrem schneeweißen Sand und dem Smaragdsaum, als der sie das reine, sonnige Wasser umgibt; wie die Farbe zugleich mit dem Wasser tiefer wird, und wie plötzlich die schwarzen Korallenbänke da sind. Als er von den Herrlichkeiten unter Wasser erzählte und dies mit der ganzen Kraft der Begeisterung tat, wie er mir leuchtende Traumfarben einprägte, während er sprach, war in mir der unabweisliche Gedanke: Er ist noch intakt. Er kann sich noch für das Schöne begeistern. Er könnte wieder werden, was er gewesen war, bevor Kilian ihn in die groben Hände bekam. – Ich sah, daß die Aufgabe, die mir gestellt wurde, sinnvoll war. Sie war lästig, schwierig und wahrscheinlich undurchführbar, aber doch sinnvoll. Ich verstand die Problemstellung, doch den Lösungsweg kannte ich nicht. Nicht einmal eine Näherungslösung fiel mir ein.

Ich verschob das Nachdenken und hörte Raimund zu. Er scheuchte die winterliche Trübe weit fort – nicht nur aus dem Zimmer, sondern auch aus der Welt – zumindest aus den uns umgebenden Landesteilen. Die Farben, die er durch sein Erzählen hereinbrachte, glühten. Es war keine Trübung in ihnen. Sie waren ganz rein – wie die Regenbogen- oder Edelsteinfarben. Mein Brillant hatte solche Farben versprüht. – Ach, ich wußte schon, um was sich mein Denken in Wirklichkeit drehte. So unterbrach ich die Schilderung eines Schwarms von kobaltblauen, länglichen Fischen, die rundherum grasgrün eingesäumt waren, mit den Worten:

„Übrigens ist der Brillantring weg.“ –

Dann war ich erstaunt, weil nichts darauf hinwies, daß Raimund sich davon betroffen fühlte. Er nahm anfangs gar keine Notiz von dem, was ich sagte und schaute nur kurz und ein wenig unwillig auf, wie jemand, der nicht gestört werden will, wenn er spricht. Er setzte seine Schilderung fort, bis plötzlich etwas geschah, was den Eindruck erweckte, als wären die Worte, die ich gesprochen hatte, durch Raimunds tiefblaue Wasserwelt mit langsamem Kreisen zum Schlammgrund hinuntergesunken und hätten dort nun doch einiges aufgewühlt. Er unterbrach sich mitten im Satz mit offenem Mund und stieß betroffen hervor:

„Was hast du gesagt? Der Brillantring ist weg? Aber doch nicht das wertvolle Stück von meiner Mutter."

„Ja, genau er. Er ist unauffindbar."

„Aber das gibt's ja nicht. Er kann doch nicht einfach weg sein."

Er traf Anstalten aufzustehen und ihn zu suchen, dann winkte er sorglos ab. „Er muß irgendwo sein. Vergiß ihn. Morgen suchen wir ihn miteinander. Jetzt bin ich nicht in der Stimmung, herumzuwühlen."

Ich kannte jede Regung in Raimunds Gesicht und die Signale, die er mit den Augen aussandte, gut genug, um zu wissen, wozu er in Stimmung war. Dazu kam, daß er mir wie unabsichtlich, doch millimetergenau auf die Bluse tippte. Er brauchte nicht mehr zu tun, um mich wissen zu lassen, daß ihm zwar nicht mein Herz, aber sonst noch recht vieles gehörte, das er sich zu blinder Gefolgschaft verpflichtet hatte. Ohne die geringste Mühe verführte er mich und gab mir auf seine Weise süß-giftiges Glück. Ich konnte nichts tun, als mir einzureden, daß ich von ihm nur eine Dienstleistung annahm, für die er den artgleichen Lohn erhielt. Er war unzufrieden und warf mir vor, ich sei anders gewesen als sonst, und das schmerze ihn. Ich wunderte mich, denn ich wußte genau, daß ich mit Wort und Tat sehr begeistert gewesen war. Das bestritt er auch nicht, ganz im Gegenteil, doch meinte er, mein Liebesgeflüster habe einen seltsamen Beiklang gehabt, so als hätte er mir etwas Delikates gekocht, und ich lobte die Sorgfalt der Zubereitung, das mürbe Fleisch und die raffinierten Gewürze. Das hätte ich allerdings sehr glaubhaft getan.

Ich dachte: Du wirst schon noch erfahren, woran es liegt. – Und zugleich dachte ich: Gerade jetzt muß ich vorsichtig sein. Er ist vielleicht wieder auf dem Weg zu mir und hat genug von seiner Freundschaft mit Kilian. Dann wäre es falsch, ihn jetzt vor den Kopf zu stoßen. – O ja, ich hatte in Raimunds Armen an Gerhard gedacht, doch es war der sehr schmähliche Wunsch gewesen, beide behalten zu können.

Ich hatte auch ein schlechtes Gewissen gegenüber Raimund, weil ich ihn so selbstverständlich des Diebstahls verdächtigt hatte. – Wir suchten beide nach dem Ring, aber wir konnten ihn nicht finden. Nicht nur in der Schmuckschatulle schauten wir nach. Wir räumten auch Fach für Fach des Wandverbaus aus. Der Ring blieb verschwunden, er glitzerte nirgends auf, und meine Reue wurde übergroß. Raimund bemerkte das. Er sah, wie verzweifelt ich war, und das brachte ihm anscheinend erst zu Bewußtsein, wie groß der Verlust war. Sein Gesicht verfinsterte sich in Sekundenschnelle. Voll Zorn stieß er eine Lade zu. Er knurrte:

„Du bringst uns um alles. Du machst uns arm. Ich bin neugierig, was du diesmal für Ausreden hast."

„Ich habe keine – nur, daß ich es nicht begreife."

„Eine unverzeihliche Nachlässigkeit", schimpfte Raimund.

Ich sagte: „Ich habe dich noch nicht um Verzeihung gebeten. Verzeih mir. Ich weiß nicht, wie ich den Schaden gutmachen soll."

Raimund hatte nur Spott für mich:

„Fleißig sparen und dir nichts kaufen, höchstens Lebensmittel, Kleider und Badeseife. Und wenn ein Vergnügen Geld kostet, gönnst du es dir nicht. Das ist es ja, was du unter Wohlstandsvermehrung verstehst. Man kommt weit damit, wie? Ein Schritt vor und tausend zurück, und zwischendurch setzt man ein Vermögen aufs Spiel. Oder man vergißt, wohin man einen kostbaren Ring verlegt hat. Du bist eine Kleinbürgerin und weißt es auch."

Er hätte nicht so weit gehen dürfen, denn damit forderte er meinen Hochmut heraus: „Darf ich dich daran erinnern, daß du mir den Ring und den übrigen Schmuck geschenkt hast?"

Ich merkte ihm an, daß er etwas sagen wollte, was einer nachträglichen Verklausulierung gleichkam – einem kleingedruckten Rückforderungsrecht auf Verträgen. Doch das hätte das Bild, das er von sich hatte, verunziert. Er gefiel sich besser, wenn er großzügig war. Darum schwieg er aus Gründen der. Eitelkeit, nachdem er mich aus taktischen Gründen gedemütigt hatte.

Im übrigen gab es keine Anzeichen mehr, daß Raimund wieder auf dem Weg zu mir war. Er setzte das Leben fort, das ihm behagte, und dieses war schon beängstigend liederlich. Er trieb es jetzt manchmal so weit, daß er bis Mittag im Bett blieb und erst am Nachmittag zur Arbeit fuhr. Meine Vorhaltungen wehrte er nach wie vor damit ab, daß er sagte, seine Firma wisse schon, wieviel er ihr wert sei, und den guten Kräften gestehe man allerhand Freiheiten zu. Von seinen Fähigkeiten war er zutiefst überzeugt, und er lieferte immerhin Beweise dafür, daß er im Sprüchemachen überdurchschnittlich gut war. Ich erfuhr nie genau, wie lange er liegen blieb. Das hing wohl jeweils davon ab, wie spät er heimgekommen war. Nur hie und da, wenn ich gegen Mittag in seinem Büro anrief, bekam ich zu hören, er sei noch nicht da. Doch versicherte er mir, daß das nur selten vorkam, wenn er zum Zahnarzt ging oder einen Amtsweg hatte.

Mit Gerhard gab es noch keine Schwierigkeiten. Er kam abends zu mir, da ich jetzt ja kein Auto hatte, und fuhr gegen Mitternacht heim, wenn Raimund noch lange nicht da war. Ich war von Anfang an auf Offenheit bedacht und vermied es strikt, uns mit Heimlichkeiten zu tarnen. Nie kam Gerhard durch ein finsteres Stiegenhaus. Nie vergewisserte ich mich bei seinem Fortgehen, ob jemand ihn sah. Natürlich reinigte ich unsere Aschenbecher, denn der Geruch der kalten Asche störte mich. Aber sonst gab es in meiner Wohnung auch Spuren von Gerhard, die zu tilgen ich mich durchaus nicht veranlaßt sah. Seine Teller von unserem gemeinsamen Abendessen stellte ich in die Geschirrspülmaschine oder auch nicht.

Raimund sagte kein Wort, daß ihm etwas Verdächtiges auffiel. Ich wußte nicht, ob er vor Verschlafenheit oft nichts sah, ob er glaubte, daß Ingrid jetzt so häufig zu mir kam, oder ob er sich blind stellte, weil die Tatsache ihn nicht störte, daß ich mich auch von einem Mann besuchen ließ. Ich weiß auch nicht, ob meine Nachbarschaft so diskret war, daß kein angeblich Wohlmeinender ihm etwas zutrug. Raimund schwieg, wie mir schien, konsequent – und Gerhard schwieg auch.

Mir konnte es nur recht sein, daß es so war. So blieb mir noch die Gewissensentscheidung erspart, die Ingrid mir in Aussicht gestellt und als so unerquicklich geschildert hatte.

Diese Wochen nach Raimunds Rückkehr bestärkten mich in dem Bewußtsein, daß meine Aufgabe etwas sehr Ernstes war. Es ging mit Raimund so steil bergab, daß ich oft ein Gefühl hatte, als entglitte mir etwas, und als würde das, was ich halten wollte, von Tag zu Tag schwerer. Es war in den letzten Monaten oft geschehen, daß Raimund betrunken nach Hause gekommen war. Unter Alkoholeinfluß war er beim Heimkommen schon immer gewesen. Bis jetzt hatte er sich freilich nicht sinnlos betrunken, doch hatte er manchmal gelallt und den Schluckauf gehabt und war beim Ausziehen seiner Kleider getorkelt. Er hatte sich plump und schon halb betäubt neben mich in das Bett fallen lassen und war augenblicklich eingeschlafen. Ich hatte dann seinen lauten Atem im Ohr. Der rasselte feucht und roch widerlich. Wenn ich morgens aufstand und Raimund zu wecken versuchte, schlug er mühsam seine geröteten Augen auf, brummte etwas Ablehnendes und schlief wieder ein. Sein fahles, stoppelbärtiges Gesicht war mir fremd. Doch das Ausschlafen entgiftete ihn jedesmal wieder und stellte sein gutes Aussehen wieder her.

Bald war er beim Heimkommen nur noch ein Trunkenbold. Es kam kaum noch vor, daß er nur angeheitert war. Er war richtig besoffen, und oft stand er wieder auf, um mit schrecklichem Gepolter hinauszustürzen. Dann hörte ich, wie er sich auf der Toilette erbrach.

Ich dachte: Also in diese Richtung läuft es. Das steht mir bevor, wenn ich neben ihm durchhalten will.

Wenn ich – immer seltener – Raimunds Zuneigung spürte, war drüben das wuchtende Gegengewicht, der Mann, der keine Frau, kein Zuhause hatte. Er gab Raimund die Illusion eines farbigen Lebens, indem er die Langeweile von ihm fern hielt. Raimund vergaß, was ihm daneben entging und wie viele Interessen er absterben ließ. Es war kaum noch ein Unterschied zwischen Raimund und Kilian, und schon gar nicht, wenn Raimund betrunken war. Ich erinnerte mich an den Ausspruch Raimunds, daß Kilian Weidrich ihm imponierte, weil er eine so leistungsfähige Leber hatte. Bewunderung weckt immer den Nachahmungstrieb – ach ja! Über die Leistungskraft von Raimunds Leber wußte ich nichts. Er mußte ein Säufer werden, wenn er so weitertat, und meine Aufgabe wurde zum Martyrium.

Ich konnte nicht aufhören, mich zu fragen, wie weit meine Schuld an dieser Entwicklung ging. Es war ohne Zweifel ein Versäumnis gewesen, als ich mich geweigert hatte, die Reise auf die Malediven mitzumachen. – Freilich wäre dann Gerhard für mich nicht jener Mensch geworden, der alles Böse mühelos wieder ausglich.

Es war paradox, wie ich das zustande brachte: mit Gerhard unwiderruflich verbunden zu sein, und gleichzeitig nachzusinnen, wie Raimund zu helfen wäre. Es wäre ein realeres Ziel gewesen und hätte mehr Kräfte in mir freigemacht, wenn es darum gegangen wäre, ihn für mich zu erretten. Doch um den Weiterbestand meiner Ehe ging es ja nicht, so entartete alles zu einem rein missionarischen Eifer, der merkwürdig, wenn nicht gar lächerlich war, wenn ich den Zersetzungszustand unserer Ehe bedacht.

Und wenn ich mich bei dieser Lage der Dinge nun doch für den einfachsten Weg entschied und den Mord an Raimund beging, den mir niemand nachweisen konnte? – Ich verstrickte mich schon wieder in Gedanken, die ich bereits ein für allemal abgelehnt hatte. – Und dann nahm mir Raimund die Entscheidung endgültig ab.

Es war an dem Tag, an dem er mich in der Früh mit pappigem Mund und verklebten Augen und in offenbar jämmerlicher Verfassung gebeten hatte, ich möge in seiner Firma anrufen, er sei krank. Nun, das war er auch in gewisser Hinsicht. Er stank auch jetzt noch entsetzlich nach Alkohol. Also machte er wieder einmal blau. Was war da zu tun? Ich meldete, er habe Bauchgrippe, und vergaß ihn.

Als ich heimkam, sah er immer noch fürchterlich aus. Er war zu Hause geblieben und hatte sich nicht rasiert. Und noch ehe ich ihn näher in Augenschein nehmen konnte, schrie er mich schon an:

„Also – ich bin ein Dieb. Ich hab dir den Ring gestohlen! Das glaubst du also von mir? Und außerdem bin ich ein Schwein? Ich bin ein Drecksack? Es gibt keine Schimpfwörter mehr, die nicht auf mich passen, oder die für mich zu beleidigend sind?"

„Du hast das Heft gelesen."

„Jawohl, und jetzt weiß ich, wie meine Frau mich einschätzt."

Ich wunderte mich, daß ich gar nicht so sehr überrascht war. Ich war nur wütend über mich – über meinen Leichtsinn. Warum hatte ich nichts getan, um zu verhindern, daß Raimund mein Heft irgendwann in die Hände bekam? War ich zu vertrauensselig gewesen oder zu dumm? Ach was, es lief auf das gleiche hinaus!

Ich fragte: „Wo hast du da Heft?"

„Es ist nicht mehr da." – Der Hohn, mit dem er das sagte, war widerlich. Ich bemühte mich, kühl zu bleiben und wußte nur eines: Ich mußte erreichen, daß er mir das Heft wieder gab. Ja, das wollte ich tun. Ich hörte nur seinen schweren, erregten Atem. So sagte ich ruhig, doch uneingeschüchtert:

„Versteh das doch. Du weißt, wie man oft außer sich sein kann. Da sagt man dann fürchterlich übertriebene Dinge."

„Du hast sie aber nicht gesagt, sondern aufgeschrieben."

„Weil du nicht da warst. Aber ich denke nicht so über dich."

„Aber daß ich dir den Ring gestohlen habe, das denkst du?"

„Jetzt nicht mehr, aber damals hab ich es gedacht. War es denn nicht naheliegend? Du hast diese Reise gemacht, und ich wußte, daß du nicht so viel Bargeld hattest."

Er verhörte mich weiter und fragte mich, woher ich derlei Informationen hatte, und ob ich in seiner Brieftasche nachgeschaut hätte.

„Nein, aber ich kann mir vorstellen, was du verbrauchst. Bei dir sammelt sich nichts mehr an. Was du hast, zerrinnt auf der Stelle. Und dann mußt du auch bedenken, wie das mit den Sparbüchern war. Da hast du mich auch systematisch belogen, Raimund."

„Aha, und da hast du gedacht, wer lügt, der stiehlt auch."

„Damit hab ich dir unrecht getan, und dafür entschuldige ich mich."

„Trotzdem sag ich dir nicht, wo das Heft ist", beharrte Raimund. „Ich verbitte mir überhaupt, und das ein für allemal, daß du deine kleinbürgerlichen Maßstäbe an mich anlegst. Du hast nicht mitzurechnen, wie lang mein Geld reicht, und ob ich schon wieder pleite sein könnte oder nicht. Ich zahl meinen Beitrag zum Wirtschaftsgeld, obwohl ich fast nie was zu Hause esse, und alles übrige geht dich nichts an. Führ du dein Leben, das zu dir paßt, und laß mir das meine."

Ich sagte: „Das tu ich schon längst. Deine Predigt war überflüssig. Und jetzt möchte ich aus den gleichen Gründen mein Heft. Ich hab es nämlich mit meinem eigenen Geld gekauft."

Mit einem häßlichen Lachen warf er mir einen Geldschein hin.

„Es ist nicht verkäuflich!" schrie ich ihn an.

„Na, dann eben nicht. Dann ist es beschlagnahmt, weil du mir damit schaden kannst, wenn es in unrechte Hände kommt. Es ist rufschädigend, darum kriegst du es nicht."

„Es kann ebenso leicht in falsche Hände geraten, wenn du es aufbewahrst oder irgendwo einsperrst."

„Zerbrich dir nicht schon wieder den Kopf über mich."

Da schoß eine Frage aus mir heraus, von der ich nicht sagen kann, woher sie kam, und ob sie zuvor ein Gedanke gewesen war: „Existiert es überhaupt noch?"

„Na freilich existiert es."

„Du hast es nicht etwa verbrannt?"

Er stutzte und sagte verächtlich: „Mit Müllverbrennung befasse ich mich nicht." Mir schien aber, daß er etwas unsicher war.

„Du befaßt dich also lieber mit Mülldeponie?"

Seine Unsicherheit wurde immer deutlicher sichtbar, so nützte ich sie aufs Geratewohl aus: „Kannst du mir erklären, warum du das Heft nicht verbrannt hast?"

Seine Augen wichen mir aus. Er murmelte: „Nein. Ich wollte es tun, dann hab ich es doch nicht getan."

Er stand offenbar unter dem Zwang, die Wahrheit zu sagen, und damit sagte er mir furchtbar viel. Er stand zaudernd vor mir, irgendeine Furcht wirkte nach, und das mußte auf der Stelle ausgenützt werden.

Ich sagte: „Es wird wohl das beste sein, wenn du mir das Heft wieder zurückgibst, Raimund."

Da wurde er fast rabiat, riß die Augen auf und erschreckte mich mit einem gebrüllten: „Nein!" – Es war wie ein Schrei, den jemand ausstößt, der um sein Leben rauft, und zugleich ein Wutschrei.

Da wußte ich, daß er mir das Heft nicht ausliefern würde. Ich wußte allerdings auch, daß damit meine Macht vorbei war. Jetzt war ich *ihm* ausgeliefert, der endgültig lebte. Jetzt lebte er nicht mehr durch meine Langmut und meine Geduld. Er lebte in Eigensucht und Selbstherrlichkeit, und ich war von nun an wie jede Frau, die es mit dem Heiraten schlecht getroffen hat. Ich spürte in meinem Körper ein Schwinden von Kraft. Es fehlte nicht viel, und ich wäre zusammengeknickt. Ich wurde so kleinmütig, daß es fast widerlich war. Ein Drang zum Weinen und Zanken war plötzlich da. Mit der Macht, die mir aus den Händen genommen war, verlor ich die Fähigkeit, überlegen zu sein und einfach über vieles hinwegzusehen.

Aber ich war auch frei, weil Raimund mich nichts mehr

anging! Da war kein Auftrag mehr, der ihn betraf. Die Aufgabe, die mir gestellt worden war – dieses Wort erfuhr einen Bedeutungswandel: Ich gab ihn auf.

„Ich lasse mich von dir scheiden", sagte ich.

„Wozu?" fragte Raimund, seltsam versöhnungsbereit. „Ich habe nichts dagegen, daß du ein Verhältnis hast. Es wäre nur Zeitverschwendung, zum Richter zu gehen."

„Ich möchte mit Gerhard zusammenleben."

„Das könnt ihr ja tun – am Abend, am Wochenende... Ihr könnt auch miteinander auf Urlaub fahren. In der übrigen Zeit steht ihr sowieso im Beruf."

„Dann hätten wir beide ja auch nicht heiraten müssen."

„Im Prinzip ganz bestimmt nicht. Ich hätte es auch nicht getan, wenn es mir damals nicht ins Konzept gepaßt hätte. Ich wollte nämlich von meiner Mutter fort. Ohne Szenen und Tränen wäre das nicht gegangen, doch eine Heirat war ein ordnungsgemäßer Anlaß."

Es gab eine Zeit, da hätte mich dieses Geständnis beleidigt. Jetzt machte es mich nur unnachgiebiger und kälter, und ich beharrte darauf, mich scheiden zu lassen. Da pflanzte sich Raimund vor mir auf und gab mir den tiefsten Einblick in seine Innenwelt, den er mir je gewährt hatte – bis ganz hinunter zum Faulschlamm.

„Ich laß mich nicht scheiden, weil ich hier wohnen will. Ich beanspruche dieses Recht, und du sollst auch erfahren, warum. Du hast wesentlich dazu beigetragen, daß mein Vermögen zum Teufel gegangen ist. Als Entschädigung verlange ich dieses Wohnrecht. Das ist keine Schikane, da geht es um einen Realwert. Du weißt, daß die Untermieten teuer sind. Ich gebe lieber mein Geld für was anderes aus. Du bist rechnerisch veranlagt und wirst das begreifen. Von jetzt an bekommst du auch kein Wirtschaftsgeld mehr. Sei froh, daß ich nicht etwas zurückverlange."

Von da an weiß ich, welche Farbe die Empörung hat: Schwarz mit blutroten Schlieren. Sie macht fast blind.

Ich sprach leise und durch die Zähne: „Was sagst du da? Ich bin schuld, daß du alles verloren hast, wo es doch schon aufgeflogen ist, daß es nicht stimmt? Und du möchtest mein Leben als Ersatz dafür haben?"

„Nicht dein Leben", sagte er sanft. „Nur den Platz neben dir im Bett." Langsam lenkte er ein. Ich durchschaute nicht gleich seine Finte: „Als ich von dem Malediven zurückkam, da hast du doch noch an diesen Ringdiebstahl geglaubt. Trotzdem hast du mich relativ freundlich empfangen und bist immer netter und weicher geworden. Warum wohl?" Wir wußten es beide, und er sprach es aus: „Weil ich dir da wieder gezeigt habe, wie gut ich im Bett bin. Und ich will dir das Kompliment zurückgeben: Du bist auch gut. Ich schlafe mit keiner anderen Frau so gern wie mit dir. Das lass ich mir auch nicht nehmen – das leih ich nur her. Du kannst dich mit Gerhard vergnügen, soviel du willst. Wenn ich dich beglücke, mein Goldstück, vergißt du ihn sowieso. Ich bin ihm dort, wo wir nie aufeinander böse sind, zwischen deinen hübschen Beinen nämlich, noch nie begegnet. In unserer Wohnung wünsche ich übrigens auch kein Zusammentreffen. Vor Mitternacht hat er weg zu sein."

In mir war immer noch alles blutrot und schwarz.

„Hast du u n s e r e Wohnung gesagt? Es ist m e i n e Wohnung."

Er machte ein verständnisloses und belustigtes Gesicht.

„Ich glaube, ich hätte mich vorhin verständlich gemacht. Es handelt sich um einen Schadenersatzanspruch. Eine zweite Rede darüber halte ich nicht."

Ich hätte jetzt streiten können. Ich tat es nicht.

„Nun gut, dann sollst du dein Wohnrecht haben. Als kleine Entschädigung gibst du mir mein Heft zurück. Dann verbrennen wir es gemeinsam. Und dann – was glaubst du?"

Mit aller Hinterlist, die ich aufbrachte, zwang ich mich,

ihm schöne Augen zu machen und näherzurücken.

„Nein, nein“, wehrte Raimund ab. „So geht es in diesem Fall nicht.“ Auch diesmal verriet er Angst und Fluchtbereitschaft, die er mit einem Blick auf die Uhr überspielte.

„Jetzt wird Gerhard bald auftauchen. Also verschwinde ich. Und ich lass ihm ausrichten, ganz bekommt er dich nie. – Dir sag ich noch etwas als privates Geheimnis: Wenn du mit der Scheidung ernst machst, bring ich dich um.“

Das war so ruhig gesprochen, daß ich es fast glaubte.

Das Heft mußte wieder in meine Hände kommen, sofern es für mich noch erreichbar war. Den nächsten Nachmittag nahm ich mir frei und fuhr zur späten Mittagszeit heim. Ich hatte Raimund im Büro angerufen, und als er sich meldete, wieder aufgelegt. Die Wohnung war jetzt also leer, und ich hatte viel Zeit. Alle Laden und Fächer im Wandschrank oder sonst irgendwo konnte ich ausräumen und systematisch durchsuchen.

Ich fand wieder die alte Unordnung vor, die die ganze Wohnung verunstaltete und mir das Gefühl gab, daß diese Behausung, diese Schlafhöhle mit dem fremden Geruch, wirklich nicht mehr mein Eigentum war. Notdürftig räumte ich auf und begann meine Suche. Sie war so gründlich, daß ich am Ende sicher war, daß das Heft sich nicht in der Wohnung befinden konnte. Statt dessen fand ich den Versatzzettel für den Brillantring. Er befand sich weit hinten hineingestopft, in einem Fach, in das wir die Dinge legten, die wir wahrscheinlich nie mehr brauchten, aber doch noch zur Sicherheit aufbewahrten.

Dieser Fund war kein Schock für mich und auch keine Enttäuschung, so gering schätzte ich Raimund schon ein. Ich nahm den Versatzschein, damit ich den Ring wieder auslösen konnte. So bekam ich ihn billig zurück, wenn auch nicht geschenkt, und vor allem war er dann wirklich mein Eigentum. Ich beabsichtigte, Raimund nichts darüber zu sagen, aber den Ring zu tragen, bis er ihn sah. Es würde mir eine Genugtuung sein zu erleben, wie ihn dies aus der Fassung brachte.

Aber das Heft! Ohne dieses Heft war ich nichts. Meine Trumpfkarte war mir genommen worden, mit der ich in diesem scheinbar verlorenen Spiel, zu dem meine Ehe mit Raimund geworden war, noch immer unschlagbar werden konnte, wenn ich wollte. Ich war stark gewesen und rätselhaft – auch für mich. Jetzt merkte ich erst, was mir das bedeutet hatte.

Die Entkräftung, die mich nun niederwarf, hielt ich kaum aus. Jede Enttäuschung, die mir Raimund zugefügt hatte, wurde zur Demütigung, für die ich mich rächen wollte, so weit sie auch schon zurückliegen mochte. Aller Zorn, den ich schon überwunden hatte, kam umgewandelt zurück und war das geworden, was man einen ohnmächtigen Zorn nennt.

Es war Abend geworden. Bald mußte Gerhard kommen. Es war noch ein bißchen zu tun, um die Wohnung behaglich zu machen. Als ich anfing mich zu betätigen, spürte ich, daß sogar in meinen Händen weniger Kraft war. Ich fühlte mich wie vor dem Ausbruch einer Krankheit. Zu allem brauchte ich länger – nichts ging mir glatt von der Hand. Ich ließ es bei einer oberflächlichen Ordnung bewenden. Ständig hatte ich das Bedürfnis, mich niederzusetzen und darüber nachzudenken, wo das Heft sein konnte. Ich hätte es auf der Stelle verbrannt. Mit kalter Genugtuung hätte ich das getan. Zu spät! Ich verzweifelte bei dem Gedanken. Ich beschimpfte mich selbst und verdammte mein langes Zaudern. Ich saß eingeknickt im Fauteuil, strich mir über die Augen und hämmerte mir mit den Fäusten gegen die Stirn. Ich schlug ordentlich zu und dachte dabei an den Schlag, den mir Raimund gegeben hatte, und an seine Folgen. Ich sah wieder vor mir, wie das Tapetenmuster verschwunden und das frühere Muster aufgetaucht war, und wie ich den Eindruck gehabt hatte, daß Raimund verschwand. Diesmal gelang es mir leider nur, diese Szene in der Phantasie zu erleben, so rücksichtslos ich mich auch schlug und mir ordentlich weh tat.

Gerhard bemerkte, wie niedergeschlagen ich war und fragte mich, ob ich seine Hilfe brauchte. Er dachte ganz offensichtlich an Schwierigkeiten mit Raimund, doch unterließ er es, dies auszusprechen.

Da ich ihm versicherte, es sei weiter nichts als die Ankündigung eines wahrscheinlichen Wetterwechsels, hörte er zu fragen auf. Doch er beobachtete mich heimlich und war erfolglos bemüht, mich seine Sorge nicht merken zu lassen.

Mit dem Auslösen meines Brillantrings ließ ich mir keine Zeit. Ich hatte Angst, daß er schon versteigert sein könnte. Das war noch nicht der Fall, und das Schmuckstück war wieder mein. Freilich hatte ich es mit meinem ersparten Geld bezahlt. Bald mußte Raimund bemerken, daß ich es trug. Ich erwartete dies mit Spannung und wußte, daß es kam, als er mitten im Reden stockte und auf meine Hand blickte, wobei die Lautstärke seines Atems zunahm. Ich hätte scheinheilig fragen können, was los sei, und hätte ihm damit vielleicht einen Gefallen getan. Nichts da! Er mußte sich selbst dazu überwinden, die peinliche Frage zu formulieren und auszusprechen. –

„Ist der Ring wieder aufgetaucht?"

Ach, wie fragte er dumm! Er wußte doch, daß das unmöglich war, und daß ich ihn nur vom Versatzamt haben konnte.

„So ist es – da ich ihn ausgelöst habe.“

Wir schwiegen beide und warteten ab. Da nützte Raimund die Chance, mich sprachlos zu machen, indem er einfach und ohne Betonung sagte: „Ach so!“

Er kümmerte sich nicht darum, welche Miene ich machte, und pfiff scheinbar unbefangen ein Lied vor sich hin. Auch ich nahm schließlich keine Notiz mehr von ihm und zog mich um, weil ich mit Gerhard verabredet war.

Das Wochenende war da, und ich war auch frei von Raimund.

Da der Wintertag naßkalt und zudringlich war, fuhren Gerhard und ich sehr bald wieder heim. Es ergab sich, daß wir in meine Wohnung fuhren, da Raimund mit Sicherheit ausgeflogen war. Wir waren dabei, es uns gemütlich zu machen, als die Klingel an der Wohnungstür schrillte, und es war merkwürdig, daß ich nicht dachte: Raimund kommt. – Es war ein Schrillen, das senkrecht in mich hineinfuhr und in einer genau bestimmten Tiefe Erinnerungen wachrief. Es war wie damals – damals nach unserer Rückkehr.

Tatsächlich war es ein Unglücksbote, ein Polizist, der mir schonend sagte, daß Raimund mit dem Auto verunglückt sei. Ich konnte weder Schreck noch Genugtuung fühlen. Trotzdem wurde ich von Gefühlen fast zersprengt und hielt mich am Türrahmen fest, um nicht umzusinken.

Der Polizist kam ins Wohnzimmer, warf einen Blick auf Gerhard und sagte mit einem Gesichtsausdruck, der verächtlich und vielleicht auch schadenfroh war: „Also, das Auto ist total zertrümmert.“

„Und mein Mann?“ fragte ich.

„Der ist in der Ambulanz und läßt sich seine Rißquetschwunden verbinden. Er läßt Ihnen aber ausrichten, daß er im Spital bleiben muß, weil er noch beobachtet und untersucht wird.“

Er lachte. „Fällt Ihnen ein Stein vom Herzen?“

„In welchem Krankenhaus liegt er?“ fragte ich kalt. – Ich hatte seltsame Gefühle, die es normalerweise nicht gibt. Sie durchstürmten und schüttelten mich und enthielten eine unbestimmbare Angst. Die Enttäuschung stellte sich erst viel später ein. Da war ich mit Gerhard schon unterwegs zu Raimund und verabschiedete mich von ihm vor dem Krankenhaus.

Raimund lag allein im Zimmer und sah auf den ersten Blick fürchterlich aus. Die gequetschten Stellen in seinem Gesicht waren blaurot und braun, und was wund gewesen war, war vernäht und verpflastert. Auch was von seinen Armen aus dem Spitalshemd heraussah, trug ähnlich beängstigende Spuren von aufgerissener Haut und mißhandeltem Fleisch. Nur das breite, emailweiße Lachen Raimunds versicherte mir schon von weitem, daß alles in Ordnung war.

Meine Begrüßung war so wie meine Gefühle. Zuerst hatten sie mich verwirrt, jetzt verwirrten sie Raimund. Er schaute mich lange und forschend an, und dieser Blick aus seinem verunstalteten Gesicht war peinvoll. Nach einigem Nachdenken murmelte er:

„Es ist nicht gut möglich, daß du dich um mich gesorgt hast. Es würde mich interessieren, was in dir vorgeht.“

Dies war nicht der Augenblick für pietätvolle Lügen. So gab ich ruhig zur Antwort, das wüßte ich auch gern.

Er lachte kurz auf und tappte nach meiner Hand. „Es tut dir wahrscheinlich leid, daß ich nicht hin bin.“

„Du drückst dich sehr drastisch aus, Raimund. Es stimmt auch gar nicht.“

Er hob eine Augenbraue. Die zweite war festgeklebt. „Das paßt aber gar nicht zu dir, daß du inkonsequent bist.“

„Lieber Raimund“, sagte ich, „das verstehst du nicht. Ich hab dich einmal so geliebt, daß ich Spuren davon in mir habe, die so dauerhaft wie Brandspuren sind. Da gibt es kein ungemischtes Bedauern, daß du noch lebst."

Er lachte auf. „Also ein gemischtes Bedauern. Ich hab ja gesehen, daß du gemischte Gefühle gehabt hast, als du auf mich zugekommen bist und so komisch geschaut hast. Du bist ja doch eine rechte Heuchlerin, Maus!"

Es schockierte mich, daß er wieder „Maus" zu mir sagte. Damit hatte er – scheinbar zufällig – aufgehört, als ich mit meinem Traum, der sich fast bewahrheitet hätte, eine schaudernde Nachdenklichkeit in ihm ausgelöst hatte. Da hatte ich gemerkt, daß ich ihm unheimlich war. Vorher – da hatte mich dieses Kosewort kaum gestört, trotz der saloppen Herablassung, die es enthielt. Es war ja auch Liebe darin gewesen, die das Pelzige, Weiche der Mäuse mit mir verglich. Jetzt hörte ich das Kleine und Graue heraus, das Verächtliche an dem lästigen Ungeziefer. Ich glaube aber nicht, daß dies Raimund bewußt war. Erst was nachher kam, war eine gezielte Kränkung, zu der die Bemerkung, ich sei eine Heuchlerin, nun doch der richtig gewählte Auftakt war. –

„Weißt du, ich habe keine sehr hohe Meinung von mir. Ich bin ein Windhund und ein gefinkelter Lügner. Das hast du ja längst bemerkt. Ich bin zum Lügen entschlossen, wenn es mir vorteilhaft scheint. Ich bin aber auch entschlossen, auf meine Weise zu leben, ob das anderen Leuten nun recht ist oder nicht. Ja, ja, du verstehst mich schon richtig. Dich nehme ich da nicht aus. Du bist auch eine von den besagten anderen Leuten. Und jetzt sollst du hören, warum du eine Heuchlerin bist. Du achtest nämlich darauf, dich so zu verhalten, daß du von dir eine gute Meinung hast. Die meiste Zeit kannst du dir einreden, daß es dir gelingt. Aber dann kommt so eine Situation wie die hier, in der du vor Ärger rabenschwarz werden müßtest. Und was ist? Du streitest es ab. Du faselst mir etwas von deiner Liebe vor, die hingeschwunden ist, aber immer noch nachwirkt, statt mir zu zeigen, was für eine Wut du hast und mich zu fragen, ob ich vielleicht mit dem Teufel im Bund bin. Die Heuchler von deiner Sorte bilden sich ein, daß es für sie einen kategorischen Imperativ gibt. Dabei haben sie meistens nur strenge Eltern gehabt, und was die ihnen eingebleut haben, ist ihr Gewissen. Wenn du nicht so feig und so unterwürfig wärst, wärst du nicht anders als ich, wenn nicht überhaupt schlechter. Aber nein, das erlaubst du dir nicht. Da versauerst du lieber. Du erinnerst mich jetzt schon manchmal an Aspirin. Wenn du alt bist, wirst du essigsaure Tonerde sein."

So redete er sehr ausgiebig auf mich ein, und ich hörte ihm zu, ohne ihn dabei anzuschauen. Ich betrachtete meinen Ring – zuerst unabsichtlich – und bewegte unwillkürlich die Hand dabei. Sein buntes Sprühfeuer lenkte mich ab. Ich hörte mir die Gemeinheiten Raimunds nur unaufmerksam aber doch rachsüchtig an. Dabei lenkte ich einen Lichtstrahl in Raimunds Augen und freute mich, als ich ihn wegzucken sah. Er hielt jetzt den Mund, denn wahrscheinlich verdroß es ihn, daß er mich nicht ärgern und nicht herausfordern konnte. Ich sagte recht freundlich und heuchlerisch:

„Ich hätte dir einen fairen Vorschlag zu machen. Ich gebe dir deinen Ring zurück und du mir mein Heft."

Das hatte ich wohl nicht schlau genug eingefädelt. Es war immer noch zu unumwunden gesagt. Raimunds Augen verengten sich. Er schaute mich mißtrauisch an.

„Das ist aber merkwürdig, daß du an dem Heft so hängst."

Ich sagte: „Das Heft ist mein Eigentum. Ich habe meine Gedanken hineingeschrieben. Ich möchte sie wiederhaben. Sie sind das Intimste an mir."

„Aha. Und auf dein Intimstes habe ich kein Recht mehr."

Ich überhörte den possenhaften Einwurf und sagte: „Was drinsteht ist übrigens wahr, du hast mir den Ring gestohlen."

„Ich hab ihn nur ausgeborgt. Du hättest ihn wiederbekommen. Ich hätte ihn wieder ausgelöst."

„Das hättest du ganz gewiß nicht getan."

„Ach nein? Und würdest du mich informieren, woher du das weißt?"

„Ich weiß, daß Wasser niemals bergauf rinnt, Raimund. Es gibt Dinge, die kannst du nicht tun, nicht einmal, wenn du möchtest."

Er widersprach mir nicht, sondern sagte: „Ach so." – Ich konnte, sofern ich Lust dazu hatte, mir einreden, er hätte etwas dazugelernt. Dann fragte er, übertrieben interessiert:

„Es stimmt also auch, was über mich in dem Heft steht – ich meine, über meine Charakterzüge."

„Im Augenblick möchte ich sagen: Ja."

„Aha. Es könnte also soweit kommen, daß du wieder wesentlich milder über mich denkst. Zum Beispiel wenn ich dich in die Horizontale kippe."

Lange dachte ich nach, um diesmal ganz sicher zu sein, daß meine Antwort mit mir im Einklang war. „Ich glaube, jetzt kenne ich dich. Jetzt täuschst du mich nicht mehr und könntest das auch bei deinen Werbekunststücken nicht."

Er lachte. „Da sieht man, daß du mich kein bißchen kennst. In punkto Liebesbetätigung hab ich dich nie getäuscht. Jeder Mensch hat Stimmungen. Ich gebe den meinen nach. Und manchmal bist du für mich noch verführerisch. Da hätte ich wirklich Lust, dich aufzufressen. Natürlich ist dem ein Riegel vorgeschoben. Aber was ich ersatzweise tun kann, ist ehrlich gemeint. Also täusche ich dich mit meinen Werbekunststücken nicht. Ich mache mir nur meine eigene Moral."

„Ach ja, das ist angeblich das, was die Götter groß macht, wobei ich vor allem an das alte Griechenland denke. Ich möchte nur wissen, ob es auch göttlich ist, wenn man einen Brillantring gestohlen hat und den Bestohlenen mit Vorwürfen zudeckt, daß er zu wenig darauf aufgepaßt hat."

Er winkte gelangweilt ab. „Das gehört zur Technik der Lüge: das Erfinden von Einzelheiten, die gespielte Entrüstung, die Einschüchterung, bei der man innerlich lacht – lauter Grundregeln, die ich dir beibringe, wenn du willst. Aber dein Heft kriegst du nicht zurück. Und jetzt kannst du mich ohrfeigen, wenn du nicht zu feig dazu bist."

Blitzschnell hatte ich mit dem Handrücken ausgeholt. Mein Brillant klirrte laut gegen Raimunds Schneidezähne, denn er hatte zu seinen Worten gegrinst. Jetzt machte er endlich sein Lästermaul zu.

Ich ließ mir das Autowrack zeigen und dachte: Das gibt's nicht. – Es war auch diesmal ein Wunder, daß Raimund noch lebte. Vor mir lag ein Blechknäuel. Ich sah in ihm keinen Hohlraum, in den man einen Menschen hineinquetschen konnte. Jeder Versuch, dies zu tun, mußte ihm das Rückgrat zersplittern und ihm an allen Ecken und Enden die Knochen zerbrechen. Er mußte die Adern zum Platzen bringen, das Fleisch von den Sehnen reißen und was sonst noch geschieht, wenn ein Mensch nicht nur tödlich verletzt, sondern ganz zerstört wird – wenn ihn also zum Beispiel niederdonnernde Stämme zermalmen. Und weil ich angeblich eine Heuchlerin war, überkam mich ein Grauen und dann die Erleichterung, daß ein Mensch, und sollte es der böseste auf der Welt sein, zumindest in diesem Fall nicht so schrecklich gestorben war.

Aber weil jetzt in mir auch ein Nachklang von Raimunds Idee war, mein Gewissen könnte nichts anderes sein als die Nachwirkung elterlicher Predigten und Dressuren, erlaubte ich mir einen Bosheitsimpuls, der ungeheuerlich, entsetzlich und triumphal war. Ich hielt es für möglich, daß Raimund nicht sterben k o n n t e , solang jene Seite in dem Heft nicht verbrannt war. Was wäre das doch für eine Strafe für ihn. Eine Strafe von biblischem Ausmaß. Beim Rächergott!

Ich stellte mir schmerzhafte Krankheiten vor, von denen Raimund nicht erlöst werden konnte, oder seinen uralten Körper, der zerfiel und immer noch lebte, obwohl nichts Menschenähnliches mehr an ihm war. Ich sah eine gallertige Masse vor mir, in der ein wildes, galvanisches Zucken war, wie in den abgetrennten Gliedern niedriger Tiere. Das Leben, das nicht herauskonnte, zuckte darin. – Mein einstmals so schöner Luzifer Raimund, der auf dem besten Weg war, ein Teufel voll Quällust und schließlich ein Satan zu werden: ein Wesen, das haßerfüllt und zerstörerisch war, besaß nicht die Macht, sich selbst zu zerstören und hatte zu Lebzeiten schon die ewige Qual.

Ein Riß ging durch mich, der wie eine Züchtigung war. Da war mein Gewissen wieder in voller Amtstracht. Ich dachte: Ich muß ihm die Wahrheit erzählen. Ich muß nur abwarten, bis er einmal vernünftig genug ist. Er muß erfahren, was getan werden muß, wenn ihn das Leben irgendeinmal nicht loslassen will. – Damit tauchte ich halbwegs nüchtern aus diesem Rausch, der in mir eine Ahnung ablagerte, wie das war, wenn man sich der Lust am Bösen überließ, so oft und bereitwillig, bis man ihr verfallen war.

Ich konnte Gerhard nicht einmal sagen, wie es zu dem Unfall gekommen war. Weder Raimund noch ich hatten es zur Sprache gebracht, und da ich Raimund im Krankenhaus nicht mehr besuchte, erfuhr ich es erst, als er wieder zu Hause war. – Er war auf der nassen Straße ins Schleudern gekommen und mit dem Wagen gegen einen Alleebaum geprallt, wenn auch nicht frontal. Durch die hohe Geschwindigkeit war das Auto ins Schlittern gekommen, auf Rollsplitt und wieder auf glattem Asphalt, und war, da es nicht mehr gebremst und gelenkt werden konnte, mit solcher Wucht gegen eine Betonwand gedonnert, daß in der nun ein Riß war. Doch daß Raimund überlebt hatte, war kein Wunder. Das verdankte er seiner Nachlässigkeit. Er fuhr mit unversperrten Autotüren und hatte den Sicherheitsgurt nicht umgeschnallt; so hatte es ihn herausgeschleudert, bevor der Wagen zum Knäuel geworden war.

Viel sogenanntes Glück im Unglück gab es bei diesem Unfall, da niemand bei Raimund im Auto gesessen war. Seinen Freund Kilian hatte die Grippe erwischt, so daß er noch immer mit hohem Fieber im Bett lag und es sicher für etwas Selbstverständliches hielt, daß ihn das Schicksal so treu behütet hatte. Raimund verlor seinen Führerschein nicht, da er vor dem Unfall noch nichts getrunken hatte. Er verlor nur sein Auto. Das schmerzte ihn tief genug.

Er führte sein Leben weiter, kam spät nachts heim, schlief, bis er von selbst wach wurde, und trank sehr viel. Ich war froh, daß ich bei seinem Heimkommen immer schon schlief.

Den Brillantring nahm ich jetzt nie mehr ab. Ich gab damit kund, daß er mir gehörte, und daß ich ihn mir nicht mehr wegnehmen ließ. Mir fiel immer wieder Gerhards interessierter Blick auf, dem ein maßvolles Wohlgefallen beigemischt war. Es dauerte lange bis zu der Frage, ob dieser große, prächtige Stein auf dem Ring ein Brillant sei. Damit fiel das Stichwort, und ich erzählte ihm alles, was mit dem Schmuckstück zusammenhing, da ich mich nicht mehr verpflichtet fühlte, Raimund zu schonen. Auch den Diebstahl ließ ich daher nicht unerwähnt. Ich beklagte mich nicht, aber ich sprach unmißverständlich. Gerhards aufmerksame Augen verrieten kein Mitleid. Doch merkte ich, daß er sich kein Wort entgehen ließ. Seine Antwort war kurz und richtig: „Geh fort von Raimund."

Genausogut hätte er sagen können: „Laß dich von Raimund scheiden und heirate mich." Ganz bestimmt war es auch so gemeint, und er fand es nur überflüssig, über etwas zu reden, das außer Zweifel war.

Ich gab zur Antwort: „Da hast du recht", statt unmißverständlich zu sagen: „Das werde ich tun". – Und in meinem Fall war die Mehrdeutigkeit gewollt, da in mir jähe Furcht war. Raimund hatte mit dem Wort „Scheidung" eine Drohung verbunden, die mir Entsetzen einjagte, ohne daß ich sie glaubte: Mord.

Wir wußten beide, daß es nicht einfach sein würde, die Lösung für unser Zusammenleben zu finden, da es jedem von uns auferlegt war, ein Stück seines Lebensgewebes aufzutrennen. Darum planten und beredeten wir noch nichts und ließen es bei den Andeutungen bewenden. Doch wir bekundeten aneinandergedrängt und wortlos, daß wir die Lösung finden und erzwingen würden.

Die erste, mit der ich sprach, war Ingrid. Sie fand, daß die Trennung von Raimund das Zweitbeste war, nachdem ich vor der säuberlichen Lösung Angst gehabt hatte.

An meinem Arbeitsplatz geschah es jetzt oft, daß sich mir eine Abschiedsstimmung aufdrängen wollte, die sicher verfrüht, vielleicht sogar überflüssig war. Vielleicht gab Gerhard seine Beschäftigung leichter auf als ich und fand sich bereit, in unsere Stadt zu ziehen, um sich hier eine Anstellung in seinem Beruf zu suchen. Freilich hatte er dort, wo er war, gute Aufstiegschancen. Die hatte ich nicht, oder vielleicht erst nach Jahren, und der naheliegende Nachfolger für meinen Chef war Harry. Doch liebte ich meine Arbeit hier sehr, um so mehr, als sie jetzt erfolgreich und anerkannt war. Als ich meinen Chef einmal fragte, was er dazu sagen würde, wenn ich früher oder später meine Stelle hier aufgab, fragte er mich, erbleichend, doch sehr dezent, ob sich Nachwuchs ankündige, oder ob er geplant sei . . .

„Nichts von alledem? Gott sei Dank. Dann war das wohl nur ein Schreckschuß. Trotzdem bitte ich Sie, an so etwas nicht mehr zu denken. Oder möchten Sie mehr Gehalt? Das bekommen Sie ohnehin. Ich habe schon alles in die Wege geleitet. Und Sie fühlen sich doch bei uns wohl. Ganz sicher – so etwas spürt man. Sie haben

Rückschläge und Erfolge mit uns geteilt. Was wollen Sie mehr: Wir haben uns durchgesetzt und wir arbeiten mit guten Ergebnissen weiter, um unser Verfahren industriereif zu machen. Sie schreiben Fachaufsätze, die man mit Handkuß abdruckt, Sie werden bald wieder einen Vortrag halten und müssen nicht mehr befürchten, daß man Sie ins Kreuzverhör nimmt. Jedem einzelnen von uns wird der Hof gemacht werden, man wird ernste Detailfragen haben und ehrfürchtig lauschen. Auf so eine Selbstbestätigung verzichtet man nicht."

Der gleichen Meinung war Harry, nur tippte sich der an die Stirn, als er mit etwas anderen Worten und in dem Tonfall, der zwischen uns üblich war, von dem Verzicht auf die Selbstbestätigung sprach. Ihn riß der Erfolg ein wenig aus seinem Trübsinn. Er löste sich innerlich schon von Doris los.

Ich habe trotzdem auf den Vortrag verzichtet, der mir all das einbringen sollte, was mir verheißen war, nur habe ich es nicht aus freien Stücken getan. Auch mich erwischte nämlich die Grippe zu einem Zeitpunkt, an dem sie schon zur Epidemie geworden war. Da ich hohes Fieber hatte und mein Kreislauf geschwächt war, verfrachtete mich mein Hausarzt ins Krankenhaus, und da lag ich und fühlte mich aller Pflichten enthoben. Auch das Nachdenken über Gerhard und mich war zu schwierig, und das Nachdenken über Raimund der Mühe nicht wert.

Trotzdem besuchte er mich und brachte mir sogar Blumen, wenn auch seltsamerweise erst am dritten Tag. „Vorher warst du zu schonungsbedürftig", sagte er rücksichtsvoll.

Das war der Beginn einer Phase von Aufmerksamkeit, die er anfangs sehr oft gehabt hatte, doch nie mehr in letzter Zeit. Mir fiel auf, daß es mir auch jetzt noch unmöglich war, von seiner Liebenswürdigkeit nicht beeindruckt zu sein, nur nahm sie mich nicht mehr gefangen.

Sie ließ mich ganz kalt.

Nach meiner Entlassung aus dem Krankenhaus hatte ich noch mehr Grund, mich über Raimunds Verwandlungskünste zu wundern. Er hatte sich Urlaub genommen und pflegte mich. Er bestand darauf, daß ich noch einige Tage im Bett blieb, da ich noch hustete und vom Fieber geschwächt war und abends erhöhte Temperaturen hatte. Nun gut, dann sollte er mir zu Diensten sein.

Auch Kilian Weidrich war immer noch krank. Bei ihm waren Komplikationen dazugekommen, da er nie etwas anderes als Eiskaltes trank. Er hatte eine Rippenfellreizung oder etwas ähnliches, was ich ihm herzlich vergönnte. – Ich fragte mich, ob es möglich war, daß die kurze Zeit, in der es diesem Raubtier, dieser Dschungelbestie versagt gewesen war, sich an Raimund zu krallen und ihn zu verschleppen, es diesem möglich gemacht hatte sich zu besinnen. Sogar seine Gesichtszüge normalisierten sich. Er pflegte mich gut. Fast verwöhnte er mich. Wir hätten viel Zeit für klärende Gespräche gehabt, die uns wieder hätten zusammenführen können. Die Chance für eine Versöhnung war da. Der Raum, in dem wir lebten, war spannungsfrei, und es war mir anheimgestellt, ihn mit meinem Einfluß zu füllen. Es war, als sagte mir jemand: Das wolltest du doch! Du wünschtest dir eine Gelegenheit, Raimund zu retten. – Aber ich mochte nicht mehr. Ich stellte mich innerlich tot. Ich war nicht mehr zuständig für diesen fremden Mann.

Am Abend ging Raimund immer noch aus. An Gleichgesinnten schien es ihm nicht zu mangeln. Doch kam er jetzt früher heim, war annähernd nüchtern und fragte mich einmal sogar, ob ich noch so schwach sei, daß ich ein Intimissimum zwischen uns beiden als eine Vergewaltigung auslegen würde. Etwas regte sich in mir, als er das sagte, doch da Raimund es bei den Worten bewenden ließ und sich seiner verführerischen Kunstgriffe nicht bediente, blieb mein inneres Aufhorchen unbemerkt.

Ein Abend kam, an dem Raimund schon fort war, und mich Ingrid am Telephon fragte, wie stark ich schon sei. Wenn ich mich hinreichend standfest fühlte, um bei einer schockierenden Nachricht nicht umzufallen, möge ich mich doch anziehen und zu ihnen kommen. Ich nahm die Einladung an, und dann erfuhr ich, was los war. Es wurde mir nicht brutal ins Gesicht gesagt, vielmehr wurde verlegen herumgedruckst. Ich führte das darauf zurück, daß es erst das zweite Mal war, daß ich mit Ingrids Mann zusammenkam, und daß ein lang gehegtes Mißfallen zwischen uns stand. Bislang wußte ich noch nicht, ob es auf Gegenseitigkeit beruhte. Darüber hatte ich Ingrid nie befragt. – Diesmal erschien er mir als ganz normaler Mensch, der etwas langweilig war und das auch wußte. Ich verstand, daß er damals bei seinem Besuch diese Eigenschaft schamhaft verborgen hatte. Er hatte sie überspielt und gescheit geredet. Er hatte gemeint, in die Tiefe zu schürfen, doch es wurde ein Tagbau nach Allerweltssprüchen, der mich verdroß. Er hatte sich übernommen, doch das bedeutete ja, daß er sich sehr angestrengt hatte, um uns zu genügen. Er war auch zartfühlend, als er mir sagte, daß Raimund gekündigt worden sei. Er sprach taktvoll von Auftragsrückgängen und davon, daß Raimund nicht der einzige sei. Und ich möge nicht böse über die Einmischung sein, doch Ingrid habe vermutet, daß ich noch nichts wüßte.

Da gingen zwischen Ingrid und mir ganze Pfeilhagel blitzender Blicke hin und her, die wortlos einiges von dem richtigstellten, was noch über Raimunds Rücksicht hinzugefügt wurde. –

„Er hat Sie wahrscheinlich nicht erschrecken wollen.“ –

Ha! Er überlegte bloß, wie er sich da herauswinden sollte.

Ich bekam ein Abendessen serviert und stellte höfliche Besorgtheit zur Schau. Doch ich wußte schon, was mir Ingrid erzählen würde, wenn sie mich nachher mit dem Auto nach Hause brachte, nämlich, daß Raimund geflogen sei, weil er regelmäßig zu spät ins Büro gekommen und immer ärger verkatert gewesen sei. –

„Sein Mief", sagte Ingrid, „war in allen Winkeln zu riechen: der Alkoholqualm, den er ausgeatmet hat und der Zigarettengestank in seinen Kleidern. Oft haben sie geglaubt, dieses Gasgemisch explodiert, wenn einer sich eine Zigarette anzündet."

„Ich weiß, diese Duftmischung ist mir schon lange bekannt", sagte ich.

„Und außerdem hätte auch ich ihn schon längst gefeuert, wenn ich das Vergnügen gehabt hätte, sein Chef zu sein. Er kam oft erst nach Mittag. War es nicht so? Und mir hat er vormachen wollen, bei ihm sei das unerheblich. Er sei ein so guter Werbemann, daß man das toleriert."

„Aber nein – er war gar nicht so gut – nicht besser als alle. Ich sage dir das so geradeheraus, weil ich weiß, daß das für dich nicht mehr wichtig ist. Du bist ja vernünftig geworden und trennst dich von ihm. Es ist nur schade, daß du ihn nicht mehr aus der Welt schaffen kannst."

„Vor allem", sagte ich anzüglich, „bedauerst wohl du das."

„Na schön, mein Gewissen bleibt rein – meine Neugier brennt weiter."

Ich stieg aus, gab ihr einen Kuß auf die Wange und riet ihr, die Hoffnung auf ein Gruselerlebnis nicht aufzugeben. Sie winkte mir zu und fuhr fort, und ich wußte noch nicht, daß dieser Abschied groß und einschneidend war.

Raimund war nicht daheim. Ich konnte noch nicht mit ihm reden. Da sein Urlaub noch nicht vorbei war, war aber noch Zeit dazu. Ein Schreck wollte aufzucken, als ich an die Möglichkeit dachte, er könnte fristlos entlassen worden sein, und das, was er seinen Urlaub nannte, wäre in Wirklichkeit schon die aufgezwungene Freiheit. Ein kurzer Anruf bei Ingrid beruhigte mich. Raimund war ordnungsgemäß gekündigt worden und brauchte seinen Resturlaub auf. Gegen alle Vernunft war ich darüber froh. Für mich war es schließlich gleichgültig – oder nicht? Etwas bohrte in mir und genau an der Stelle, an der mein Gewissen zu bohren pflegt. Ich konnte mich ja jetzt von Raimund nicht scheiden lassen! – Ich mußte abwarten, bis er wieder eine sichere Anstellung fand. Wenn ich ihn jetzt in Stich ließe, wäre das unanständig.

Wir erwachten am nächsten Morgen zur gleichen Zeit. Ich sagte: „Sie haben dich also gekündigt, Raimund."

Er erschütterte das ganze Bett, als er in die Höhe fuhr: „Von wem weißt du das?"

„Das sag ich dir nicht, und es ändert auch nichts daran."

In seinem Zorn und in seiner Verlegenheit wollte er mich belehren, ich verhielte mich unanständig. Man habe aufrichtig zu seinem Ehepartner zu sein. Da platzte mir wider Willen ein Lachen heraus, das ihn erröten und stumm werden ließ.

Ich sagte: „Jetzt bist du selbst ein Heuchler. Du hast so getan, als wärst du in Sorge um mich und wolltest wahrscheinlich in Wirklichkeit nur erreichen, daß ich auch zur Sorge um dich verpflichtet bin. Jetzt muß ich dich so lang über Wasser halten, bis du wieder irgendeine Anstellung hast."

Raimund wandte seinen Kopf so langsam nach mir, daß ich die Schattengrenze über sein Gesicht wandern sah. Ohne Nachdruck und Vorwurf erwiderte er: „Du tust mir unrecht, wenn du das sagst. Ich hab nicht geheuchelt. Ich war ziemlich geschockt. Ich hab eingesehen, daß ich viel falsch gemacht habe und hab wirklich den Willen gehabt, neu anzufangen. Ob ich es gekonnt hätte, weiß ich allerdings nicht.“

Das rührte mich an, und ich glaubte es ihm. Ich glaubte sogar, bedauern zu müssen, daß ich ihn bei seiner Bemühung zur Umkehr im Stich gelassen hatte.

„Du hast keinen Grund, dir Sorgen zu machen. Du findest bestimmt wieder eine Anstellung, die dir zusagt. Bis dahin bin ich für dich da – das ist selbstverständlich.“

„Ich mache mir keine Sorgen“, erwiderte er.

Ich war wieder gesund, wenn auch etwas schwach auf den Beinen, nahm meine Arbeit wieder auf und freute mich auf den Abend. Nach langer Zeit konnte ich wieder bei Gerhard sein. Zwar hatten wir viel miteinander telephoniert und sogar auf dem Umweg über die technische Apparatur die Zweieinigkeit gespürt, die nicht mehr getrennt werden konnte, ohne daß zwei unvollständige Wesen entstanden – doch was war das schon, verglichen mit ihm selbst. Erst unser Zusammentreffen stellte die Weltordnung wieder her – zumindest in unserem kleinen Sonnensystem.

Gerhard fragte mich, wie Raimund es hinnahm, daß ich mich von ihm scheiden lassen wollte. – Da schlich etwas wie Vorsicht heran und ließ mich zaudern.

„Das alles ist noch in Schwebe“, wich ich aus.

Er fragte, noch arglos und fast mechanisch: „Aber es bleibt dabei, daß du dich von ihm trennst, und daß wir dann heiraten, so schnell es geht.“

Ich wußte noch gut, wie sich alles abgespielt hatte, als dieses Thema von ihm berührt worden war, wir karg er seine Meinung geäußert hatte, und wie unbestimmt meine Antwort gewesen war. Darüber war ich jetzt froh, denn ich hatte noch nicht vergessen, was für eine Drohung mit dem Wort „Scheidung“ verbunden war. So erwiderte ich:

„Davon habe ich nichts gesagt. Ich habe nur zugegeben,

daß du recht gehabt hast, als du meintest, daß ich von Raimund weggehen sollte.“ –

Ich gestand mir nicht ein, daß die Furcht mich beriet, sondern hielt vor mir selbst den Anschein aufrecht, ich fände ein verspieltes Vergnügen daran, nur Worte, die gesagt worden waren, gelten zu lassen, und nichts von dem, was gewichtig dahinterstand. Dann aber erlebte ich, heftig zusammenzuckend, wie Gerhard bewies, daß sein Name genau zu ihm paßte. Gerhard Wetter hieß er, und er wetterte los. Er brüllte mich an, ob ich glaubte, daß er mit mir spaße, oder ob ich ihn gar zum Narren hielte. Er habe geglaubt, ich wüßte, wovon er sprach, und daß er mit Wortspielen nicht zu beeindrucken sei.

Es war herrlich. Ich freute mich auf das Leben mit ihm, in der solche zorngeschüttelten Liebesbeweise und so atembefreiende Ausbrüche möglich waren. In dem Unwetter war die Verheißung kommender Klarheit, so daß ich jetzt schon die frische Luft der Versöhnung genoß. Raimund sollte nur drohen – Gerhard stand neben mir. – Mit wenigen Worten erklärte ich ihm, daß ich meinen Mann jetzt nicht im Stich lassen konnte, und daß wir noch eine Weile Geduld haben müßten, bis er wieder auf eigenen Beinen stand.

Gerhard war mißtrauisch. „Glaubst du, daß ihm das gelingt? Es kommt nämlich auch darauf an, ob er sich bemüht. Vielleicht glaubt er, daß er dich jetzt erst richtig ausnützen kann.“

„Das wird sich bald herausstellen“, sagte ich. „Dann wäre es mit meiner Rücksicht auf ihn vorbei.“

Er war schon besänftigt: „Nun gut, das sehe ich ein. Ich respektiere deinen Standpunkt auf befristete Zeit. Anderseits binde ich dich an dein Versprechen. Wir werden heiraten – ja? Damit das klar definiert ist. Und damit du uns nicht mehr die Worte verdrehen kannst.“

Er meinte das nicht mehr als Vorwurf. Er lächelte schon

wieder. Ach, ich freute mich, freute mich auf das Leben mit ihm.

Raimund ließ sich nicht anmerken, ob es ihn kränkte, daß ich seinen Willen, ein besserer Mensch zu werden, nicht entsprechend gewürdigt oder ermutigt hatte. Ich konnte auch nicht feststellen, wieviel er tat, um wieder zu einer Anstellung zu kommen. Noch zehrte er von seiner Abfertigung. Es gab kein Zeichen, daß das Geld bei ihm knapp war. Wir sahen einander kaum, denn ich ging und kam bei Tag, während er sein Nachtleben führte und tagsüber schlief. Vielleicht schlief er nicht nur. Es konnte auch sein, daß er unterwegs war, um Arbeit zu finden.

Wenn ich ihn danach fragte, gab er zur Antwort: „Glaubst du, ich sitze herum und warte darauf, daß alle Arbeitgeber ausschwärmen, um mich zu suchen?“

Ich nahm es ohne rechte Überzeugung zur Kenntnis. Es waren Schallwellen, die an mein Ohr gelangten, um mich mit wertlosen Informationen zu beliefern. Vielleicht suchte er Arbeit, vielleicht auch nicht. Jedenfalls bettelte er mich noch nicht um Geld an.

Die Zeit verging, und Gerhard war ungeduldig: „Ich wette, daß er bis jetzt noch nichts getan hat.“

Darauf hatte ich nur ein hilfloses Achselzucken. „Soll ich ihn beschatten lassen? Oder was soll ich tun?“

„Liegt er dir auf der Tasche?“

„Nein, noch nicht.“

„Aber er weiß, daß er da eine stille Reserve hat.“ – Er packte mich bei den Schultern und schüttelte mich, wobei seine Augen scharf und metallisch waren. Er wetterte: „Er soll sich nur ja davor hüten zu glauben, daß er dein Pflegesohn ist. Ich werde ihn nicht adoptieren, und du wirst es auch nicht.“

Ich sagte: „Bis Monatsende warte ich noch. Bis dahin

muß es Anzeichen geben, was er tut."

Es gab tatsächlich Anzeichen, daß eine Veränderung eintrat, doch die wies darauf hin, daß Weidrich wieder gesund war. Von da an kam Raimund wieder betrunken nach Haus, torkelte, stimmte Gesänge an und übergab sich nach polterndem Ziellauf auf die Toilette. Und noch immer hatte er Geld.

Er kam jedenfalls nicht zu mir, um zu bitten, daß ich ihm ein paar Liter zahlte. – Das konnte ein gutes Zeichen sein, doch eher war es ein schlechtes. Bei Raimund war ich schon lange auf alles gefaßt. Und bei meinem nächsten Sonntagsausflug mit Gerhard, der eine Überraschungsfahrt werden sollte, ging mir zugleich mit der Überraschung ein Licht auf.

Gerhard fuhr zu dem Berggasthof mit der schönen Aussicht, von dessen Besitzer Raimund in besseren Tagen das Grundstück für unseren Hausbau erworben hatte. Ich hatte es lange nicht mehr gesehen und hatte kaum mehr daran gedacht.

Auf dem Grundstück war eine Bauhütte aufgestellt worden. Das hatte bestimmt nicht Raimund veranlaßt. Die Hütte war neu. Jemand arbeitete noch daran. Das rief eine sinnlose Empörung in mir hervor. Dies Stück Land hatte Raimund gehört. Trotzdem hatte ich daran teilgehabt wie an ihm. Es war nicht unter meinem Namen im Grundbuch gestanden, und doch hatte Raimund ein Stück meines Lebens verkauft, das einmal schön und voll Hoffnung gewesen war.

Ich war aufgestört und konnte Gerhard nicht erklären, was diese komplizierte Gefühlsaufwallung hervorrief. Ich war still, bis plötzlich die Erleichterung kam und meine unechte Traurigkeit gründlich vertrieb: Raimund ist ja noch nicht besitzlos. Er braucht mich nicht, es sei denn, um mich noch zusätzlich auszunützen.

Als ich Gerhard das sagte, nahm er fast ruckartig Gas

weg und lenkte das Auto gegen den Straßenrand. „Ich versteh dich nicht", sagte er. „Und das hast du vergessen können?"

„Vergessen und doch nicht vergessen", antwortete ich. „Ich hab dieses Stück Land einfach gern gehabt. Sein Gegenwert in Geld war mir nicht mehr wichtig. Ich hab eigentlich nie ernsthaft daran geglaubt, daß Raimund und ich zu einem Haus kommen könnten. Er hat Pläne gezeichnet, und ich hab dabei mitgetan."

Ich dachte an jene Zeit zurück. Schon längst waren die Erinnerungsbilder verwischt und schimmerten nicht mehr in den Farben von damals. Ich wußte nur noch, daß ich glücklich gewesen war, doch war ich nicht mehr imstande, es nachzuempfinden. Ich erinnerte mich an die eifrige Fröhlichkeit beim Zeichnen und Messen und Kostenabschätzen. Und als mir das einfiel, schlug ich mir an die Stirn und brach in ein helles, befreites Lachen aus.

„Du Gerhard! – Aber lach mich jetzt bitte nicht aus. Es gibt noch etwas, das ich vergessen habe. Es ist mir zwischen die Windungen meines Gehirns gerutscht: Raimund hat noch Geld auf der Bausparkasse – als Ansparungsrate für einen Kredit. Wenn er das abhebt, geht es ihm noch lange gut, und er hat noch viel Zeit, um Arbeit zu suchen."

Ein Knoten war aufgelöst. Ich gehörte jetzt ganz zu Gerhard. Nun wollte ich eine letzte Sicherheit. Ich konnte fragen, wieviel Geld auf dem Konto noch war, denn ausnahmsweise lautete es auch auf mich.

Der Anruf löste alle Probleme, das Geld auf dem Konto war unberührt. Diese Auskunft war gleichbedeutend mit meiner Befreiung. Von nun an war Raimund keine Gewissenslast mehr.

An den nächsten Abenden kam Raimund so spät nach Haus, daß ich nicht wachbleiben konnte, um mit ihm zu reden. Auch wollte ich unbedingt, daß er dabei nüchtern war. In der Früh war er auch noch nicht nüchtern. Da stieß er mich weg, wenn ich mich bemühte, ihn wachzurütteln. Ich mußte das nächste Wochenende abwarten – das kam bald. – Aber dann ergab sich die Gelegenheit mit Raimund zu reden noch früher.

Ich mußte zum Arzt gehen, da mein Husten nicht aufhören wollte; auf dem Weg dahin kam ich an einem Kaffeehaus vorbei, und hinter den Fensterscheiben sah ich Raimund, der Zeitungen las und etwas Goldbraunes trank. Er sah nüchtern und ernst und gesprächsbereit aus, und das war er auch, als ich eintrat und bei ihm Platz nahm. Er legte sofort die Zeitungen weg und fragte mich, was ich zu trinken wünschte. „Auch einen Whisky?"

„Nein, lieber einen Kaffee."

Er winkte den Ober herbei.

Ich fragte: „Wie steht es mit deiner Aussicht auf einen Job?"

„Man tut, was man kann."

„Danach sieht es aber nicht aus. Du sitzt da und trinkst etwas Teures, das wir auch zu Hause haben. Wir haben auch Zeitungen und Tonbandmusik. Ich kann nicht begreifen, daß man da in ein Café gehen muß."

„Das kommt daher, daß du nicht in mir leben kannst. Zu Hause müßte ich mich eingesperrt fühlen. Hier kann ich leben. Hier habe ich Menschen um mich."

„Und trotzdem bist du allein."

Er grinste: „Na, jetzt wohl nicht mehr."

„Aber vorher warst du's. Niemand saß da neben dir."

„Aber ich habe Leute gesehen. Ich konnte mit ihnen reden, wenn ich wollte. Für mich ist das ein so großer Unterschied wie zwischen einem geheizten Zimmer und einem, das kalt ist. Jemand hat mich um eine Zeitung gebeten, ein paar Worte gewechselt – ist das nichts?"

„Es ist nichts", sagte ich, „wofür man ein Grundstück verkauft."

„Ach so? Das hast du auch schon herausbekommen? Mir ist nichts anderes übrig geblieben, weißt du. Schließlich habe ich ein neues Auto gebraucht."

„Ein neues Auto? In deiner Lage?" – Vor mir saß ein fremder Mensch, über den ich nur staunen konnte. Immerhin – seine Situation ging mich nichts mehr an, und so stand es mir auch nicht zu, ihn zu bekritteln. Darum setzte ich schnell hinzu:

„Das ist allerdings deine Sache. Du mußt mir nicht darauf antworten, wenn du nicht willst. Ich habe nur laut gedacht, weil ich mir nicht vorstellen kann, daß dir deine ungewisse Zukunft gleichgültig ist."

Er winkte ab. „Die Zukunft ist nie gewiß, und am wenigsten wenn man so lebt wie du. Hast du denn wirklich noch nicht begriffen, daß deine Lebenseinstellung für dich eine Last ist? Ich sorge nicht vor, ich beute die Gegenwart aus und überlasse die Verantwortung – nun, irgendwem."

„Einem Menschen oder einem höheren Wesen?"

„In diesem Fall dir", gab er seelenruhig zurück. „Du bist nämlich froh, wenn man dir Verantwortung aufhalst."

Da ich ihn entgeistert anstarrte, setzte er schmunzelnd hinzu: „Du weißt ja, ich habe in deinem Heft gelesen und habe von da an gewußt, *wie du über mich denkst*. Ich bin über dein Gegeifer empört gewesen, und das mit einigem Recht, wie du zugeben wirst. Ich habe aber auch Stellen entdeckt, die für mich eine große Beruhigung waren, weil ich daraus erfahren habe, wie du *zu mir stehst*. Du fühlst dich für mich verantwortlich. Das ist gut. Dir glaub ich nämlich, daß du das ernst gemeint hast."

Leichthin fragte ich: „Das ist doch nicht wörtlich zu

nehmen?“

„Warum nicht? Traust du dir nicht die Konsequenz zu, mich nicht verkommen zu lassen, da du nun einmal mit mir verheiratet bist? Oder glaubst du, daß ich mich genieren würde, mir von dir auf die Beine helfen zu lassen, wenn du den Auftrag dazu so gern auf dich nimmst?“

„Da hast du mich gut durchschaut.“ Ich lächelte, als ich das sagte. Dabei schaute ich ihn gerade und unverfänglich durch meine brandrot qualmende Empörung an. „Du bescheinigst mir also, daß ich ein guter Kerl bin?“

„Aber ja, wenn dir das eine Befriedigung gibt. Ich habe schon vorher vermutet, daß du so bist. Schon damals, als wir geheiratet haben, habe ich Anhaltspunkte dafür entdeckt, daß du einmal meine eiserne Reserve sein wirst.“

Ich zuckte die Achseln. „So wird es wahrscheinlich sein. Und du gibst mir nicht einmal mein Tagebuch wieder.“

„Du meinst dein Schmierheft? Warum bist du so scharf darauf? Ich kauf dir ein neues, dann kannst du weiter über mich schimpfen.“

„Und wo hast du das alte?“

„Das ist überhaupt nicht mehr da. So ist es. Und wenn dich das noch so wurmt. Ich hab es zuerst bei mir im Büro in einer abgesperrten Lade gehabt, und später habe ich es herausgenommen und in irgendeinen Abfallkübel gesteckt.“

Ich weiß nicht, ob man auch innerlich blaß werden kann – ob das Blut dann die Farbe verliert, das Fleisch und die Eingeweide. Meine Fingerspitzen waren beinahe tot. Kein lebendiges Gefühl war in mir, nur mein kalter, halbverrotteter Haß. Er stachelte mich an, Raimund auszuhorchen, ob er nicht doch irgendwo verwundbar war.

Ich fragte: „Hast du das ganze Heft gelesen?“ – Kein Zweifel, die Frage hatte ihn aufgestört. Dieses Flackern und Flattern, dieser Argwohn in seinen Augen war keine Täuschung. Er gab sich Mühe, verachtungsvoll abzuwinken. „Wer wird denn schon so etwas Zeile für Zeile lesen!“

Ich schwieg und dachte minutenlang nach. Es war schwierig, mich daran zu erinnern, ob in dem Heft etwas darüber stand, daß ich Raimund vernichten konnte, wenn ich es verbrannte, oder ob ich dies auch nur angedeutet hatte, denn das meiste hatte ich im Affekt geschrieben. Doch anderseits hatte dieses Thema mein Leben bestimmt. Es war wie die Maserung im Holz gewesen. Für den, der auch nur einen Teil meines Tagebuchs gelesen hatte, mußte auch jene Maserung sichtbar geworden sein. Zumindest hatte sie vielleicht etwas ahnen lassen. Schließlich fragte ich Raimund geradeheraus, ob er wisse, daß sein Leben mit diesem Schmierheft zusammenhing, und ob er etwas dergleichen gelesen habe.

Seine Augen belauerten mich, als er Antwort gab, und ich sah, daß in dem Glas, das er hielt, der Flüssigkeitsspiegel zu zittern begann. Das waren Anzeichen, daß seine patzige Antwort nicht echt war:

„Kann schon sein, daß da so ein Gefasel war, doch du kannst nicht von mir erwarten, daß ich mir das merke.“

Mit dieser Antwort begnügte ich mich. Ich hatte Raimund aus der Ruhe gebracht und sagte gleich noch mehr, was ihm mißfiel.

„Übrigens lasse ich mich von dir scheiden, Raimund. Du wirst allein für dich verantwortlich sein.“

Sein Gesicht veränderte sich nicht, und war doch plötzlich anders. Ich weiß nicht, woran es lag, daß der kalte Zynismus, der seinen Ausdruck immer mitbestimmt hatte, auf einmal das Beherrschende in ihm war.

„Mir scheint, du hast da etwas zu leicht genommen. Ich hab dir doch gesagt, daß du es nicht überlebst.“

Mir gelang es so zu tun, als wäre ich belustigt. „Bist du an einem Wohnrecht im Gefängnis interessiert?“

Er lächelte liebenswürdig, als er verneinte:

„Dazu kommt es nicht. Man wird mir nichts nachweisen können."

„Man wird wissen, daß du ein Motiv gehabt hast. Und wenn ich beim Notar die Mitteilung hinterlege, daß du mich ermorden willst, wenn ich mich scheiden lasse, und wenn ich anordne, sie der Polizei zuzuleiten, wenn du es tatsächlich tun solltest, kommst du nicht weit."

Seine Stimme war mild und geduldig. „Hab ich mich schlecht ausgedrückt? Es wird nämlich so sein, daß ich es nicht gewesen sein k a n n . Es würde jeder Logik kraß widersprechen, zu sagen, daß ich es war, so gut ist es ausgeklügelt. Auch dann, wenn ich ein Motiv habe, ändert das nichts. Du willst dich bei einem Notar absichern. Das kannst du. Du wirst es auch Gerhard erzählen und wirst nichts erreichen. Sogar im Fernsehen kannst du es durchsagen lassen. Es wird trotzdem unmöglich sein, daß ich es war. Scheinbar wäre es sogar gegen die Naturgesetze. Wir haben einen wunderbaren Mordplan."

Mir war, als stürzte ich durch grundlose Schächte und hatte dabei das Gefühl, daß ich gellend schrie. – Wir haben einen wunderbaren Mordplan. WIR! Ich konnte mir denken, wen er da miteinbezog. Eine Meute von fürchterlichen Erinnerungen, die ich von mir abschütteln wollte, sprang mich an, und ich ahnte, fürchtete, wußte beinahe, daß ein teuflisches Vorhaben ausgeheckt worden war. Ich hielt mich zurück, um nicht vor Entsetzen zu stöhnen und fragte tonlos:

„Warum planst du so etwas? Was hast du denn davon, wenn du mich umbringst?"

„Immerhin eine Eigentumswohnung, die bald ausbezahlt ist. So viel kann ich drauflegen, wenn ich sie erbe, daß sie mir fast keine Kosten mehr macht. Kilian findet auch, daß das besser als nichts ist."

„Er ist also dein Ratgeber."

„Immerhin hält er zu mir."

Ich sprach aus den gleichen Gründen weiter, aus denen sich ein Verirrter im Schneesturm bewegt: damit der Lebensfunke nicht erlischt: „Ich verkaufe die Wohnung jetzt schon. Ich enterbe dich."

„Das wirst du nicht tun. Du weißt nicht, was dir dann bevorsteht."

Ich tarnte meine würgende Angst als Hohn. „Und da hast du mir immer den Vorwurf gemacht, die Krämerseele von uns beiden sei ich."

„Kann sein. In der letzten Zeit hab ich viel geschwätzt. Vor allem wird es mir großes Vergnügen machen, dich auf derart geniale Art aus der Welt zu schaffen. Mir tut es fast leid, daß das nur die zweitbeste Lösung ist, und daß du so klug sein wirst, meine Frau zu bleiben. Ach, du weißt nicht, was dir dann erspart bleibt und mir entgeht. Am liebsten möchte ich dir ja schildern, wie wir es machen." –

Seine Augen waren jetzt so begeistert wie damals, als er mir von der Welt der Korallen berichtet hatte. Nur war jetzt etwas Schmutziges, Gelbes in ihnen, das mir verriet, wie es in Wahrheit um ihn stand. – Er bejahte das Böse. Er war davon fasziniert. – Da war immer noch Raimund, und ich rannte vor ihm davon. Ich konnte nicht mehr reden und kaum noch keuchen.

Durch welche Straßen ich getaumelt bin, weiß ich auch nicht. In irgendeiner fand ich eine Milchtrinkstube. Das Mixgetränk konnte ich nur durch den Strohhalm trinken, da die Schwäche in meinen Händen wie ein Lähmung war. In meinem Schädel war ein schrillender, stechender Schmerz. Ich mußte mir irgendwo Kopfwehtabletten kaufen.

Es dauerte lange, bis ich ruhig genug war, um wieder auf die Straße zu gehen und eine Apotheke aufzusuchen. Es war ein widernatürlich sonniger Tag. Die Apotheke war sauber, voll Glas und Chrom. Sogar die Brillengläser des weißgekleideten Mannes, der auf mich zukam, funkelten im Licht. Sie blitzten so stark, daß man die Augen dahinter nicht sah. Das irritierte mich, denn ich wollte sie sehen. Ich hatte das Bedürfnis in Augen zu schauen, die sicherlich harmlos und beschwichtigend waren. Doch auch dieser Mensch war mir unheimlich. Er war so still und hatte einen sonderbaren Ausdruck im Gesicht. Wir starrten einander an. Auch er sah betreten aus. Sehr lange sind wir einander gegenübergestanden. Dann öffnete er endlich den Mund und sagte:

„Verzeihung! Wollten Sie wirklich Rattengift kaufen?"

Ich erschrak und schloß die Augen, damit ich seine Brillen nicht funkeln sah, dachte nach und kam nur zu der einen Gewißheit: Wo in meiner Erinnerung an die eben vergangene Zeit eine Frage und eine Antwort sein sollten, war nichts.

Ich murmelte: „Habe ich das verlangt?"

Ein wortloses Nicken bekräftigte es mir.

„Ach, wie dumm", sagte ich. „Ich meinte ein Kopfwehmittel." –

Der Weißgekleidete ging und brachte es mir. Er legte es wortlos vor mir auf den Tisch, ich zahlte wortlos, dann nickte ich einen Gruß, der nicht erwidert wurde, und ging.

Ich hatte Gerhard gut zu kennen geglaubt, doch hatte er mir bis jetzt nicht gesagt, wieviel er schon über uns nachgedacht hatte. Er hatte allerdings noch keine Ahnung, wie sehr ich an meinem Arbeitsplatz hing, und wie schwer es mir fallen würde, ihn aufzugeben. Er aber erklärte mir, das wisse er doch. – Er hatte schon einen fertigen Plan, wie wir es einrichten konnten zusammenzuleben und doch möglichst viel zu belassen, wie es war.

Die Städte, in denen wir wohnten, waren nicht weit voneinander entfernt. An der Verbindungsstraße gab es ein Seitental, das von Anfang an durch viel Wald- und Wiesenland führte. Nicht weit von der Einmündung in die Hauptverkehrsstraße war ein Wohnblock mit Terrassenwohnungen im Bau, und Gerhard hatte bereits in Erfahrung gebracht, daß noch einige zum Verkauf angeboten waren.

Er sagte: „Man muß nicht weit gehen, bis man im Wald ist – so wie bei dir. Ich verkaufe meine Wohnung und du die deine. Ich habe mir auch Geld in Papieren angelegt, auf die ich einen Lombardkredit nehmen kann. Vielleicht bleibt auch noch etwas für dein Auto, sonst kaufen wir es auf Raten. Wir verdienen beide nicht schlecht, da ist es kein Risiko. Die Rückzahlungsrate für die Wohnung ist allerdings hoch. Da müssen wir bei der Einrichtung streng kalkulieren. Du wirst aber sehen, daß es herrliche Wohnungen sind. Und wenn wir zur Arbeit fahren, haben wir es gleich weit.“

Ich hätte mich freuen müssen und fühlte mich eingemauert: Die Scheidung! Gerhard sollte nicht wissen, daß mein Leben durch sie in Gefahr war. Ich wollte trotzdem mein Versprechen nicht rückgängig machen und darauf bauen, daß Raimund im Innersten feig war. Schon ließ Gerhard alle Bedrohungen unwirklich werden. Seine Freude beim Plänemachen riß mich mit. Ich schaute nicht auf die Uhr, doch mein Zeitgefühl sagte mir, daß Raimund noch lange nicht heimkommen werde – da hörte ich ein Geräusch an der Eingangstür, und gleich darauf sah ich ihn in das Wohnzimmer treten.

Es war eine ganz neue Situation für mich, von ihm mit dem Mann in meiner Wohnung angetroffen zu werden, um dessentwillen ich ihn zu verlassen gedachte. Ich stellte erleichtert fest, daß ich nicht erschrak, sondern eher ungehalten war, weil er uns störte, und daß ich mich benahm, wie wenn ein ungebetener Gast kommt, den man aus Höflichkeit hereinlassen muß.

„Du bist heute schon da?" sagte ich. „Komm herein und nimm Platz. Wir sprechen gerade über die neue Wohnung."

Da Raimund noch immer in der Tür stand, sprang Gerhard auf, ging auf ihn zu und hielt ihm zur Begrüßung die Hand hin. Da fing Raimund zu grinsen an und schlug ein, daß es klatschte.

„Grüß dich Philo! Ich hab nicht gewußt, daß du Wohnungsprobleme hast."

Gerhard sagte: „Du weißt doch, um was es sich handelt. Daniela läßt sich von dir scheiden und heiratet mich. Ich hätte das lieber einem fremden Mann gesagt, der nicht so lange mein Schulfreund gewesen ist."

Raimund war ein perfekter Theaterspieler. Auch ich hätte ohne meinen reichen Erfahrungsschatz über ihn das Erstaunen, das er zur Schau stellte, für echt gehalten.

„Wer spricht da von Scheidung? Das hör ich zum ersten Mal. Ich weiß wohl, daß Daniela mich mit dir betrügt. Und sie weiß, daß ich es ihr durchgehen lasse. Das ist die Sachlage, soweit sie mir bekannt ist."

Gerhards Kopf fuhr herum. Ich sah, daß er außer sich

war, daß ein Unwetter in ihm tobte und losbrechen wollte. Ich lächelte und schüttelte mit geschlossenen Augen den Kopf. „Laß dir nichts vormachen, Gerhard. Er blufft uns nur. Er versucht, uns gegeneinander auszuspielen.“

Gerhard atmete tief durch und sagte: „Ich geh jetzt und laß euch allein. Sprechen wir uns lieber nicht hier und jetzt aus. Treffen wir uns in den nächsten Tagen an einem neutralen Ort. Ich weiß noch nicht, wo.“

„Und warum machen wir es nicht gleich aus?“ fragte Raimund.

„Weil wir alle drei aus der Fassung sind. Und du – verzeih – bist außerdem nicht ganz nüchtern. Wir telephonieren morgen, ja?“

„Von mir aus, wenn du zuviel Zeit hast“, knurrte Raimund.

„Du hast recht, Gerhard“, sagte ich. „Ich bin einverstanden.“ –

Wir verabschiedeten uns mit einem kaum sichtbaren Lächeln, das trotzdem Botschaften aller Art enthielt, vor allem die, daß Gerhard mir glaubte, und daß ich mich auf ihn verließ.

„War das notwendig?“ fragte Raimund als Gerhard fort war. „Ich hab dir gesagt, daß ich ihn in der Wohnung nicht antreffen will.“

„Es ist ja noch lange nicht Mitternacht. Also nehme ich an, daß du es darauf angelegt hast, mich und Gerhard in der Wohnung anzutreffen. Was du damit bezweckst, ist mir allerdings unklar.“

Es schien, daß mich Raimund auch gar nicht aufklären wollte, denn er lenkte ab: „Bin ich wirklich nicht mehr ganz nüchtern?“

„Ach, Raimund, wann erlebe ich denn das schon! Mir ist es schon ungewohnt, wenn du ohne Zungenschlag sprichst.“

„Dann findest du also, daß du mit mir reden könntest?“

„Reden und reden ist freilich ein Unterschied.“

„Ich meine: vernünftig reden.“

„Ohne Lügen und Tricks? Und ohne, daß du mir mit einer Morddrohung kommst?“

Er nickte und sah dabei seltsam betroffen aus. Dann setzte er sich neben mich und ergriff meine Hand. „Ich muß etwas vorausschicken, damit das erledigt ist. Das Heft, das du von mir zurückhaben willst, ist wirklich weg. Ich habe es wirklich in einen Abfallkübel gesteckt – sonst hätte ich es dir wiedergegeben.“

Statt einer Antwort durchforschte ich sein Gesicht. Es sah ehrlich und treuherzig aus – vielleicht sagte er die Wahrheit. Vielleicht blieb es mir auch in Hinkunft erspart, mir wünschen zu müssen, ich hätte ihn noch in der Hand und könnte ihn aus meinem Leben hinausbefördern. Wenn er jetzt gesagt hätte: „Du bist frei“, hätten wir uns sogar im Guten getrennt. Leider sagte er das genaue Gegenteil:

„Du mußt dir aber auch über eines klar sein. Wenn du von mir loskommen willst, dann stirbst du wirklich.“

Ich bündelte all meine Kaltblütigkeit, obwohl mich die Angst bereits wieder zu schütteln begann. „Das kannst du schon alles abhaken. Das verfängt nicht.“

Er rückte näher und legte den Arm um mich. „Und wenn ich dir einfach sage, daß ich dich brauche? Was dann?“

„Dann wirst du zu hören bekommen, daß ich das auch schon weiß. Du brauchst mich als Mutterersatz, als Dottersack, weil du noch nicht ganz abgestillt bist – du trauriger Schwächling. Mir liegt aber nichts daran, das für dich zu sein. Du kannst gut mit dem auskommen, was du noch hast, und weißt es. Du kannst dir eine Wohnung kaufen, und Arbeit findest du auch. Nur mußt du dann so leben wie alle Leute.“

Sein Arm glitt schlapp von meinem Rücken, während ich sprach. Nun stieß er verärgert den Fauteuil zurück. Er machte im Zimmer einen Zickzackspaziergang und schaute mich von unten her vorwurfsvoll an. Nach einem langen, vermutlich berechnenden Schweigen, riß er die Augen auf und rief wehleidig aus: „Dabei wollte ich heute abend zu Hause bleiben.“

„Damit hättest du mir keine Freude gemacht.“ –

Er starrte mich an und ließ die Kinnlade sinken. Meine Worte hatten ihn vermutlich verletzt, wenn auch sicher nicht in seinen Gefühlen für mich, sondern in seinem angemaßten Mannesstolz. Er trat vor mich hin und stand so nahe vor mir, daß seine Gürtelschnalle vor meinen Augen war, da ich saß. Ich bog den Kopf zurück und schaute in sein Gesicht. Da es lachte, war es wieder das Faunsgesicht, mit dem er mich so lange bezaubert hatte. Nur fiel mir wieder auf, daß der kleinste Zug von Zynismus, die kleinste Veränderung der Mimik zum Bösen hin aus dem Faunsgesicht eine teuflische Fratze machte. Diese Fratze öffnete den Mund und sagte:

„Ich kann dich immer noch haben, wenn ich will. Ich weiß, auf welche Knöpfe ich drücken müßte, damit du wieder spürst, was du an mir hast.“

Ich erwiderte ruhig: „Das hat dir Gerhard voraus, daß er meinen Schaltplan nicht so genau kennen muß. Nein, wirklich, Raimund, da verkalkulierst du dich auch. Um sexuelle Hörigkeit handelt es sich bei mir nicht. Ich verschmachte durchaus nicht nach dir, wenn du nicht da bist. Oder wenn du es deutlicher hören willst: Ich bin nicht nach dir süchtig. Ich weiß zwar, daß du mich immer noch haben kannst. Doch für mich bedeutet das dann eben: Ich habe dich auch. Ich habe jemanden, der sich für mich anstrengen muß – und das mit dem besten Erfolg, das gebe ich zu.“

Sein Teufelsgesicht verfiel. Der Vorgang machte mir klar, daß ich in Raimund etwas zerschmettert hatte. Nur das Böse, das ich an ihm wahrgenommen hatte, verschwand nicht. Es blieb in seinem Gesicht und wurde geschäftsmäßig kalt. Dann stellte sich Raimund noch einmal vor mich hin.

„Also gut. Ich bin aufgeklärt. Mein Gedächtnis notiert es. Das also war die Liebe meiner Frau."

„So war sie nicht immer. Du hast sie dazu gemacht. Und dies hier ist dein letzter Versuch, aus unserer Ehe Kapital zu schlagen."

Er lachte böse und drohend. „Der letzte? O nein."

Er wollte mir Angst machen, und er machte mir Angst. Ich war froh, daß er seinen frostigen Blick von mir wegriß und mit bedeutungsvoll stampfenden Schritten die Wohnung verließ.

Ich blieb wach und hörte, daß er nach Stunden betrunken heimkam. Er zog nur seine Hose aus und fiel krachend ins Bett, stand noch einmal polternd auf, um sich zu erbrechen und sackte dann stöhnend und blubbernd in den Schlaf, wie man in ein Moorloch hineinsinkt und darin erstickt. Unwillkürlich kam ich in Berührung mit seiner Haut. Sein Schweiß war schmierig und kalt und erweckte Ekel in mir. Ich mußte an Wundsekret oder an Totenschweiß denken. Das weckte ein schauriges Bild in mir. Er lebte noch, kam immer noch heim, und das Heft, das er zum Abfall geworfen hatte, zerfiel vielleicht auf einer Mülldeponie. Wahrscheinlich roch es schon so modrig wie er, war schmierig und feucht und ekelerregend.

Und dann saß ich auf einmal aufrecht im Bett, weil ich mir vorstellte, daß etwas geschehen war, was nicht weniger schrecklich war als Raimunds Tod: Sein Körper lebte und lag neben mir, und seine Seele ging schon in Verwesung über. Das hatte ich vor zwei Jahren heraufbeschworen, und so sah wirklich die Schuld aus, die niemand von mir nahm. Ich hatte einen Tauschhandel abgewickelt: Mein Schmerz gegen diesen Modergeruch. War ich vielleicht die wahre Zerstörerin Raimunds?

Ich zitterte, stolperte, weinte, als ich aus dem Bett sprang und mich in der Decke verfing, die ich mitgezerrt hatte. Ich kauerte mich in den Fauteuil und wickelte mich in sie ein. Nie mehr würde ich es ertragen, daß Raimund neben mir schlief.

Es war ein Glück, daß ein klarer, sonniger Tag kam, und daß ich vor dem Aufstehen noch ein wenig geschlafen hatte. Das Wasser im Badezimmer erfrischte mich. Ich ging in die Küche und stellte das Kaffeewasser zu. Aber dann stand ich plötzlich vor dem schlafenden Raimund und hatte ein scharf geschliffenes Messer in der Hand. Es war das Messer, mit dem ich das frische Fleisch schnitt, und es war so scharf, wie Solinger Stahl nur sein kann.

Davor war wieder eine Erinnerungslücke. Ich wußte nur noch, daß die Küche sehr hell und voll funkelnder Dinge gewesen war. – Mein Gott, was geschah da mit mir? Ich wollte ja nicht . . . Ich wollte das ekelhafte, wehrlose Stück Fleisch, das da lag, und trotzdem noch ein Mensch war, gar nicht töten. – Lange und nachdenklich ruhte mein Blick auf Raimund, zuerst noch voll Abscheu, doch dann auf einmal in Mitleid. Und in dessen Gefolge kam ein Vertrauensimpuls: Auch er wird nicht töten können, wenn es soweit ist. Sein Mordplan mag teuflisch sein, nicht aber er selbst.

Möglichst leise ging ich in die Küche zurück, ließ das Messer in einer Lade verschwinden und fühlte mich frei.

An meinem Arbeitsplatz stellte ich mit Genugtuung fest, daß ich klar denken konnte und gut vorankam. Mit der Versuchung zum Grübeln hatte ich leichtes Spiel.

Ein Anruf von Gerhard kam, der ein wenig besorgt klang. Er freute sich, als ich ihm sagte, daß alles in Ordnung sei, und daß ich mit Raimund sehr deutlich gesprochen hatte. Er versprach mir, am Abend wieder bei mir zu sein.

Als ich heimkam, war wieder einmal das Bett noch zerwühlt und die Atemluft so ekelhaft wie noch nie. Ich riß alle Fenster auf, machte Ordnung im Zimmer und leerte gerade die Einkaufstasche aus, als Gerhard noch einmal anrief und mir sagte, er könne heute abend leider nicht kommen, da ein überraschender Besuch bei ihm aufgetaucht sei.

Damit wurde das Zimmer wieder bedrohlich für mich. Raimunds Ausdünstung drang wieder aus den Gegenständen, aus den Vorhängen, aus den Teppichen, vielleicht sogar aus dem Holz. – Ich lüftete noch einmal. Bald war sie von neuem da. Die ganze Wohnung hatte sie eingesaugt und blies mir den Atem eines Betrunkenen ins Gesicht.

Meine Angst kam zurück. Mir graute vor dem Moment, an dem Raimund mit Gepolter nach Hause kommen, sich halb bewußtlos an meine Seite legen und mit blubberndem Schnarchen einschlafen würde. Ich wußte, daß ich das kein zweites Mal aushalten konnte. Es mußte verhindert werden. Aber wie? Ich konnte nicht einfach die Wohnung vor Raimund verschließen. Wo sollte er hingehen, mitten in der Nacht, und welches Hotel nahm einen Betrunkenen auf? Ich überlegte, ob ich das Feld räumen sollte, und verwarf den Gedanken. Das faßte Raimund vielleicht als einen Verzicht auf und als Bestätigung dafür, daß er im Recht war. Nein, ich lieferte ihm meine Wohnung nicht aus – nicht für eine Nacht und nicht in den kommenden Nächten.

Ich überlegte, wo ich ihn finden könnte, um ihm zu sagen, daß er sich ein Hotelzimmer nehmen sollte, weil er die Wohnung versperrt finden würde, wenn er heimkam. Der Schlüssel zu ihr war schon umgedreht und steckte innen. Bei mir war von nun an kein Schlafplatz für Raimund mehr.

Und wenn ich ihn nirgends erreiche? – fragte ich mich. – Dann schlafe ich noch einmal die halbe Nacht im Fauteuil und lasse ihn unwiderruflich zum letzten Mal ein.

Ich rief im Schloßrestaurant an. Dort war er nicht, und ebensowenig in zwei weiteren Restaurants, in denen er häufig zu speisen beliebte. Ich tat einen Blick auf die Uhr. Es war schon halb zehn. So konnte er schon in irgendeiner Bar sein. Ich rief kurzerhand eine nach der anderen an, ließ Raimund ausrufen und erreichte ihn wirklich. Er war überrascht, meine Stimme zu hören, und fragte voll zynischer Liebenswürdigkeit, an welchen Stellen meines Körpers ich ihn brauchte. Ich sagte ihm, daß er die Wohnung versperrt finden werde und riet ihm, sich eine Hotelunterkunft zu verschaffen. Doch Raimund fragte mich nur, ob ich richtig im Kopf sei und gab mir den dringenden Rat, wieder aufzusperren. Leider nahm ich die Drohung nicht so ernst wie sie war. –

Ich schlief sogar mit gesättigter Rachsucht ein, doch ein Sturmläuten und ein Trommeln an meiner Tür riß mich irgendwann gegen Morgen aus dem Tiefschlaf. Es hörte sich entsetzlich und hemmungslos an, als wäre das ganze Haus samt Mauern und Dach ein schrillender, donnernder Schallkörper, der mich umschloß. Ich sprang aus dem Bett, lief zur Tür und sperrte auf. Im gleichen Moment, noch im Schlaftaumel, spürte ich, wie jemand hart meinen Arm packte und mich aus der Wohnung warf. Dann wurde die Tür zugeknallt. Der Schlüssel schnarrte im Schloß, und als ich hinein wollte, konnte ich es nicht mehr.

Ich setzte mich taumelig auf die Treppenstufen, geblendet vom Stiegenhauslicht, und vom scharfem Frösteln durchbebt. Ich war barfuß und trug nur ein tief ausgeschnittenes Nachthemd. – Ich konnte nicht anders, ich jammerte wie ein Kind. Mehrmals klingelte ich und klopfte an – nicht zu laut, damit ich die Leute im Haus nicht weckte. Ich glaube, ich kratzte sogar wie ein Hund an der Tür, rief flehentlich Raimunds Namen und gab es dann auf.

Da sperrte meine Nachbarin auf, Frau Richter, von der ich mir hie und da etwas auslieh. Sie sah mich und stieß einen leisen Schreckensruf aus, zog mich in ihre Wohnung und legte mich auf eine Couch. Sie deckte mich zu, ging fort und kam wieder zurück und schob mir eine Wärmeflasche unter die Decke. Ich hörte das Rasseln der Jalousie, die sie herunterließ, damit mich die Sonne nicht weckte, ließ mich lange schlafen und bereitete mir das Frühstück. Wir hatten nie viel miteinander gesprochen. Ich wußte sehr wenig von ihr. Wieviel wußte s i e ? – Ich stellte ihr keine Fragen und war ihr sehr dankbar, daß auch sie mich nichts fragte.

Meine Wohnung war aufgesperrt, und Raimund war nicht mehr da. Das Wohnzimmer war gelüftet, das Bett gemacht, und sogar das Frühstücksgeschirr war weggeräumt. Ich fühlte mich herrlich allein und wie reingewaschen. Ich rauchte noch eine Zigarette und dachte nach. So bald wie möglich wollte ich die Scheidung einreichen. Jetzt mußte ich Gerhard anrufen. Ich tat es sofort. Ich erzählte ihm kurz, was geschehen war, und bat ihn, heute bei mir zu schlafen.

„Und ob ich das tun werde!“, sagte er rauh.

Zur Arbeit kam ich um etliche Stunden zu spät. Niemand wunderte sich. Niemand machte mir einen Vorwurf. – Am Abend kam Gerhard sehr früh. Er sah grimmig aus. Doch die Liebe, die er über mich hinströmen ließ, war zart. Wir vergaßen, warum er gekommen war, so selbstverständlich war es beieinander zu sein. Ich kuschelte mich an Gerhard, er hielt mich fest, und ich fühlte sein beruhigendes Streicheln bis in den Schlaf. Es gab nichts mehr zu fürchten, nicht einmal, als die Tür aufging. Ich blinzelte in das Licht, das Raimund aufflammen ließ. Sein Zurückprallen nahm ich halb schlaftrunken wahr. Gerhard schien sich noch gar nicht im Wachsein zurechtzufinden. Da trat Raimund an unser Bett und betrachtete uns.

Er sagte mit einem lauten, munteren Lachen: „Warum nicht? Zu dritt soll es besonders aufregend sein.“ –

Dann schlüpfte er aus den Schuhen, warf sein Jackett ab und drängte sich blitzschnell zwischen Gerhard und mich.

Es ging alles so schnell. Seine Küsse zehrten an mir. Ich spürte, wie mir seine Hand in den Halsausschnitt fuhr. Sie fand ihren Weg von allein, sie kannte mich gut, und ich malte mir voll Entsetzen die Möglichkeit aus, es könnte ein Zwang in mir sein, ihr entgegenzukommen. Das Vorgefühl, was dann folgen mußte, war schon da. Es gab so etwas wie einen Punkt ohne Umkehr, und den steuerte Raimund exakt und zielstrebig an. Ich bemerkte entsetzt, daß er nüchtern war, und daß er dies kaltblütig ins Kalkül zog, weil er wußte, daß er mich da weniger abstieß, daß da mein instinktiver Widerwille blockiert war. Ich spürte die Nachgiebigkeit in mir, über die ich nicht Herr war und rettete mich in den Gedanken: Er ist ein Leichnam! – Der kühlte mich augenblicklich bis zum Ekel ab. Ich stieß Raimund von mir und sprang aus dem Bett und mußte den Brechreiz unterdrücken, der mich ankam. Es war ganz wörtlich gemeint, als ich ihn anschrie: „Du Aas!“

Was Gerhard inzwischen getan hatte, sah ich erst jetzt. Er war aufgestanden und stellte sich vor Raimund. Er hatte den Ledergürtel aus seiner Hose gezogen und hielt ihn wie eine Peitsche in der Hand. „Verschwinde aus Danielas Wohnung“, sagte er kalt. Eine kurze Drehung der Hand, die den Riemen hielt, unterstrich auf unmißverständliche Weise den Befehl.

Raimund schaute ihn lange an. Es zuckte in seinem Gesicht. Dann schaute er auch auf mich und sah etwas, das ihm den Rest gab: Er bemerkte das Übelsein, das ich hinunterwürgte – eine unerwartete Antwort, die ihm mein Körper gab. Er war ernst und ernüchtert, zog seine Schuhe an, schlüpfte in sein Jackett und sagte: „Ich raufe nicht."

„Ich weiß", sagte Gerhard und ließ seinen Riemen zucken. „Du bist nur bei Frauen stark, die wehrlos sind."

Raimund wandte sich, immer noch ernst, an mich. „Ich entschuldige mich für das, was in der vergangenen Nacht geschehen ist. Du mußt mir zugute halten, daß ich betrunken war."

Gerhard rief: „Sie muß dir gar nichts zugute halten."

Raimund nahm von seinen Worten keine Notiz. Er schaute immer noch mich an und wartete ab.

Ich sagte: „Hier geht es nicht mehr um Kleinigkeiten. Ich verzeihe dir, was du willst, wenn du mich in Ruhe läßt. Von jetzt an hast du in dieser Wohnung nichts mehr zu suchen. Deine Sachen kannst du dir morgen abholen – dann ist Schluß."

Raimund kniff die Augen zusammen und lachte kurz auf: „Ich fürchte, das wird nicht mehr lange dein Ernst sein. Für heute bist du mich allerdings los, obwohl ich ganz gerne ein bißchen zugeschaut hätte. Es hätte mich interessiert, wie du dich bei Gerhard aufführst, ob du da die gleichen Melodien anstimmst wie bei mir."

Er war seine Gemeinheiten losgeworden und ging.

Ich glaubte, daß ich es wagen könnte, noch einmal mit Raimund in meiner Wohnung zusammenzutreffen und einen versöhnlichen Ausklang herbeizuführen. Den ganzen Tag legte ich mir zurecht, was ich sagen und wie ich handeln würde und vernachlässigte meine Berufsarbeit diesmal total.

Ich wußte, daß er daheim sein würde, noch lang, bevor Gerhard kam, und so war es dann auch. Er war sogar schon vor mir in der Wohnung, war nüchtern, gepflegt und glattrasiert und trug demonstrativ seine Trauerkleider. Seine Schuhe und Socken, seine Krawatte, alles war schwarz. Er schielte nach mir, wie ich darauf reagierte. Mir gelang es so zu tun, als bemerkte ich nichts. Doch war ich sicherlich kreideweiß im Gesicht und wäre am liebsten wieder aus der Wohnung gestürzt, als mich Raimund an sich zog und liebevoll fragte:

„Weißt du, woran man am qualvollsten stirbt? An Strychnin."

Ich stieß ihn von mir und schrie ihn an: „Du Hanswurst! Ich bin nicht gekommen, um mit dir Theater zu spielen. Das soll eine geschäftliche Unterredung sein. Du versteifst dich darauf, daß ich dir geschadet habe. Nun also: Ich billige dir einen Anspruch auf Entschädigung zu. Wenn du hier ein Wohnrecht beanspruchst, verstehe ich das so, daß du meine Mitschuld an deiner Vermögenseinbuße mit dem halben Wert meiner Eigentumswohnung bemißt. Was ich dir vorschlage, ist eine Ablösezahlung. Du hast mir den Schmuck deiner Mutter geschenkt. Den gebe ich dir zurück, und auch noch den Brillantring, der mir eigentlich zweimal gehört, weil ich ihn ausgelöst habe. Und die Schuld, die du mir aufgeschwatzt hast, ist beglichen."

Ich brachte das Kästchen herbei, in dem der Schmuck lag und stellte es auf den Tisch. „Hier – nimm ihn zurück."

Da fing Raimund zu lachen an. „Sei nicht albern, Maus! Ich möchte mit dir verheiratet bleiben, das ist es. Weißt du, es mag ja ganz amüsant sein, mit dir zu feilschen, mir schwebt aber etwas vor, was noch viel amüsanter sein wird – und zwar auch für dich."

„Ich weiß schon, du willst mich ins Bett locken", sagte ich. „Du willst noch einmal deine Kunststücke ausprobieren. Da wirst du abblitzen, Raimund. Es gibt einen Gegenzauber. Ist dir gestern nicht aufgefallen, wie der gewirkt hat? Mir ist schlecht geworden, als du an mir herumgetappt hast. Ich will dir nicht schildern, wie das gekommen ist. Nur soviel sage ich dir: Du bist tot für mich. – Wenn du willst, kannst du das für eine Redensart halten."

Die höhnische und überhebliche Antwort kam schnell: „Der Schmuck gehört sowieso mir, und das weißt du auch. Den hab ich dir damals nur zur Verfügung gestellt, weil ich wollte, daß du ihn trägst, und zwar für mich."

Mein Hirn fing seine mechanische Arbeit an: Raimunds Behauptung einer kritischen Prüfung unterziehen, herausfinden, was daran falsch ist, ihm darauf entgegnen, erreichen, daß er mir recht gibt und auf meinen Vorschlag eingeht. – Währenddessen schleuderte ich ihm schon das Schmuckkästchen ins Gesicht und schrie: „Da hast du!"

Der Deckel des Kästchens ging auf, der Schmuck fiel heraus und lag über den Boden und die Sitzgarnitur verstreut. Als ich all das Farbige, Glitzernde herausfallen sah, erwartete ich, es würde zerbrechen wie Glas. Ich bückte mich hastig und vergewisserte mich, daß den wertvollen Edelsteinen nichts geschehen war. Die Fassungen hatten gleichfalls gehalten – gottlob. Nur die Perlenkette war entzweigerissen. Aber da sie geknüpft war, konnte nicht viel davon fehlen.

Ich kniete am Boden und sammelte den Schmuck wieder ein, wobei ich die Stücke entknäuelte und entwirrte. Vorübergehend vergaß ich, daß Raimund da war. Die zerrissene Kette betrachtete ich genau. Nur ein kurzes Stück Faden war leer – nur eine Perle war weg. Das Suchen konnte auf später verschoben werden.

Vom langen Hinunterbeugen stieg mir das Blut in den Kopf. Ich stand auf, begegnete Raimunds Augen und sah die verächtliche Belustigung in seinem Gesicht.

„Ach, du Kleinbürgerin! Du komische Krämerseele. Zuerst kommt die große Gebärde, der leidenschaftliche

Schwung, und dann hockt man am Boden und zittert, ob etwas entzwei ist und daher weniger wert ist als vorher."

Ich stellte das Kästchen auf den Tisch zurück und sagte: „Immerhin hast du darauf spekuliert, die Kleinbürgerin in mir auszubeuten."

„Und weißt du nicht", sagte er, „daß das naturgewollt ist? Die Kleinen und Ängstlichen sind dazu da, daß man sie ausnützt. – Also noch einmal, was den Schmuck betrifft: Du hast ihn zurückerstattet, wenn auch nicht ganz ordnungsgemäß. Wenn ich ihn brauche, werde ich ihn zu Geld machen, so oder so. Und du hast überhaupt kein Recht gehabt, den Brillantring verbilligt auszulösen. Nimm ihn ab und leg ihn in das Kästchen zurück."

„Das wirst du nicht erleben, lieber Raimund. Den hab ich nämlich mit meinem Ersparten bezahlt."

„Trotzdem hast du ihn nicht ersteigert, nur ausgelöst. Der Versatzzettel war mein Eigentum. Du hast ihn mir damals gestohlen. Ist dir das klar?"

Ich zog den Ring vom Finger und legte ihn auf den Tisch. Mit Raimund wollte ich nichts mehr zu schaffen haben. Ich verschwendete keine ehrliche Antwort mehr an ihn. Doch faßte ich einen Entschluß, während er mit mir sprach, nur hütete ich mich, davon etwas merken zu lassen.

Raimund ging in das Vorzimmer, kam im Mantel zurück und sagte: „Es kann sein, daß ich heute beim Heimkommen nicht allein bin. Vielleicht bringe ich Kilian und noch einen Kumpel mit. Du kannst dir vorstellen, was für einen Krawall das gibt, wenn du die Wohnungstür wieder von innen zusperrst, oder was Gerhard blüht, wenn er in unserem Bett liegt. Kapiert?"

Ich sagte: „Du wirst hereinkönnen. Und jetzt fahr ab." Und dies war der Entschluß, zu dem ich gekommen war: Wenn ich Raimund nicht aus der Wohnung brachte, so ging eben ich weg. Den Schmuck seiner Mutter nahm ich mit mir, um mich halbwegs schadlos zu halten für meinen

Verzicht. Ihn würde ich anstelle der Wohnung verkaufen. Ich wußte, daß er mein Eigentum war. Dieses Wissen stand gegen Raimunds freche Behauptung, an die kein Gedanke mehr zu verschwenden war.

Gerhard sollte in ungefähr einer Stunde da sein. Ich hoffte auf sein Verständnis, da er nicht kleinlich war. Ich wußte nicht, ob der Tausch, den ich vornahm, schlecht war, denn ich hatte nur den Ring schätzen lassen, sonst nichts. Der Wert der übrigen Stücke konnte gleichfalls sehr hoch sein. Doch ebenso mußte ich mit einer Enttäuschung rechnen. Dieses Risiko ging ich ein, damit ich von Raimund wegkam, damit er nicht mehr in mein Bett kroch und bei mir schlief.

Ich holte meine Koffer aus dem Vorzimmerschrank und stellte als erstes die Schmuckkassette hinein. Dazu kamen die Kleider, die ich am häufigsten trug, und zwei Paar Schuhe. Raimund sollte es so spät wie möglich merken, daß ich nach und nach meine Dinge davontrug, denn außer den Möbelstücken ließ ich ihm nichts.

Als der erste Koffer vollgepackt war und ich eine Rastpause einlegte, fing das Nachdenken an, das nicht mehr von den geplanten Heimlichkeiten und den Erwägungen über den Tauschwert von Gegenständen belastet war. Mir kam in den Sinn, daß ich das, was ich aufgab, liebte. Ich hatte es mir mit viel Sorgfalt zu eigen gemacht, es gut gepflegt und gerne angeschaut.

Jetzt gab ich es preis. Es wurde zum Eigentum Raimunds. Er würde nach und nach alles verkommen lassen. Nichts konnte er pflegen, nur ausnützen konnte er alles, denn die Liebe zu Dingen war ihm seit jeher fremd. Bald mußte meine Wohnung ein trauriger Anblick sein und immer entschiedener nach Schnaps und Männern riechen. Bald würden Holzsplitter an Möbelstücken fehlen. Auf dem schönen Teppich würde es Wein- und Bierflecken geben, und die Polstermöbel würden die Form verlieren.

Arme Dinge, die ich im Stich lassen mußte, weil Raimund mich forttrieb!

Ich drückte die Zigarette aus und stand auf. Ich beschloß, einige Bücher sofort mit mir zu nehmen. Aufmerksam musterte ich meine Bibliothek, nahm da und dort etwas heraus und stellte es wieder hinein oder legte es nach einigem Hin und Her in den Koffer. Vieles kam mir in die Hände, das keinen Wert mehr hatte. Viel Überflüssiges steckte ich in den Papierkorb. Ein kleines, dünnes Buch kam mir in die Hand, das plötzlich ein unerklärlich schweres Gewicht war. Normalerweise hätte ich es ebenfalls ausgemistet, wie alle Reisebroschüren, die man mitbringt und später kaum noch anschaut. Aber dieses Büchlein hatte ich in Altamira gekauft, nachdem wir die Bisonhöhlen besichtigt hatten. Ich nahm es, legte mich damit auf die Couch, schlug es auf und sah die kraftvollen Steinzeitbilder.

Die Erinnerung bahnte sich schon ihren Weg von hier nach dort. Da stand Raimund inmitten der Gruppe von Leuten, denen erklärt wurde, was da zu sehen war, und ich stand, so wie damals, neben ihm.

Etwas wehrte sich heftig in mir. Es brachte mich zum Erschauern, daß ich sein Gesicht sah. Wenn er es mir zuwandte, um jene Worte zu sagen, die damals zu ihm gepaßt hatten und heute nicht mehr: „An solchen Orten müßte man allein sein" – ich wollte es nicht mehr soweit kommen lassen. Auch wenn es im Höhleninneren dämmerig war, mußte er die Zurückweisung in meinen Augen sehen. – „Reden Sie mich nicht an! Ich verabscheue Sie!"

Ja, jetzt verabscheute ich auch den Raimund von damals. Er hatte schon damals eine Teufelsfratze gehabt. Dieser oberflächliche, überhebliche Charme, der in Wirklichkeit immer nur Hohn gewesen war! Und diese unfaßbare Verlogenheit! Ich hätte spüren müssen, wer da neben mir stand: Raimund, der Höllenauswurf in Menschengestalt, der die Liebe, die er erzeugte, mit malmenden Kiefern auffraß. Dieser Mensch, dem ich es gestattet hatte, mich anzurühren – mit mir Unzucht zu treiben –, wie gnadenlos haßte ich ihn. Mit aller Kraft wünschte ich ihm einen schrecklichen Tod.

Ich hatte die Augen geschlossen und spürte den Riß, der durch mich ging. Es lag nahe, ihn als einen nervösen Reflex zu deuten. Dann erhob ich mich, schaute um mich und wußte im nächsten Moment, daß alles beim alten war – beim alten Tapetenmuster. Und meine zwei Koffer standen nicht mehr da. Noch bevor ich im Kleiderschrank nachschaute, wußte ich alles. Da hingen die schwarzen Kleider, Stück für Stück, und ich war die trauernde, die verzweifelte Witwe Raimunds.

Nein, die war ich wohl nicht mehr. Im Augenblick war ich gar nichts. Ich war höchstens ein leerer Balg, der ausgeraubt war. Ich sank auf die Couch zurück, schloß die Augen und öffnete sie und sah jedesmal wieder das alte Tapetenmuster, sah die Falte an der Stoßstelle zweier Bahnen und fühlte nun wenigstens, daß Leben in mir war. – Aber sonst? Keine Trauer, keine Erleichterung – gar nichts.

In wenigen Minuten mußte Gerhard da sein. Dann wußte ich: Gerhard kommt nicht. Er weiß nichts von mir. Durch Raimund hätte ich ihn kennengelernt, und Raimund war mehr als tot: er war zweimal gestorben.

Der Gedanke daran war ein feiner Stich, eine ferne Erinnerung an einen zerreißenden Schmerz. Warum kam er auf? Warum ließ ich mich von ihm stören? – Wahrscheinlich, weil ich mir mitleidlos vorgestellt hatte, daß irgendwo rohes, zerschmettertes Menschenfleisch mit Fetzen von Eingeweiden und Splittern von Knochen lag – daß der verhaßte Raimund bestraft worden war.

Dann dachte ich: Strafe? Wofür? Er hat mir ja nichts getan. Er ist vor wenigen Tagen tödlich verunglückt, und vorher war er immer nur freundlich gewesen. Der beste und liebevollste Mann war tot. – Und erst als ich mir das sagte, war wirklich alles beim alten, denn nun kam der ganze brennende Schmerz zurück. Mein fröhlicher, guter, geliebter Raimund war nicht mehr bei mir. Ich war wieder einmal zu diesem Wissen erwacht, nur war diesmal die Schlafwelt häßlich und wich nicht zurück. – Ich tappte nach meinem Heft, das da irgendwo liegen mußte. Am Tisch? Nein, da nicht. Und dann fiel mir ein, daß ich es nach dem Verbrennen der Blätter in die Lade gegeben hatte und suchte es dort. Aber auch in der Lade war das Heft nicht zu finden. An keiner Stelle, an der es sein konnte, war es.

Ja, aber ... Sobald ich zu denken begann, stieß ich an diese zwei Worte und stolperte über sie. Ja, aber wenn ... Ich stolperte, wollte weiter, wollte denken: Wer hat es denn fortgeschafft?

Dann sah ich die Perle. Sie lag unter dem Teppichsaum, der sich an einer Stelle ein wenig aufbog. Da kam mich wieder der Drang zu schreien an, der Drang zum Wahnsinn, doch nicht mehr so stark wie damals. Ich stand auf, stand auf schwachen, schwankenden Beinen da, ging auf die Perle zu und rührte sie an. Es war eine wirkliche Perle. Aber – war sie auch echt?

Ich war schwindlig und fand keinen festen Halt. Alles war in Bewegung und Aufruhr – innen und außen. Die Perle gehörte in das andere Leben, in diesen – Traum oder was das war – der Raimund so verunglimpft hatte. Auch das Heft sollte hier in der Wohnung sein, denn Raimund, der zerschmettert im Leichenhaus lag, konnte es mir ja nicht genommen haben.

Das war eine Folgerung, die ich als logisch erkannte. Sofort krallte meine Vernunft sich an ihr fest und hatte den Grundstock zum Weiterdenken gefunden: An beiden Welten muß etwas Wirkliches sein. – Eine Warnanlage in mir fing zu schrillen an. Das gibt es nicht! Du hast keine Beweise dafür!

Ach, ich hatte auch DRÜBEN keine Beweise gehabt und hatte eine lange Zeit gebraucht, um dies als die Wahrheit anzuerkennen, weil es am besten zu allen Tatsachen paßte. Das Muster dieser Entwicklung war noch in mir. Ich konnte sie nachvollziehen, und diesmal in kürzester Zeit.

Nun gut, prüfen wir es methodisch, befahl ich mir und stellte das lästige, vorlaute Schrillen ab. Nehmen wir an, ich war in einem hypnotischen Zustand. Dann kann ich es gewesen sein, die das Heft verbrannt hat. Das Heft, wohlgemerkt, und nicht nur die wenigen Blätter, von denen ich ohnedies weiß, daß sie verbrannt sind. – Ich stand auf, ging in die Küche und schaute nach. Da lag noch das feuchte Tuch im Abwaschbecken, und als ich es herausnahm, sah ich die Rußspur. Woher stammte sie? Das war nicht mehr festzustellen.

Nun gut, das Heft war verschwunden, so oder so. Blieb nachzuprüfen, wie das mit Gerhard war. Ich konnte ihn anrufen – nein, das konnte ich nicht, denn es gab noch kein Telephon in unserer Wohnung. Ich mußte, wie schon so oft, zu Frau Richter gehen. – Ich traf sie zu Hause an. Sie ließ mich ein. Selbstverständlich erlaubte sie mir, zu telephonieren. Sie verschwand, diskret wie sie immer war, und ich hatte die Aufgabe, Gerhards Nummer zu wählen. Wieder hatte ich einen Schwindelanfall und dachte: „Methodisches Vorgehen" nenne ich das! Aus Tatsachen, die überprüfbar sind, die richtigen Schlüsse ziehen – wenn man sich getraut! – Es dauerte eine Weile, bis ich mich getraute, und dann war wirklich Gerhard am Telephon. Seine Stimme – Gotte stehe mir bei! Ich liebte auch sie. Ich konnte nicht so schnell aufhören, sie zu lieben. Ich nannte Gerhard meinen Namen und teilte ihm mit, daß Raimund, sein Schulfreund, tödlich verunglückt sei.

„Wer spricht?"

„Seine Frau. Daniela Blank.“

„Woher kennen Sie meinen Namen? Das wundert mich.“

„Ja, wissen Sie, Raimund hat oft von Ihnen erzählt.“ – Gerhard erkundigte sich, wann das Begräbnis sein werde, und versprach mir fest, daran teilzunehmen. Ich wußte, daß das kein leeres Versprechen war.

Er dankte. Er grüßte. Er legte den Hörer ab. Da war es schon nicht mehr gewiß, daß ich seine Stimme noch liebte. Daß wir nicht mehr zusammen gehörten, stand schon für mich fest. Doch es gab ihn. Ich sah ihn vor mir, und das tröstete mich. Es blieb vielleicht etwas wie eine Verheißung zurück. Einen Augenblick war ich für sie offen gewesen, dann verhärtete sich mein Wesen und wies sie zurück. Raimund hatte ich verloren, und nicht diesen Mann. Daran mußte ich festhalten, um mich zurechtzufinden. Ich bedankte mich bei Frau Richter, wir schauten einander an, und ihre Augen waren feucht vor Mitgefühl.

In meiner Wohnung wollte alles von vorne beginnen, das Schwindelgefühl, die Schwäche, die Ratlosigkeit. Doch das ließ ich nicht zu. Ich zwang mich, nüchtern zu bleiben. Es gab also Gerhard. Doch wieso kannte ich ihn?

Ich holte mir alles ins Gedächtnis zurück, was ich DRÜBEN über Hypnose gelesen hatte: daß Menschen im hypnotischen Schlaf mit ihrem Geist sozusagen aus dem Körper geschlüpft und zu weit entfernten Orten gegangen waren. So konnte ich zu Gerhard gegangen sein.

Ich nahm die Erklärung an und folgerte weiter: Da hatte ich also geträumt, daß der tote Raimund zurückkam. Ich selbst hatte mich irgendwie in den Wahn versetzt. Und ich selbst hatte mich herausgerissen – das war wohl alles. Ach, warum hatte ich nicht schöner von Raimund geträumt? Nicht nur, daß er elend gestorben war. Ich war auch gezwungen worden, ihn zu hassen. War nicht die Verzweiflung, daß ich ihn verloren hatte, genug? Genügte nicht dieser Schmerz, der nun wieder in mir war? – Wer glaubt, daß ein Wort wie „Traurigkeit" dafür ausreicht, der irrt.

Doch da sah ich das Weiße unter dem Teppich wieder. Die Perle! Wo kam sie her? Sie zerstörte mir meine Erklärung. Da stieß ich mit meinem methodischen Denken an, denn es gab kein Buch, in dem ich gelesen hatte, daß es Träume oder hypnotische Zustände gibt, aus denen Perlen ins Wachsein herüberrollen. Ich selbst besaß keine Perlenkette, die echt war. Es konnte aber auch eine falsche Perle sein. Ich hatte eine ganze Schachtel mit Modeschmuck, in der auch eine zerrissene Halskette lag. Sie bestand aus unechten, aber gut imitierten Perlen.

Ich holte die Schachtel heraus, hob die Perle auf, die unter dem Teppich lag, und stellte Vergleiche zwischen dieser und jenen an. Sie glichen einander sehr – und doch nicht ganz. Mir schien, daß die eine Perle schöner glänzte. So legte ich sie auf den Tisch und beschloß, am nächsten Tag prüfen zu lassen, ob sie echt war.

Und bis dahin? Da lag viel vor mir: Viel Schmerz, viel Ungewißheit, viel Einsamkeit, und womöglich auch noch die Notwendigkeit, zwei gültige Wirklichkeiten anzuerkennen, von denen keine zugunsten der anderen verblich.

Ich stand auf, trat ans Fenster und schaute hinaus. So weiß und rein war der Schnee, der da draußen lag. Vor diesem kühlen, bezaubernden Hintergrund hob sich in mir häßlich und in schmutzigen Farben der Inhalt vergangener Zeiträume ab. Viel Wirres und Unglaubhaftes durchzog das Erinnerungsmuster. Auch die Verknüpfungen mit den Höhlen von Altamira und die unzulänglichen Erklärungen, die ich dafür hatte, waren merkwürdig und im höchsten Grade traumhaft. Und der Glaube am Anfang, mit mir sei ein Wunder geschehen, dann der Wahn, im Besitz von Zauberkräften zu sein, und die immer wieder mißglückten Versuche, dies alles in ein System zu bringen, das einheitlich und überschaubar war ... Vergeblich – da gab es nur offene Enden und einen Knäuel, der sich immer hoffnungsloser verwirrte. Das hatte keine Bezüge zur Wirklichkeit. So etwas konnte man sich nur träumen lassen.

Aber anderseits – diese scheußliche Ehe mit Raimund – die Enttäuschung am Anfang und später die Seelenbelastung bis zur Abneigung, zum Ekel, zum Fluchtreflex – das lief folgerichtig in meiner Erinnerung ab, wenn auch immer wieder Traumhaftes eingebaut war. Denn hatte ich nicht bis zum Schluß versucht, das Heft von Raimund zurückzubekommen, damit ich die Zaubermacht doch noch ausüben konnte, die mir durch seinen Besitz verliehen war? – Was aber war wirklich geschehen, trotz meiner Machtlosigkeit? Ich war wieder aufgewacht und Raimund war tot. Dazu hatte ich das Heft nicht verbrennen müssen. Ich hatte es nicht einmal in meinem Besitz gehabt.

Ich legte die Hände aneinander. Sie waren kalt. Ich legte sie auf den Heizkörper unter dem Fenster. Ich spürte milde Wärme, die von weit her kam. Unser Haus war an ein Fernheizwerk angeschlossen.

Da flammte in meinen Gedanken ein heller Blitz auf, der alles Systemlose, über das ich da nachgedacht hatte, und das ich als Traumwolke fortwehen lassen wollte, beleuchtete und bis zum Grund durchschaubar machte. Alle Irrwege meiner aufgescheuchten Gedanken vergaß ich. Nur ein Gedanke blieb als logische Konsequenz: Raimund hatte das Heft in einen Abfallkübel geworfen, und der Abfall aus diesem Kübel war verbrannt. Das war geschehen, bevor ich erwachte und gab Ingrid recht: Es war unabhängig von mir.

Ein Triumph, dessen ich mich später schämte, wuchs in mir, als ich an die Listen und Gemeinheiten dachte, mit denen ich von Raimund gequält worden war. So war er doch nicht listig genug gewesen. Er hatte die Todesfalle selbst aufgestellt und es unvermeidbar werden lassen, daß sie über ihm zuschlug. Er selbst hatte ahnungslos den Zauber zur Wirkung gebracht. Er hatte bewirkt, daß ihn die Stämme zermalmten – wie es ihm zukam. – Bis jetzt hatte ich nicht gewagt, mir vorzustellen, was nach diesem Unfall aus ihm geworden war. Nun schaute ich diese Masse aus Knochen und Fleisch im Geist voll sachlicher Neugier an.

Als ich aber aufschaute, sah ich die alte Tapete, kam wieder zur Besinnung und war entsetzt. Ich hatte Raimund vergönnt, was mit ihm geschehen war. Freilich, es hatte sich nicht um den Raimund gehandelt, der fortgegangen war, um nicht wiederzukommen – und trotzdem um Raimund, meinen fröhlichen, zärtlichen Mann.

Ich nahm den Anfall von Schmerz, der mich packte, als Strafe an. Ich kauerte mich in den Fauteuil und klagte laut. Ich war so beherrscht gewesen, jetzt war es damit vorbei. Die tobenden, kaum noch erträglichen Schmerzen hielten an. So scharf und grausam hatten sie noch nie gewühlt, und noch nie war ich dagegen so wehrlos gewesen. Ich schaute die Perle auf der Tischplatte an, die wie eine weiße, runde Pille da lag. Wie ein Analgetikum sah sie aus – wie ein Medikament, das die Schmerzen schon morgen von mir nehmen konnte. Ich sagte mir: Wenn ich Glück habe, kann sie das. Wenn sich morgen herausstellt, daß sie echt ist, war Raimund falsch. Dann war das Böse schon jetzt in ihm, und ich kann froh sein, daß mir kein Leben mit ihm bevorsteht. – Als ich mir das bewußt machte, verlor ich das Schwindelgefühl, das von diesem Hin- und Hertaumeln zwischen meinen Gefühlen kam. Entweder die Perle war echt, dann mußte ich froh sein, und wenn nicht, gab es kein Mittel mehr gegen meinen Schmerz. Die Fleischmasse, die wir beerdigen mußten, war entweder ein getöteter Feind – oder ein Toter, den ich noch schmerzlicher liebte. Und beides mußte dann unwiderruflich sein.

Freilich – die Prüfung der Perle auf ihren Wert war auch

die Prüfung eines Toten, der wehrlos war. Das mußte ich wissen, bevor ich es wirklich tat. Ich streckte die Hand nach dem weißen Kügelchen aus, ich befühlte es, drückte es an die Lippen und biß darauf. Das alles sagte mir nichts, denn ich verstand nichts von Perlen. Mir schien auch, ich sollte nichts von ihnen verstehen. Das Gefühl von Frevel und Schändung war wieder in mir, als hätte ich mit Raimunds Leiche etwas getan, was sie zwischen den Brettern des Sargs zum Bluten brachte. Kein Leid mehr oder doppeltes Leid: diese beiden Möglichkeiten lagen vor mir. In der Hand aber hielt ich die dritte Möglichkeit. Ich trug die Perle in die Küche und warf sie ins Abwaschbekken, und der Wasserstrahl, den ich aufdrehte, schwemmte sie fort. Damit gab ich Raimund seine fröhliche Offenheit und die schöne Erinnerung, die ich an ihn hatte, zurück. Mit heißem Wasser und Scheuermittel tilgte ich auch die Rußspur.

Was ich nachher im Wohnzimmer tat, erforderte Mut. Ich holte die Trauerkleider aus dem Schrank und legte sie sichtbar hin. Damit fügte ich mich in mein Los. – Ich wollte viele Monate in Trauer sein, in tiefer, schmerzlicher und verdienter Trauer um Raimund. Mit dieser Bezeichnung für meine Seelenverfassung, die ich endlich als richtig und angemessen empfand, ging in mir eine Änderung vor, die einer Linderung gleichkam. Ich litt tief, doch da war kein Wühlen und Schreien mehr, kein unhörbares Gebrüll, daß ich schändlich beraubt worden war. Ich spürte, daß ich an einem Tiefpunkt des Lebens, aber nicht mehr im Kern der Hölle war. Dann empfand ich etwas wie eine leichte Aufwärtsbewegung und wußte nicht sofort, woher sie kam, bis ich fühlte, daß ich zuinnerst an Gerhard dachte. Ich sehnte mich nicht nach ihm, doch ich freute mich, daß viele Wege in seine Richtung führten.

Der Gedanke an meine Arbeit war noch kein Trost. Ich würde wohl wochenlang noch kaum zu gebrauchen sein, auch wenn ich der schonungsvollsten Behandlung gewiß war. – Doch dann wunderte ich mich darüber, daß jemand lachte, und dieses ganz unpassende Gelächter kam aus mir.

SCHERZO

Ich hatte gelacht, weil ich mir vorgestellt hatte, daß mein erster Arbeitstag doch nicht so zu werden versprach, wie dies normalerweise zu erwarten ist, wenn eine todtraurige, abgemagerte Witwe zurückkommt, mit schwarzen Augenschatten und blutleerer Haut und mit Augen, die bis an den Rand voll Tränen sind.

So war es dann wirklich:

Ich hatte an Gewicht eingebüßt, aber doch nur so viel, daß mich dies jünger erscheinen ließ, als ich war. Meine Haut war frisch und sonnengebräunt, und vor allem war ich voll Tatendrang. – Ich ging in mein Arbeitszimmer, und niemand bemerkte mich. Zielstrebig schaute ich die Filmstreifen an, die aus dem Photolabor gekommen waren und war schon gefaßt auf die Überraschung, die mir bevorstand. Dann rannte ich mit meiner Entdeckung schnurstracks zu Harry, hielt ihm einen Kurzvortrag über die Bedeutung der Linien auf dem Film, die anzeigten, daß Austenit vorhanden war und prophezeite ihm, daß sich dieser als neuartiger und besonderer Austenit mit größerem Gitterabstand erweisen würde. – Er schaute mich fassungslos und kopfschüttelnd an, packte mich bei der Hand und eilte mit mir zum Chef, machte ohne bei ihm anzuklopfen die Tür auf und rief ihm „Fröhliche Pfingsten!" zu.

Mein Chef war schon aufgesprungen und kam mir entgegen. Voll Mitgefühl hielt er mir beide Hände hin. Sein pietätvolles, ernstes Gesicht war einer Beileidsäußerung angepaßt, die aber, als er mich genauer anschaute, unterblieb. Er tat einen raschen Blick zum Fenster hinaus, auf die Schneewelt, die sich in nichts anderes umdeuten ließ, und fragte in berechtigter Verstörung: „Fröhliche Pfingsten?"

„Sie werden es gleich verstehen", kündigte Harry an. „Ein Feuergeist hat sich dieses Wesens bemächtigt und spricht aus ihm, wenn es den Mund aufmacht. Hören Sie zu!"

Ich beeindruckte auch den Chef mit meiner Klarsicht; wir setzten uns zu einer Beratung zusammen, und ich sagte ihnen im wesentlichen das, was als Zusammenfassung in unserem letzten großen Aufsatz über den metastabilen Austenit gestanden war. Keiner brachte die Rede auf Raimunds Tod.

In drei Tagen stellten wir ein Versuchsprogramm auf, das völlig störungsfrei und im Blitztempo ablief, und nach Auswertung der Ergebnisse lag der Beweis vor, daß es den metastabilen Austenit als Vorstufe für ein besonderes Härtegefüge, das außerordentlich widerstandsfähig war, gab. Ich hielt auf der schon einmal geschilderten Tagung mein Referat, das diesmal kein Juckpulver war, sondern ein Raketenzündsatz. Sofort hatte ich mir einen Namen gemacht und wurde mit einer Gehaltserhöhung belohnt.

Die Wirklichkeit, in die ich zurückgekehrt war, ließ sich gut an. Vorwegnehmend sage ich, daß es immer besser kam, nicht nur in meinem eigenen Schicksalsgefüge. So wurde zum Beispiel Doris von ihrer Krankheit verschont. Nur einmal machte Harry die Bemerkung, sie habe eine kurze psychische Störung gehabt. – Das war, als wir eines Tages beisammensaßen und Wurst aus dem Einwickelpapier zu Mittag aßen. Dabei sprach er mir auch seine Anerkennung aus. Er verstehe nicht, wie ich es fertiggebracht habe, nach so einem Schicksalsschlag zurückzukommen, und sich voll Ideen in die Arbeit zu stürzen. Da fühlte ich mich verpflichtet, ehrlich zu sein:

„Du hast recht gehabt mit der Vermutung, daß eine

unerklärliche Inspiration dabei im Spiel war. Ich hab geträumt, was wir tun müssen – das ist alles."

„Aha", sagte Harry, „die einfachste Sache der Welt."

Ich warf ein: „Wohl eher eine der unerklärlichsten. Aber immerhin ist das auch schon früher vorgekommen. Ich denke an einen Chemiker – sein Name fällt mir nicht ein –, der die Ringstruktur des Benzols im Schlaf entdeckt hat, weil er im Traum die Benzolringe tanzen sah."

„Ach ja. Sein Name war Kékulé", sagte Harry.

Er sann lange nach, ehe er weitersprach und mit allem Nachdruck darauf beharrte, wie bewundernswert meine Haltung gewesen sei. Es hörte sich nach wie vor schmeichelhaft an, doch diesmal sagte ich ihm die Wahrheit nicht, die ihn sicherlich etwas befremdet hätte: Ich liebte Gerhard.

Der war, wie versprochen, zu Raimunds Begräbnis gekommen. Das hatte ich schon gespürt, noch bevor ich ihn sah. Ich ging hinter dem Sarg und trug einen Schleier vor meinem Gesicht, nicht, um einen Privattraum für meinen Jammer zu schaffen, sondern weil in mir immer noch, trotz vorübergehender Klärung, ein Widerstreit von Gefühlen war, den man mir möglicherweise angemerkt hätte. Immer wieder kam ordnungsgemäß der Schmerz über mich, der in grimmige Genugtuung überging. – Auch diesmal löste sich die Traumwelt nicht endgültig auf. Sie behauptete sich samt allen Erinnerungen, denen ich immer schwerer widerstand. Jener Raimund, den ich zutiefst verabscheut hatte, wurde auch nach mehreren Tagen noch nicht zum Phantom. Soeben wurde seine verdiente Strafe besiegelt.

In dieser Verfassung von gesättigter Rachsucht war ich, als ich aufblickte und Gerhard sah. Ich stand, von Menschen umringt, vor dem offenen Grab, und er stand mir hinter dem Erdhügel gegenüber. Ich sah durch den verdüsternden Schleier sein Gesicht. Seine freundlichen, dunklen Augen ruhten auf mir. Das bewog mich, unter den Schleier zu greifen, ihn aufzuheben und langsam zurückzuschlagen. Damit gab ich vor vielen kritischen Blicken kund, daß die Trauerzeit für mich beendet war.

Ich wünschte vor allem, daß Gerhard das Zeichen verstehen möge. Ich erwiderte seinen Blick und lächelte heimlich. Wenn niemand es sehen konnte, er sah es bestimmt – und wirklich, nach einigem Zögern lächelte er auch. Es war nicht viel mehr als ein Augenlächeln, ein Schimmer von Zuneigung in seinem entspannten Gesicht. So wurde aus der gefürchteten Trauermusik doch noch die Untermalung für ein Fest, dessen Sinn mir bekannt war, und den Gerhard vielleicht ahnte. Wir haben bei dem ganzen Begräbnispomp die Augen nicht mehr voneinander gelassen. In der Rolle der Trauernden erlebte ich stürmisches Glück. Erst als der Sarg in der Grube versank, sandte ich ihm voll Zwiespalt einen Abschiedsblick nach.

Viele Menschen zogen an mir vorbei. Viele Hände, die sich mir entgegenstreckten, mußte ich drücken. Für viel hingemurmeltes Beileid mußte ich danken – dies alles mechanisch und fiebernd vor Ungeduld. Denn Gerhard kam immer näher. Er gab mir die Hand, und ich nahm mir die Freiheit, sie lange in der meinen zu halten.

Ich sagte: „Herr Wetter, ich lade Sie ein, nach dem Begräbnis mit uns ins Gasthaus zu kommen und einen kleinen Imbiß zu nehmen. Wollen Sie?“

Fast hätte ich gelacht, weil er so verdutzt war, als ich so sicher seinen Namen aussprach, obwohl ich ihn scheinbar noch nie gesehen hatte. Im Gasthaus winkte ich ihn zu mir und forderte ihn auf, bei mir zu sitzen. Immer wieder schauten wir einander an.

Nach dem Leichenschmaus lud ich Raimunds nächste Verwandte in meine Wohnung ein und bewirtete sie.

Auch Gerhard als Raimunds Freund lud ich dazu ein. Offensichtlich fand niemand etwas dabei, vor allem wohl aus dem einen Grund nicht, weil das, was man hätte denken können, ganz unmöglich war. Nur Tante Ilse ertappte ich bei einem forschenden Blick, der voll wohlwollender Belustigung war. Er löste den zärtlichen Entschluß in mir aus, sie zu meiner Hochzeit mit Gerhard einzuladen.

Nach einer taktvoll bemessenen Zeit, die, an meinen Wünschen gemessen, bedauerlich kurz war, verabschiedeten sich diese fremden Leute, die weit her gereisten Onkeln und Tanten Raimunds, von mir. Mit ihnen ging auch der gar nicht fremde Gerhard, der unter den Umständen, die uns zusammengebracht hatten, einem Liebesbekenntnis so nah wie nur möglich war. Im Vorzimmer gab er mir seine Visitenkarte, die ein vertrauter Anblick für mich war, und ich bat ihn, mich bald wieder zu besuchen. Er hatte verstanden, daß das keine Redensart war.

Schon am Wochenende war er wieder da, und ich war auf sein Kommen vorbereitet. Wenn er nicht gekommen wäre, hätte ich es ihm verübelt. Doch Gerhard – so schien es – hatte auch dies gewußt. Er lud mich zu einer Fahrt in die Berge ein, da der Wintertag so ausnehmend schön war. Ich zog eine Schihose und Seehundfellschuhe an und dazu meine Jacke aus Kaninchenfellen, die modisch mit Lederstreifen verarbeitet war. Meine schwarzen Heuchelkleider hatten dienstfrei, denn es war kein trauriger Tag.

Gerhard steuerte die neue Paßstraße an, die wunderschön angelegt zwischen Kalkfelsen höher stieg. Die Schneepflüge hatten sie abgeschert und links und rechts hohe Schneewälle aufgeworfen. Die Ausweichen waren zugleich Panoramaplätze. Sie waren schon ausgeschaufelt worden und dienten ihrem Zweck. In eine, an der die Aussicht am schönsten war, lenkte Gerhard sein Auto hinein und stellte den Motor ab.

„Hier, schauen Sie", sagte er und wies auf die Berge.

Ich legte den Kopf auf die Rückenlehne und atmete tief vor Wohlgefühl, als ich von allen Seiten die winterlichen Berge hereinstrahlen sah.

„Eine schöne Welt", sagte ich, „die so Schlimmes zudeckt."

„Sie werden auch das überstehen", erwiderte Gerhard bedrückt. Er hielt meine Redensart für eine Anklage gegen mein Schicksal, zumindest für jenes, von dem er Kenntnis hatte. Bestimmt hat es ihn erstaunt, daß ich leise lachte. Sein rascheres Atmen deutete eine Denkarbeit an, die anscheinend lang und schwierig war. Ich vermutete, daß es um eine Formulierung ging. Dann verriet er mir in ständiger Rückzugsbereitschaft, ihm sei etwas Seltsames geschehen, als mein Anruf gekommen war. Meine Stimme sei ihm bekannt gewesen. Er hätte sich vorstellen können, wie ich aussah, und ich hätte dann wirklich so ausgesehen.

„Ich habe Sie auch gleich erkannt und sofort gewußt, wer Sie sind", erwiderte ich und lachte.

„Tatsächlich? Das habe ich auch bemerkt. Darum haben Sie mich so freundlich angeschaut."

„Nicht nur angeschaut", sagte ich. „Ich habe gelächelt. Ich war über Ihre Anwesenheit sehr froh."

Ich wandte verstohlen den Kopf und schaute ihn an. Er machte große Augen und war so liebenswert, daß ich alles aufwenden mußte, was an Vernunft und unsinniger Erziehung in mir war, um ihm nicht kurzerhand um den Hals zu fallen. Er sagte: „Ich habe mich übrigens in Ihre Stimme verliebt."

„Meine Stimme", sagte ich, „ist nicht identisch mit mir. Über mich haben Sie daher nichts ausgesagt. Damit meinten Sie wohl, daß wir noch warten müssen. Ich stimme Ihnen zu. Also warten wir."

Er wurde ein wenig kühner und fragte:

„Aber wie lang? Ein Jahr? Oder nicht so lang? Ein Jahr

Kerker soll nämlich viel sein."

Ich sagte: „Ich werde es merken, wenn die Zeit dafür da ist."

Er nickte und gab sich seinen Erwartungen hin.

Wir lehnten uns in die Autositze zurück, und die Sonne beschien uns. Wir hatten die Blicke auf die Berge gerichtet, und darüber hinaus in die Unendlichkeit, wo alle Parallelen sich trafen, und somit auch mein Blick und Gerhards Blick.

Wie schön, daß Raimund nicht mehr zwischen uns treten konnte, daß sein Quälgeist aus seinem Körper entwichen war. Aber nein – was entwichen war, war sein kindlicher Geist, der das Schöne liebte und freundlich gewesen war. Vielleicht war er in letzter Sekunde gerettet worden . . . Und dies war der Anfang eines neuen Denkgewebes, an dessen Vervollständigung ich arbeiten konnte, sooft ich es nicht mehr ertrug, an Gerhard zu denken, ohne wie DRÜBEN mit ihm verbunden zu sein.

Ich räkelte mich und machte die Augen zu. Der Sonnenschein, der mir durch die Lider drang, ließ die Dunkelheit, die in mir war, farbig werden. Ich sah Sterne, Kreise und magische Zeichen, deren Bedeutung ich nicht mehr verstand.

Der Dunkelheit gab ich die Bedeutung der Nacht, in der ich mit Gerhard im Auto gesessen war. Ich dachte an seine sanften und tröstlichen Küsse. Ich erlebte die Gefühle nach, die sie mir bereitet hatten, dieses Glück, das noch frei von Begehrlichkeit war, weil Gerhard dafür gesorgt hatte, daß es so blieb.

Ich war mir sicher, daß bald ein Zeichen kommen und das Warten beenden werde, das ich mir auferlegt hatte. Es war Ingrid, die kam und mir das grüne Signal gab. Eines Abends läutete sie an meiner Tür und war teils verschreckt und teils in froher Erregung.

Sie fragte: „Sind Sie Frau Doktor Blank?"

Ich zog sie herein und jubelte: „Ingrid!"

Sie betrachtete mich mit großen Augen, in deren Tiefe es schon zu glimmen begann. „Sie sagen – du sagst Ingrid? Woher kennst du mich?"

„Das sollst du sogleich erfahren. Aber sag mir zuerst, warum du gekommen bist."

„Weil etwas Unbegreifliches geschehen ist", sagte sie. „Beim Durchsehen meiner Dokumente hab ich dies hier gefunden." – Sie gab mir einen Brief mit schwarzem Rand. Er war an mich adressiert, und ich wußte sofort, was für ein wohlbekannter Brief das war. Ich hätte ihn auswendig hersagen können, so ausführlich hatte ich ihn studiert, bevor ich ihn mir selbst aus dem Weg geräumt und Ingrid zum Aufbewahren gegeben hatte.

Ich zitierte: „Meine liebe Daniela, ich bin entsetzt. Soeben kam mit der Post deine Nachricht von Raimunds Tod. Jetzt müßte ich Worte finden, die noch nicht abgenützt sind, um dich nicht mit billigen Trostsprüchen noch mehr zu kränken. Aber der Tod (und übrigens auch die Liebe) haben unseren Wortschatz ganz ausgeraubt."

„Genau das steht drin", rief Ingrid ganz außer sich.

Ich lachte und sagte: „Siehst du, jetzt ist es soweit. Jetzt hast du etwas erlebt, wonach du dich immer gesehnt hast. Dieser Brief kommt nämlich aus einer anderen Welt."

„Aus dem Jenseits?" fragte sie erwartungsvoll.

„Das wohl nicht – aber aus einer anderen Wirklichkeit. Dort habe ich dich gebeten, ihn aufzubewahren. Jetzt weiß ich gewiß, daß sie mehr als ein Traum war. Und die Perle war echt. Jetzt hab ich das auch noch erfahren. Das bedeutet, daß ich nicht mehr trauern muß. Du bringst mir sozusagen die Nachricht, daß ich amnestiert bin, daß eine Kerkertür für mich aufgegangen ist."

„Sie sind – du bist zum Gefängnis verurteilt?"

„In einem übertragenen Sinn. Die übliche Dauer der Haft ist ein Jahr. Mir war sie vom ersten Tag an kaum erträglich."

„Ich bitte Sie", sagte Ingrid, „ich brenne vor Neugier. Wie ist das mit der anderen Wirklichkeit?"

Ich erzählte es ihr, und sie war wie elektrisiert und rief zwischendurch immer wieder: „Wie wunderbar!" –

Sooft ich die Rede auf uns beide brachte, und auf das, was sich zwischen uns abgespielt hatte, rief sie: „Das stimmt! Das hätte ich wirklich gesagt. Das hätte ich wirklich getan."

Es berührte mich seltsam, daß sie in der Möglichkeitsform sprach. Ich berichtigte sie: „Du hättest nicht, sondern du hast."

„Ach ja", stimmte sie mir ohne Widerspruch zu. „Es ist eine wahre Geschichte, die du da erzählst."

Natürlich war mein Bericht noch unvollständig, doch über das Handlungsgerüst war sie bald informiert. Ihre glimmenden Augen schauten mich unentwegt und eindringlich an.

„Es ist merkwürdig", murmelte sie. „Dein Gesicht – das kommt mir bekannt vor. Irgendwann habe ich es gesehen. Oh, ich weiß schon, das war im Traum. Es war Nacht, ich war im Auto und du bist draußen gestanden. Durch die Windschutzscheibe hast du mich angestarrt. Ich hab eine mörderische Wut gehabt, weil ich wußte, daß du mir etwas wegnehmen wolltest."

„Und du wolltest es wegbringen und verbrennen", ergänzte ich.

„Ja! – Ja! Woher weißt du das?"

„Weil das DRÜBEN wirklich vorgefallen ist. Und was du verbrennen wolltest, war jenes Heft."

Sie flüsterte: „Wirklich? O ja, ich glaube, so war es. Der Traum war ja ausnehmend lebhaft und einprägsam. Normalerweise vergesse ich meine Träume, doch dieser hat sich in mein Gedächtnis eingebrannt."

„Weißt du übrigens noch", fragte ich, „wie du mich beschimpft hast?"

Sie dachte angestrengt nach und verneinte dann. „Was habe ich denn gesagt?"

„Ach, so einige Grundwahrheiten, die ich mir leider nicht hinter die Ohren schrieb. Das Wesentliche und Zusammenfassende war, daß du mich verdächtigt hast, nur ein Traumbild zu sein."

„Und das warst du ja wirklich", stammelte sie.

„Du sagst es – so wirklich wie ich DRÜBEN war."

Ich ließ ihr Zeit, damit fertig zu werden und ahnte ihre helle Begeisterung. Schließlich sagte sie: „Aber eines kann nicht geschehen sein, nämlich das, was ich träumte, als du weggewischt warst."

Ich fragte: „Was war es?"

Sie öffnete zögernd den Mund und ließ ihn eine Weile offen, bevor sie gestand: „Ich bin durch die Luft geflogen und habe gejauchzt."

Das war nun so wunderbar komisch, daß mich das Lachen hinwarf. Ich lag auf der Couch, und es schüttelte mich.

„Warum lachst du denn?" fragte Ingrid entgeistert.

„Das sag ich dir später", versprach ich. „Nur eines möchte ich wissen: Hast du körperlich etwas gefühlt?" –

Sie bestätigte es mir mit einem verschämten Lachen. „Ich hab die Gefühle gehabt, die sonst nur mein Mann erweckt. Nur waren sie – nein, darüber rede ich nicht. Das ist schandbar und eigentlich unbeschreiblich. Ich habe vorher noch nie so obszön geträumt."

„War es etwas, wofür man früher verbrannt worden ist? Etwas wie ein Hexensabbat?"

„Ja."

Sie senkte den Kopf und war derart zerknirscht, daß ich ihr als Aufmunterung noch verriet, sie hätte DRÜBEN ihr

Bedauern geäußert, nicht im Hexenzeitalter geboren worden zu sein.

Diesmal glaubte sie mir nicht sofort. Sie schaute mich zweifelnd an und versicherte mir, seit damals glaube sie eher, daß das doch nichts für sie gewesen sei. Sie sann nach und setzte kaum hörbar hinzu: „Vielleicht" –

Und damit ließen wir das Thema auf sich beruhen.

Ich scheuchte Ingrid aus ihrem Gedankenzwiespalt und bat sie, mir nicht böse zu sein, wenn ich sie auf der Stelle hinauskomplimentierte, denn ich hätte ein Vorhaben, das keinen Aufschub litt. Ich sagte ihr, was ich zu tun gedachte – da stimmte sie mir begeistert zu und verschwand.

Ich schlüpfte in das hübscheste Kleid, das ich hatte, zog Schuhe mit flachen Absätzen an und fuhr zu Gerhard.

Raimunds Mutter starb tatsächlich an Gehirnschlag. Sie war nach dem Nervenschock anläßlich Raimunds Tod nie mehr völlig gesundet.

Einige Wochen später heirateten wir.

Wir lebten schon in unserer neuen Wohnung, die wir zunächst mit seinen und meinen Möbeln so ansprechend wie nur möglich eingerichtet hatten, als ich Gerhard fragte, ob er wüßte, wo Diabolos wohnte.

Als er den Ausdruck hörte, war er ganz außer sich. „Woher weißt du, daß ich ihn Diabolos nenne?"

Ich erlaubte mir eine harmlose Ausflucht und sagte: „Von Raimund."

„Das gibt es nicht", brauste Gerhard auf. „Ich weiß doch, was ich getan habe, und was nicht!" Dann bereute er seine stimmliche Gewalttat und sagte ruhig:

„Das kann nicht sein, Daniela. Da irrst du dich – denk einmal darüber nach. Ich habe den Namen immer für mich behalten, weil ich fand, daß er eine Verunglimpfung war, und daß er an Kilian hängengeblieben wäre, wenn meine

Schulkollegen ihn aufgeschnappt hätten."

Ich tat, als müßte ich lang überlegen. Dann schlug ich scheinheilig vor: Also hab ich ihn wohl von dir?"

Er erklärte unsicher, davon wisse er zumindest nichts mehr. Es gebe aber keine andere Möglichkeit.

„Was willst du eigentlich von dem Menschen?"

„Ich will ihn besuchen."

„War Raimund noch immer mit ihm befreundet?"

„Ja."

Bald teilte er mir die Adresse mit. Ich schrieb sie in mein Notizbuch und unterstrich sie. – An dem Sonntag, an dem ich Diabolos aufsuchen wollte, hatte ich noch ein vorbeugendes Gespräch mit meinem Mann:

„Hör zu. Wenn dir jemand zutragen sollte, daß ich in Kilian Weidrichs Wohnung war, wirst du sicherlich nicht den Schluß daraus ziehen, daß ich ehebrecherische Absichten hatte."

„Dem könnte man vorbeugen", sagte Gerhard mit einem Lachen.

„Diese frivole Anspielung könnte von Raimund sein. Der war recht bewandert in solchen Zweideutigkeiten."

Gerhard kam auf mich zu, legte seine Hände auf meine Schultern und sagte: „Das ist der Anlaß für eine Frage, die ich lange schon stellen wollte und nicht konnte: Ist dir Raimund eigentlich nähergestanden als ich?"

Ich war entzückt über seine Eifersucht und belohnte ihn, indem ich die Wahrheit sagte: „Nein."

Es rührte mich, daß er seine Freude nicht zurückhalten konnte und alle Anstalten traf, mich nicht fortzulassen. Wenn ich zuließ, daß unser Gespräch zum Schweigen wurde, war zu befürchten – oder zu erhoffen –, daß es ihm gelang. Darum sagte ich: „Meine Empfindung für Raimund schwankt noch. Sie schwankt zwischen schönen und bösen Erinnerungen. Die einen sind so stark wie die andern, aber sie schwingen von Tag zu Tag schwächer aus.

Bald wird es soweit sein, daß sie zur Ruhe kommen und eine freundliche Erinnerung übrig bleibt. Einmal wirst du mich gut genug kennen, um zu wissen, daß ich nicht lüge, wenn ich es vermeiden kann. Dann werde ich dir alles über Raimund erzählen – alles, was du mir jetzt bestimmt noch nicht glaubst."

Als ich mich vor dem Spiegel schminkte, stand Gerhard bei mir. Er sagte: „Ich rühre mich nicht aus dem Haus, bis du wieder da bist, und solltest du dich verspäten, geh ich zur Polizei. Diesem Kilian ist das Finsterste zuzutrauen."

„Das kann ich bei Gott bezeugen", sagte ich. –

Ich zog ein Fläschchen aus meiner Umhängetasche, öffnete es und roch daran, und ließ etwas von seinem Inhalt in meinen Handteller fließen. Ich betupfte mir mein Gesicht und die Kleider damit.

Gerhard fragte: „Kannst du dir keinen Parfumzerstäuber leisten?"

Ich sagte mit ernstem Nachdruck: „Das ist kein Parfum."

„Was dann?"

„Nach der chemischen Struktur ist es Wasser, dem Wesen nach aber wohl viel mehr. Etwas Salz ist hinzugefügt und vielleicht einige Öle. Es wäre unnötig, dies untersuchen zu lassen."

„Was bezweckst du mit diesem Zeug?"

Ich wandte ihm das Gesicht zu. „Gut, daß du mir die Möglichkeit gibst, mit allem Nachdruck zu sagen, daß das kein ZEUG ist. Ich habe die größte Ehrfurcht davor, auch wenn es den Anschein hat, daß ich es mißbrauche. Aber bitte, frag nicht weiter, was es ist."

Gerhard hatte mir wortlos und aufmerksam zugehört. Er respektierte nur ungern meine Bitte. „Wirst du mir erzählen, was du bei Kilian Weidrich gemacht hast?"

„Im wesentlichen bestimmt", versprach ich ihm.

Ich läutete an Weidrichs Tür und hatte damit gerechnet, daß er sonntags daheim war. Es handelte sich um die Morgen- und Vormittagsstunden. Die Sonntagnachmittage hatte er früher mit Raimund verbrachte. Die Tür ging auf, und das Monster erschien. Seine sumpfgelben Augen schauten mich wütend an. „Was wollen denn S i e noch von mir?“ –

Diese Frage verriet ihn spontan, und das kam ihm wohl auch schon beim Reden voll zu Bewußtsein. Nun war es auf einmal, als habe er nichts gesagt, und als hätte ich nur erwartet, diese Worte zu hören. Ich war einerseits unsicher, anderseits voller Argwohn. Ich hatte den Eindruck, daß er den Schall seiner Worte aus meinem Gehörgang in sein Maul zurückgesaugt hatte. Auch der anfangs so wütende Ausdruck in seinem Gesicht wandelte sich in eine Maske der Ahnungslosigkeit um, die man, wenn man unbedingt wollte, als Höflichkeit, aber niemals als Freundlichkeit deuten konnte.

Ich erwiderte ebenso harmlos und höflich: „Ich bin Daniela Wetter. Das sagt Ihnen nichts. Mein früherer Name war Blank. Ich war Raimunds Frau. Sie werden vielleicht erfahren haben, daß er tot ist. Er hat mir so oft von Ihnen erzählt, daß ich mir wünschte, zu sehen, wer Sie sind.“

„Ach, wirklich?“ sagte Kilian Weidrich. Erneut versuchte er es mit einem höflichen Blick, den er aus einer devoten Verbeugung zu mir aufschlug. Ich sah das Rote in seinem unteren Lidrand. Er machte einen geschwächten, apathischen Eindruck, wie jemand, der einen großen Mißerfolg hinter sich hat.

„Bitte, treten Sie ein.“ Ich folgte ihm und tastete mich zuerst mit der Schuhspitze vor, bis ich die Gewißheit hatte, daß der Boden nicht heiß war. Diabolos machte die Tür zum Wohnzimmer auf. Dieses war ganz ohne Eigenart, weder behaglich noch ungemütlich, nur ziemlich verschlampt. Wenn es aufgeräumt gewesen wäre, hätte ich geglaubt, in der Ausstellungsnische eines billigen Möbelhauses zu sein. Gleich darauf bekam ich zu spüren, daß dieser Eindruck mich trog, da alles mit mörderischem Haß geladen war. Aus allen Winkeln fauchte das Böse mich an. Jemand anderer hätte das vielleicht nicht bemerkt, doch ich war zu oft mit ihm in Berührung gewesen, um darauf nicht mit einer Gänsehaut zu reagieren. – Das Zimmer hatte auch einen Eigengeruch: den bestialischen Gestank der Drachenwurzblüte. Freilich wehte er nur wie aus großer Entfernung zu mir her. Doch für mich, die er seinerzeit bis zum Brechreiz umnebelt hatte, war er recht deutlich.

Bevor wir uns niedersetzten, fragte Diabolos, ob ich etwas zu tinken wünschte. – „Nein, danke!“ lehnte ich ab.

Er zuckte die Achseln und schenkte sich einen Whisky ein. „So, so, Raimund hat über mich erzählt?“ –

Er räkelte sich und dehnte selbstgefällig die Brust, und ich dachte, daß unter seinem karierten Hemd bestimmt ein dicker, von Läusen durchwimmelter Pelz war.

„Raimund mochte Sie sehr“, sagte ich. „Er war richtig in Sie vernarrt. Darum glaube ich auch, daß ich Ihnen etwas erzählen muß.“

Er hob stillegebietend die Hand und sog witternd die Luft ein. „Da riecht es auf einmal so unangenehm und streng. – Darf ich das Fenster aufmachen?“

„Nein, tun Sie das nicht. Was Sie riechen, ist mein Parfum, das mag nicht jeder. Tut mir leid, daß es auch Ihnen nicht angenehm ist. Ich bin leider erkältet und muß vorsichtig sein. Ein frischer Luftstrom würde mich zum Husten reizen – und ich will ja mit Ihnen reden, da stört mich das Husten zu sehr. Aber bitte – setzen Sie sich ein Stück von mir weg.“

Ich war genauso froh wie er, als er es tat, denn so wurde

auch sein Aroma für mich verdünnt.

Aus erträglichem Abstand erzählte ich haargenau, wie Raimund gestorben und wiedererstanden war. Kein Detail verschwieg ich. Nur wenn die Rede auf Kilian Weidrich kam, benützte ich die Wendung: „Ein verdächtiger Freund."

Viele Stunden saß ich im Zimmer Diabolos', der alles zu hören bekam, was er ohnehin wußte. Doch tat er scheinheilig so, als wüßte er gar nichts und hielte meine Geschichte für unglaubhaft.

Er sagte mit einem Lächeln, das recht herablassend war: „Das alles muß Sie doch ständig beschäftigt haben."

„Und wie! Ich hab nur noch gegrübelt – Tag und Nacht."

„Und sind Sie zu einem Ergebnis gekommen?"

„Zu vielen falschen Ergebnissen – ja! Immer wieder glaubte ich: SO MUSS ES GEWESEN SEIN, bis etwas geschah, zu dem die Theorie nicht mehr paßte. Dann kam die zweite Erklärung, und dann die dritte. In jeder von ihnen war ein Widerspruch. Ich war manchmal schon halb von Sinnen, wenn wieder etwas eintrat, das mir alles über den Haufen warf. Aber ich glaube, jetzt habe ich die richtige Theorie."

„Ach jaaa?"

„Jawohl. Und sie lautet folgendermaßen: Als Raimund auf dem Weg nach Hause war, rollten Stämme von einem Auto und schlugen ihn tot. In diesem Moment ging sein verdächtiger Freund vorbei und bemerkte, was ihm da entgangen war. Da war eine Seele auf ihn zugekommen, die leicht zu begeistern, aber auch leicht zu verderben war. Es wäre ihm leicht gefallen, sie zu verderben, denn er kannte sie gut, und sie hatte Vertrauen zu ihm. Aber da war nichts mehr zu machen. Der Leib war tot, und der Zustand, in dem die Seele gewesen war, war verewigt." – Plötzlich beugte ich mich vor und sagte im Flüsterton:

„Der verdächtige Freund muß eine Stinkwut gehabt haben. Ich bin nämlich davon überzeugt, daß er der Teufel ist.“

„So ein Stuß!“ fuhr mich Diabolos an. Doch bemerkte ich, daß es mörderisch in ihm tobte, und daß er ein grünliches Gesicht bekam. Ich kümmerte mich nicht darum und beugte mich noch weiter vor, obwohl ich damit in noch üblere Geruchszonen kam.

„Was, glauben Sie, hat wohl Diabolos da gedacht?“

„Ja, was denn, du dumme Gans?“ – Ich fuhr auf und maß ihn empört und hörte ein Schmatzen, das mich wieder vermuten ließ, daß die letzten drei Worte, die ihm entfahren waren, zurückgesaugt wurden, denn ich hielt es für möglich, mich verhört zu haben.

Ich fuhr fort: „Diabolos fragte sich: Wie stelle ich es nur an, daß er wieder zu einem lebendigen Menschen wird? Ein Weg fiel ihm ein, der vielleicht zielführend war. Sie müssen wissen, daß ich mir vorstellen kann, wie gering die Macht des Teufels auf Erden ist. Allerdings dürfte sie doch einen gewissen Spielraum haben, in dem er schalten und walten kann. – Nur so nebenbei möchte ich sagen, daß ich davon überzeugt bin, daß der menschlichen Willensfreiheit eine ähnliche Bandbreite zusteht: der Spielraum, den ihre Gewissensentscheidung hat. Hingegen ist der Lebensweg vorgezeichnet. Ich will damit sagen, daß dieser keine Linie ist, sondern in Form zweier Parallelen abläuft, zwischen denen die Seele tun kann, was sie will. – Dies aber nur nebenbei. Ich will bei Diabolos bleiben, der daran interessiert war, Raimund seinen Gewissensspielraum zurückzugeben, und der seinen beschränkten Einfluß natürlich kannte. Es ist ihm wahrscheinlich versagt, an Naturgesetze zu rühren. Zumindest ist es ihm so gut wie versagt. Innerhalb seiner Bandbreite kann er es aber versuchen. Er konnte da möglicherweise den Kraftakt vollbringen, die Zeit um wenige Augenblicke zurückzudrehen, nur so weit, daß er

Zeit hatte, Raimund zu begrüßen und ihn nicht von den Stämmen zerschmettern zu lassen, so daß er ihn lebend in die Krallen bekam. – Er bediente sich meiner Seelenkraft, und es gelang ihm. Auch ein Zauberspruch, den ich nicht nennen will, war im Spiel. Nun war freilich ein ärgerliches Dilemma dabei. Durch den Zeitruck entstand eine andere Wirklichkeit, doch war diese in höchstem Maße unstabil. Wir wollen sie ‚Metastabile Wirklichkeit' nennen. – Solange diese in der Schwebe zu halten war, mußte Raimund ein Teufelsbraten werden – das ging auch recht schnell. Damit aber der Teufel auch seinen Braten verzehren konnte, hätte Raimund möglichst bald sterben müssen. Doch das durfte nicht dadurch bewerkstelligt werden, daß ich in meiner Verzweiflung das Blatt verbrannte, auf das der lebenserhaltende Spruch geschrieben war, denn sonst wäre alles beim alten gewesen – so wie jetzt."

Ich hörte ein Knurren. Es wurde zurückgesaugt. „Sie reden da großen Blödsinn", bemerkte Diabolos.

„Kein Blödsinn, o nein. Raimund hatte DRÜBEN zu sterben, zum Beispiel, indem er ein schnelles Auto erwarb. Es wäre ja fast gelungen, ihn darin sterben zu lassen, nur ist Raimund ein guter Geist zur Seite gestanden. Der Teufel hat da bestimmt vor Wut geheult. – Trotzdem hätte seine Taktik beinahe Erfolg gehabt. Sie war allerdings eine Zermürbungstaktik und brauchte Zeit. Immer öfter hat mich Raimund dazu gebracht, daß ich rot sah. Wenn es so weitergegangen wäre, hätte ich die Beherrschung verloren. Raimund hätte mich DRÜBEN dazu gebracht, ihn in einem Anfall von Haß zu ermorden, und zwar ganz regulär, ohne Zaubersprüche, mit einem Messer oder mit Rattengift. Der Teufel half dabei schon nach, wenn auch immer erfolglos. Andernfalls hätte er Raimund erbeutet – u n d auch mich. Da hätte er außerordentlichen Erfolg gehabt. Er hätte die Wirklichkeit zurückkippen lassen, und niemand hätte mich zur Verantwortung ziehen können, da Raimund nun wieder an jenem Unfall verstarb. Es war klar, daß ich keine Schuld daran hatte. Niemand hätte mich vor ein Gericht gestellt. Mir wäre keine Sühne auferlegt worden, und freiwillig hätte ich nicht gesühnt. Ich hätte mir immerfort eingeredet, daß es kein wirklicher Mord gewesen wäre, und hätte es von Jahr zu Jahr leichter geglaubt, je heimischer ich herüben geworden wäre. So wäre auch ich eine Beute des Teufels gewesen, denn meine Seele, um die es ja ging, ist hier die gleiche, die sie DRÜBEN war."

Ich hörte etwas wie Hundegekläff, und wieder spürte ich den Luftzug in meinen Ohren. Frohlockend setzte ich meine Erklärungen fort:

„Dann wurde mein Heft, das mir Raimund entwendet hatte, das er wegwarf und das lange irgendwo lag – in einem Müllhaufen, der es verborgen hat, nehme ich an –, in der Städtischen Fernheizanlage verbrannt, und die aus den Fugen geratene Zeit stürzte früh genug in ihre alten Bahnen zurück. Raimund hat Glück gehabt – oder war es Segen? Nun, immerhin war sein guter Geist bei ihm. Er ist Diabolos nicht in die Hände gefallen, und ich genausowenig, wie man sieht."

Ich hatte während der ganzen langen Rede auf meine verschränkten Finger niedergeschaut. Jetzt schaute ich auf, weil ich wissen wollte, was in Kilian Weidrich vorging, und ob er es mir zeigte. – „Nun, wie finden Sie meine Theorie?"

Er versuchte spöttisch zu sein und konnte nichts tun, als hörbar mit den Zähnen zu malmen. „Ich will mich dazu nicht äußern", sagte er. „Trotzdem sollen Sie wissen, Sie blöde Kuh (ich war wieder nicht sicher, ob er die drei letzten Worte gesagt hat), daß jede Theorie, die die Menschen sich ausgedacht haben, notwendigerweise lächerlich falsch sein muß. Sie möchten wohl wissen, warum. He? Möchten Sie das? Ich verrate es Ihnen: Weil sie nur fünf Sinne haben."

Es war schon recht merkwürdig, daß er das so formulierte, als habe er seine Person davon ausgenommen. Er maulte: „Nehmen wir einmal an, daß das im wesentlichen richtig ist, was Sie mir da Idiotisches aufgetischt haben. Dann hätte da DRÜBEN, wo Sie jetzt nicht mehr sind, der Teufel noch immer ein Anrecht auf Ihren Mann, um den er ja auf seine Art ehrlich gekämpft hat."

Ich war nahe daran, ihn auszulachen. „Sie wissen genau, daß das nicht der Fall ist. Die Metastabile Wirklichkeit gibt es nicht mehr."

Er hätte mich brennend gern gewürgt und geschunden. Der Haß, mit dem die Atmosphäre geladen war, schien plötzlich als schauerlicher Heulton hörbar zu werden.

„So etwas Hirnloses", höhnte Diabolos. „Der Teufel hätte ja wieder mithelfen müssen, um den früheren Zustand wiederherzustellen, und daran war er nach Ihrer Auslegung nicht interessiert."

„Sie irren. Ich habe doch schon gesagt, daß die drübere Wirklichkeit nahezu unstabil war. Nur ein Beispiel: Es ist ein sehr schwieriges Unterfangen, einen Kegel auf seine Spitze zu stellen, und zwar so exakt, daß er stehen bleibt. Doch es genügt, daß man ihn anbläst, und er fällt um. Daraus folgt, daß zur Wiederherstellung der alten Ordnung die Sprengkraft in meiner Verwünschung genügte – in Zusammenarbeit mit dem Städtischen Fernheizwerk, wie schon gesagt. Die Welt geht wieder ihren geordneten Gang, und was gültig war, wird gültig bleiben. – Mein Heft kam gerade noch rechtzeitig in das Feuer."

„Und wenn Sie es selbst verbrannt hätten?" fragte er lauernd. „Das hätten Sie manchmal bestimmt mit Vergnügen getan."

„In der letzten Zeit sicherlich. Doch der Teufel hat es verhindert. Ein Feuerzeug oder ein Auto sprang nicht an. Oder es kam ein so flehentlicher Anruf Raimunds, als hätte er gespürt, daß sein Leben bedroht war. Und doch: Wenn mir Raimund das Heft nicht entwendet hätte – eines Tages hätte ich es trotzdem verbrannt, und damit natürlich einen wirklichen Mord begangen. Dann hätte der Teufel zwar mich, doch nicht Raimund gehabt. Das wäre nicht das, was er wollte, doch immerhin etwas gewesen. Doch ging es ihm vor allem um Raimund, den alten Freund. Wie aber die Dinge jetzt stehen, hat er weder ihn noch mich. Er muß schon ein richtiger Stümper gewesen sein."

Ich hörte ein schauderbares Geräusch, das nur aus Konsonanten zusammengesetzt war – Zischlauten, Schnatter- und Gutturallauten, Krächzen und Fauchen. Dazu kam das Malmen und Knirschen von Kauwerkzeugen und das Rumpeln und Kollern von Felstrümmern, die zerbarsten. Natürlich hörte ich auch dies sozusagen verkehrt, von den Speicherzellen im Hirn über das innere Ohr über Mittelohr und Trommelfell und den Gehörgang als Auslaßventil. Diabolos schaute mich voll Genugtuung an. Er produzierte mit seinem Körper Aasgestank, den er als Richtstrahl auf meine Nase lenkte. Das war so penetrant, daß ich unverzüglich beschloß, mir möglichst schnell einen Abgang zu verschaffen, aber vorher noch unbedingt das zu tun, was der eigentliche und wohl auch gefährlichste Zweck meines Besuchs in diesem Sumpfloch von einer Wohnung war. –

Ich sagte: „Ich habe wohl viel Unsinn geredet. Es war nett, daß Sie mir so geduldig zugehört haben. Aber die Luft hier im Zimmer ist trocken. Ich habe Durst. Hätten Sie vielleicht etwas Mineralwasser in Ihrem Kühlschrank?"

Er stand auf, ging hinaus, und da tat ich mein Werk. Ich nahm das Apothekerfläschchen aus meiner Tasche, entkorkte es und träufelte etwas von seinem Inhalt in Kilian Weidrichs Whiskyglas. Er kam mit einem Glas voll Sodawasser zurück und stellte es vor mich hin, daß die Tischplatte krachte. Ich hob es und trank, und was ich erhoffte, geschah. Auch bei ihm löste dies einen Entschluß zum Trinken aus. Er nahm einen großen, schlabbernden Schluck, und der hatte nun wirklich die erhoffte Wirkung, nur waren die Begleiterscheinungen so fürchterlich, als hätte ich Blausäure in den Whisky gegossen. Es war ein einziger rasender Reflex, der Diabolos aus dem Sessel schnellen und rücklings zu Boden stürzen ließ. Er stieß ein lautes Gebrüll aus und wand sich in Krämpfen. Sie durchtobten ihn wie einen an Land geschleuderten Fisch. Er wollte sich krümmen und wurde brutal gereckt und so scharf nach hinten gebogen, daß das Knacken seines Rückgrats zu hören war. Dabei schäumte es ihm grünlich-gelb aus dem Mund, und ein zähes, stinkendes Sekret rann ihm aus den Ohren. Bald erschienen feuchte und breiige Flecken auf seinen Kleidern, besonders im oberen Bereich seiner Hosenbeine.

Ich schaute ihm angeekelt und mitleidlos zu, ließ ihn kreischen und jaulen und war davon überzeugt, daß es keine Körperöffnung, keine Pore in seiner Haut gab, aus der er sich nicht mit wütenden Schüben und unter unbeschreiblichem Gurgeln entlud.

Ich hielt den Anblick nicht lange aus und dachte auch nicht daran, einen Arzt zu rufen. Ich entnahm meiner Handtasche eine Kleinkamera, in die ein empfindlicher Film eingespannt war, und hielt die interessantesten Phasen des Dramas fest. Den Flüssigkeitsrest, der in meinem Fläschchen war, versprühte ich über den Wohnzimmerboden. – Dann flüchtete ich und setzte mich in ein Cafe, und zwar an ein Fenster, aus dem ich das Haus, in dem Diabolos wohnte, im Auge hatte. Vor allem legte ich Wert darauf, das Haustor zu sehen. Tatsächlich kam nach Verlauf einer Dreiviertelstunde der frisch gekleidete Kilian aus dem Haus und strebte mit weit ausgreifenden Schritten fort. Ich fuhr heim, rief ihn an, und niemand meldete sich. So blieb es auch in den kommenden Tagen und Wochen, in denen ich in Abständen von zwei bis drei Stunden anrief. – Schließlich meldete sich wieder jemand, und zwar ein Mann, der mir sagte, er habe diese Wohnung gekauft, und zwar von einem früheren Besitzer namens Weidrich.

Ich war über diese Nachricht entzückt und bemühte diesmal das Einwohnermeldeamt, von dem ich binnen kurzem erfuhr, wo Weidrich sein neues Sumpfloch hatte. Es befand sich in einem Hochaus mit Lift. Ich fuhr in sein Stockwerk, läutete an der Tür, und als Diabolos sie aufgemacht hatte, warf ich das entkorkte Fläschchen mit erneuertem Inhalt an ihm vorbei in den Vorraum und hörte, wie es zerbrach. Einige Tropfen waren vielleicht auf ihn niedergefallen, denn er zuckte und schrie wie unter einem Glutregen auf, dann spuckte er giftgeschwollen in meine Richtung und schlug die Tür mit einem Donnerknall zu.

Dann tat ich etwas ähnliches wie beim ersten Mal: Ich fuhr mit dem Lift nach unten, verließ das Haus und ging diesmal in einer Bankfiliale in Deckung, an deren großem Glasfenster ich mich postierte und bald darauf Kilian Weidrich aus dem Haus flitzen sah. Die Wohnung verkaufte er wieder nach einiger Zeit.

Schon mein erstes Erlebnis hatte ich Gerhard erzählt, wenn auch nur die letzte konvulsivische Phase und nichts von dem vorangegangenen Gespräch. Er war entsetzt gewesen und hatte gefragt, ob ich Kilian ohne Hilfe gelassen hätte. –

„Die hat er nicht nötig gehabt“, versetzte ich schroff. „Ich sah ihn bald darauf aus seiner Behausung rennen, so schnell, wie sich nur ein Gesunder bewegen kann.“

„Also weißt du“, verwies mich Gerhard scharf. „Das darfst du nicht wieder tun. Er ist möglicherweise d o c h krank. Er hat schon in der Schule einmal solche Krämpfe gehabt. Der Anlaß war damals nicht herauszubekommen.

Um Epilepsie hat es sich nicht gehandelt. Es muß eine seltene, unbekannte Krankheit sein."

„Davon hat mir Raimund nie erzählt."

„Das glaub ich dir schon. Es hat ihn ja nie interessiert, wenn jemand krank war oder aus anderen Gründen litt. Aber was du Kilian angetan hast, hätte auch ihn empört. Versprich mir, den Menschen in Ruhe zu lassen." –

Ich gab eine doppeldeutige Antwort darauf.

Einige Tage danach sagte ich zu Ingrid:

„Ich habe mir eine Spritzpistole gekauft. Wozu? Damit ich Gewißheit bekomme. Ich will wissen, ob es den personifizierten Teufel gibt."

„Glaubst du an ihn?"

„Ja, gewiß, denn ich glaube an Gott. Doch beim Teufel gebe ich mich mit dem Glauben nicht zufrieden. Ich habe eine wissenschaftliche Versuchsreihe vor, die mir den Beweis liefern wird, daß es ihn gibt."

„Ist denn das, wie du ihn schon zweimal aus der Wohnung gejagt hast, kein Beweis, daß Weidrich ein Teufel ist, daß er höllische Interessen auf Erden vertritt? – Büromaschinenvertreter – das ist ja ein Witz!"

„Hör zu", sagte ich, „für mich ist die Sache kein Spaß mehr. Mein Rachedurst ist befriedigt – mein Wissensdrang nicht. Das Aas hätte Raimund beinahe dazu gebracht, mich aus meiner Wohnung hinauszuekeln. Er hat dafür seine Wohnung schon zweimal geräumt. Jetzt wird es allerdings ernst, jetzt möchte ich die Gewißheit und nicht die Bekräftigung dessen, was ich glaube. Ich plane hierzu noch fünf bis sechs Einzelversuche, denn zwei positive Ergebnisse stellen noch keine Versuchsreihe dar."

Ingrid verstand das nicht, so mußte ich es ihr erklären. „Es ist so, daß du zwei Punkte in einem Koordinatensystem auf jeden Fall durch eine Gerade verbinden kannst, und eben deshalb sagt diese Gerade nichts aus."

Ich zeichnete ihr zwei Punkte auf und verband sie. Das gleiche machte ich mit zwei ganz anderen Punkten. Eine gerade Verbindung zwischen ihnen war jedesmal möglich. –

Ich sagte: „Bei drei Punkten sieht die Sache schon anders aus. Sie kann man nicht immer durch eine Gerade verbinden, aber wenn man es kann, ist das ein sehr deutlicher Hinweis, daß man eine Beziehung daraus ablesen kann. Wenn noch ein vierter Punkt dazukommt, ist das so gut wie gewiß, und jeder weitere Punkt, der auf der Linie liegt, trägt zur unumstößlichen Beweisbarkeit bei."

„Das leuchtet mir ein", sagte Ingrid. „Was ist also dein Plan?"

„Ich werde zu jeder neuen Wohnung fahren, in die er einzieht, und heimlich Weihwasser durch den Briefspalt spritzen. Ich will aufpassen, daß er mich dabei nicht erwischt. Fährt er auch zum dritten Mal aus der Wohnung aus, und zwar in verdächtiger Hast, und verkauft er sie dann, so ist das der dritte Punkt, auf den es mir ankommt. Passiert das dann noch einmal und wieder und wieder, so ist der Beweis erbracht, und ich publiziere ihn."

Ingrids Augen funkelten. „Das könnte ich ja auch tun, und du stehst nur neben mir und schaust mir zu. Ich möchte ihn auch einmal dazu bringen, daß er davonsaust . . . Laß mich durch den Briefspalt spritzen", bettelte sie.

Ich fand zuerst nichts, das dagegen sprach. Meine Anwesenheit war ja nur zu Kontrollzwecken nötig. Und zu Gerhard könnte ich mit ruhigem Gewissen sagen, ich hätte gegen Diabolos nichts mehr getan. Wenn ich mich streng an den Wortlaut hielt, war es die Wahrheit.

Als Ingrid gegangen war, überlegte ich noch einmal, ob ich ihr diese Aufgabe überantworten konnte. Es ging nicht, ohne daß sie erfuhr, wo Diabolos seinen nächsten

Unterschlupf suchte. Sie mußte dann seine Adresse kennen. Ob das gut war?

Mir fiel ein, wie sie DRÜBEN heftig bedauert hatte, daß es ihr nicht vergönnt war, eine Hexe zu werden. Auch ihr Traum, dessen sie sich geschämt hatte, fiel mir ein – und besonders glaubhaft hatte sie sich nicht geschämt.

Da fand ich ihre Bitte doch sehr bedenklich. Vielleicht führte sie – zuerst nur aus reiner Neugier – einen näheren Umgang mit Diabolos herbei und schlitterte in einen schwelenden Abgrund hinein. Ich sah dies so deutlich vor mir und erschrak so furchtbar, daß ich hörbar und nachdrücklich zu mir sagte:

„Nein! – Ich sage ihr nicht, wo er wohnt, das wäre verbrecherisch. Ich werde sie warnen und auf sie aufpassen müssen."

Nachdem ich mir meine Verantwortung klargemacht hatte, lud ich sie mir auf und fühlte, allerdings seufzend, daß ich jetzt erst wieder ein ganzer Mensch geworden war.

Übrigens blieb mir das Vergnügen versagt, meine wissenschaftliche Versuchsreihe fortzusetzen, denn jede Bemühung, Diabolos dritte Wohnung zu finden, schlug fehl.

Ich mußte mich damit abfinden, daß er verschollen war.